中国近现代稀见史料丛刊【第四辑】

张剑 徐雁平 彭国忠 主编

王振声日记

王振声 著

徐慧子 李周 整理

本辑执行主编 张剑

凤凰出版社

图书在版编目（CIP）数据

王振声日记 / 王振声著 ； 徐慧子，李周整理. --
南京 ：凤凰出版社，2017.6（2024.10重印）
（中国近现代稀见史料丛刊. 第四辑）
ISBN 978-7-5506-2598-3

Ⅰ. ①王… Ⅱ. ①王… ②徐… ③李… Ⅲ. ①王振声
－1842-1922－日记 Ⅳ. ①K827=5

中国版本图书馆CIP数据核字(2017)第099282号

书　　名	王振声日记
著　　者	王振声 著　徐慧子　李周 整理
责任编辑	汪允普
责任监制	程明娇
出版发行	凤凰出版社(原江苏古籍出版社) 发行部电话025-83223462
出版社地址	江苏省南京市中央路165号,邮编:210009
照　　排	南京凯建文化发展有限公司
印　　刷	唐山楠萍印务有限公司 河北省唐山市芦台经济开发区场部
开　　本	880毫米×1230毫米　1/32
印　　张	13.25
字　　数	344千字
版　　次	2017年6月第1版
印　　次	2024年10月第2次印刷
标准书号	ISBN 978-7-5506-2598-3
定　　价	89.00元

(本书凡印装错误可向承印厂调换,电话:022-69381996)

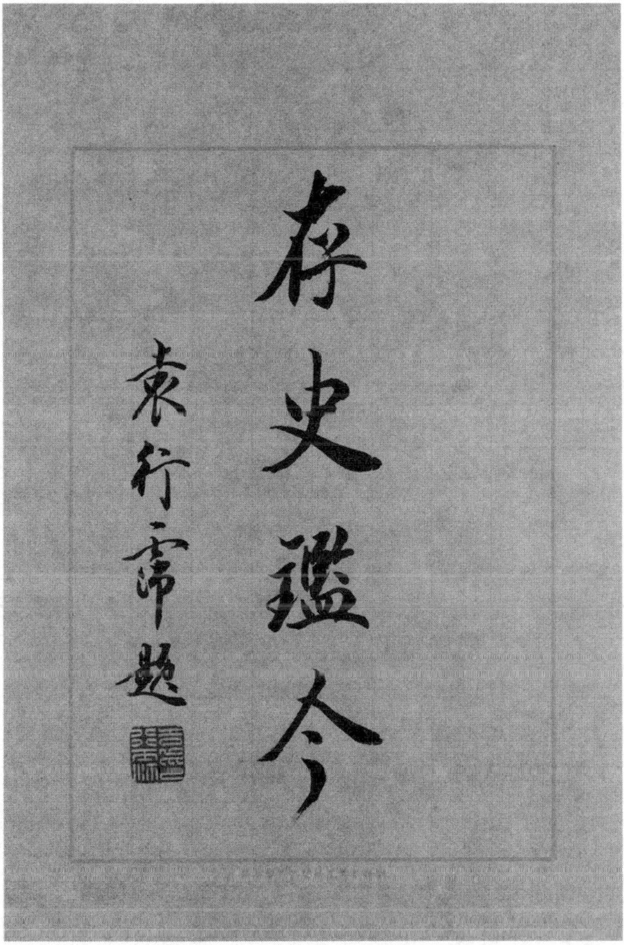

袁行霈先生题辞

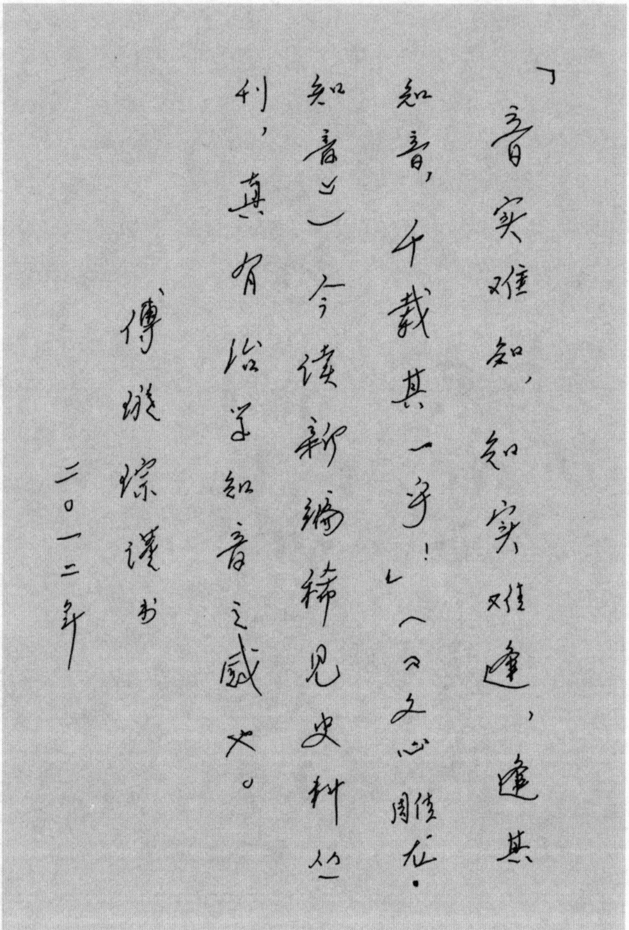

「音实难知，知实难逢，逢其知音，千载其一乎！」（《文心雕龙·知音》）今读新编稀见史料丛刊，真有治学知音之感矣。

傅璇琮谨书

二〇一二年

傅璇琮先生题辞

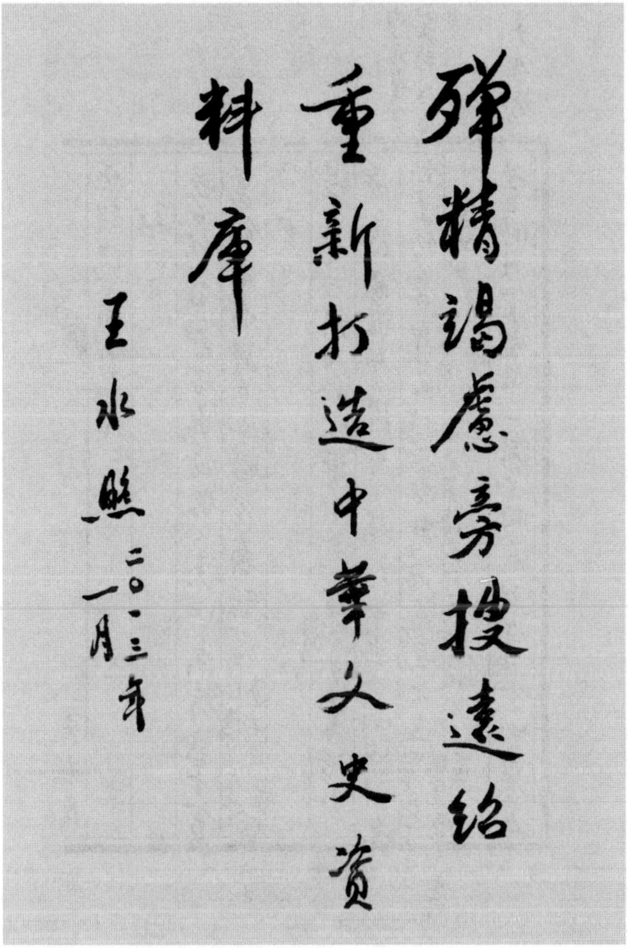

王水照先生题辞

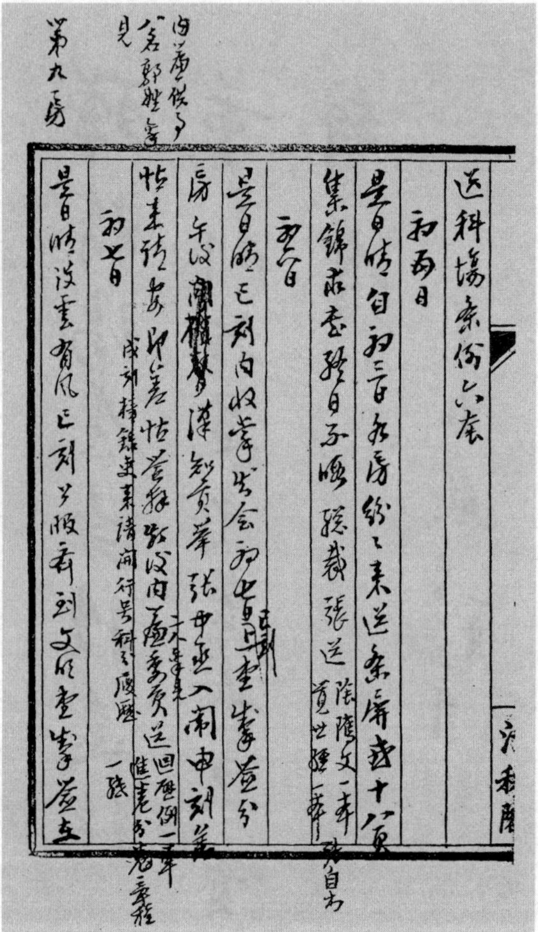

书影一

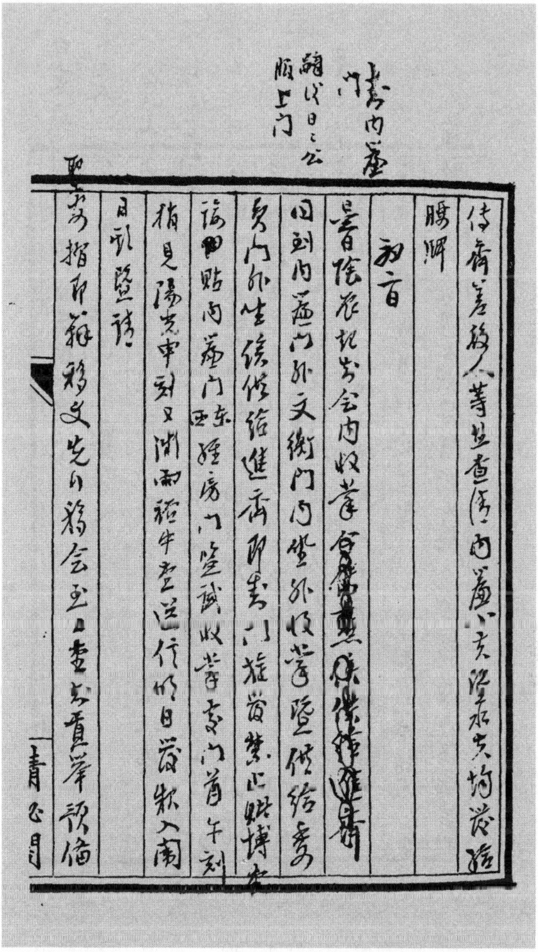

书影二

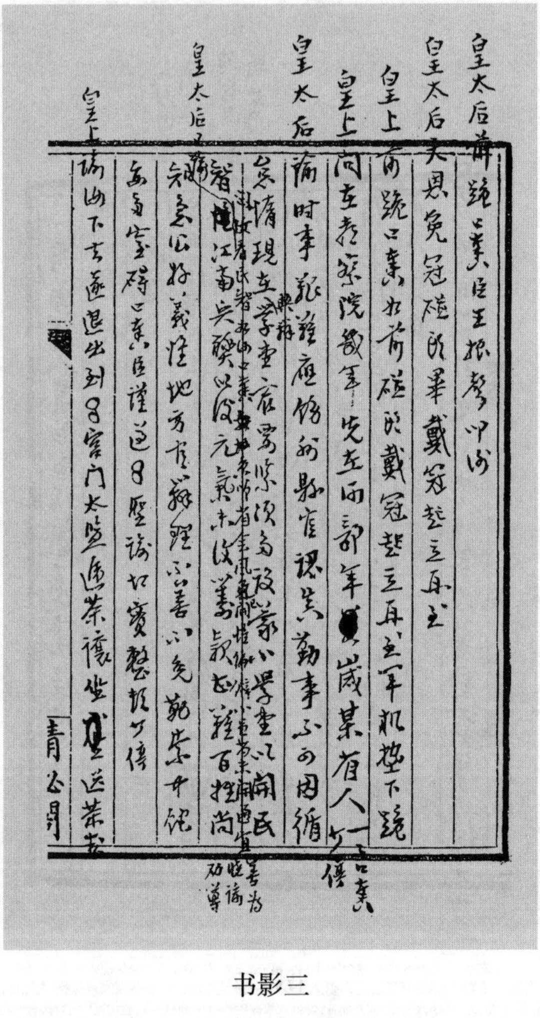

书影三

《中国近现代稀见史料丛刊》总序

在世界所有的文明中，中华文明也许可说是“唯一从古代存留至今的文明”（罗素《中国问题》）。她绵延不绝、永葆生机的秘诀何在？袁行霈先生做过很好的总结：“和平、和谐、包容、开明、革新、开放，就是回顾中华文明史所得到的主要启示。凡是大体上处于这种状况的时候，文明就繁荣发展，而当与之背离的时候，文明就会减慢发展的速度甚至停滞不前。”（《中华文明的历史启示》，《北京大学学报》2007 年第 1 期）

但我们也要清醒看到，数千年的中华文明带给我们的并不全是积极遗产，其长时段积累而成的生活方式与价值观具有强大的稳定性，使她在应对挑战时所做的必要革新与转变，相比他者往往显得迟缓和沉重。即使是面对佛教这种柔性的文化进入，也是历经数百年之久才使之彻底完成中国化，成为中华文明的一部分；更不用说遭逢“数千年来未有之变局”、“数千年未有之强敌”（李鸿章《筹议海防折》），“数千年未有之巨劫奇变”（陈寅恪《王观堂先生挽词序》）的中国近现代。晚清至今虽历一百六十余年，但是，足以应对当今世界全方位挑战的新型中华文明还没能最终形成，变动和融合仍在进行。1998 年 6 月 17 日，美国三位前总统（布什、卡特、福特）和二十四位前国务卿、前财政部长、前国防部长、前国家安全顾问致信国会称：“中国注定要在 21 世纪中成为一个伟大的经济和政治强国。”（徐中约著《中国近代史》上册第六版英文版序，香港中文大学 2002 年版）即使如此，我们也不能盲目乐观，认为中华文明已经转型成功，相反，中华文明今天面对的挑战更为复杂和严峻。新型的中华文明到底会怎样呈现，又怎样具体表现或作用于政治、经济、文化等层面，人们还在不断探索。这个问题，我们这一代恐怕无法给出答案。但我们坚信，在历史上曾经灿烂辉煌的中华文明必将凤凰浴火，涅槃重生。这既是数千年已经存在的中华文明发展史告诉我们的经验事实，也是所有为中国文化所化之人应有的信念和责任。

不过，对于近现代这一涉及当代中国合法性的重要历史阶段，我们了解得还过于粗线条。她所遗存下来的史料范围广阔，内容复杂，且有数量庞大且富有价值的稀见史料未被发掘和利用，这不仅会影响到我们对这段历史的全面了解和规律性认识，也会影响到今天中国新型文明和现代化建设对它的科学借鉴。有一则印度谚语如是说："骑在树枝上锯树枝的时候，千万不要锯自己骑着的那一根。"那么，就让我们用自己的专业知识与能力，为承载和养育我们的中华文明做一点有益的事情——这是我们编纂这套《中国近现代稀见史料丛刊》的初衷。

书名中的"近现代"，主要指1840—1949年这一时段，但上限并非以一标志性的事件一刀切割，可以适当向前延展，然与所指较为宽泛的包含整个清朝的"近代中国"、"晚期中华帝国"又有所区分。将近现代连为一体，并有意淡化起始的界限，是想表达一种历史的整体观。我们观看社会发展变革的波澜，当然要回看波澜如何生，风从何处来；也要看波澜如何扩散，或为涟漪，或为浪涛。个人的生活记录，与大历史相比，更多地显现出生活的连续。变局中的个体，经历的可能是渐变。《丛刊》期望通过整合多种稀见史料，以个体陈述的方式，从生活、文化、风习、人情等多个层面，重现具有连续性的近现代中国社会。

书名中的"稀见"，只是相对而言。因为随着时代与科技的进步，越来越多的珍本秘籍经影印或数字化方式处理后，真身虽仍"稀见"，化身却成为"可见"。但是，高昂的定价、难辨的字迹、未经标点的文本，仍使其处于专业研究的小众阅读状态。况且尚有大量未被影印或数字化的文献，或流传较少，或未被整合，也造成阅读和利用的不便。因此，《丛刊》侧重选择未被纳入电子数据库的文献，尤欢迎整理那些辨识困难、断句费力、裒合不易或是其他具有难度和挑战性的文献，也欢迎整理那些确有价值但被人们习见思维与眼光所遮蔽的文献，在我们看来，这些文献都可属于"稀见"。

书名中的"史料"，不局限于严格意义上的历史学范畴，举凡日记、书信、奏牍、笔记、诗文集、诗话、词话乃至序跋汇编等，只要是某方面能够反映时代政治、经济、文化特色以及人物生平、思想、性情的文献，都在考虑之列。我们的目的，是想以切实的工作，促进处于秘藏、边缘、零散等状态的史料转化为新型的文献，通过一辑、二辑、三辑……这样的累积性整理，自然地呈现出一种规模与气象，与其他已经整理出版的文献相互关联，形成一个丰茂的文献群，从而揭示在宏大的中国近现代叙事背后，还有很多未被打量过的局部、日常与细节；在主流周边或更远处，还有富于变化的细小溪流；甚至在主流中，还有漩涡，在边缘，还有静止之水。近现代中国是大变革、大痛苦的时代，身处变局中的个体接物处事的伸屈、所思所想的起落，藉纸墨得以留存，这是一个时代的个人记录。此中有文学、文化、生活；也时有动乱、战争、革命。我们整理史料，是提供一种俯首细看的方式，或者一种贴近近现代社会和文化的文本。当然，对这些个人印记明显的史料，也要客观地看待其价值，需要与其他史料联系和比照阅读，减少因个人视角、立场或叙述体裁带来的偏差。

知识皆有其价值和魅力，知识分子也应具有价值关怀和理想追求。清人舒位诗云"名士十年无赖贼"(《金谷园故址》)，我们警惕袖手空谈，傲慢指点江山；鲁迅先生诗云"我以我血荐轩辕"(《自题小像》)，我们愿意埋头苦干，逐步趋近理想。我们没有奢望这套《丛刊》产生宏大的效果，只是盼望所做的一切，能融合于前贤时彦所做的贡献之中，共同为中华文明的成功转型，适当"缩短和减轻分娩的痛苦"(马克思《资本论》第一卷第一版序言)。

《丛刊》的编纂，得到了诸多前辈、时贤和出版社的大力扶植。袁行霈先生、傅璇琮先生、王水照先生题辞勖勉，周勋初先生来信鼓励，凤凰出版社姜小青总编辑赋予信任，刘跃进先生还慷慨同意将其列入“中华文学史史料学会”重大规划项目，学界其他友好也多有不同形式的帮助……这些，都增添了我们做好这套《丛刊》的信心。必须一提的是，《丛刊》原拟主编四人（张剑、张晖、徐雁平、彭国忠），每位主编负责一辑，周而复始，滚动发展，原计划由张晖负责第四辑，但他尚未正式投入工作即于 2013 年 3 月 15 日赍志而殁，令人抱恨终天，我们将以兢兢业业的工作表达对他的怀念。

《丛刊》的基本整理方式为简体横排和标点（鼓励必要的校释），以期更广泛地传播知识、更好地服务社会。希望我们的工作，得到更多朋友的理解和支持。

2013 年 4 月 15 日

目　录

前　言

本书原名《心清室日记》，是清人王振声的日记，起于光绪二十九年正月，止于民国十一年十二月，记其前后20年间之日常起居、宦场行踪及书画写作、人际交往。

王振声（1842—1922），字劭农，一作少农，自号黄山遁叟，北通州（今北京通州）人。同治十三年进士。曾任会试同考官、监试官，徽州知府等。后乞归，一意作画。尝手绘意拓园图，以寓退隐之意。善书、画，承家学，花鸟得华岩逸韵。宣统三年作《梅花读书图》。除其日记外，现存尚有《梦余集》、《京曹集》、《小桃园集》、《澹静草庐集》等诗文，以及函稿、禀稿若干篇。日记被影印出版，其他则均未刊行。

从王振声的简历中可以看出，他的一生中较有实质内容的生活当是其担任科举考官和徽州知府两事。《心清室日记》中记载内容较为详细具体的，就是这两段经历。

一

王振声于光绪二十九年二月和五月，先后出任该科会试同考官和殿试监试官。

光绪二十九年，清廷决定补行辛丑、壬寅恩正两科合并的会试。本科正考官孙家鼐，副考官徐会澧、荣庆、张英麟，同考官除王振声外，还有恽毓鼎、夏孙桐等十七人。因为贡院设在河南开封，须离京前往。考官们要从户部领取路费，从兵部领取勘合，自己则要同时预备马鞍、脚蹬、官衔纱灯、雨衣、雨帽等出行所需之物。王振声是一个画家，想必有同僚和地方官要索字求画，因此他还另外准备了笔墨、纸砚和折扇等。赴贡院途中，皆食宿于当地公馆，并有所经之地知府、知州、知县等迎送，可见规格不低。总裁写题、刻题、发题，举子分三场答卷，房官阅卷、荐卷，核查落卷，写批进呈，写榜，发榜，经过这若干环节之后，会试考试即告结束。王振声在该科担任同考官即阅卷官，具体负责完成所分派各份答卷的阅判、推荐及落卷的覆阅、推荐。其中值得关注的是，科举规则程序虽然非常严格，但也有随时调整的情形。如王振声所在的河南道该科，"接河南布政使咨文二件，知照嘉庆年上谕，试卷不准写卦画，即古篆字并用蓝笔蓝戳等语，印文系咨西经房，殊诧异"，看来是有点不太合适，于是经过磋商予以驳回(光绪二十九年三月初七日)。另外，以往都是总裁请考官六人到聚奎堂写题并监刻题纸，但"此次总裁自写题，即在总裁处封门刻题纸，未请房官，惟内监试满一员在总裁门外坐，汉一员在门内监刻题纸"(光绪二十九年三月初八日)，可见总裁的权力很大，可以临时变动某些规则程序。

光绪二十九年五月二十三日，王振声奉旨任殿试监试。监试顾名思义就是监督考试，从刻写题纸、分发题纸，到收卷、封卷，再到分卷、监督阅卷，最后是监试读卷大臣校封试卷并标明二甲三甲的名次，监试的差使即告完竣。虽然在殿试的每个环节都要到场，但仅仅是巡视监督，因此要轻松许多。

光绪三十年二月初六日，王振声再次奉旨担任该年恩科会试之监试，考场仍是河南道贡院，赴行过程略如上年。由于王振声这次担当会试监试，尽管参与的环节比房考官要多出许多，但毕竟只负监督之责，不用做最基本的工作，亦不比在朝堂任殿试监试时那般慎兢，所以，我们看到他也有时间拜会同僚甚至与他们书画往来。不过，令我们感兴趣的仍是考场上一些随机性的变化。如："申刻接布政使咨文三封五件，因系封口，不知何事，遂拆阅，不过照例知照之事，惟不由巡抚咨知贡举，竟由藩司直投内帘，不合体制。当时未便驳回，旋即致函知贡举熙菊朋，并将原文送阅，嘱其与巡抚晤谈，嗣后凡外文不得竟投内帘，应咨知贡举转移会内帘，以符体制。”（光绪三十年二月三十日）。又如：“原出题系《礼记》经义一，史论一，礼部供事忽持则例来云，终增则例举人覆试系四书义，上科即出四书题，现题目系经义，恐与例不符，即持则例开门往见总裁裕、陆改出四书题，回监试处赶即写好发刻。”（光绪三十年三月十九日）这些问题大概都涉及监试的职责，也说明当时还是发挥了其作用的。而光绪三十年四月初七日所记“午后往见陆总裁，商定初八日印官衔。向系四总裁卷归一处，令书吏印衔。此次总裁欲慎密，红号不用书吏，各堂自己看，家人印。向来刻衔板一块，此次令添刻一块，东两堂用一块，西两堂用一块”，则又一次显示了总裁的临时决断权力。

王振声《心清室日记》对其两科三任科场考官经历的记载，不仅具体记录了科举考试的全程细节，也反映了其中的某些变化与例外，对于我们了解科举实施过程是非常有价值的。

二

光绪三十一年八月十二日，皇帝颁旨王振声补授安徽徽州知府。由京官外放地方官，虽然地位有所上升，但对于王振声这个学人、书画家，则无疑是一次现实的考验。

王振声得旨，照例觐见谢恩，其觐见过程亦颇耐人寻味。他在八月十四日日记到：“稳步徐行，至皇太后前跪，口奏：‘臣王振声叩谢皇太后天恩。’免冠碰头毕，戴冠起立，再至皇上前跪，口奏如前。碰头戴冠，起立。再至军机垫下跪，皇上问在都察院几年，先在何部，年岁，某省人，　　口奏。少停，皇太后谕：‘时世艰难，应饬州县官认真勤事，不可因循怠惰。现在兴办学堂甚要紧，须多设蒙小学堂以开民智。’问：‘汝看民智如何？’口奏：‘京师省会风气已开，惟偏僻小邑尚未开通，宜善为晓谕劝导。’‘江南兵燹以后元气未复，筹款甚难，百姓尚知急公好义，惟地方官办理不善，不免勒索中饱，每多窒碍。’口奏：‘臣谨遵〇〇圣谕，切实整顿。’少停，皇上谕：‘汝下去。’”皇上只问了过去的任职、籍贯等基本情况，而皇太后则关心的是民风、教育和地方官场等要务。西太后与光绪帝的立场明显不同，或者恰好是二人已经达成的分工体现。事实上，王振声就任徽州知府后，就重点关注了教育和官吏的问题。这虽然只是一次简单的谢恩活动，但国家大事，西太后和光绪帝到底谁说了算，不言自明。

王振声甫到任，即“到省考查研究学务，酌定许与鲍振炳二人，并议办初级师范学堂添设蒙学堂，发禁赌告示、查禁讼棍告示、关防告示”（光绪三十一年十二月二十八日），显示了他确实要振兴教育，整肃民风及吏治之心。光绪三十二年正月初二日、初三日，又先后“早晚与幕友同席闲谈，饬谕警察局禁赌简明告示再缮多张，遍贴街巷，派兵勇认真稽查”，“定议中学堂由书院移设贡院，腾出紫阳书院，立初等师范学堂”，公务活动仍以教育及社会治安为中心。“午后步行至贡院，看学堂工程并到警察局”（光绪三十二年三月初七日），“许际唐来，商师范学堂附设教育讲习会”（光绪三十二年三月二十五日），午后许际唐来商办出示劝立蒙小学堂（光绪三十二年三月二十八日），“传见警局继县丞、施巡检，面谕整顿警察事”（光绪三十二年闰[四]月初九日），“顺到儒学明伦堂查看蒙学堂，到紫阳书院查师范传习所，回公馆。申刻蒙学堂学生来，中学堂操场演操，请阅操，系日本操法，颇整齐。晚县备筵席。饭后查阅各学堂章程规则，并调查讲义”（光绪三十二年五月十五日），“尹经历来谢委，面谈整顿警察事”（光绪三十二年九月初四日），“午刻到师范学堂考试毕业生国文科，顺到警察局看巡勇体操，仍回学堂看楼房工程”（光绪三十二年冬月二十四日）等记载，均显示王振声的工作中心与关注焦点。不仅是面上的教育与警察事务，王振声还具体处理了警察与生员斗殴、学堂监督与学生冲突以及预筹平粜、盗窃赌博等事件，虽颇多曲折，然亦基本敉平。说明王振声尚有一定的管理事务能力，而不仅仅是一个书生学究。光绪三十二年七月十四日曾记:"午后王昭三来,呈简字半日学堂招考广告请酌,当驳以文太古雅,市人不懂,宜改粗浅,使众易解。"看来,王振声明白教育的目的是开化风气,首先要民众能够看得懂地方政府的相关告示。王振声的徽州知府任基本是合格的,他的同乡、姻亲朱寯瀛曾经概括说:"勤求治理,举行新政,循绩著闻,常周历郡属,察视民间疾苦,雨雪跋涉,劳瘁不辞。创设紫阳师范学堂,为全皖之倡,以兴教育。疏通江右浙西粮运,以利交通。岁歉,米价腾昂,筹办平籴,以裕民食。严缉匪痞,擒渠释从,以靖地方。造福新安,士民称颂。"(《引年珠玉编》)

但王振声毕竟不是一个长袖善舞的官场宠儿,地方上的众多事务以及地方上的各色人等,常常使他心力交瘁,彻夜不寐,头闷目涨耳聋和神体疲倦时时困扰着他,用今天的话说,就是失眠、抑郁,在这种情况下他不得不提出归休的请求。他什么时候递呈的请求,有什么具体的理由,日记中没有交代,只是在光绪三十三年正月二十九日的日记记到:"晚接省抄二十日挂藩牌徽州府王〇〇捐升遗缺,派刘沛然署理。"但他在致绍英的函中却明确说到:"兄处徽一年,因水土气候不服,自秋徂冬,孱躯日形疲惫,颇蓄归志,海弟暨儿辈闻之,亦劝解组而归,因代筹捐过道班开缺候选,现既简放人员,此间即禀请上宪派员接署,候交卸后拟即由杭沪北上,大约春夏之交当可抵京矣。"对他的卸职原因及归期安排做了非常清楚的交代。从光绪三十一年八月十二日朝廷任命,到三十三年二月十六日离开徽州,前后不足两年,可谓一场极其短暂的仕历。然而王振声的经历尤其是日记中对这些经历的记载,对于我们认识晚清地方官场的实际状况同样是有价值的。

三

相对于一些记载详细的日记,王振声《心清室日记》的内容或者说史料价值少了一点，特别是他从徽州知府任上乞休以后，日记所记载的内容就非常简单，基本就是自己的日常起居和亲朋往来，有时甚至只有简单的天气状况。因此，要从这样一部日记中发掘太多的史料价值是不太现实的。不过，假如撇开比较狭窄的史料价值观念，这种纪事简略的日记自有其意义在。首先，它反映了主人比较清静闲淡的生活情趣，而且结合王振声的乞休行为，这种情趣也是十分真实的。其次，对天气的记载，必然是很有用的气象历史资料；对亲朋往来的记载，亦可以成为研究晚清民国文人交游的重要参考。尤其是亲朋间的饮宴活动以及日记主人对此类活动的态度，对于了解当时文人交际的真实状况极有意义。

交游本来是加强联络、增进互助的有效形式，但是，如果处理不当特别是活动过于频繁，则会成为负担。晚清民国时期，文人之间的嬉戏筵乐之风一度达到了近乎泛滥成灾的地步，有些文人即表现出了强烈的反感。曾与王振声同科担任同考官的恽毓鼎，在日记中就曾说过："连日疲于酬应，晚归，颓然病矣。"[①]"午刻至江苏馆赴潘经士之约，申刻至便宜坊赴裴伟丈之约，真可谓困于酒食矣。"[②]于是，不得不在年终总结时立下了"减无谓之应酬，读有用之书籍"[③]的"宏愿"。但从他之后的日记看，这个宏愿并没有能够实现，因此"无日不局，百事都废"[④]，"酒食征逐，无日无之，求半日静坐看书而不可得，甚以为苦"[⑤]的感叹屡见于日记中。那么，甘于恬淡的王振声又是怎么样的呢？从他的日记中可以看出，当时这类酒会饭局相当频繁，几

---

① 《恽毓鼎澄斋日记》光绪廿二年九月十五日记，浙江古籍出版社，2004年，第111页。

② 《恽毓鼎澄斋日记》光绪廿二年九月十八日记，第111页。

③ 《恽毓鼎澄斋日记》光绪廿四年十二月廿六日记，第149页。

④ 《恽毓鼎澄斋日记》光绪廿四年十月初五日记，第172页。

⑤ 《恽毓鼎澄斋日记》光绪卅二年二月十九日记，第300页。

乎每天都有，有时甚至一天好几场。王振声在日记中虽然没有直接表露不满和厌烦，却记载他曾经多次以各种理由辞谢此类活动，说明他内心其实是不太喜欢的。而且，从王振声致松鹤龄函中“殊无意兴，不过假消寒为名，酒食征逐而已，甚无味也”几句，似乎可以看出，他对酒食宴饮的心理其实是比较复杂的：征逐酒食固然无聊乏味，而在衰世乱相中，又惟赖酒食尚可得到瞬间的快感。这大概是易代之际乱世中文人们的普遍表现吧。所以，《心清室日记》无文字处有深义，无记事处有大事，善读日记者当仔细明辨酌取。

王振声日记中另有两点亦值得关注，一是他对天主教传教士的认识，光绪三十一年十二月二十六日：“午刻天主堂教士华克诚来拜会。教士具中国衣冠，晤谈甚谦和。”光绪三十二年闰（四）月初八日：“十点钟牧教士来拜会，无事，惟闲谈并询问江西土匪事。当答以抚台已派兵往连德、婺源、祁门三县驻扎，本府亦通饬各县认真保护教堂，稽查防范土匪，禁止谣言等语。彼亦云徽属人心甚好云云。谈刻许，辞去。”光绪三十三年正月初二日：“答拜同城官贺年并答拜教堂各教士。”均显示王振声对华克诚及其他各教堂教士的观感尚可，并不是一味排斥，这比当时许多民粹主义者片面对抗传教士要明智很多。

光绪三十三年二月二十四日，王振声乞归回京，途经无锡，在江面上遇到日本海军小巡船，船上的“日本兵让上船笔谈并出茶点款洽”，“上船笔谈”立刻提醒我们，晚清以来中日人士间的笔谈当十分盛行，笔谈的人物涉及政军学商各界，笔谈的地点则包括发生接触的各个角落，有的在国外，有的则在国内，今天透过笔谈来研究语言及文化的交流，就不应该只关注遗存国外的关乎学界、文化界、外交界的笔谈资料。

鉴于以上这些内容和意义，我们认为有必要对王振声日记予以完整的整理揭示。该日记原稿现藏于国家图书馆，学苑出版社 2006 年收入《历代日记丛钞》影印出版。此次即据于影印本，全文予以释文、标点。日记中多次提到的人物，则尽可能地利用与其有关的资料给予相互对应。比如王振声与恽毓鼎、绍英交往较多，在他的日记中也多次提及二人，而恽毓鼎、绍英同时亦有日记存世，于是对王振声日记中所记恽毓鼎、绍英的活动，就尽量从恽毓鼎、绍英日记寻找对应点。这样的目的一方面是证实王振声日记记载的准确性，另一方面则是为读者提供超出日记本身的资料信息。虽然从他们几人的记载中并不一定能够找到王振声日记中的所有涉事记载，但我们相信这只是他们的记事风格和日记体例使然，而非王振声日记本身记事的虚实问题。

王振声在原日记眉端处，简要记录了一些时局大事，或对当日的活动、行程予以概括，此次整理时将之移入正文，另段置于当日日记之末。如果眉端所概括的活动、行程，在日记正文中有更清楚、更全面的记载，则此文字不再迻录。

日记正文中的小字夹注，以圆括号“()”括出；原来空缺和完全模糊不清的地方，可确定字数的用□代替；无法辨认的，用省略号代替。笔画清楚却一时难以释读的，则用△代替，暂付阙如以待高明。又，日记于光绪二十九年卷末、光绪三十年卷末、光绪三十一年十月初二日条及宣统二年四月初一日条、七月廿一条涉及账目方面记号文字，不易释读，亦暂付阙如。

癸卯春闱日记

光绪二十九年

补行辛丑、壬寅恩正并科会试。

正月十四日(2月11日) 上谕:会试知贡举,著松寿去,钦此。

二月初一日(2月27日) 旨:此次会试,遣孙家鼐为正考官,徐会澧、荣庆、张英麟为副考官,钦此。

旨:这同考官著胡逢恩、恽毓鼎、杨捷三、马吉樟、华学澜、吴怀清、张鸿翊、夏孙桐、谢远涵、王振声、王九徵、王金镕、刘彭年、景湗、杨芾、饶昌麟、陈咸庆、张丕基去。钦此。

是日午刻,九卿房姜苏拉抄送一单(贡所)。申刻,往拜陆凤石台长,谈京察初八日引见,不克到班,由京畿道知照吏部往差彻引〇〇见。申刻,礼部送知会谢口恩,附新章奏底。

内场监试御史联豫、给事照麟。

初二日(2月28日) 黎明齐赴午门,在礼部朝房会齐,礼部堂官一员带领至午门前御道东排班,令听宣旨,毕,九叩首,谢恩。是日河南道堂期,午后进署行文,移会户部领路费银两,移会兵部领勘合。旋出城拜总裁孙,未遇。

初三日(3月1日) 借王佐胡同绍宅行轿一乘。巳刻绍宅家人魏顺送来。付雇轿夫五十六千。午后拜总裁徐、荣、张,均未遇。

初四日(3月2日) 辰刻往拜知贡举松鹤龄,谈贡院供应黄河水并贡院淘井事。松定于初六日出京,由火车赴正定,即日拜别。午刻定轿夫两班送至涿州，银十二两，借新鲜〇〇绍宅下骑马鞍两具，轿蹬一对，买官衔纱灯一对，带油布套。

初五日(3月3日) 王肖庭侍御约聚丰堂晚酌，晤王聘三侍御，乃征议改由火车到保定，十六日启行。

初六日(3月4日) 早退轿夫，制办包杆、脚搭板。午后往拜王聘三、杨若米、刘信庵、张文舟、谢敬虚，均未遇，拜夏润芝、王铸言晤谈，改定十七日由火车启行。晚，兵部杨若米遣送来勘合一道。

初七日(3月5日) 辰，王聘三来函，定准十七日午车同行。

初八日(3月6日) 户部知照河南道，定于初九日辰刻放路费△廿五两，本道出具印领赴部阅支。

买清秘阁赏封纸一百付，赏扇廿把，△锭子十块，蜡笺虎皮笺封料五付，十八房集锦横一张，十八房集锦斗方三分，小墨海砚一块，花青膏两碗。

初九日(3月7日) 李蓉舫请福隆堂晚局。辰，遣人赴户部福建司校印，领赴库领银廿五两。

初十日(3月8日) 会文斋送荐批簿两本，轿封条两条。

十一日(3月9日) 雇轿夫启行日，由本寓送上火车。五人上二十五午轿灯糊油纸。

十二日(3月10日) 买包杆一分，脚搭板一块(官车铺)，价十五千，雨衣两件(旧有一件)，油战裙两件，轿顶油布一块，雨帽两顶(旧有一顶)，添买清秘阁赏扇廿把。

下人三名，雨衣帽三分。

十三日(3月11日) 冯伯玗送席一桌。

装衣箱一支，书箱一支，小箱一支，会文斋送来，贴行李封条六十条，赏封套。

十四日(3月12日) 绍叙五送燕席一桌，世子厚弟兄送四行匣。刘博泉仓帅请宗显堂午局。

十五日(3月13日) 绍叙五送路菜六色，仲华送四色。

十六日(3月14日)　辰起,轿夫来收什轿子,令家人束装衣箱一支,书箱一支,软布箱一个,小箱一支,木匣茶点药物四个,午后往羊肉〇〇本家叩辞祖堂,顺拜陆、张两台长,刘博泉、绍叙五。

启行,保定府宿。

十七日(3月15日)　遣高升乘早车先行到保定,招呼公馆夫马轿夫,巳刻遣谭福押行李车先上火车买票,巳正启行。出前门,到车站,火车尚未到,候至午初二刻火车到,即上头等车。同行六人齐到,共一车,轿子、行李亦分上厂车。一点二刻开车,是时微雨,行至卢沟以南,改微雪,遍地皆白,过长辛店,仍微雨终日。戌初到保定,已上灯矣。幸有前站家人招齐夫马,遂秉烛进西门,至浙江会馆公馆宿,藩臬以下阖城文武官十一员来拜,均挡驾回帖请安,惟臬台杨莲甫廉访因素好至谊拜会,并送茶点六色。赏办差家人封一付,余无赏。清苑知县齐耀琳,满城雷天衢。

十八日(3月16日)　是日仍阴。卯正启行,天气清寒,出廊又微雨,至泾阳驿,换车马,午正至方顺桥尖,申初二刻至望都县南门外公馆宿。赏上站轿夫△△四百文,包马夫二百文,每站同。赏办差家人封一付。尖宿同。望都知县阎骏业。

十九日(3月17日)　卯正启行。是日晴。清风店茶尖,午初至定州饭尖,换轿夫车马。定州轿夫甚健。未初启行,申正至新乐县南门外公馆宿。定州关外有古中山国石碣,新乐有羲皇圣里石碣。定州近郊多井,地似不甚干旱。过滱河浮桥,两岸十余里多沙坨。定州朱乃恭,新乐知县平章。

二十日(3月18日)　卯正启行。是日晴。过沙河浮桥即新乐河,至复城驿尖。申初至定城内隆兴寺公馆宿。隆兴寺俗名大佛寺,隋开皇时建,唐宋及本朝屡重修。殿宇五进,层楼叠阁,极宏丽。正殿楼高十三丈,铜佛立像高七丈余,相传唐时尉迟敬德铸,后毁(军为战铸钱),宋开宝年重铸,乾隆四十二年重修庙宇,有黄△御制诗、御制碑文,有隋开皇龙藏寺碑。前殿有两面佛,有观音殿,观音像斜座下海水吐立，上群山嵯峨，仙佛云集，龙虎狮象均泥塑，神气如生，惜殿多残毁，前殿已圮，正殿楼上层塌下，佛顶露天，再经风雨，将日就倾圮矣。是日正定府江兰生名槐序、同知桐豫生名寿正，定县张朗卿名祖咏拜会。庙内房极多，方丈客堂客厅皆轩敞整洁，壁上名贤朝贵字画。住持僧意定由京师法源寺移此，颇能应酬。

复城驿尖。正定宿。正定北门有古常山郡汉南粤王赵佗故里石碣。

二十一日(3月19日)　是日微雨。辰初启行，出南门，过滹沱河浮桥，至二十里铺茶尖，午刻小雨有声，田土滋润，道路滑，轿夫行甚缓。申刻行四十里至栾城县城内龙冈书院公馆宿，栾城县训导刘少岩名长容拜会。刘天津人，前通州训导，现迁栾城并书院主讲(壬戌)。知县张怀曾。

二十二日(3月20日)　栾城县令张名怀曾，与夏太史孙桐至戚，因轿夫不敷用(送总裁未回)，留宿一日支应，格外欢洽。午后发京信一封。借夏闰之《秋闱分校纪事》钞录。

二十三日(3月21日)　卯正启行，是日晴，巳刻行四十五余里，至赵州桥公馆尖，午后微有风。六十里抵柏乡南关宿，县城内石牌坊颇多。知州吴国栋。知县周占文。

二十四日(3月22日)　是日阴。卯初二刻启行，午初至内丘县(六十里)北门内书院公馆尖，闻总裁传路程单，定初三日抵汴，房官尚有二三起在后，恐迟误，同人公议赶站越过，因开一路程单，托内丘县传知下站，预为布置。午正启行，微雨，至车站，雨加密，路滑，五钟半抵顺德府(四十里)邢台县南关店公馆宿。内丘知县张锦绂。邢台知县戚朝卿。

二十五日(3月23日)　是日雨止，仍阴，开门则满地皆雪，北风清寒。辰初启行，路甚滑，抬轿以农夫八人捧一轿缓行，十一点钟过沙河县，少停，未下轿。(沙河简缺小县，向不应差。)沙河城南一片荒沙，轿夫惫甚，过一村，另雇三人抬轿，至申刻始抵永年县(七十里)之临洺关公馆宿。知县刘传祁。

是日未尖站。冉子故里。临洺关宿。

二十六日(3月24日) 是日阴。卯初二刻启行,过黄粱梦游卢生祠。前殿钟离,正殿吕仙,后殿卢生卧像,壁上题咏甚多,殿前二门外大方池、水心亭、极幽殿。午刻至邯郸县(四十五里)南门外公馆尖,县令吴鸿祺郊迎郊送,极款洽。申刻至磁州北门内以东书院公馆宿。是日总裁亦到磁州(七十里)同一公馆,同人齐谒见总裁,旋来答拜。州刺史李兆珍拜会,次日郊送,应酬周到。是日在公馆失去暖靴一双。邯郸知县陆尔埉,字和卿。

邯郸尖。专院曾作行宫,房极多且整。磁州宿滏阳驿。

二十七日(3月25日) 是日仍阴。卯正启行,过漳河浮桥,至丰米镇行宫茶尖,用点心。巳刻微雪。午正,至彰德府安阳县公馆尖。未初启行,大雪,北风甚寒。出南门,有宋韩魏公故里石碣。过羑里,有石牌坊文王演易处。申刻至汤阴县书院公馆宿。安阳县姚礼坤。

入河南界。安阳县送知贡举封条。安阳尖。汤阴宿。

二十八日(3月26日) 是日阴。辰初启行,过岳忠武祠(在南门内,因赶程,不暇瞻仰)。巳正,至宜沟驿行宫尖,换夫马。午刻启行,未刻,北风忽紧,雨雪交加,寒甚,路愈滑,斩行愈难。申刻过淇水,入卫辉府界。丑初抵淇县城内行宫宿。行路见麦田一碧万顷,雨雪沾足,可望有秋。知县史悠履。

二十九日(3月27日) 是日卫辉府文武郊迎,仪仗呵道,前驱三炮,鼓吹。入公馆,援试差例也。公馆饮馔皆精洁。次日郊送。是日阴,辰初启行,出城望西北远近诸山积雪,北风寒甚。行四十五里,午刻过卫河,抵卫辉府城内贡院公馆宿。路过殷比干墓,石碑林立。知府国荫号馨翁,壬戌同年良梦臣三子。知县鄢世仁,字守文。

府经历送知贡举封条。是日无尖站。卫辉府汲县宿。

三十日(3月28日) 是日阴。辰初启行,四十五里至延津县属塔铺村行宫公馆尖，入境数十里，地皆不毛，多沙坨。申初行二十五里至延津县东门内公馆宿，又微雨。知县周常炳，天津人。

三月初一日(3月29日) 是日夜雨未止。辰初启行，抬轿农夫八人捧一轿冒雨踏泥淖前进，屡颠仆，轿屡坠地倾侧，惫甚。至申初行四十五里始抵封丘县城内书院公馆尖，幸祥符遣轿夫来迎，申正启行，二十里至新店公馆宿。日暮又雨，终夜淅沥有声。

初二日(3月30日) 是日雨止。辰初启行，四里至黄河北岸祭河神(豫安营官兵跪迎鸣枪)，行二跪六叩礼，毕(辰正)即登舟(炮船鸣炮)渡黄，天放晴，船上见阳光，北风甚利。午初，达南岸。旱路，豫安官兵跪接十余里，祥符县派来日罩伞仪仗开道，开封府知府、祥符知县郊迎，进城至贡院，进门三炮，至至公堂下轿，知贡举藩臬道降以迎，在至公堂座谈。进三道茶点，即启门入，仍乘轿至至慎堂后内帘门下轿，至西经房(第十房)住，即拜内帘监试及头起先到各房，知贡举送下马宴席上下两桌。

初三日(3月31日) 是日放晴。早供给所送供给验收单两张，领供给签一支(上写第十房)，派来厨夫一名、点心匠一名、小夫一名。饭后至各房闲谈。申刻，总裁入闱，灯候，四总裁公送各房考官暨内监试筵席两桌。内收掌启仲履名绥[①]来拜会。

初四日(4月1日) 是日晴。巳刻总裁来拜会，先约同人公服迎于门，一揖，入室少座，总裁辞去，旋约同人答拜，总裁在一处迎于堂下，登堂一揖，未座辞出，即答拜。内收掌归房，更便衣，赴监试处早饭(昨总裁送席，在监试处同人约齐会食畅谈)。午刻第三起同考官六人入闱，先为备点心。申刻彼此往拜，戌刻支应局送科场条例六套。

初五日(4月2日) 是日晴。自初三日各房纷纷来送条屏达十

---

① 据清人继昌《行素斋杂记》，“光绪庚寅科会试，满洲贡士八人，惟启仲履绥得馆选，亦近数科所仅有”。

八页,集锦求书,终日不暇,总裁张送《阴骘文》一本、《觉世经》一本,张自书。

初六日(4月3日) 是日晴。巳刻,内收掌知会初七日巳刻上堂掣签分房。午后汉知贡举张中丞入闱,申刻差帖来请安,即差帖答拜,灯后内帘委员二人禀见,送回慰例一车、进卷分卷章程一纸。戌刻榜录吏来请开行号,科分履历。

内帘供事八名,郭姓禀见。

初七日(4月4日) 是日晴,淡云有风。巳刻公服齐到文明堂,掣签在第九房。午初接河南布政使咨文二件,知照嘉庆年上谕,试卷不准写卦画,即古篆字并用蓝笔蓝戳等语,印文系咨西经房,殊诧异。饭后访恽、夏二君,适遇内监试熙筱舫,将原文索去,欲晤知贡举驳回。次日晤监试,已将原文交内收掌交回①。

初八日(4月5日) 是日淡云未雨。向例是日总裁请考官六人到聚奎堂写题并监刻题纸,此次总裁自写题②。即在总裁处封门刻题纸,未请房官,惟内监试满一员在总裁门外坐,汉一员在门内监刻题纸,亥刻开门,题纸发出,旋送各房题纸一张。二场满、汉易。

初九日(4月6日) 是日淡云未雨。午刻送来各房砚台一块、卷箱一支。

初十日(4月7日) 是日晴明。内收掌送来收卷簿一本。

十一日(4月8日) 开头场人数五千三百名。

---

① 关于此事,《恽毓鼎澄斋日记》光绪廿九年三月初七日记:"河南布政使忽有咨文两套,不由监试于开门时递进,径送东西经房。本届借闱会试,一切自有礼部提调,御史监试司之,与汴藩无与也,安得干预内帘之事。且不经监试手,无端直达房官,尤干禁令。外省公事一凭书吏做主,不通道理,不知利害如此!因送交监试熙筱舫前辈,请其俟开门时交还知贡举,嘱其以后勿再妄为。"(浙江古籍出版社,2004年,第218页)

② 《恽毓鼎澄斋日记》:"向来写题监刊印,俱系请同考六人,扃于总裁处。本届总裁自办,免此一重公案。"(第218页)

是日晴。午后监试派来书吏三名(东经房三名,西经房三名),每三房一场,每房一名专送荐卷。二场题仍在总裁处监刻,亥刻送每房题纸张。

十二日(4月9日) 是日晴。监试派委贡知会,申初刻上堂阅卷,未初先分卷送房,在房阅。申正监试来请公服上堂阅卷,因文明堂不明爽,阅卷不便,少坐时许即撤堂回房阅。

十三日(4月10日) 是日晴,大风扬沙。终日在房阅卷,一日夜阅三十余卷,荐八卷。

十四日(4月11日) 是日晴,风止。在房阅卷,荐四卷。

十五日(4月12日) 是日早三场题纸送到。

是日微阴,午正小雨。终日在房阅卷,二场卷分到一百四十本。

十六日(4月13日) 是日晴。在房阅卷。

十七日(4月14日) 是日晴。在房阅卷。自十三日至十七,共荐四十本。二场卷到齐。

十八日(4月15日) 是日晴。在房阅卷,三场卷分到一项。

十九日(4月16日) 是日晴。在房阅卷。

二十日(4月17日) 是日晴。在房阅卷。外场新举人覆试。

二十一日(4月18日) 是日晴。头场卷阅完,共荐六十四本。

二十二日(4月19日) 是日晴。检查备卷,补荐四本,共六十八本。晚阅二场卷。总裁请恽薇孙、谢敬虚写进呈题纸[1]。

二十三日(4月20日) 是日晴,在房阅卷,午荐卷十六本(二场)

二十四日(4月21日) 是日晴。在房阅卷,荐十六本(二场)。

二十五日(4月22日) 是日阴。午后闻请额谕旨电到,定额共

---

① 《恽毓鼎澄斋日记》光绪二十九年三月二十二日:"午前写进呈二场题纸。"(第219页)

三百零六名[①]。申刻小雨。

二十六日(4月23日) 是日晴,午后阴,申刻小雨。巳刻荐卷二十本。二场荐卷阅齐。午后阅荐卷三场卷。

二十七日(4月24日) 是日晴。巳刻荐三场卷二十四本。知贡举松鹤龄放热河都统,奉旨先行回京,是日启行[②]。

二十八日(4月25日) 是日晴。早荐卷二十四本。

二十九日(4月26日) 是日阴。早补荐卷四本。前后共荐七十三本。三场卷荐齐。午后检查二场落卷。晚微雨。

四月初一日(4月27日) 是日阴,午晴。落卷阅齐,每名三场卷归一套,按省封明数目为一束,共十八束,计二百一十九分,装箱。

初二日(4月28日) 是日晴。晨起补荐旗号一卷,共七十三卷齐。午后光字中卷交来四卷,磨勘加圈,明字中卷交来四卷。

正:孙中四名;大:徐中五名;光:荣中四名;明:张中四名。

初三日(4月29日) 是日晴。午刻大字中卷交来五卷,内有广西观字十八号一卷,头二场默写四行,不符,即到监试处令供事到内收掌处查落卷,检出系与观字十七号错误(第十一房。此系外场收卷后红号之错。)即携卷往见总裁徐言明,即回房阅看,已日暮矣,故是日止圈出一卷,申刻正字中卷交来四卷。

初四日(4月30日) 是日晴。将昨检出之观字二场卷复看加批送交监试处,将房戳、荐戳并红号收什好,仍送到总裁徐阅订,即送回磨勘加圈。午后将光字中卷圈齐登荐卷簿,将堂批、房批条揭下,

---

① 《恽毓鼎澄斋日记》:"奉电旨:会试中额共三百零六名。较上届不甚增加,想因人数不多之故。按此分算,每房得士十六七人,即如额矣。"(第220页)

② 《恽毓鼎澄斋日记》:"知贡举升热河都统松(寿)于今日入都。"(第220页)

收在荐卷簿内，即将四中卷包好送回。

初五日(5月1日) 是日晴。巳，监视派礼部供事送写中卷批语格子一张并将上年乡试进呈解元卷送阅，如中有前十本写批之格式，即照写。午后明字中卷四本圈齐包好送回。

初六日(5月2日) 早晴午阴，天气微凉。申刻大字中卷五本圈齐封送。晚微雨。

初七日(5月3日) 早晴，监试令供事送阅十四日筵宴礼节单，午后正字中卷圈齐封送。申刻监试派供事送题名录红格一本。

初八日(5月4日) 早晴，正堂送来中卷写批，大、光、明三堂均送中卷写批，申刻写齐正、大、光三堂卷，封送前十本进呈卷写批。向请一房写，取一律。现十卷均交王铸言写批，盖因会元在铸言房内，故请其偏劳写批，以归一律。

初九日(5月5日) 是日晴。明堂中卷写批齐封送。巳刻正堂、光堂荐卷交回，每堂各荐十八本(中四本誊录一本)，交回十三本，将堂批抄下包好，送交内监试。

初十日(5月6日) 是日晴。巳刻派荐卷书吏压落卷箱送交内收掌，取回条。午后大堂荐卷交回，原荐十九本(中五本誊录一本)，交回十六本。申刻阴，有雨意。晚草榜底本发出，即抄录一本。九房房首列第五名，而第三百零六名榜尾亦九房卷，名为锁榜。

十一日(5月7日) 是日晴。明堂荐卷交回，原荐十八本(中四本誊录一本)，交回十三本，连正、大两堂交回卷送交内收掌。申刻四总裁来拜，各房同人衣冠迎于门一揖，不让坐，总裁回，同人即往答拜，总裁亦迎于阶下一揖，不坐，辞退。内监试、收掌晤面，亦一揖[①]。晚灯下写家信，告归△。

---

① 《恽毓鼎澄斋日记》："午后四总裁衣冠来拜房，各房亦衣冠群聚于近门处，以次恭揖。旋即具柬往答，四公亦聚于正堂以待，各一揖而退。"(第222页)

十二日(5月8日) 是日晴。早送来每房朱印闱墨两本。辰初监试知会公服上堂,校封写榜,知贡举、内外监试、礼部提调、内外收掌暨弥封官咸集。榜分两半,东西两边,写至未刻暂停,均退食。饭后申初上堂,至八点钟灯后榜齐,事毕退,至子初刻榜发,知贡举随出,总裁送榜至文衡门,房官不送,榜悬贡院照壁上三日[①]。

十三日(5月9日) 是日早会客,甚忙。是日晴。早供给所贡履中、宋承麟来拜,不会。布政使送来花红一匣。午后发家信一封,约会刘、华、恽、王同人,出门拜抚藩臬道首府县并礼部提调(已移出公馆)[②],回拜外监试、外收掌并供给所、内收掌。

十四日(5月10日) 是日晴。早会客数起。巳正二刻抚藩臬道来帖请谢恩筵宴,同人皆蟒袍补褂(应穿朝服,因同考官均未备带,故从权)。总裁均朝服坐肩舆至至公堂,同人步行先到至公堂,候齐向东北谢恩,行三跪九叩,礼毕,入座筵宴,总裁正中,巡抚即知贡举正面偏东一座,四座同考两房雁行座,内外监试收掌、礼部提调、藩臬到堂前彩棚下两行座,堂前备戏跳加官(五人)跳金星大赐福一出,毕,撤席再谢恩,行一跪三叩礼,礼毕,齐送回房。河南官场在江苏会

---

① 《恽毓鼎澄斋日记》:"七点钟公服集文明堂。正副考官、同考官、知贡举(兼钤榜大臣)、内帘监试、御史、内收掌、内场监试、会试提调相见一揖,各就位次(四主考居中南向,知贡举并列在左亦南向,同考官单房数一排北上西向,双数一排北上东向,监试提调夹门东西分两案,各北向,收掌在知贡举之后,亦南向,弥封所在西北隅,南向)。设提调写榜两案于东南西南隅,榜分两纸(取其便捷),一自第六名填起,一自第一百五十四名填起。未刻小息。……约三刻复升堂,至二更填毕。满堂燃烛,拆写五魁,由第五名逆上。事竣各员均散,惟考官、知贡举候送榜。十一点钟,升炮开门,鼓乐送榜出,悬于贡院大门之外。填榜之法,墨卷既拆,呈正主考写名次,副主考写姓名,连榜条送本房注写姓名、籍贯,榜吏呈知贡举标朱,举向四周高唱,然后交榜录吏照缮榜上焉。"(第222页)

② 《恽毓鼎澄斋日记》:"饭后偕邵农、铸言、瑞莽、惺庵、聘三出门拜客。"(第223页)

馆公请，未刻来催请，同人约同往会馆演戏，至亥刻终席归[①]。是日未拜客。

十五日(5月11日) 是日晴。午后拜客。房首门生史宝安来见。申刻王薇卿、李彦生约晚饭。供给所领下人换季靴帽银八两，官厨赏四两。

十六日(5月12日) 是日淡阴。早拜客。午后八旗奉直同乡在会馆公请，演戏[②]。申刻雷雨旋晴。亥刻终席归。礼部提调是日启行回京。

十七日(5月13日) 是日晴。王薇卿约申刻便饭。

十八日(5月14日) 是日晴。内监试启行回京。

十九日(5月15日) 是日早大风扬沙，午刻风少息，阴，微雨。同乡李子铮、何绣圃、查朗轩在二曾祠公请。祠后临水，有瓣香楼，极宏敞。左右两亭，伸入水边，以板桥左为叠波亭(两方亭相联，如方胜势)，右为□□亭。东为北宋名臣祠，东北许公祠，西有十贤堂。有云芍廊。均极轩爽。西北两边无院墙，即以水为界，水阔约里许，北○龙亭，东北铁塔，凭栏一望，历历在目，盖皆前河督许仙屏经营也。终

---

① 《恽毓鼎澄斋日记》："同考官各蟒袍补褂集至公堂(本应朝服，因各人有带，有未带，遂一律穿花衣)。内外帘各员咸集。设黄幄于堂东，南向设拜垫三层，总裁、知贡举、同考官、监试、提调、收掌行三跪九叩礼谢恩。拜毕入宴。设总裁、知贡举筵于堂中南向，斜设监试、同考官(仍单东双西)筵于左右(均南向，第稍偏耳)，再下则提调等筵。知贡举安总裁坐，司道安同考坐，各一揖。总裁复向同考一揖。筵系四水果，四干果，四冷荤，四菜。各官既入坐，乐作，先跳加官，次跳魁星(魁星凡五，以应五魁之数)，次演天官赐福。各官皆起，再诣黄幄谢宴，行一跪三叩礼。礼成各散。未刻至江苏馆，赴巡抚司道首府县公局。"(第223页)

② 《恽毓鼎澄斋日记》："午后……至八旗会馆，赴八旗奉直同乡公局，戏甚佳。有小桂枝、小蛮尤为翘楚。春怀不动已二十年，不觉情苗复发矣。"(第223页)

席即归。

二十日(5月16日) 是日阴。总裁卯正启行[1]。午后小雨,终日未出门,数日作画扇纸甚多,是日始画完。

二十一日(5月17日) 是日阴,未雨。午后出门辞行。申刻李筱坪在本寓请晚酌便局。

二十二日(5月18日) 是日放晴。头班同考六人启行。辰刻出门辞行,午刻归。晚收什书籍、水礼装箱三支。

请席送礼皆亲到,余差信。

二十三日(5月19日) 早阴。装箱、打包,未出门。申刻晴。

二十四日(5月20日) 早晴。卯刻启行,抚藩臬道首府县并候补道郊送,在接官厅少坐即行,辰正二刻行二十里到柳园口,登舟渡黄,晴日无风,安稳。两刻即达北岸,又行五六里到新甸公馆尖。午正启行,六十五里至延津东门内公馆宿。知县周常炳,天津人。

二十五日(5月21日) 早晴。卯正启行,回拜知县,未会。二十五里至塔铺村公馆尖。巳初启行,四十五里申初刻至卫辉府城内贡院宿,知府、县都守郊迎,府县来公馆拜会。(府国心斋,县鄢守文)。送闱墨各一本,知府回赠墨拓四件。

二十六日(5月22日) 早晴。卯正启行,回拜知府、知县。出西门,过河行八里,经殷比干墓,石碑林立,有石碣,书"殷太师比干庙墓"。四十五里至淇县文庙旁公馆尖。淇县知县送诗稿两本。午刻启行,回拜知县,出城,知县送于郊。行二十里过淇水关淇水桥,桥旁有碑,大书"淇水"二字。行二十五里至宜沟驿行宫旁公馆宿。淇县知史悠履。

二十七日(5月23日) 早晴。拟赶站,卯初即启行,二十五里至汤阴县,知县陆尔塽郊迎。谒岳忠武庙,石碑林立,后殿列忠武书《出师表》石刻,并有明太祖"纯正不曲,书如其人"八字。前殿前有高

---

① 《恽毓鼎澄斋日记》:"总裁动身。"(第224页)

宗纯皇帝御制诗碑亭并忠武诗词石刻，摩挲瞻仰，诚大观也。出庙，顺道回拜知县，即出城，行四十五里至彰德府安阳县城内贡院公馆尖。本拟兼程宿丰乐镇，因夫马不齐，即在安阳宿。

二十八日(5月24日) 早晴。辰初启行，四十里巳正至丰乐镇公馆尖，午刻启行，出镇北门，渡船过河，三十里至磁州城内小学堂作公馆宿，知州李兆珍号星夜郊迎后到公馆拜会。据云磁州古名滏源，滏水由州之山西发源，下通天津。国初本属河南，雍正朝怡贤亲王兴畿辅水利，因磁系滏水发源，故划归直隶州。多稻田，出白米，护城河遍种荷花，西山亦多果木，物产颇饶，风景亦佳，居民多烧粗磁为业，无大富大贫，人情古朴，洵乐土也[①]。

二十九日(5月25日) 早晴。卯初启行，回拜知州，出北门。大路夹道多柳，两旁沟浍纵横，水流有声，清澈见底，荷钱点缀，蒲苇青丛。此外麦田丰茂，间以罂粟花红白掩映，风景明媚可赏。十余里过掣旗关，关在平山上，似城堡，南北有门，地已荒寂，人家寥落，闻素多盗。又行十余里至杜村堡，为汉杜乔故里，过此则无水，地多沙碛。行十余里至邯郸县南关店公馆尖，知县吴□□拜会。午刻启行，回拜知县，出北门。微阴，有风。申初至临洺关公馆宿，永年县知县刘传祁差帖来拜。

三十日(5月26日) 是日晴。卯初启行，出北门，过洺水桥，三十五里至沙河县南关店茶尖。是日无尖站，过县城，经宋璟故里，三十五里至顺德府邢台县南关店公馆宿，同考头班廿九日到此，因候火车，尚未行，至申刻，同考三班亦赶到。同考十七人(夏闰之已先归)聚于此，不期而遇，彼此往拜聚谈，一快。

五月初一日(5月27日) 是日早微阴。因公馆房屋黯黑，潮湿且多蚤，夜未眠。寅初即启行，辰正至内丘公馆尖，而同考三班四人亦赶到，饭后巳正又启行，微雨，申初至柏乡南关店公馆宿。

---

① 恽毓鼎于返京途中，作有《重过磁州》，见《恽毓鼎澄斋日记》第226页。

初二日(5月28日)　早晴。因三班欲赶前早行,故亦赶早,仍寅正启行,辰正至赵州桥尖。桥南有楼,供关帝,登楼可眺远,桥下洞旁石上有唐人题诗、宋人题记(有宣和大观年号)石刻,字半模糊,多有可辨识者。巳正启行,申初至栾城县城内龙冈书院公馆宿,刘少岩同年主讲书院,晤谈,出游山诗话,属画补隙,为写空谷幽香图以志鸿印。

初三日(5月29日)　早晴。卯初启行,四十里至二十里铺茶尖,又行数里,船渡滹沱河,午刻至正定,进城拜知府江兰生、同知桐豫生,出西门,至火车栈旁店公馆宿。

初四日(5月30日)　早微阴。辰起,托办差家人□姓写火车票,共计四十一元,公馆备坐尖。辰正至铁路旁接官厅少座,知为同知来送,拜别登车。巳初二刻开车,行至新乐、望都界,小雨有声。午正二刻至保定,停二刻即行,车甚快,至五钟二刻抵京,子弟侄辈来迎,绍四、五昆玉亦到车栈来迎,至六钟归家。是日同考三班四人同到京,惟头班因在顺德候火车反落后未到。绍四、五昆玉来拜寿。

初五日(5月31日)　是日晴。开列本房荐中十七名,送刻字铺会文斋,唤刻字铺人来家装订闱墨,绍四、五昆仲送四菜四点。

初六日(6月1日)　是日晴。午前见门生,午后东城拜客。

初七日(6月2日)　是日晴。午后大风。出城拜金小山、鞠荪九、孙中堂、李蠡纯、本家、朱宅,观音院王步庭开吊,旋进顺治门拜陆凤石。

初八日(6月3日)　是日晴,微有风。未出门,会客,见门生数起。顺天府送来吏部文,开通州殉难官绅恤典(应查复)。

初九日(6月4日)　是日晴。午刻太升堂工部公请,饭后拜张泽岷、朱子良、张冶秋、总裁徐、荣、联琴舫。忽大风昼晦,即驰归。

初十日(6月5日)　是日晴。早赴广慧寺,夏闰枝夫人开吊。回拜丁次轩,未遇,即归。午后未出门。

十一日(6月6日)　是日晴,风止。冯伯玗挑誊录在本房,特来拜门。

十二日(6月7日)　是日晴,有风。未出门。

十三日(6月8日)　是日晴,微有风。会文斋送来全帖两本。一因刻同门朱卷,请批板价,为批板价廿四两。送交本宅履历,每页贰两,刷印每本陆分,刻同门卷共贰册,一写通家生〇〇〇顿首拜。

十四日(6月9日)　是日晴,大风。门生和绅布来见,因感冒未会,同门十七人俱到齐。

十五日(6月10日)　是日晴,大风。考试试差,因感冒未赴考。

十六日(6月11日)　是日晴,大风。吏部因考差不到,白片来查,即日以感冒片覆。是日直隶同乡在陶然亭公请张湘帅,因感冒未到。

十七日(6月12日)　是日晴。早赴松筠庵扎杨忠愍公享胙,饭后到畿辅先哲祠拜张湘帅。

新贡士覆试。本房朱国桢取一等第一名,共取一等六人,二等七人,三等四人。

十八日(6月13日)　海珊接景月汀电,已到津,约海珊即赴津。

十九日(6月14日)　海珊坐火车赴津。

二十日(6月15日)　是日早微雨,旋晴,有风。辰刻至同兴堂祝本家三老太太七十寿,看女戏。申刻赴广和居王孝玉之约,灯候仍回同兴堂,亥刻归。

二十一日(6月16日)

二十二日(6月17日)

二十三日(6月18日)　是日晴。辰刻进〇〇内,到午门朝房听宣,派殿试监试。巳刻派出奇承额、俨忠、王〇〇、梁文灿。即回宅用饭,备襆被,未正复进〇〇内,将襆被安置〇〇文华殿后〇〇主敬殿,即赴内阙大堂会同读卷大臣监刻题纸。酉初,催刻字匠到齐,即看视封大书院正门旁门。灯候内阁备晚饭,读卷大臣两席,监试御史一席。子正,题纸板刻齐,丑正刷印齐,内阁纸匠用黄纸包好,陈设大堂中间，黎明，满阁学一员捧题纸与读卷大臣随往陈设○○保和殿，退，赴○○主敬殿东间住。

读卷大臣八员。翰林院收卷官四员，弥封官四员，收掌官四员。

二十四日(6月19日) 是日晴。卯刻赴中左门监视散卷讫，退食。每日光禄寺早晚送席两桌。是日午后收掌官四人，吴荫培、熊亦奇、杜本业、余堃齐到，住○○主敬殿西间。申刻赴中左门监视收卷。戌刻收卷齐。子刻弥封齐，入箱封锁，交收掌官舁至○○主敬殿。

二十五日(6月20日) 是日阴。卯刻，同收掌舁卷箱进文华殿，监视收掌分卷，读卷大臣在○○宝座之东间地座阅卷，监视四人无座，轮流监视。午后雨，终日不止。申刻读卷大臣阅卷讫，包好交收掌入箱封锁，仍舁回○○主敬殿，均退食。

二十六日(6月21日) 是日雨终日。卯刻，同收掌舁卷箱上○○文华殿收掌，仍按次收卷交读卷大臣，监试仍轮流监视。申刻，读卷大臣拟定前十本包固(内阁呈阅奏折)，并拟定二甲三甲若干本，令内阁供事粘黄签讫包固，仍交收掌入箱封锁舁回○○主敬殿，前十本交领衔之读卷大臣。

二十七日(6月22日) 是日阴，辰刻仍微雨。○○召见读卷大臣，宣前十名带领引○○见，监试随至○○乾清门候引○○见，下，即赴内阁，监视读卷大臣校弥封，标一甲二甲名次讫，读卷大臣散，差竣，即回宅。

本房朱国桢，二甲第三名、第六名。

二十八日(6月23日) 是日阴，未雨。卯刻，传胪朝服随读卷大臣行礼，因感冒未到。

二十九日(6月24日) 是日晴。礼部前期知照，是日辰刻朝服集午门内金水桥，候光禄寺官诣请至礼部，入○○恩荣宴。向来监试官多不到。午刻赴源丰堂工部公请，顺拜瑞裕如、景月汀。

闰五月初一日(6月25日) 是日晴。自二十八日告感冒假八日，数日未出门。

初二日(6月26日)

初三日(6月27日)

初四日(6月28日) 是日晴。本房朝考取一等者九人。

初五日(6月29日) 是日晴。一门生至。亲友补祝寿,演女戏,待客应酬终日。

初六日(6月30日) 自初六至初九,新进士引见。

初七日(7月1日)

初八日(7月2日)

初九日(7月3日)

初十日(7月4日) 新进士奉旨录用。

本房点庶常十人。

六月二十一日(8月13日) 四总裁公请同考官十八人、内监试二人,在安徽馆请局,未演戏。

七月初七日(8月29日) 同考官、监试回请四总裁,亦在安徽馆请局。

史宝安　贽敬八两　门敬二两

荆育瓒　贽敬四两　门敬一两(代敬二两,门敬四千)

张书云　贽敬二拾两　门敬三十千　节敬四元

哲克登额　贽敬二拾两　门敬一两五

衷冀保　贽敬十两　门敬十千

章钰　贽敬三十两　门敬十八千

谢幕韩　贽敬二十四元　门敬二十千

王宗基　贽敬四十金　门敬四金

杨凤翱　贽敬八两　门敬十二千

陈敬第　贽敬八两　门敬六千

张家骏　贽敬十二两　门敬二两

龚元凯　贽敬八两　门敬十二千

朱国桢 贽敬十六两 门敬十八千
蓝文锦 贽敬十六两 门敬一两六千
袁嘉谷 贽敬二十金 门敬二十四千 送土仪两包
周廷斡 贽敬三十金 门敬三十千
和绅布 贽敬八两 门敬八千
路朝銮 二两 门敬四千
冯汝琪 四两 门敬四千
朱邦伟 二两 门敬
王猷 十元 门一元
吴本钧

河南补用道余善庭同年:力寿绸、汤子遗书、茶叶两瓶、禹王碑、八关斋帖、蜜饯两罐

清平府补用孙筱舫年世兄:山药粉两匣、熏肉一块、枣干两木匣、变鸡蛋一篓

路季临传霖年世兄:小菜四篓

路艮继(路季临胞孙,号幼卿):枣干四匣

李彦生:山药粉两匣、小菜四篓、白枣干两匣、等慈寺碑一本

武伯时年世兄:茶叶两瓶、山药粉一匣、火腿一支、百合粉一匣

李小坪姻丈:《出师表》一分、画元扇一柄、彰纱袍料一件、钧窑瓷器三十二件

王薇卿:南阳玉印盒一个、山药粉、百合粉一匣、汉柏朝珠身一挂、柿霜、白枣

春闱分校写梅得句

寻春偶过灞桥西,风雪纷纷路不迷。吟到和羹有真赏,胜他桃李漫成蹊。

和曾屿九太守六十白寿诗元均

生来寿相应前定，觉后禅心可静参。桃既著花花结实，长留春色纪重三。

附原诗：

忆在北军三十七，梦中加岁偷详参。（由籍赴京宿长兴甸，梦中有偷应增寿云云。）维时权作重生日，才度春社二十三。

春闱分校后写梅

疏影幽香领略难，每因风雪误清寒。品题一著诗人眼，不作寻常草木看。

哥白尼：地图地动

培根：言理验诸事物而有征，乃信之

笛卡儿：论学反诸吾心而自信乃从之

孟德斯鸠：万法精理，立法、司法、行法

卢梭：民权自由

富兰克令：电学、放纸鸢

瓦特：汽学，煮沸水

亚丹斯密：理财学

伯伦知理：国家学

达尔文：进化论，物竞天择优胜劣汰

奈端：创重学

嘉列杯黎：制排气器

连挪士：开植物学

康德：开纯全哲学

皮里士利：化学

边沁：功利主义

黑瑟：教育学

喀谟德：人群主义

约翰弥勒：理学，政治学，女权论

斯宾塞:群学

不必自出新说
法之福禄特尔
日本之福泽谕吉
俄之托尔斯泰
供给所委员候补道黄覆中
癸卯春闱报销△七万七千九百五十四两
又秋闱报销△五万九千五百九十四两

光绪三十年

甲辰恩科会试

内监试

甲辰春闱日记

吴颖兰　江苏　庚寅（探花）

李伯棨　四川　戊戌（传胪）

阎鹤泉　直隶　庚寅

孟玉双　顺天　戊戌

蔡燕生　江西　丙戌

何仲秩　广东　戊戌

王筱东　湖北　甲午

袁珏生　顺天　戊戌

刘幼云　江西　甲午

王皖香　安徽　戊戌

赵芷荪　湖南　壬辰

姚释筠　山东　甲午

阎伯衡　广西　甲午

刘伯良　湖北　庚寅

萧漱云　湖南　乙未（传胪）

傅梦岩　正黄蒙　乙未

龚怀西　安徽　戊戌

赵仲宣　江西　甲午

正月廿日（3月6日）　上谕，本科会试知贡举著熙瑛去，钦此。

二月初一日（3月17日）　熙瑛前往河南请训。

朱菊朋。

初六日（3月22日）　是日晴。礼部会试提调李浚、聂宝琛启行。

旨:此次会试遣裕德为正考官,张百熙、陆润庠、戴鸿慈为副考官,钦此。

旨:这同考官著吴荫培(颖芝)、阎志廉(鹤泉)、蔡金台(燕生)、王会釐、刘廷琛、赵启霖、关冕钧、萧荣爵、龚心钊、李稷勋、孟锡珏(玉双)、何作猷、袁励准、王兰庭、姚舒密、刘元弼、傅兰泰(楚岩)、赵从蕃去,钦此。

旨:内帘监试著吏科忠廉(精一)、王振声去,钦此。

奏事处姜苏拉送来一石赏汗。

初七日(3月23日) 是日夜微雨,辰刻尚阴,午晴。饭后访熙筱舫(上科内监试),细谈监试事务,借来分卷荐卷章程格式,旋拜总裁陆、张道喜,均未晤,张心田(上年四川副考官)来函允借轿子,河南道书吏送来礼部知会一件,为分起程,监试科道应于考官起程前期先行启程,并行文户部领路费,兵部领勘合。

初八日(3月24日) 是日晴。辰刻河南道书吏来,令行文户部、兵部并具印领送宅,午后总裁陆来拜会谈,已函达直藩杨莲甫问火车是否达磁州。四总裁定廿四日启行。满监试忠来拜会,同考吴颖芝拜会,刘信安道喜拜会。是日借来绍叙五轿灯一对。

初九日(3月25日) 是日晴。辰刻往拜总裁裕,未会,拜联琴舫,晤谈上科内监试事,顺拜忠精一,未晤。赴前门天福堂崇绍棠之局。饭后拜张心田,晤谈,借轿。令天成轿铺收什齐即送宅。进城,到椒儿胡同刘宅。礼部送来续增科场条例一分。

初十日(3月26日) 是日阴。辰刻候书吏送来路费、勘合、印领二纸。忠精一来晤谈,云昨晤知贡举熙,知火车送免票。午后接同考吴颖芝函并铁路总局知照一纸,云均送头等免票,可两日达彰德,惟由顺德至彰德尚未开车,拟定二月十九、廿二、廿五、廿八、三月初一日开考试专车五次,行期须在专车前一日,行期之前二日将带家人并行李数目开明,以便填写免票致送云云。旋张、戴两总裁来拜,晤谈，总裁已定廿四日启行，应廿五之专车监试同考，即定十八、廿一两起，每起十人，应十九、廿二日之专车俟到彰德再分监试一起、同考三起，驰驿前进。知贡举是日启行。

十一日(3月27日) 是日阴，午后晴。辰刻同考蔡金台(燕生)来函云，晤同考吴颖芝，已定头起十八日启行，嘱将衔名住址并随带家人行李数目开单于十二日送伊寓，以便汇齐交铁路局填免票致送，并转达忠精一。午后访精一，遇诸途，达知即归。熙筱舫拜会，细谈监试事。奎绶由兵部取来勘合一分，并忠精一一分。

十二日(3月28日) 是日晴。辰刻，忠精一送来随带家人行李数目单，旋即自写一单，往拜蔡燕生，晤谈，面交。据云免票系家人行李通共一票(二等)，头等每人一票，计一起十人。午后联琴舫、荣月帆来拜，送行。借来绍宅骑马鞭一具，包杆收什好，作贡旗子大小五个。

拟定带家人三名，高升、关升、石文。另雇二人留京，李升、刘玉。

十三日(3月29日) 是日晴，辰起大风，午后止。辰刻遣高升催天成轿铺送轿子。申刻杨渭春道喜拜会。候书吏送来户部移会领路费银两。作铺盖卷一个价△零，王四爷箱。本道具路费印领，令曾绶托户部奎聚五代领。

十四日(3月30日) 是日晴。辰刻张心田令天成送来轿子，收什轿围并脚上共银叁两。午后回拜傅梦岩、王筱东、杨渭春，均未遇。忠精一遣人取去勘合。联琴舫送折子、折匣夹板、医药四篓，绍四、五即送路菜点心六包。

工部金筱珊、贾竹农、恒介山、孙乐嘉请同丰堂，辞。

十五日(3月31日) 是日晴。辰刻买油紬雨伞一个，油边套两个，大油布一块，用裹铺盖卷。午后装书箱零星物件。赵启霖拜会，赵仲宣拜会，刘心田拜会。户部奎聚五送来代领路费廿五两。宁筱甫送茶叶点心、玫瑰露酒、小菜四色。世子厚、世作舟送四行匣。刘六姑奶奶送茶叶、菜点四盒。吴濂溪、李蓉舫请十七午饭，辞谢。

十六日(4月1日) 是日晴。在天成轿铺雇定轿夫四名,脚价△。半夜进城,加十四千。借绍宅顶马。午后赴江苏馆甲戌春团公请之局。饭后到本家拜祖叩辞。回宅接吴颖芝来函,问行期、人数。晚装衣箱一支。

蔡燕生送来铁路局免票二张。

十七日(4月2日) 是日晴。辰遣车夫送忠精一免票,函达吴颖芝商定起行时刻。绍越千来送行。吴师竹送果席一桌来送行。郝厚畲送茶叶蜂糕来送行。申刻行李束齐,衣物箱二支,小箱一支,布软箱一个,帽盒两个,零物四包,并家人等行李,晚雇大车一辆,收晚装齐。

十八日(4月3日) 是日阴。早五点钟令家人高升、关升押行李车先行,六点钟启行,出前门,到车站官厅少座即上头等车,同行考官九人,共十一人。七钟三刻开车,经良乡、涿州。微雨。午正至保定,藩臬以下合城文武来拜。藩杨莲甫同府县上车周旋,送一品锅并派家人厨役伺△,即开行。一路微雨。至正定,府县同知来迎,未请上火车,送点心,少停即行。至七钟三刻,至顺德府西关外车站下车,至客栈公馆宿。因次日仍坐火车,所有行李均未下敞车,令办差家人派人看守。赏火车茶房一元。

十九日(4月4日) 是日晴。早五点钟上火车,六点钟开行,午正至彰德府西关,邢台知县上火车周旋,下车至接官厅少座即进城北门内公馆宿。议定二十日同考先行五人,次日再行四人。

安阳县李元桢,江苏人。

二十日(4月5日) 是日晴。早六点钟启行,九点钟至汤阴县北门内行台西院衡鉴堂尖,知县邹献芝郊迎,又拜见。饭后一点钟启行,顺谒南门内惠忠武祠。出城二十五里,三点至宜沟驿皇华馆宿,同考五人亦宿宜沟,汤阴知县送至宣沟。知县邹,山东人。

二十一日(4月6日) 是日早晴。六点一刻启行,过人赍店、洪水关至洪县衙门内公馆尖,知县胡金淦号丽卿奉见。饭后一点钟启行，出南门，天阴，改南风，至六点钟，冒雨进卫辉府西门，至贡院公馆宿。知府国荫，知县裘祖谔。饭后知县遣家人送阅会试供给总办黄道履中致该县飞函，探询同考官如有讲官务飞布供给所并祥符县，以便预备巡抚请圣安。

是日同考五人宿淇县，△△分起。

二十二日(4月7日) 是日夜雨断续，卯刻大雨一阵，雨止。六钟二刻启行，出南门，府县郊送，东南行经铁路(福公司煤矿铁路)，三十里入延津县界，越沙坨数重，地多荒沙，经龙王庙，闻系旧黄河故道。又行十五里，十钟二刻至塔堡村行宫旁公馆尖。饭后午正二刻启行，仍东南行不数里斜风甚紧密，雨骤至，踏泥水前进，离延津城十里，风愈紧。至三钟二刻入县城北门。知县韩厚瀛郊迎，仪仗前导至东门内行台宿。知县韩厚瀛，号仲洲，河间副贡。

二十三日(4月8日) 是日晴。六钟二刻启行，出东门，东南行，三十里入祥符县界。西风微凉。是日无尖站，午刻风愈大，行四十里，两点钟至新甸公馆宿，日暮风止。

二十四日(4月9日) 是日晴。早五钟二刻启行。六钟一刻至河岸系河登舟。二刻开船，渡黄，微有东风。三刻稳速达南岸，知贡举抚藩臬道差帖来迎，首府出城迎请，至接官厅少座，即进北门，入贡院，知贡举抚藩臬道迎于至公堂少座，三道茶即进内帘，仍乘轿至至慎堂下轿，外监试、内收掌迎于文衡门，少座即步入内帘门，至监试院，少顷外监试、内收掌来拜会，知贡举送席一桌，托知贡举函达礼部提调派供事(秦寿增、杨锡霖)入内帘帮办分卷，旋秦、杨二供事来见，嘱其外场、外帘公事毕，即于初十日入内帘。晚写家信一封。供给所送来蓝锭(懿文、秀文两家，懿文胶少而粗，秀文胶匀而细)，择定用秀文，每房十锭并小砚台一块。是日午后换公服拜知贡举(外监试、内收掌)。

供给所来厨役小夫人等过多，按名单核减，两监试酌留厨役二名，点心匠二名，小夫二名，茶水夫二名，灯笼夫即在内，两监试仍用两厨房。

二十五日(4 月 10 日) 辰起,小雨,终日东风甚紧。是日未出房门,检点衣物,安排卧榻。未刻同考五人入闱,灯候因道路泥水差帖来拜。申刻由邮政局发家信一封,阴雨甚凉。房中升炭盆。

二十六日(4 月 11 日) 是日早晴。同考五人常服来拜,座谈。饭后同考二起四人入闱,旋来拜。前后九人,均住东经房,随即常服到东经房回拜。午后天又阴。派人送钟筱舫、王仲裴、李筱坪三分土仪。钟、李满收。王收缙绅一部、折扇一把,余璧回。

二十七日(4 月 12 日) 是日微雨终日。提调处委员秦宝琛禀见(系礼部吏员出身)。午后,礼部书吏秦寿增送来监试处应办事宜节略并上科堂行簿一本。是日各同考送扇纸求画。

二十八日(4 月 13 日) 是日阴。巳刻同考三起八人(西经房)入闱,尚有一人因在顺德,临行到迟,火车已开行,遂至落后。午后同考八人公服来拜。闻总裁定于初一日入闱,拟于初二日先封内帘门,即函达知贡举饬传差役于初一日入内帘。促差帘房、榜录吏先来,二人禀谒,嗣后再来十四人,初六日入内帘。吴颖芝来,谈及恐家人赌博拟出示严禁。令榜吏立收文簿。

二十九日(4 月 14 日) 是日阴。午后微雨。回拜同考八人,顺德临行落后之同考一人刘元弼亦赶到,入闱,同住西经房。申刻,二收掌便衣来送内监试关防封门封条百条。

三十日(4 月 15 日) 是日阴。午后同考刘来拜。申刻接布政使咨文三封五件,因系封口,不知何事,遂拆阅,不过照例知照之事,惟不由巡抚咨知贡举,竟由藩司直投内帘,不合体制。当时未便驳回,旋即致函知贡举熙菊朋,并将原文送阅,嘱其与巡抚晤谈,嗣后凡外文不得竟投内帘,应咨知贡举转移会内帘,以符体制。

三月初一日(4 月 16 日) 是日阴。午刻总督入闱。申刻总裁来拜会,旋即答拜,四总裁在一处。会拜出,顺访内收掌谈初二日封门,须传齐差役人等并查清内帘小夫暨水夫,均发给腰牌。

初二日(4月17日) 是日阴。辰起,知会内收掌同到内帘门外文衡门内坐,外收掌暨供给委员门外坐。俟供给进齐,即封门,旋发禁止赌博堂谕,贴内帘门、东西经房、内监试、收掌处门首。午刻稍见阳光,申刻又微雨。裕中堂送信,明日发款入闱日期暨请圣安折即办移文,先行移会至公堂,知贡举预备初三日巳刻发折事。灯后传点开门,将移文交供给总办黄道履中并传裕中堂谕令,刻字匠先进四五人刻印收卷簿,旋即封门。

初三日(4月18日) 是日阴,微雨终日。辰刻开门,托外监试代达藩司札派委员秦宝琛入内帘。进供给,进水毕,请知贡举到文衡门,四总裁捧折出,在文衡门内跪,知贡在文衡门外跪接捧出,包封拜发,即封门,午后内收掌令家人捧帖请四总裁开姓名、行号、籍贯、乡会科分、现在官阶、京寓住址。同考官令榜录吏持簿请开列。申刻便衣到张、陆两总裁处面求书防联。

初四日(4月19日) 是日晴。午后到东经房访吴颖芝、王筱东闲谈。申刻挑释筠、傅梦岩来访,闲谈。内收掌宋金波、秦少鸿来访,闲谈。榜录吏呈上科刷印各项簿板片,令呈裕中堂阅,即照刷印。

初五日(4月20日) 是日晴。午后访蔡燕生,托写横幅,录旧作。申刻榜录吏呈上科房官荐卷戳子,令刷印十八条分送各房照样写。今日换棉袍褂。

初六日(4月21日) 是日晴。刻字匠廿七名点入、刷印匠廿二名点入。午后张、戴两总裁来闲谈,议及题纸,令榜录吏呈上科题纸样,张总裁意须行数加长,又令刻字样呈换成木板看样,令加长六寸。旋外帘传鼓开门,进刷印题纸、白纸共六千五百张,红纸一百张并调用书两大箱、两小箱,均存放文明堂封锁,榜录吏又进六名,前后共十四名,以备东西经房专司荐卷。令供给所添派内帘听差家人二名。

初七日(4月22日) 是日晴。辰初张总裁传知进供给后即掣房,旋开门进供给,毕,封门,即到文明堂安排桌椅笔砚并房官衔名单(单内御史挑衔误书编修,赶即修改。河南榜录吏皆无用如此),先请同考官到齐，再请总裁到，皆一揖入座，房官仍按奉旨之次序坐，正总裁掣房分签，副总裁掣衔名签，副总裁在单上注写第几房掣一签令榜吏唱衔姓，不准唱名。事毕退，封门。即令榜吏将分房次序缮清单二十六张分送总裁、同考、监试、收掌各一张。晚开门进供给，收至公堂移文，录郭曾炘，调陈鳌正□体。令榜吏呈总裁阅。又发禁止赌博、喧闹谕帖一张，贴于作匠役门，传刻字匠明日辰初伺候带入。总裁院刻纸提调送进，知贡举劝谕士子随卷告示三十张。

初八日(4月23日) 是日阴，微雨。卯刻带刻字匠赴正总裁门，先将题纸送进后刻字匠按册点名放进，即封门。(上科监试汉一员在内，监刻满一员在门外监封，本科总裁公仪监试二人均在外监封)。已刻题板刻成，传刷印匠仍按名点入，戌刻刷印齐，共六千二百张，传点开门，监试先到总裁处，令榜录吏将题纸抬出，总裁公服随出，送至文衡门，面交知贡举，座谈数刻即退，封门。题纸内帘留四十张，令榜吏分送各房官、监试、收掌。是日午后派榜吏六名分赴东西经房伺候荐卷，每三房一名。

申刻封外帘门，共点入五千四百五十名。

初九日(4月24日) 是日晴。辰刻开门，进两日供给，提调传知内帘查明，头场实进人数五千四百五十名，即令榜吏照写四条，分送四总裁。午后令刻字匠刻荐戳子印、荐卷条，即钉收卷簿子。申刻裕、陆两总裁便衣来闲谈，因十一日忌辰，二场题纸刻成后发外帘，不便穿补褂，拟变通，即由内监试带题纸出，送交外监试，总裁不送出，知贡举亦无庸来接，俟三场钦命题纸总裁仍照头场公服送出，嘱明日开门时先行知照外监试转达知贡举。晚饭后令催刻字匠明日准将同考荐戳子刻成交上，并查点房分戳子、正大光明戳子。

初十日(4月25日) 是日晴。午后荐戳子刻齐，房分戳子、正大光明戳子(楷字一分，监试用，篆字一分，总裁用)均刻齐交上，墨色荐卷条收、红色荐卷条(预备二千条)印齐交上，收卷薄换版改定，每房一本，预备二十本，催供给所速进毛边纸 千张(先进六百张)，荐卷木匣十八个，皮匣四个，毛头纸四百张，白洋丈绳五十丈（捆卷用），蓝印色、红印色各两盒，木盘、算盘洋红一筒，洋品蓝一斤，贡川纸六刀，小竹纸五刀，肥皂十块，铁锥子三个，总裁传取白宣纸五张，写进呈题纸用。夜子正二刻开门，进二场印题纸六千张（向例头场净场封外帘门，再开内帘门进纸），内监试调提调处秦委员并秦、杨两供事入内帘，进大支供给，进水，至寅初始封门。是日忌辰，常服不挂珠。

十一日（4月26日） 是日晴。卯刻带刻字匠赴正总裁戴处刻题纸，一切与头场同，监试、收掌轮班在文明堂廊檐下坐监办封。戌刻刷印齐，共印题纸五千五百九十张，传点开门，监试、收掌送题纸出，总裁来送。是日收卷簿订齐，令榜吏分送每房一本，荐卷条百条，荐戳子刻成排印一单，令榜吏送各房阅看。供给所进宣纸五张，写进呈题纸用，每张约长二尺五寸，宽二尺，打比格子横一条排几行，直一条排三十二字，交总裁处以备请房官缮写。

忌辰，常服不挂珠。申初封外帘门。共进五千四百二十四名。

十二日（4月27日） 是日晴。进供给开门，提调进上科卷式备前十本照式缮批，进上科新举人覆试题纸以备照式刻印，均送总裁阅。供给所进荐卷，用木匣二十二个，带小广锁。午后令伺候各房荐卷之榜吏六名，将木匣分送各房，将钥匙包好，写明第几房，交回监试处，将正大光明篆字戳暨收卷等簿子送四总裁。酉刻进卷九百六十余本，陈列文明堂，内收掌盖戳，即分卷。查出一卷卷面写字犯规，检出拟备文送出外帘，至子正分卷完，将余卷装箱归收掌处。

十三日（4月28日） 是日晴。辰起办移文连犯规之卷封固，开门交出外帘，即封门。到文明堂安排一切坐位，四总裁正面座，同考官东列两房，西外两层（一层五座，一层四座），监试、收掌面北坐。先请同考公服上堂，到齐，再请总裁上堂归坐。约六刻，计十六房荐卷六十四本，监试即请退堂。午饭后又上堂收各房荐卷。至酉刻灯后收所荐之卷，分装四匣，锁好带钥匙，令榜吏分送四总裁，即退查。亥刻外场净场，进三场题纸，进卷四千五百余本。头场卷进齐装箱，归收掌处。进供给完封门，已子正二刻矣。

备收荐卷簿正大光明四本，十八房簿十八本，供事记房本，汉监试记堂本，满监试监视用荐戳，写荐条。

十四日(4月29日) 是日微雨。带匠刻题纸与头二场同，总裁处门封即上堂监视分卷、收荐卷。戌刻发题纸，总裁公服送出，与头场同。微雨终日未止，北风甚凉。晚榜吏送来三场题纸。

共进五千四百十一名，某省若干本，令礼部供事列表登记。

十五日(4月30日) 是日半阴半晴。辰刻上文明堂监视分卷，至酉刻头场卷分完，共荐卷二百本，每堂五十本，每房荐卷装匣上锁，令榜吏送来，即须对钥匙，开卷匣，写收条，注某房某日第几次荐卷几本，交榜吏连匣带回。旋即查堂表，粘堂签，用荐戳，供事登十八房分簿，监试官登四总裁总簿，而总簿之中又按房分十八页登记。凡日期、次数、房分、省分、字号、数目处处对读、处处防错。官吏终日皆五官并用，心力俱疲，退食后犹有荐卷送监试处者，则收下付回条归，明日呈荐。

换凉帽，上堂收掌官委员皆道喜，外官礼也。

是日检出一卷，头一篇题目上边灯火烧一残边，二层幸不伤字，旋开门问外监试，知此例由考生，因其求收卷官免贴，故送进内帘与收掌商酌，权且分房，与房官商办。

十六日(5月1日) 是日晴。辰刻开门，进二场卷三千九百九十余卷，归文明堂，内收掌用戳，齐后再分卷，故今日未上堂，即在监试处收荐卷。前总裁奏折批回，由外监试交内监试传进，令委员呈交总裁。刻字匠一名病重，开门扶出。

是日荐卷二百二十八本，每堂五十七本。

十七日(5月2日) 是日晴。辰起开门进二场卷齐，仍归文明堂，内收掌用戳。二场卷照头场红号分房，无庸内监试掣签，仍回，便衣在监试处收荐卷。总裁处原派有写字书吏每堂一名，因不敷用，再传藩属书吏四名。是日收荐卷二百二十二本，每堂分五十八本。二场卷分各房，外场知贡举发折奏明进场人数，请旨定额。

十八日(5月3日) 是日淡阴。辰刻开门进覆试印题纸二千张，进三场卷三千余本，收掌仍在文明堂。知二场卷三场卷用戳，监试收荐卷所在监试处。午后陆凤翁来字，因抄写卷书手不得力，再传好书手入闱。裕中堂亦来信，每堂好书手须二名，即传点开门，达知外帘。外帘回报无好书手可以派拨，即往见裕、陆两总裁商酌。据云壬寅乡试(裕、陆是科主考)借闱时，因书手不好，系传藩属书手入内帘，可援照办理，即出传知外帘监试从速赶办，务令次日早入闱。家人查出刻字刷印匠聚赌，即令听差役传来头目二名，供出系伙夫倡赌，即传来，重责五十板。又供出刷印匠一名同赌，又传来，责五十板，匠头记责。是日收荐卷二百零八本，每堂荐五十二本。

十九日(5月4日) 是日晴，大风扬沙。辰刻开门，进三场卷齐。昨日倡赌之伙夫送出，交外监试(内监试移文交外监试)。藩署书手八名点入内帘，由监试处看写字样，分送总裁处。每堂二名，随到总裁处领覆试题目。申刻停住荐卷，传刻字刷印匠，知会内收掌封监试处门刻题纸。原出题系《礼记》经义一，史论一，礼部供事忽持则例来云，终增则例举人覆试系四书义，上科即出四书题，现题目系经义，恐与例不符，即持则例，开门往见总裁裕、陆改出四书题，回监试处，赶即写好发刻。酉刻刻成，印刷印齐，十二钟印，共一千七百张。

是日收荐卷一百二十本，每堂荐三十本，因刻题纸申刻停住荐卷。

二十日(5月5日) 是日晴。辰刻令榜吏将刻成题纸分送总裁，每堂一张。外帘传鼓开门，监试、收掌送出题纸，总裁不送，即封门。又发出禁赌示谕六张，贴内帘各处，仍回监试处收荐卷。是日收荐卷二百二十四本，每堂五十六本。

覆试举人一千五百十名。

二十一日(5月6日) 是日晴。辰刻开门，汉知贡举抚台陈定廿二日出闱，有移文知照内帘，并请总裁到内帘门晤谈，知贡举先到，即令委员请出总裁，坐谈少顷，并面商出榜日期（大约十三日），即拜别封门。是日收荐卷一百六十本，每堂四十本。是日知贡举外帘发控报，三场安静并奏明人数，请定中额并奏明，知贡举于卷上加戳，抄录原奏移文，知照文明堂。

内帘将总裁、同考、监试、收掌委员衔名开一单，移交外帘提调，列入会试御录。

二十二日（5月7日） 是日晴。辰起开门，进供给。封门后即令榜吏问各房是否荐齐，拟汇计总数。是日收卷□□本，每堂□□本。已荐齐者十五房，尚有三房未齐。晚吴颖芝来，谈及裕总裁言各房荐二场卷如有出色处可加批，有疵谬亦批出，若平正言疵即可不批，其批条须于卷上露出少许，以便一望而知，嘱代达各房。因书一纸，令送榜吏分达各房。

二十三日（5月8日） 是日晴，微有风。午后各房头场卷荐齐，共一千七百八十四本，每堂四百四十六本，送每堂报齐总数一条。各房有来荐二场卷者，均未收，嘱其明日再荐，盖俟总裁将头场料理就绪再荐二场，庶不致乱也。是日有各房遣家人来抄荐卷簿，所荐各堂正大光明等字者，全不懂漏泄红号之弊，殊为可叹，遂全行驳回。有亲自来闲谈，索观本房号簿记去者，似未便峻拒，然究非慎密关防之道也。戴总裁家人病重，特开门抬出。各房来抄正大光明字，既不能拒，因设法令写一丿乚丁为暗号，以防泄露。

二十四日（5月9日） 是日晴。晨起开门，外帘传进定中额电旨廿五分，令委员分送总裁、十八房监试、收掌，共定额中二百七十六名。是日收二场卷，总裁传语头场卷尚未阅讫，二场卷暂且停荐，即传知各房。是日后半日无事，少息。

二十五日（5月10日） 是日阴，微雨终日。荐二场卷九百三十余本，各堂三百十余本，分三次用小皮箱装好封锁，分送大堂。直隶运玖玖号一卷与明堂直华柒伍一卷更换，送监试处改签改号簿。

二十六日（5月11日） 是日半阴半晴。荐二场卷□□本。是日计十二房二场卷均齐，尚有六房未齐。晚第四房赵芷荪来谈，有四川云伍伍一卷默写头场前四行不符（此系外帘红号错误），阅其卷则已于昨日送来荐上堂员，而今日始说出，殊不晓事，因令礼部供事即至收掌处查四川云伍肆、云伍陆两号分某房，即向某房调查，头二场均相符，未能查出错误，此卷已荐上大堂，拟明早至大堂再查。

二十七日(5月12日) 是日晴。辰起，开门，进供给。提调聂献廷因此次题纸，恩科字皆作三抬，与向例不符（向来恩科字皆双抬，甲午万寿恩科亦双抬），知贡举嘱与总裁商酌，进呈题纸三抬、双抬次归一律。当即往见裕、张两总裁商酌，开进呈题纸已托房官写齐三抬，现既照例双抬，拟另改写双抬以归一律。昨云伍伍一卷到大堂查明，系该考生自己错误，并非红号之错。晚西经房同考六人来此畅谈。是日二场荐卷计十七房均齐，惟十一房未齐。自二十四至廿七补荐卷十四本。

二十八日(5月13日) 是日晴。二场荐卷齐，均送堂收，三场荐卷一千三百三十本，均送堂。是日补荐卷三本。

二十九日(5月14日) 是日晴。昨拟改写进呈题纸，因宣纸不易书写，改用顶上奏本纸，今日供给所送进，即送总裁处，令礼部供事画格呈上，总裁托第一房吴颖芝缮写。是日三场荐卷十八房均齐。

四月初一日(5月15日) 收掌委员均来道朔日喜，外官礼也。是日阴。辰起微雨。又收补荐卷七本。终日无多事，画扇十余柄。晚急雨一阵即止。

初二日(5月16日) 是日晴。四总裁会商十八魁（各房首）卷。午后总裁前后将各房首卷封送，交监试转交各房磨勘，加墨圈。计正堂五卷，大堂六卷，光堂四卷，明堂三卷，共十八卷，分开包封，令礼部供事分送取回条。闻会元系八房阎荐、大堂定。是日补荐□□本。

初三日(5月17日) 是日晴。昨至公堂来文，问揭晓日期，总裁定十三日揭晓备文。是日早移会至公堂。是日又补荐数本。

初四日(5月18日) 是日晴。前日交十八房首卷加圈，十七房均圈齐交回，惟十一房迟迟未交。午刻总裁将前十本进呈卷交来，分送各房写批。晚光堂将十八房中卷共六十五套交来，即刻分送各房磨勘加圈，并嘱务于初七日缴回。向来进呈题纸系进两分，现在写成一分，因达知总裁，托房官再写一分。

初五日(5 月 19 日)　是日淡阴。裕总裁问礼部上届会试录(带前序后跋)，欲看样式。开门向提调处取进一本，交进总裁处。大堂、明堂中卷交来，即开单留底，分送各房。午后正堂中卷交来，留底子，分送各房。申刻令榜吏将裱成榜纸，并录条看样式，斟酌尺寸，排画格子。往见陆总裁商酌写榜头榜尾，拟请第一房吴颖芝书写。

初六日(5 月 20 日)　是日阴，微雨。总裁定十二日写榜。早七点钟上堂，即于开门时面传与提调，转知会知贡举。前日十六房交来落卷一本，系第三场红考错误，昨晚收掌处始查出，今早传知提调，将红考戳要进更正，仍交内收掌归号。大堂与第五房赵斟酌，撤河南卷一本，补中十二房河南卷一本。

初七日(5 月 21 日)　是日晴。各房磨勘加圈卷陆续送来，即送总裁。午后往见陆总裁，商定初八日印官衔。向系四总裁卷归一处，令书吏印衔，此次总裁欲慎密，红号不用书吏，各堂自己看，家人印。向来刻衔板一块，此次令添刻一块，东两堂用一块，西两堂用一块。是日早开门，传知写榜日传刻字匠能写宋字二人随入内帘，写刻题名录。

初八日(5 月 22 日)　是日阴。巳刻各堂卷印衔齐，陆续交来，即分送各房并将上科十名外之中卷送各房看样式，仿照写批，并每房送格子两种，各总裁挑誊录卷送来，分送各房加墨单圈抄批，不揭批圈，毕，仍送回交总裁。草题名本印成，分送每房一本。榜已裱好，打格齐，令礼部供事带送总裁看，定于初十日午后陆总裁书写榜头榜尾。晚微雨有声。

初九日(5 月 23 日)　是日晴。各房缮批卷陆续交齐，均分送总裁。午刻，四总裁荐卷落卷交来查点，数目不错，即分送各房阅毕抄批交收掌。申刻，四总裁刻闱墨板交来，共二百十二块，俟明日进纸即刷印。旋外帘传点开门，有移文，因有新举人二名，一四等，一不列等，应扣卷，即查红号簿，系落卷检出备文，俟明晨送出外帘。今早大堂来函，十房中卷江苏位玖捌拨十五房，旋送卷来改荐戳改房签，仍送十房、十五房阅过再送大堂，监试处将红号簿拨改。

今日备移文将前调进△本送出外帘，官衔单刻印齐，送外帘二百张。

初十日(5月24日)　是日晴。辰刻开门，进写榜日用夫役、家具、棚匠，供给所进纸，即在监试处刷印红闱墨二百本。午后四总裁便衣来闲谈，少座辞去，即带榜吏携笔墨到陆总裁处看写榜头榜尾。

昨日扣卷今日送出外帘。

每房送笔一支，墨一小瓶，写录条用。

借来陆总裁草榜，自抄一本，次早包封送回。

十一日(5月25日)　是日晴。辰开门，将榜先送外帘，知贡举用关防过硃，明早随知贡举送进文明堂。总裁传外帘缮安折一分交进，以备榜后奏报起程，正折总裁自办。午后监试、收掌同到文明堂候四总裁上堂，将中卷并誊录卷汇齐，按五卷一束交监试点清，入箱封固，先存监试处，明早监试带箱上堂，箱两支分东西拆封，榜分东西两边写。申刻进供给，又进夫役廿余名。大雷雨一阵。是日红闱墨印齐百五十本，送总裁、各房监试收掌，每人一本。

十二日(5月26日)　是日晴。卯刻起，带卷箱上堂，先开门放进应差官役。辰初汉知贡举到，在至公堂钤榜过硃，即入内帘，上堂提调外监试同进，并拆弥封，委员随进。同考官上堂齐，即请总裁上堂拆封写榜，写至午正，少停退食，知贡举在收掌处，提调外监试在监试处。用饭毕，未初三刻上堂，写至灯后八钟二刻写齐，少停退食，饭毕，即上堂写前五名，榜齐，令榜吏对读一通，将榜用红毡包裹，时已子正，即开门发榜，知贡举等随出，总裁送至义衡门即回。进呈题纸呈缴朱笔经义题并总裁安折一分，皆总裁于上堂时捧上交知贡举。

前十名卷并中卷两箱，监试关防一颗，皆监试面交提调，未备文。写榜时，令秦委监刻题名录在文明堂廊下，榜齐时题名录亦齐，即刷印五百本，限十三日齐。

写榜时宣录条上科本房荐卷中一人（张茂炯）眷录，中二人△△会（冯汝琪、王景崧）。

十三日(5月27日) 是日晴。辰起会客十余起，甚忙。饭后即出门拜抚藩臬道首府首县。申刻归，收什轿子。

与提调约定十八启行，拜抚台，允为电达铁路总办。

十四日(5月28日) 是日晴。微有风。巳初知贡举藩臬来帖请入宴，穿朝服，坐亮轿，到至公堂后门下轿，在堂东间暂坐。房客分三起，亦坐亮轿到至公堂，齐，再请四总裁，亦朝服坐亮轿到至公堂。少坐即起，向东北九叩谢恩。毕，入宴，照宴图（先期送内帘阅）依次坐，抚藩臬送酒客坐堂下，开戏，加官跳魁星，演赐福一出，即起席再谢恩，行一跪三叩礼，毕，归。抚台来拜会，又会客两起。饭后出门拜客。申刻赴李燕生军装局晚饭，亥刻归。在燕笙处与聂献廷约定十八日同启行，已求陈中丞电达火车总办，晚知贡举送来藩库发路费二十五两，河道曹送程仪二十金，李筱坪送礼六包，张寿轩送礼十二包。

十五日(5月29日) 是日晴。辰起，会客。午后出门拜客。二点钟，赴江苏会馆公请戏局。晚九点钟，终席归。

十六日(5月30日) 是日晴。辰起，题于海帆前身僧相图二绝，画扇三柄、堂画一张。午初赴甲戌公请，在粮道署，甲戌同年作东者四人，年世兄十余人，客张、陆两总裁，监试一人，三席，畅谈。未刻终席，即赴八旗奉直会馆同乡公请戏局，亥刻终席归。

十七日(5月31日) 是日晴。辰起，束装。午后出门辞行，拜抚藩臬道首府县，余皆差帖。至未刻归，装箱，开赏，买物，收礼，会客，忙甚。天气甚热。

是日同考官蔡、孟、阎、龚四人起行。

十八日(6月1日) 是日晴。卯刻起，装车齐，步行到东西经房四总裁处辞行，均未起，即乘轿启行，出北门，到接官厅，礼部提调聂献廷已到，抚藩臬道暨候补道十余人送行，少坐进茶点两道，即拜别。八钟至河岸，系河登舟△南岸。渡口较二月来时移下数里，故仍迎淄北渡，至十一钟达北岸，十二钟至新甸尖歇，至未正启行。微有南风，天气甚热，沿途歇息，至八点钟至延津县东门内公馆宿。

十九日(6月2日) 是日晴。卯刻启行，顺道回拜延津知县。出北门，知县郊送，巳刻至塔铺村尖，未刻起行，六钟至卫辉府汲县贡院宿，卫辉差帖来拜，即差帖回拜。

二十日(6月3日) 是日晴。卯刻启行，顺道回拜汲县，出西门，知县送于郊。午刻至淇县署中公馆尖，未刻启行，七钟至宜沟驿公馆宿。

二十一日(6月4日) 是日晴。卯刻启行，巳刻至汤阴县署中公馆尖。未初启行，申刻至安阳县北门内公馆宿，托知县李元桢号子明电询火车何日来接，据覆电云，廿二日礼拜，不开专车，须廿三日午刻来车，廿二须在安阳候一日。

十七启行之四同考于前一日已到，同住一公馆。

二十二日(6月5日) 是日晴。饭后同提调共四人回拜安阳知县，顺至天灵寺看画像十七幅，在大殿梁上拴划车拉起画，长约一丈二三尺，宽约八尺。所画系风伯、雨师、电神、龙王、五雷神、菩萨立像座像、韦驮、火神、瘟神玄坛、关帝、判官各像，身高均一丈余，气概雄伟，金彩绚烂，而云龙锦纹又极工细，古雅不俗，相传为吴道子画，未必真，为前明赵王府物，流落入庙，已数百年，盖亦当年巨手所画，迥异寻常，诚大观也。看画毕，在庙中游览一周，到客堂少座，每人赠香资一元，即归。晚饭后无事，忽知县差人来通知，火车已到，定夜间三点钟开车，刻不容缓，即传齐车轿夫灯烛，约同考八人一齐上火车，忙乱，一夜未眠。

驻一日。

二十三日(6月6日) 夜三点钟开车，八点钟至顺德，幸路上同车有铁路工程委员孙泽余晤谈，甚相得，求其招呼行李倒车家调来铁蓬货车两辆，将行李倒过，不下栈房，颇省便。行李安置好，乃乘轿带襆被到客栈公馆宿，府县来拜，未会。申刻近(进)城，回拜府县并拜铁路委员茹临元号泽卿。

二十四日(6月7日) 是日晴。卯初上火车，卯正六钟二刻开车，午刻至正定府，知府、知县同发差帖来迎并备点心，少停即行。申刻至保定，藩臬道府县来迎，藩首杨莲夫上车拜会，并送一品锅，令家人差役伺候，少座拜别，即开车。车甚快，六点二刻到前门，子弟侄辈并晚亲来迎，即乘轿先进城回家。海山率家人雇车运行李，至七钟，行李等均至家。

到京。

二十五日(6月8日) 是日晴。辰刻冯伯玗来叩头，告知系第十八房袁励准房师、裕中堂座师，赠题名录、闱墨、住址单，留饭。刘六姑奶、三十二姑奶奶均来迎，绍叙五、越千送四菜两点，世子厚、作舟送四菜两点。是日未出门。

二十六日(6月9日) 是日晴。未出门。绍叙五、钱干臣、世子厚来拜会。

二十七日(6月10日) 是日晴。早出门拜绍叙五、越千，顺拜荣月帆。午后天气热甚，未出门。熙筱舫、忠精一来拜会。

二十八日(6月11日) 是日微阴。早出门拜裕中堂、溥台长、刘博泉。午后微雨，未出门。联琴舫来拜会。晚微雨，少凉爽。

上科荐卷门生梁正铭(四川人)来拜会。同仁堂请南药王庙寿。

二十九日(6月12日) 是日晴。早出门，拜西城成台长、联琴舫、忠精一、陆台长、张台长、清台长、熙筱舫。出顺德门，在福隆堂早饭，顺拜钱干臣、吴莲泾、王聘三、周桂午、戴少怀、张心田、本家老太太，回路拜金筱珊。

三十日(6月13日) 是日晴。未出门。戴少怀、刘博泉、荣月帆来拜会。

五月初一日(6月14日) 是日晴,有风,热甚。未出门。接热河候补通判钟甸丞信一封、节敬十金、锦皮桌垫一块。申刻,王寿卿来谈张小岩故后恒哥讹赖之事,海山约明日同王寿卿赴通,访夏樵三,分办此事。晚雷雨一阵,旋晴。

初二日(6月15日) 是日晴。河南道堂期,辰刻进署,午刻散。顺拜徐子光。到松筠庵,壬戌公请周桂午观察、王聘三太守。

海山、寿卿下通,晚车回京。

初三日(6月16日) 是日晴。未出门。覆钟甸丞信,送莫家四金,附致松鹤龄都统一信,求关照差委。接河南秦宝琛禀函。

初九日(6月22日) 是日晴,热甚。忠精一约斌升楼早局,同座清台长、熙筱舫、柴心庄。饭后游宾宴楼,茶叙终日。

十四日(6月27日) 是日微雨,有风。四总裁公请同考官、内监试在江苏馆清局,闻本科磨勘中卷平妥无事。

十七日(6月30日) 是日晴。新贡士覆试。松筠庵公祭杨忠愍公。

覆试原定于十一日,礼部因△卷子△遏少△改十七覆试。

十八日(7月1日) 是日晴。新贡士在湖广馆团拜戏局公请座师。

二十一日(7月4日) 是日辰起甘雨半日,午刻晴。新贡士殿试。

二十四日(7月7日) 是日晴。辰起赴西苑门,巳初随新贡士进西苑,在桥东候〇〇旨。午初宣〇〇旨带前十名引〇〇见。出西苑门,过直隶长班,令速通知值年徐菊人预备一切。

二十五日(7月8日) 是日晴。卯初起,入〇〇内侍班纠仪。卯正皇上升殿,传胪礼毕,退,回家更衣,即赴先哲祠候迎新状元。午初新状元、榜眼、探花齐到门,下马迎入。是日在祠东院搭席棚戏台,开筵演戏,即请新贵入席开戏,少座后引新贵到正殿前谢恩,毕,榜眼探花辞出,状元并同乡京官同送出,状元回到正殿前,撤去花红,请同乡京官按班行礼。礼毕，入宴席。是日请状元之会试房座师、殿试读卷老师并历科之三鼎甲，应酬终日。六点钟散，赴同丰堂宁代卿之约，终席晚归。

二十六日(7月9日) 是日微阴。辰起本道堂期入署。午初至陶然亭，偕同考官公请总裁，畅聚终日。申正散，赴江苏馆李子香、刘益斋、华瑞安之约，终席归。

二十七日(7月10日) 午，张心田豫升堂之约。

二十八日(7月11日)

二十九日(7月12日)

六月初六日(7月18日) 是日晴。辰起入署，巳刻到刑部河南司会法毕，出城回拜王筱东、龚怀希、王聘三、秦幼衡。午刻到陶然亭赴萧漱云、吴颖芝、阎芷生、蔡燕生之约，终席归。

同考公请△△分房放车惟上科东△共照庶常六十 名，直隶状元一，庶常四。

初八日(7月20日) 新贡士自初五引见，至初八日奉旨。

十七日(7月29日) 是日晴。午刻到陶然亭赴同考王畹香、何仲秋、赵芷荪、袁珏生、龚怀希、刘伯良之约，终席归。

十八日(7月30日) 是日阴，小雨连绵。

十九日(7月31日) 是日密雨终日。

七月初四日(8月14日) 是日晴。午刻嵩云草堂赴同考王筱东、阅伯△、赵仲宣、姚释筠、刘幼云、傅梦岩之约，终席归。

十四日(8月24日) 是日晴。午刻在嵩云草堂同忠精一公请同考官，申刻终席归。

李筱坪 四匣：火腿两只；雕磁茶壶一，茶盅四；竹筷二把，元扇一柄。

王筱卿 一品锅；八匣；汴绸衣料四件。

孙筱舫

张素轩 四匣：四罐洋果，四罐蜜饯。

李参生
武伯时
吴方臣
兆
秦子亭

乙巳出守日记(附丙午正二月)

光绪三十一年

八月十二日(9月10日)　奉上谕:王振声着补授安徽徽州府知府,钦此。

是日巳初刻,外务部苏拉徐德安来报。午刻赴云山别墅高露坡之约。饭后,往拜军机章京华璧臣,代办谢○○恩折并交履历稿,代写履历片并缮牌,定于十四谢○○恩,即回宅。是日赏内阁报喜人拾八千。

十三日(9月11日)　是日晴。午后赴○○○颐和园,令金绶同往。申刻到工部公所借住,军机苏拉杨姓持折暨履历片、缮牌来阅,阅毕即交该苏拉代递,余皆姜六苏拉招呼一切。

十四日(9月12日)　是日晴。寅正起,卯初先至○○宫门外南朝房候迎见,军机在廊下见面一揖,见庆王请安,仍在南朝房候信。赏朝房太监苏拉茶封八千。旋姜六来送信○○○召见,俟奏事官到,苏拉引至○○宫门,见奏事官一揖即随入○○宫门,到内奏事处少座,太监递茶,送茶封二两。候至八钟二刻,○○御前太监来引入,进二○○宫门,上○○仁寿殿北明间帘外少立,太监掀帘进○○殿,地甚滑,稳步徐行,至皇太后前跪,口奏:"臣王振声叩谢皇太后天恩。"免冠碰头毕,戴冠起立,再至皇上前跪,口奏如前。碰头戴冠,起立。再至军机垫下跪,皇上问在都察院几年,先在何部,年岁,某省人,一一口奏。少停,皇太后谕:"时事艰难,应饬州县官认真勤事,不可因循怠惰。现在兴办学堂甚要紧,须多设蒙小学堂以开民智。"问:"汝看民智如何?"口奏:"京师省会风气已开,惟偏僻小邑尚未开通,宜善为晓谕劝导。江南兵燹以后元气未复,筹款甚难,百姓尚知急公好义,惟地方官办理不善,不免勒索中饱,每多窒碍。"口奏:"臣谨遵〇〇圣谕,切实整顿。"少停,皇上谕:"汝下去。"遂退出,到〇〇宫门,太监递茶让坐,送茶封二两。因回工部公所,苏拉麇集,熟识熟人每赏四千,另交姜六三两,散给大众。饭后拜军机大臣,每处门敬八两,鹿、瞿、荣、铁、徐皆见(铁、徐门敬不收),谒庆王内外回事处门敬两分。是日未传见,申刻即顺路进城,直至东兴楼(请绍越千、柏爱山),已上灯矣。

是日白曾煜放福建遗缺府。

十五日(9月13日) 是日晴。中秋节,未出门,祭祖。乾清门太监等△姓送干果月饼,△分不收△△。

十六日(9月14日) 是日晴。辰起,到兵马司前街本家拜祖、拜婶母,留早饭。饭后拜朱芷青,借来《知府事宜须知》一本。顺路拜台长暨旧日堂官数家即回宅。拜孙中堂、李蠡莼,皆见。

十七日(9月15日) 是日晴。曾绶赴〇〇园,住军机班,带△△壹佰叁拾贰两交军机章京华璧臣,又贰两交姜六转交姜太监。

十八日(9月16日) 是日晴。早起,赴〇〇颐和园,午初至海淀万兴居更衣,即至庆王园,候至三点钟传见,坐谈一刻退出,内茶封贰两。回至海淀万兴居用饭,毕,进城回宅。

十九日(9月17日)

二十日(9月18日) 是日晴。午后访聂献廷,面托写通禀并履历。献廷云现署怀宁县(首县)陆耀星名士奎,系伊同年至好,允通禀办齐后加致陆君一函,属汇封即托熟票庄,竟寄怀宁县,求陆君代为分送并恳俟到省时关照一切。

二十一日(9月19日)

二十二日(9月20日) 是日晴。早起,西城拜客。午刻赴护国寺同丰堂联琴舫之约，终局散，顺路拜客回。

二十三日(9月21日)

二十四日(9月22日) 是日晴。辰起，西城拜客。午赴前门内太升堂张振卿少宰之约，终局，顺路拜客归。

二十五日(9月23日) 是日晴。李蠡莼送来徽州府绅士住址单。

二十六日(9月24日) 是日晴。辰起，赴前门火车栈送出使五大臣启行。火车未开，炸弹发，绍越千受伤①，火车毁，出使大臣不能行，皆散至同丰堂，少息，用饭后拜客归。

二十七日(9月25日) 是日晴，有风，未出门。晚赴万福居许席卿之约，顺道先至法国医院看绍越千②，伤痕不甚重，少座即出城，饭后九钟归。

收高文轩信、松鹤龄信。

万福居座中有吴君赞廷，系歙人，据云赴徽须由上海乘小轿赴杭州换河船西行，溯流而上，约十日即达徽城，家眷必由此路。

二十八日(9月26日) 是日晴，有风。同乡京官印结一张，交长班(吏部)告假一月。

二十九日(9月27日) 是日晴。饭后赴西城拜客。三钟至松筠庵，赴直隶同乡公局，终局，拜客回。

三十日(9月28日) 是日晴。午后赴北城拜客。聂送来禀稿阅，计三红八分(督抚、藩臬、学台、三道)外信稿五件。

---

① 《绍英日记》廿六日："早赴前门东车站，会同泽共、徐夫登火车。甫登火车，忽闻炸弹一声，当时跌倒，随有家人扶出，身受伤七八处，惟左股较重，即至法国医院调治。同去者为服部先生，医士欧宜穆、沙荷德。调治甚效，暂在医院调理。"(国家图书馆出版社，第605－607页)

② 《绍英日记》此日仅记太监受命赴绍英家中探视，未及其他人。(第一册，第607页)

九月初一日(9月29日)　是日晴。午后出崇文门拜客，至南横街，由前门回，徽州绅士已全拜过。清早遣人将禀信稿送回聂宅，求即照缮。

初二日(9月30日)　是日晴。未出门，开应带应添衣服单。

是日南皮张检放江西饶州府。

初三日(10月1日)　是日晴。辰刻赴西城拜客。午刻赴同丰堂刘信安之约，终局，由打磨厂进崇文门，顺路拜客归。

二酉斋书铺送来应带书籍单，酌买。

初四日(10月2日)　是日晴。午刻赴西城拜客。两钟赴安徽馆徽州府京官公请，座中谈及前任知府黄石荪通禀上宪，拟裁各属县节寿陋规，酌提办公经费，不知已否批准，应再探询。终席，顺路拜客归。

是日吏部李静斋来拜，送来查加级纪录一单。

初五日(10月3日)　是日晴，午后有风。未出门，买羊皮褥四床。

沙岭郝午桥来道喜。

初六日(10月4日)　是日晴。辰刻朱芷青同年来①，谈及前任徽守黄石荪，闻尚未离任，黄有弟某部曹在京，可询问一切，即令曾绶遇闽友探询部曹住址行号，以便往拜。

初七日(10月5日)　是日晴。午后出前门拜客，到广慧寺吊杨若米。由南横园拜客，顺至同丰堂，赴朱嵩生之约，未入座，拜归。

初八日(10月6日)　是日晴。午后往东北城拜客，申刻归。收赵菊曾信。

初九日(10月7日)　是日阴，巳刻微雨。往东四牌楼贺丛兆丹、铁宝臣婚嫁之喜，旋出顺德门先哲祠，赴同乡察院诸君公局。未

---

①　王振声任徽州知府，朱寯瀛曾有《贺劭农简守徽州》诗，见其《金粟山房诗续钞》，《清代诗文集汇编》759册，上海古籍出版社，第428页。

刻赴西城陆凤老之约，终局赴同丰堂李锦斋、张雨臣之约，灯后归。

初十日(10月8日) 是日晴。未出门。检点皮衣，收什改做，(大毛袍上袖头，羊灰褂出风换面。)收什成作花衣。晚赴隆福寺长发号陶斋(端少丞别号)之约，子刻归。

十一日(10月9日) 是日晴。午后出前门拜客，拜户部李毓芬，未遇。李△△△与徽守黄石荪至亲户部四川司曹曾绶旧。曾绶面询一切，据云近未接黄信。后又询户部黄曾煦号念劬，即黄石荪令弟，据云近得徽信，黄石荪尚未离任，省中亦未派署。是日收华漱石信。

为裁粥厂事指定奏福访刘仲良商酌代递。

十二日(10月10日) 是日晴。巳刻白焜甫来晤谈，白新授福建遗缺府，因近与恩艺堂中丞接亲，求作冰人。午后拜徐菊人尚书贺喜。访刘仲鲁，未遇。

十三日(10月11日) 是日晴。检点应带应买书籍，唤帽铺定领帽。金筱珊来，面交丁慰农信，附陈徽府节略一纸。

是日送绍越千四茶两点。

十四日(10月12日) 是日阴，微雨。吏部高长班来，定于廿一日到鸿胪寺谢○○恩。午后发致前任徽州府黄石荪信一件。申刻赴福隆堂朱、俞、光、聂之约，聂献廷代办通禀信件均齐，面交收讫。座中主人前江西瑞州府知府俞筱沅谈及查加级纪录，应由原衙门行文，吏部查核，俟吏部查明，一面行原衙门，一面行外省。又云外省府缺知请○○旨者虽放缺，外省必派署署任，总须经三个月，故放缺者无须急领凭赴任。

覆丁慰农信，交金筱珊。

十五日(10月13日) 是日阴。令奎绶抄留禀信稿，恩绶缮履历手本。申刻西城拜客。出顺德门，赴同丰堂王鹤田之约，终局归。

十六日(10月14日) 是日晴。早唤成衣来，收什成做纱夹花衣两件。灯后电话询义善源，安徽省城有分号，拟即托宗通禀信件。

终日未出门，写信三封，复松鹤龄、赵菊曾、华漱石三位，十八日发。

臬台陈到京请安，召见，住贤良寺。

十七日（10月15日） 是日晴。午后西城拜客。出顺德门，赴松筠庵门生公请之局，先合照一相，后入座，终席归。

十八日（10月16日） 是日晴。辰起，赴贤良寺拜臬台陈，未见。令恩绶写简明履历三代一纸，备廿一日赴鸿胪寺谢〇〇恩。午后大风，未出门。曾绶将通禀信件送义善源，交鸿绶加信速递。

十九日（10月17日） 是日晴。辰起，拜谒臬台陈，晤谈二刻，履历璧回。午刻，中和栈送来火车由京至汉口车价单。吏部长班来禀请廿一日午刻到鸿胪寺谢〇恩，当交简明履历一纸，小费二两。

二十日（10月18日） 是日阴，微雨。午后拜臬台陈禀安。自十八连拜三日，皆花衣。令曾绶取同乡京官魏梯云印结一张，以备连履历送吏部领凭吏科兼凭。

接郝慎之信。

二十一日（10月19日） 是日晴。辰刻赴北城喜车应酬。午后，赴鸿胪寺谢〇〇恩，三跪九叩。礼毕，赴大堂一揖，画押，领执照一纸，此执照到省缴凭时一同缴销。

是日郝子功来。

二十二日（10月20日） 是日晴。午后赴同丰堂熙筱舫之约，终席归。

郝云樵来。

二十三日（10月21日） 是日晴。辰刻安徽解贡茶委员试用府经历江祖湘号赓侯来拜会，住西河沿泰来店，晤谈徽省情形，将来到省可住八旗会馆，预先通信，临时可招呼一切。午后赴张大司农、陆台长之约。座中陈臬台云廿六请〇〇训，廿八日出京，由火车赴津见制台，再由保定火车南下，恩艺堂中丞允致诚抚台毓首道署藩台信。终局，顺贺徐子光嫁女。出城赴惠丰堂汪墨卿之约，万福居于梓生、陈子久之约，终局归。

二十四日(10月22日) 是日晴。午后赴李晴田聚宝堂之约(荐家人王禄),晚李肖峰永丰之约,终局归。买小印匣一个。

二十五日(10月23日) 是日晴。午约郝子功云樵斌升楼便饭。后至蔡家镶牙,买补子朝珠。晚赴子功东兴楼之约。

二十六日(10月24日) 是日晴。辰刻赴北城拜效述堂方伯。顺拜恩艺堂中丞,面恳致抚藩信。出顺德门,拜朱芷青。旋赴江苏馆何云帆之约,终席归。

王禄来。

二十七日(10月25日) 是日晴。辰刻赴贤良寺禀见陈臬台,改廿八请〇〇训,廿九出京。晚赴同丰堂金筱珊之约,座中面托王卓声代领凭并查加级改纪录,终席归。

接华漱石信。

二十八日(10月26日) 是日晴。辰起赴吏科画凭,小费四金,茶赏△千。在左阙门遇幼升,属代具呈交王酌升并取结查加级纪录。午后赴天宁寺张振卿、刘博泉之约,终席归。

郝子恭回岭。

二十九日(10月27日) 是日阴。因感冒未出门。午后幼生来请次,旋义善源传电话告幼升,王酌升将领凭送存该号柜上。

定作羊皮靴一双。

十月初一日(10月28日) 是日阴,微雨。早未出门,因感冒,仍服药。午后到前门外蔡家胡同日本人金昌堂补牙,到魁盛元看补子九件活计。回家祭祠堂。

初二日(10月29日) 是日早阴,午晴,大风扬沙。荣庆翎子张来,看翎子二支。一△一△。

接绍叙五信。

初三日(10月30日) 是日晴。早未出门,午刻赴同丰堂六科公局。未刻赴沈子敦之局,终局晚归。周福销假归。沈子敦座中谈有《大清律例汇集便览》。

初四日(10月31日) 是日晴。巳正至福隆堂,赴恩艺堂、白昆甫请作大媒之局。未刻赴壬戌同年公请之局,至连升店,招幼生将领凭送来,并吏部据呈加级收条。申刻赴同丰堂王酌升之约,将据呈收条交酌升,终局归。

初五日(11月1日) 是日晴。晨起赴西城拜裕筱鹏(△△△△△△)晤谈,荐刑钱书启,并云安省向无送上宪套礼,可无庸备带。午归,未出门。

初六日(11月2日) 是日大风。早,帽铺送领帽来,买花翎二支。午后拜军机辞行,顺路拜客辞行归。

初七日(11月3日) 是日晴,仍有风,寒甚。午刻新放安徽遗缺府穆特恩号锡三来拜会。午后裕筱鹏来拜会,荐定书启一席,其刑席△名球荐与锡三,如到省请刑席可于章公探询品学一切。未刻出城,拜客。赴江苏馆延子澄之约,终席归。郑明到宅任差。

初八日(11月4日) 是日晴。午后拜军机辞行,顺拜裕筱鹏晤谈,荐定书启赵允元号德孚,凤阳廪贡生,历就皖北道安庆府书启席。筱鹏允致函代请定,并赵之兄在安庆中学堂,可到省探询一切。

初九日(11月5日) 是日晴。午后赴白米斜街宗显堂唐蔚之、顾寿人之约。未终局,先行。顺到北城拜客,辞行,申刻归。

买皮箱二支。

初十日(11月6日) 是日晴。午后东城辞行。晚赴太升堂杜子丹之约,终席归。

十一日(11月7日) 是日晴。辰起由火车回通,巳初到通下火车,进城回拜果祝三。到兴盛店尖。午初出北门,至老祖茔拜祖。至北茔地拜祖。进城,至泰记,遇平玉铭、高雨田,顺至高宅,拜舅母,即出城,到火车栈,稍候,乘晚车归。

十二日(11月8日) 是日晴。午候赴张振卿侍郎之约(求刘博翁致冯藩台一信)。申刻赴胡云楣侍郎之约,终席归。

买皮箱二支。

十三日(11月9日) 是日晴。午后出前门拜客辞行。到江苏馆赴甲戌团拜公请(陆凤老允致冯信)。晚赴斌升楼通州同乡金小山、张星槎、李晴田、张心田、夏植三、李蓉舫之约,终席归。

十四日(11月10日) 是日晴。辰刻西城辞行,谒陆凤老。归路至聚丰堂,赴刘博翁之约,终席。由东城出崇文门,拜客。晚至万庆楼,赴王旭斋之约,终席归。

十五日(11月11日) 是日阴。辰起,西城拜客。午后归,未出门,晚装衣箱二支。

十六日(11月12日) 是日阴。辰起,赴东四牌楼拜客,五条○○行吊。午后西城拜客,出顺德门,赴李嗣香聚宝堂、裕△万庆楼、冯伯珩万福居之约。终局,中和栈来言,定行李衣箱,派家人郑明由海轮南下归中和栈,包运起程前欲取天津海关兑票,须官衔大片、名片二分,书衣箱几支,帽盒行李零包几件,开一清单,交中和栈代办,免票须费五元五角。

十七日(11月13日) 是日晴,大风。未出门。午后恩中丞送来致诚抚台、毓藩台、童观察信三封。刘伯翁来送行,送致冯藩台、陈臬台信两封。

十八日(11月14日) 是日晴。辰起,花衣拜袁宫保,顺拜徐大军机。午刻赴福全馆裕筱鹏之约,新放安徽遗缺穆锡三托带通禀八件、信二件。终局,出城拜客。晚赴斌升楼毛琴孙之约,终局归。

十九日(11月15日) 是日晴。早中和栈来,酌定书衣箱十二支,大小行李叁拾余件,开一清单,并官衔片、名片二分,定于廿一日晚来看箱支行李件数,廿二日派郑明押送,由火车赴津,附轮南下,至安庆省城。午后出城,拜客辞行。晚赴太升堂穆锡三之约,终局归。接黄石荪一信。

二十日(11月16日) 是日晴。辰起装衣箱三支。午后东城辞行。

二十一日(11月17日) 发覆黄石荪信,托聘刑钱席。

是日晴。辰起束齐衣箱三支，书箱四支，帽盒零包共十四件。申刻中和栈来言，明运至安庆，共运费四拾元，零酒水在内。晚赴合兴号景月汀之约，终局归。

二十二日(11月18日) 是日晴。辰初遣郑明押送行李箱支南下，上下共廿一件，由中和栈包运。午刻大风扬沙，未出门。

二十三日(11月19日) 是日晴。辰刻东城拜卢汉铁路总稽察陈远泉。赴云山别墅河南道公局，终席。到广和居辞林梅桢之约。拜朱芷青。到本家辞行，拜祖，留晚饭。

二十四日(11月20日) 是日晴。辰起，拜东邻文缙卿、星筱舫辞行。旋装束行李。亲友来送行。

二十五日(11月21日) 是日晴。在火车甚暖。早四点钟起，五点启行，六点上火车。亲友送上火车，甚夥。涂元甫并送路菜八包。铁路总稽察陈远泉送上车并托翻译陶秋宾同行。七点开车。午初至保定，陶秋宾送四菜蒸食汤面同食，一路应酬周到，并派巡捕杨姓招呼一切。五点两刻至顺德车栈，寓会通栈，住秋宾常住之房屋。是晚发第一号家信一封。是日与韩仲猷同车。

恩绶同行，带家人关升、周福、刘顺三名。

二十六日(11月22日) 是日晴。早六点开车，下午四点到新乡，寓会源栈房(与会通栈连号)，甚宽敞洁净，离铁路亦近。是晚陶秋宾宿路工局，即在会源栈内，并拜局中同事陆关宏、艾蔚廷，皆系翻译生。是晚发第二号家信。

二十七日(11月23日) 是日晴。早五点开车，坐桥工料车所带之座车，在车上买票。八点至黄河北岸下车，坐小土车至河沿，交陈远泉托寄北岸弹压委员杨少亭一信一包。杨遣人到河沿另派料船一支渡黄。八点二刻上渡船，九点二刻至南岸，又顺河沿山脉东行一里路，转至山东面，上料车之带座车。十一点半开车，车上收票费每人二角，至荥泽，又在车站票房买票，每人三角。十二点到郑州，下料车，在票房买票，又上南路贰叁等客车。一点二刻开车，八点到驻马店。微雨，寓天保栈，栈房甚坏，饮食亦甚难，与韩仲献同住一室。是晚未用饭，自熬小米粥。

二十八日(11月24日) 是日晴。早六点开车，一路多山根，至下午四点过武胜关，穿山洞二里许。在火车与南路稽查委员何效廉(南京人)同车，畅谈。七点至汉口，寓泰安老栈栈房，极逼仄，楼房相连，且黑暗不透光，盖因汉镇地窄人稠也。是晚自下火车至栈房，极扰乱，甚至主仆走散，至栈房方聚齐。先是高升栈迎至上站，在火车上冒充泰安栈，交一栈票，至下火车犹云是泰安栈，而灯笼则高升栈，故人皆走散，幸行李物件无失。

二十九日(11月25日) 是日晴。辰起发电报，达安庆，招呼江赓侯到时照应一切。令恩绶到谦祥益兑款，因无处拨兑，取来现银元。据谦祥益云，江轮亦须有护照，以免查验。即换行装往拜关道继莲溪晤谈，面求护照。辞归，已下午三点，即发行李一同上船，系招商局新船名江新，预令泰安栈写票两人房舱，下人皆通舱。船上一切极洁净整齐。晚间处处皆电灯，至晚十点开船。官舱前大舱如大厅陈设，精洁美备。

三十日(11月26日) 是日辰起看江景，爽心豁目。八点二刻至九江，停泊，是船一夜行六百余里。十一点二刻开船，看南岸经过壶口山、小孤山。六点二刻至安庆，江赓侯上船来迎，并有怀宁县派人来搬运行李。江赓侯因八旗会馆无房，转借张公祠暂住，灯烛铺垫皆赓侯办理并备晚饭，同席酬酢，极周到，可感。探询郑明尚未到省。

十一月初一日(11月27日) 是日晴。辰刻怀宁县陆士奎号耀星来拜会。会馆长班李裕来谒见，云会馆现已腾出，有房十间，可住。令关升同长班往看，即定明日搬入。午后四点往拜署首府杨汇峰晤谈，允派号房一名来候差。归寓，首府刑席章叔鸣来拜会。

发致黄石荪信一封。

初二日(11月28日) 是日晴，微有北风。辰起唤李裕来呈到省费一单，令其办理缴凭用，全履历一分，添内外三代存故，另开凭内第几号，限某日到任，并鸿胪寺谢恩执照第几号一纸，名片一个，交藩房代办红白禀，据云缴凭费院司共需五十元。首府派来号房一名，令其持手版到各宪禀到（初一日到省，初二、初三请假三日），并送各宪京信。午饭后会馆看馆人带来挑夫，将行李搬至会馆，借前首府裕（在京面借定）官轿一乘，红伞一柄。两点移居会馆，定支应局厨房（在近邻）包饭。四点江赓侯来晤谈。是日早接署歙县邓英禀函，系李裕送来，请开示官衔牌一单以备写译。晚缮就，共译十二封，交李裕转寄。申刻，请补歙令蔡世信来禀见。

初三日（11月29日）　郑明未刻到。是日晴。未出门。会客数起。饭后令关升、周福到江岸候郑明。未正，郑明压行李箱支乘江永船到岸。申刻，行李运至会馆。晚饭后查对履历漏写充实录馆校对官，令恩绶改写第一开接叩共四本，写齐已子正矣。

初四日（11月30日）　是日发北京电报。是日阴。七点起，八点上藩台衙门，到官厅，适遇太平府周印炳号文樵到省禀贺，一同传见，旋即同到院，见抚台，又一路同往禀见臬台、道台，皆传见，回馆。饭后未出门，即补县刘家序，系壬戌同年，送一品锅。江赓侯送点心两盘。今早李裕送来藩房代办缴凭红白禀两分（抚一分，藩一分）。阅过，即交李裕持帖到首府署借印。禀见各宪抚藩臬道，一日见齐。

是日发北京电报。

初五日（12月1日）　是日发京信一封，第四号。是日晴。辰起上三宪衙门禀安，均未传见，挂号拜安。顺路归寓。李裕送来红白禀借用印已齐，即将吏部文凭、鸿胪寺执照夹入封好，交李裕分送抚藩衙门并交费五十元△△二元八角。取来回照。午刻，请补歙县蔡世信送筵席一桌，璧回，即亲来，谆谆请收，绝不容辞，只好收下。晚并遣厨夫来寓开席。午后，拜首府刑席章叔鸣，并拜书启赵德孚，未晤，托叔鸣转致，作为延定。灯后轿子铺来言，定作行轿一乘。

初六日（12月2日）　赵德孚来，晤谈。因藩台系老师，欲令在省入学堂，不能到外府就馆，辞书启一席，尚须另请。是日晴。辰刻遣号房到三宪及道衙门挂号。在寓,未出门。检点送礼物件。午饭后赴首府杨汇峰之约,终席。西城拜客。出西门。到盐河厘局赴候补府邓闰生之约,终席八点,归寓。

三日衙门亲到两日,第三日挂号,可不必亲往。

初七日(12月3日) 是日微阴。辰起上藩台衙门,未见。拜客,归。午饭后,三点拜客。五点归。赴支应局恽、叶、丁三君之约,终席归。逢二、七,藩臬衙期。

初八日(12月4日) 是日晴。辰刻藩署吏科来款挂牌,饬赴任,饬知尚未下,须候一半日。是日未出门,送礼三分,首府杨收四包、章叔鸣收一包、江赓侯收两包。江赓侯荐书启曹峙熊,据云写作俱佳,并送来曹书屏条来看,甚好。因赵德孚虽辞任,令兄来见话,尚活动章叔鸣,仍拟赞成,故均未定。

初九日(12月5日) 是日阴。辰刻微雨。未出门。早会客四起。午饭后送礼三分,首县陆、候补县刘、请补歙县蔡均收一二件。会馆知年刘闰生送来会馆章程一本、捐簿一本,照章写捐银五拾两,俟到任后寄交。

初十日(12月6日) 是日晚,章叔鸣来信,书启赵德孚已延定矣。

是日阴,微雨。辰刻补挂上院随班传见,臬台先住浙江会馆,本日移进署,随班往贺。顺路归,因雨,未出门。申刻,前署祁县令刘筹,江苏人,来禀见。因在祁县任欠交捐积谷公款,呈递说帖,求缓催。灯后藩署来,知会明早七点传见。逢五、十,抚院衙期。

十一日(12月7日) 是日阴,微雨。辰起,上藩署,藩台面交饬书,即归寓。饭后三点,出门拜客,顺路出南门,至义渡局,赴候补府厅十五位公请之局。临江大椅五间,凭栏眺望,对岸灯树,极浦风帆,江景如绘。灯候入座,未终局辞,即进城,赴首县陆耀星之约,终席,冒雨归寓。

十二日(12月8日) 是日晴。辰起,花衣上三宪衙门,禀谢,俱传见。拜首道,未见。顺拜首府,谢步,拜会,询学堂警务章程。午后遣送来中学堂章程一本、警务章程一本。未出门,遣人送刘闰生、恽季申礼两分。申刻章叔鸣来拜会。藩署送来缴凭禀批。

十三日(12月9日) 是日晴。令号房持手版到三宪并道署挂号。因忌辰未出门。饭后令恩绶送裕源银号京信,言明借款不用。李裕唤徽州信局夫△来寓问徽州路程脚价。据云,每夫一名按七文钱一里计算,至徽府四百四十里,共价三千零八十文,合洋三元。轿夫价同。约须走七八日可到。俟定行期再酌用脚夫人数。

十四日(12月10日) 是日早晴,午阴。仍令号房到三宪衙门挂号。饭后花衣禀见,道宪传见,谈许久,顺拜章叔鸣。到铜元局拜提调林眉仲,遍观铜元机器,新旧两厂。因微雨,顺路拜客归寓。晚抚院文巡捕知会,明日抚院衙期穿白凤毛褂。

十五日(12月11日) 是日晴。辰起,上三宪首道衙门禀辞,三宪均见,道未见。饭后拜客,谢步,辞行归。李裕来交其抚臬道三处门茶、班茶并零开销,共用孖十元。惟藩署因藩台面谕不准下人收门包,故未致送。

十六日(12月12日) 是日晴。辰起,未出门。午后拜客。出西门,拜刘闰生,晤谈到任一切,并代酌红谕令其厘局司事。刘吏目存远亲送来寓。晚赴胡仲垣太守之约,终局归。

发第五号家信一封。前署祁门黟县包惠畴号亮臣来见。

十七日(12月13日) 是日晴。未出门。试厨子来会馆,厨房开菜饭。前署绩溪知县李第青(号子珂)来见,晤谈徽府一切。问赴徽道路,云走大洪岭。昨包令亦云然。午后高等学堂教习胡元吉、查勘庶务江玮,皆徽府人,来见,谈徽府中学堂腐败情形,应换监学,整顿一切,拟在芜湖徽州会馆办师范学堂,会馆筹款一千五百元。据云徽府紫阳书院有存款四千元可拨用。休宁屯溪(与江西乐平接壤)教民甚多,有教民方姓宜防。黟县客民过多,时有窃盗案。以种芰为名,多挖地窟,藏垢纳污,宜禁种芰云云。答以到任后体察一切。申刻,首府来拜会,谈请刑钱席并酌聘金、程仪、数目。脚夫头苏芳恺送来承领单一纸，有徽州信局苏太和图章作保。

十八日(12月14日) 是日微雨，终日未出门。试定厨子陶姓。又查候补县沈钊(张振卿令亲)，现赴和州查鱼业差。巡检陆景澄，系陆凤石本家，现在藩署土药局核对差。

十九日(12月15日) 是日早晴。出门拜客辞行。饭后拜首府辞行，晤谈，酌定刑席聘金十二元、书启聘金六元、刑席程仪廿元，并交关书程式一纸。旋拜章叔鸣辞行。顺拜刑席李君度，即在首府署内，晤谈，请定，惟须俟署首府杨交部后再赴徽州，刻先请冯君前往庖代云云。即顺路拜客，归寓。旋章叔鸣来晤谈。杨汇峰云闻徽府刑钱前任岁俸三百六十金，因黄石荪系自办笔墨，如不自办，统交刑席，可酌量加敬，答以到任后与黄石荪讯明酌办。

廿日(12月16日) 是日阴，微雨。未出门。恩绶写关书，封聘金程仪，写红谕。

廿一日(12月17日) 是日阴。辰起派人送李君度、赵德孚关聘，并函致章叔鸣，问李君度庖代之冯君可否日内一晤。送关书人回，适接黄石荪来信，云刑席钱君伊已请同往山东，因去信欲请蝉联，甚愿相让。事出两歧，因请章叔鸣来商酌。旋章来寓，询关聘已交李君矣(先是送章处代交)。是此局已定，不便更改，遂写信详叙一切，专走快信，限五日到徽，因覆黄石荪。申刻，李君度来拜，晤谈，已请定冯君代庖，不日可同来一晤。赵德孚来谈，系一主一仆，月底启程时同行。

先是，闻寅友云黄喜聚不喜散，亦是日朋友皆请东行，至廿无信，迫不及待，遂另请。

廿二日(12月18日) 是日阴。未出门。早写画应酬扇子、条幅。饭后派人持名片到趸船稽察委员处借一房间，以便明日上船时暂座。并探询明日江宽轮船何时准到。晚封芜湖道署门茶(八元)、班茶(四元)、随(一元)，共一封套。

廿三日(12月19日) 是日阴。辰起发京信一封。午后定作行轿送来。申刻带周福、刘顺上趸船，蔡令公服上船送行，候至灯后，章叔鸣上船送行。七点钟，江宽船到，即上船（三十九号房舱，家人通舱）。九点开船，船亦干净，然不如江新宽大。

发第六号家信，附裕筱鹏信。

廿四日（12月20日） 是日阴，有风。七点至芜湖，上趸船而不靠岸，仍须拨船，适有吴总镇调来救生局船，遂令周福持片拜吴公。吴请上船，甚便捷，顷刻抵岸，仍风，微有雪。下船，坐洋车到高升栈住，令刘顺至道署禀到并送信。巳刻雇轿往禀见道宪，传进履历传见，请轿二堂。临行送轿并璧回履历，谦甚。申刻晴，到洋街一游，归寓晚饭。饭本不丰，因厨与厕近相对，愈不能饱。原主有家眷，出入不便。入夜，孩啼鸡叫，隔窗亦不能安眠。

廿五日（12月21日） 是日晴。辰起，令周福到道署禀安挂号。旋道台亲来谢步挡驾。午刻，到马路一游，街道宽平，左右铺面楼阁甚多，在太平春饭馆用早饭。饭馆楼两重，楼下洋菜，楼上中菜。在楼上座后窗，临水近岸，泊数小舟，对岸山下人家，山上楼台，水中沙洲，有茅屋数椽，疏树围绕，浅水残芦，傍插鱼栅，渔人叉鱼，皆脚踏木盆，类小舟，远近游泳，点缀如画。饭后由马路北行，尚有新盖未成之楼台，颇壮丽，闻皆李伯型修盖出赁者。马路内尚有涌和泉京都饭馆，楼三层，甚玲珑。又金陵春亦饭馆，为云曲馆，唱女皆类上海、天津。满街洋车如织，游至三点，缓步归寓。

是日命郑明先行，持红谕赴徽。

廿六日（12月22日） 冬至。是日阴。辰起，有雪意。赴道署，禀贺冬至，禀辞传见，晤谈刻许，辞出，冒雪归寓。大雪终日，未出门。灯后改雨，一夜有声。

廿七日（12月23日） 是日阴，雨止。午刻上趸船。未初江新船到，上船（五十三号房舱），候至三点开船。先北风，忽改南风，顷刻大雾，船行甚缓，已而雾散，密雨有声，船行甚快，至夜三点到安庆，上趸船，雇夫轿归寓，已五点半，黎明矣。

廿八日（12月24日） 是日仍阴，微雨，午刻雨止。蔡令世信来拜会，欲派人送至徽并代付夫价，力辞之。赵德孚来，出裕筱鹏信，约其进京办书记，不能赴徽，未允其请。饭后往拜首府，托借救生船二支，拨至小南门。并拜章叔鸣，商办书启事。晚章叔鸣来，云赵德孚须进京，不能赴徽，实系不能动驾，托为另延。

是日歙县预备轿一乘并拜褥送来。赏李裕六元。

廿九日（12月25日） 是日仍阴，雨不止。本拟今日启行，因书启未定，且雨不止，未能起程。巳刻请江赓侯来，托其代请曹峙熊，即慨允去请。旋来信云已请定，即往拜，未晤，顺拜章叔鸣。座中引见冯子桥即代庖者，晤谈，约定俟临行时知会。归寓，雨仍未止。今早抬轿夫来，将轿抬拴齐。救生船人来，船已调到小南门，当交其官衔旗两杆，令伺候。

前定陶厨因事不来，又试定厨子徐姓，扬州人，支应局厨房荐。

腊月初一日（12月26日） 是日雨止，午前少见阳光。午后仍阴，未雨。辰刻令周福送曹峙熊关聘。午后曹来回拜，晤谈，云明日恐不能同行，须迟一二日，答以已预备轿子夫脚伺候，可届时招呼起启。章叔鸣送回赵德孚关聘。申刻接第一号家信。蔡惠庵令家人金永来见，派送至徽，沿途聘护者，雇脚夫。送曹峙熊程仪六元。

书启赵辞，另请曹峙熊名印相，湖北增贡。

初二日（12月27日） 是日又阴，脚夫来，未齐，候至午刻，令挑夫（共八挑）先行，抬夫有金永同夫头督催后赶，遂启行。出小南门，蔡惠庵在义渡局备茶座，小坐片时，辞谢登舟，时又微雨。冒雨开船，风甚紧，雨亦密，舟东南行二十余里，申刻至南岸。下船踏泥泞前进，过小河，有小渡船往返数次始渡过，循河岸冒雨行五六里至黄溢太和店住，时已灯后矣。

初三日（12月28日） 是日仍阴雨。辰刻启行，泥泞颇难行，二十里午刻至湘田铺尖，因抬夫同金永及夫头尚未到，遂住店候齐。申刻抬夫均至，惟金永因落水未至，赶派小轿往迎，灯后亦到。

初四日（12月29日） 是日阴，未雨。辰刻启行，二十里皆山路崎岖，过数小岭至牌楼尖。天又雪。午刻启行，二十里至石子路小息，又行十五里至河口宿，夜又雪。

初五日(12月30日) 是日阴，雪止。辰初启行，四山皆雪，过松岭，船渡山河，十五里，九钟上至杨澎口尖。午初启行，循山脚沿涧河而行，过渡船两次，山色黄绿，远望似苔，近看遍山皆竹。申刻四山云起如蒸，三十五里至红山渡宿。晚又雨。

初六日(12月31日) 是日仍阴，雨止。辰初启行。山行数里，过小箬岭，石蹬陡峭，遍山多竹，行数里又过大箬岭，均不甚高。九点，二十里，至沙城尖。午初启行。送徽州信专脚回，带有黄石荪回信。行数里，有祁门县探差人来迎，问上下人数，即折回，以便预备公馆。行里许，过游山岭，石蹬陡峭而曲折，至岭腰平处，有饭店房，少息。墙外有丈余大芭蕉一丛，山腰竹林一片，高皆两丈余，停一刻，又崎岖下山，望南面极高山，积雪未消，即大洪岭。申刻行三十五里，至河街宿。

初七日(1906年1月1日) 是日晴。自廿六日起，雨雪十日。辰初启行，十五里至大洪岭，山下鸭坑地方，少息，脚夫用饭毕，九点启行。上山盘折而上，石蹬陡峭，颇难行，至山顶，积雪未消，路滑，行至半山，祁门县派来纤夫四名拉纤，由山下至绝顶，计八里。山顶有三官庙，祁门县派家人备茶座，少息，拈香，给香资二元，又启行下山。祁门县派来轿夫八名、民壮二名，帮轿下山，路仍陡峭，盘折目眩，不能俯视。盖此山最高，登绝顶时诚一览众山小也。行七里，至山脚，大洪司巡检徐禄来迎，祁门县预备公馆饭食，遂少息。用饭后启行，仍循涧滨，高下崎岖，前进数里，入峡，左右峭壁插天，山上修竹成林，间以杂木，长松阴翳蔽日，涧底乱石流泉，水声潺潺，终日不断，二十里出峡，至宋溪，祁门县知县张式相来迎，备公馆供应一切。张号秋舫，江苏人，署黟县兼理祁门县事。

初八日(1月2日) 是日晴。辰初启行，数里，又过三小岭，不甚高，而石蹬陡峭，穿山径尚不觉险。二十里至板溪，绅士程姓村外迎，在祠堂备茶座，少坐即启行，绅士仍至村外送。徽多聚族，板溪一村皆程姓，约百余户。十五里至双溪流地方尖，书院备公馆，祁门县教谕曹、绅士许姓二人迎于门，旋进见。许亦此村聚族而居，约百余家。饭后一点两刻启行，二十里至榔木岭，岭西水西流，岭东水东流，以此分界。黟县派轿夫、仪仗来迎，发里许，渔亭办巡警外委李宏澍带巡兵四名来迎，引马前导，又数里至渔亭镇公馆（系借盐店）宿。黟县张武桐、教谕李耀荣、典史周兴丙迎于门，旋进见，绅士挑国仪（黟县贡生，办盐务）亦进见。

程敏行，监生；程士开，程礼，程培，生员；许汝贤，廪贡；许萼芬，盐知事；许培彔，巡检；许培裔，附生。

初九日（1月3日） 是日晴。辰起启行，十五里至庵脚地方尖，饭后三十里休宁县县署内花厅作公馆住宿，郑明同歙县办差家人来迎，徽府六房来迎，呈标接印条，改定于十三日接印，各房呈须知册，礼房呈接印礼节单。知县岭安、教谕朱子辉、训导崔有道、县丞王祖同、典史嵇泓禀见。

初十日（1月4日） 是日晴。辰刻启行，各官远送于万安街，行四十里至南子街尖。饭后换花衣，补褂。未刻启行，二十里至府城西门，各官迎于大桥以南，仪仗开道进城，贡院作公馆。入门，拜仪门，拜灶，各官禀见，均未见，即往拜黄石荪，少谈即归。石荪随来回拜。是日接藩臬密函。

十一日（1月5日） 是日晴。因忌辰不能拜客，午后常服拜石荪。

是日刑钱席冯子樵到馆。

十二日（1月6日） 是日晴。未出门。中学堂监督许承尧号继唐拜会。

十三日（1月7日） 是日晴。巳刻前任派布经历暨家人送印到门，换朝服，跪迎于大堂檐下，时印供大堂正中前向北奏案前谢恩，即拜印，随印进署，换印匣，赏前任家人喜洋四元，换花衣补褂，带印升堂，标牌画红稿，开印书吏跪读印文。用印毕，书役分班叩贺，官员堂事毕退堂,属员禀见。参将吴玉昆、吴筱山、同知丁继瑞(号镜海)来拜会。饭后拜阖郡文武各官。吴筱山、丁镜海请十四日晚饭,辞。

十四日(1月8日) 是日晴。午后至中学堂,在东门外半山古紫阳书院。旋黄石荪遣人来约至徐公祠旁工艺局踏看。顺路拜客,归署。是日学堂监督许承尧(号继唐)欲辞差,递呈,未收。

连日黄石荪灯后便衣步行来,谈至夜分。

十五日(1月9日) 是日晴。巳初歙县来禀,请行香。至文庙、武庙、文昌宫、城隍庙、赤帝庙、龙王庙行香,归署。饭后至东门上城,循山路至斗山亭。亭已圮,尚未修。亭址八角外有石栏尚存,眺望场内外全局,徽亦山城,与歙县两城相连。歙城缘山高下起伏,远水近山,长桥古塔,楼阁参差,可入图画。新安大好山水,信不诬也。阅城毕,循山路台城,顺路拜耶稣堂教士唐进贤宓书荣。归署。晚雨有声。

十六日(1月10日) 是日阴,微雨。午刻点卯。饭后考代书。许继堂来,出学堂改良节略送酌,是已婉言留住不辞矣。

十七日(1月11日) 是日大雪一日。

十八日(1月12日) 是日晴。午刻分府丁来拜会。申刻升堂放告,收呈十一张,标日传谕,候批退堂。

发第□号家信一封。

十九日(1月13日) 是日晴。午刻封印,升堂,排衙,开印,用印,鸣炮,发领文牌,发封印文封印拜印,吏役庭参官员免堂事毕,退堂,属官跕班,旋禀贺挡驾。晚备全席,请刑席冯子樵晚饭。

二十日(1月14日) 是日晴。午后拜黄石荪送行,拜分府丁谢步。

接奎绶信一封。

二十一日(1月15日) 是日晴。辰起写致杨汇峰、江赓侯信两封。午后令恩绶访李建侯(石荪书启)求改信稿。灯后便衣步行,往访黄石荪送行,并托带致首府杨信,代送舒令赙敬八元。

二十二日(1月16日) 是日晴。辰刻黄石荪起行赴省。午后李建侯来晤谈，送来禀稿七件。派户房书吏杨世珍缮写。

二十三日(1月17日) 是日晴。午后分府丁便衣来拜会，晤谈。晚祭灶，徽△供素菜三碗，另自备南糖四碟。礼房届时请花衣补褂上祭礼，书赞礼。是夜爆竹声不断。

二十四日(1月18日) 是日晴。祭刘猛将军，即八蜡神。辰起八点，首县来帖请，花衣补褂至城隍庙旁，有刘猛将军殿，阖城文武官齐集上祭。礼毕顺路拜天主堂，教士因出外未回，即投刺归署。申刻，书启曹峙熊到馆。

上宪贺年禀八封，户书杨世珍缮齐。

二十五日(1月19日) 是日晴，有风。午刻广东候补巡检徐端甫(名受麋，系徐公祠徐公荣之孙)来见。饭后恩绶往拜李建侯，探询账房一切，并面赠墨盒、石鼓、彝器、拓片、缙绅以酬代办禀稿。派人送信请许继唐。

二十六日(1月20日) 是日晴。午刻天主堂教士华克诚来拜会。教士具中国衣冠，晤谈甚谦和。申刻备香烛在中堂向北边拜家忌。晚给家人开工食，每人每月二元。自十二月起，令厨房预备过年除夕元旦晚饭，皆全席，请幕友。初二、初三亦果席，早饭皆便席，至初四日后仍照常开饭。

二十七日(1月21日) 是日小雨有声。

二十八日(1月22日) 是日雨。午刻，中学堂监督许继唐来见，商办奉宪札选派正绅一二员，到省考查研究学务，酌定许与鲍振炳二人，并议办初级师范学堂添设蒙学堂，发禁赌告示、查禁讼棍告示、关防告示。

二十九日(1月23日) 是日雨终日，晚雨止。

三十日(1月24日) 是日晴。早饭便席，请幕友同坐。晚请幕友果席。午后本城属员来辞岁，旋差帖拜参府、分府，辞岁。合属书役上禀本辞岁。晚饭请幕中冯子樵、曹峙熊把酒畅谈。终席后祀灶、祀大仙。公馆后有楼房，历任官至此皆祀人仙，亦相沿旧俗，姑从一祭。

光绪三十二年

丙午正月初一日(1月25日) 是日卯刻起大雾,午刻晴。辰初朝服至万寿宫朝贺,礼毕,换花衣补褂,顺路拜文庙、武庙、文昌宫、城隍庙、赤帝庙、龙王庙,回署祭灶爷。饭后出门,拜合城文武官贺年。回署拜幕友贺年。晚备全席请幕友。

向来初一至初三,不收外文,不办事。

初二日(1月26日) 是日半阴晴。未出门。早晚与幕友同席闲谈,饬谕警察局禁赌简明告示再缮多张,遍贴街巷,派兵勇认真稽查。

初三日(1月27日) 是日晴。未出门。许继唐来,定议中学堂由书院移设贡院,腾出紫阳书院,立初等师范学堂。

自除夕至初三日早晚皆与幕友同席。

初四日(1月28日) 是日阴。黄石荪家眷起行,即知照歙县赶即收什衙门。

批书院肄业生公禀,改设初级师范学堂名曰紫阳师范学堂。

接第四号家信。

初五日(1月29日) 是日晴,晚阴,半夜雨有声。

初六日(1月30日) 是日晴。写家信。

初七日(1月31日) 是日阴。是日接外府暨各县信禀十二件。

初八日(2月1日) 是日早阴,晚晴。歙县送来金花一对,初十日迎春用。△△△△。

初九日(2月2日) 是日半阴晴,有微风。歙县送来八抬亮轿一乘,迎春用。

发家信一封。派人请中学堂监督许来,有面商要件。

初十日(2月3日) 是日阴。巳刻朝服坐亮轿出东门,三里许至关帝庙内少座。舞狮(贵△△旧)、祭芒神,礼毕,各官前导舁牛芒神进城绕行南北街，至署仪门外安芒神位，一揖各退。

徽俗，向系立春前一日迎春，今年因十一日忌辰，故初十日迎春，俟十二立春时打春。

十一日(2月4日) 是日晴。晚十点分府丁来署，少坐后，午初刻同步出，至仪门芒神前行礼后执鞭绕春牛三匝打春，礼毕，进署，各官禀贺，书役叩贺。

送刑席冯子樵束脩。

十二日(2月5日) 是日晴。遣号房持帖到分府、参府贺春喜，晚备便果席请幕友吃春酒。

是日黟县兼理祁门县张武桐禀见拜年。

十三日(2月6日) 是日阴。辰刻祭刘猛将军回，顺路拜黟县知县张武桐。

接鸿绶信一封。袁树五信一封。俱腊卅日发，此信甚速。

十四日(2月7日) 是日淡阴。

十五日(2月8日) 是日晴。巳刻出门，到城隍庙、赤帝庙、龙王庙行香，文武庙分府丁行香，每月皆分班。回署属官禀贺，参府、分府皆差帖贺，分府丁送自作元宵一盒。申刻绅士八人因办师范学堂便衣来见。晚备果席请幕友。灯后，歙县署龙灯彩船灯来挂号，在大堂歌舞，偕幕友同看，放鞭炮，挂红，随俗而已。

十六日(2月9日) 是日早晴晚阴。

十七日(2月10日) 是日大雪终日。书院有欠缴上年息银租，饬库书照章催缴，并传见司事杨宝森，令仍经理书院捐款。

十八日(2月11日) 是日早晴午阴，雪化檐溜，终日有声。

十九日(2月12日) 是日阴，微雨。辰刻开印，各房呈吉祥稿用印。午后大雪终日。晚备全席，请幕友。

二十日(2月13日) 是日雪止，仍阴。午刻进署，花衣补褂，祭土地祠、仪门宅门、土地宅门二堂，向南祭天地君亲师(三跪九叩)，祭灶神。上房后层紫翠楼祭仙，礼毕，属官禀贺，吏役在二堂叩贺，安榻，佥押房发门房谕帖一张。

辰刻许监督照会，选举鲍振炳为考察学务副绅。

二十一日(2月14日) 是日雨雪终日。各房禀二月初二日祀土地，请传班演戏，驳饬之。

二十二日(2月15日) 是日辰起微露阳光，午又阴雨。江承诰呈《中国历代编年大事表》五本、《皇朝五经汇解》卅二本，书二部，价洋四元，留用。

中学堂许监督来，商办学堂事。

二十三日(2月16日) 是日仍阴，晚又雨。

二十四日(2月17日) 是日阴，微雨连日，雨雪潮湿，阴冷异常。

发家信一封。接陆申甫卅一日元、郝芝昌信。

二十五日(2月18日) 是日夜雷雨，仍小雨终日。

二十六日(2月19日) 是日终夜雨，仍小雨终日。

又发家信一封。

二十七日(2月20日) 是日阴。自九点雷雨交作，旋止旋作，终日不断。

许监督来，亲咨呈师范学堂章程。

二十八日(2月21日) 是日一夜雷雨，天明雨止，微露阳光，旋又阴雨，晚雨止。

二十九日(2月22日) 是日阴雨终日。

二月初一日(2月23日) 是日早晴。巳初刻补褂赴文庙、武庙、文昌宫、署内灶神行香，顺路回拜分府丁。回署，大门外四人拦舆收呈候批。午又阴，晚又雨。

休宁县△△禀到。

初二日(2月24日) 是日雨一夜，辰起雨兼雪。祭土地祠，公门土地令经历代行香，宅门土地亲诣行香，花衣。

休宁县来见，呈充公木植或运或变价节(△△)。

初三日(2月25日) 是日雨,冷甚。卯刻朝服赴文昌宫主祭,顺路拜休宁县,回署。歙县蔡惠安红谕到。

初四日(2月26日) 是日雨。休宁县禀办许际唐来见,谈学堂事,借去《教育杂志》。晚赴分府丁春酒之约,终席归。

初五日(2月27日) 是日半阴晴。午后提讯赌犯庄士进交县,枷号半月。

初六日(2月28日) 是日放晴,微有风,抖晾衣被。

初七日(3月1日) 是日又阴。西乡湖田村绅士六人禀见。岁贡郑广镇等具禀面呈立崇正小学堂章程,请给示保护。

初八日(3月2日) 是日晴,抖晾衣服。周教授来禀办育婴堂,请立案。

初九日(3月3日) 是日晴。

初十日(3月4日) 是日晴,夜五点钟朝服诣文庙致祭,礼毕回署。

十一日(3月5日) 是日晴。夜五点钟朝服出西门大桥关帝庙前祭社稷坛,祭山川风云雷雨府县城隍各神,礼毕换常服回署。新任歙县蔡世信禀到。

鲍振炳来,请派考棚监工,定三月师范学堂开学。

十二日(3月6日) 是日晴。新任歙县蔡令来禀见。

连日晴而气候阴冷甚。

十三日(3月7日) 是日晴。吴参府来拜会道喜,禀学务处师范学堂中学堂并锡箔捐(邮寄)。

许际唐来,定师范三月十五开学,十二日招考,赶捐刻印启示。

十四日(3月8日) 是日晴。午后周教授来谈育婴堂保赤堂事。绅士程锦龢便衣拜会。

复周教授信并和诗。

十五日(3月9日) 是日早轻阴。辰刻赴城隍、赤帝、龙王各庙行香,回路拜分府丁、参府吴、新歙县蔡,回署。午后晴。晚又阴,微雨。

十六日(3月10日) 是日微雨。辰刻六点朝服赴武庙致祭。换蟒袍赴昭忠祠、张文毅公祠、徐公祠致祭,回署。晚访幕友冯子樵,商办师范学堂招考告示,札六县,拟每县发告示百张。京师工艺厂大捐册,拟徽州一府六县岁捐百元。

十七日(3月11日) 是日晴。师范学堂告示刻印,赶用印备文差发外县。

十八日(3月12日) 是日晴。卯刻赴文昌宫致祭。

十九日(3月13日) 是日晴。辰刻赴龙王庙致祭。午后鲍振炳来,出视学务处拨芜湖书院经费来札,拟具公禀。

是日生员三十五人递公禀,许其仁被程千总殴辱。

二十日(3月14日) 是日晴。辰刻赴紫阳书院祭朱文公,顺路到考棚看学堂工程,回署。吴参府拜会,谈程与许事系因斗殴而生员以拷打公禀,吴见诸生甚谦和,引疚欲赔礼息事,诸生不允许并在程处滋扰不休云云。吴去,程来信云,程吞洋药矣,急令歙令往赶救治,并令朱教谕将许带出至学看守。晚吴来信云,救治已呕吐,可有转机。

二十一日(3月15日) 是日晴。早遣人探询,程呕吐后气色缓回,当不致无救。午后到中学堂甄别学生,回路拜吴参府,顺路回。

接家信一封,第六号。

换灰鼠褂。

二十二日(3月16日) 是日晴。午后吴参府来会,蔡惠庵来,并继县丞、施委员同见,令整顿警察局。

二十三日(3月17日) 是日阴。辰起禀函致歙县查催张贴师范学堂告示。午后中学堂监督许承尧、鲍振炳来议学堂事,黄、张两教习辞去,现又函请英文教习。鲍振炳请发箬捐,绅士程立达谕平,并发书院经费,开办师范学堂。

是日接奎绶信一封。

二十四日(3月18日) 是日晴。辰刻歙县送来贡墨查验,计万年红硃锭一、黄山图一、耕织图一、棉花图一,四大匣,每匣中抽屉四层,每房墨十六块。午后警察局委员来见,送呈巡捕站街地段单。

换珠毛。

二十五日(3月19日) 是日晴。巳刻歙县蔡来见。午后接张美辅信,论箔捐事。连日夜汗,体倦不爽,仍服朱少伯方,今日觉胃经湿润热,煮桑叶梨皮连曲同服。蔡惠来诊脉立方,云△平△△△的胃热。

二十六日(3月20日) 是夜大雷雨,至辰刻不止,午刻微露阳光,晚又雷雨。鲍振炳、程立达来见,谈箔捐事,递一单,比较上年销数略减。申刻,教谕、蔡令来见,旋吴参府来会,云程千总病剧,因令蔡令往看。

二十七日(3月21日) 是日阴,微雨。连日服蔡惠庵方约,胃热少退,体倦已减。

二十八日(3月22日) 是日晴。函致丁分府写京师工艺厂捐册。

二十九日(3月23日) 是日阴。午刻、申刻大雷雨。分府丁送回捐册,写岁捐拾元。尹经历至祁门查待贤所习艺所工程,禀辞。

三十日(3月24日) 是日阴雨,雷声日夜不断。申刻蔡惠庵来诊脉,改立一方调理。三月初一行香,派教授、县丞恭代(经理出差)。蔡令前日往看程千总,六脉平和,已无病矣,言病剧,故甚其词耳。

连日阴雨,又一夜风雨,湿寒沁骨,房内复用火烘,仍著羊制棉鞋。

接人通邮政总局洋人卜鲁师信。

紫阳师范学堂(即徽州府紫阳书院):诸生为后进引道人,当思温故知新,言教必由身教。盖此地是先贤讲学处,勿忘正心诚意,德成乃见艺成真。

府署花厅

山水有佳名卧治乐得欧翁醉，我爱行春山水好；

弦歌无雅化问政惭顺范叔来，人歌乐岁雨旸时。（光绪丙午暮春，奉檄历六邑视学，遍览新安山水之胜。夏雨旸时，若岁乃有秋富，民相庆，爰书此，聊以志欣幸云。）

赠周山门

六韵直翻诗世界，九华独阐佛根源。

赠周山门

△贪△△△△△，女△△芜住此山。

莲花玉屏涌云海，芙蓉对镜探灵岩。（黄山有莲花峰、玉屏峰、云海，为黄山奇景。婺源县五岭极险峻，有芙蓉岭、对镜岭，有灵岩三洞，皆幽胜。）

芜湖旅舍遣闷

芜湖迫江浒，自昔称严疆。津要合开埠，岛夷咸通商。百货已充仞，五洲齐输将。人怪苦填溢，马路辟康庄。阛阓互连络，楼台相颉颃。玉人歌舞地，豪贵宴游场。我为谒长吏，附轮来是邦。傍岸忽风起，小船如簸扬。划船急登岸，风紧云欲荡。仓卒乘洋车，奔驰投栈房。纡回钻隘巷，左右夹危墙。入门楼阁起，攒聚仅一方。天井六七尺，仰观潮透光。连屋声幽暗，南牖尚迎阳。呼僮速洒扫，粗略安一床。主屋隔板壁，眷属难隐藏。周旋若促狭，杂沓奇骯脏。厨厕逼对宇，鸡孩喧一堂。我畏江水寒，沽饮暖酒浆。须臾进肴核，恶劣不敢尝。菽水聊一饱，幸未鸣饥肠。人生论遭遇，通塞亦何常。无心值艰窘，随地足徜徉。避嚣岂无术，倚枕梦家乡。

盘桓三日，策扶老（杖），叠块一腔，浇扫△（酒）。

旅舍冬至阻雪

乍作江湖客，游怀喜早春。小楼终日雪，围住一羁人。

赴任徽州山程早发

客路肩舆趁晓催，披云冒雨入山来。小窗无数林峦过，绝梦荆关画本开。

过大小篛岭游山岭

层峦叠翠水环清，石蹬侵云斗不平。雨后竟忘山路险，吟身终日画中行。

周山门教授投诗致贺依韵答之

白岳黄山望眼开，踏歌乘兴别燕台。一州斗大聊藏拙，万仞墙高颇寓才。悟后琴书成绝学，宦余诗画志游怀。

山门招饮赏牡丹即席得四绝

十分春色六声堂，雅筹青诗互咏觞。但得周郎时一顾，胜他新调唱沉香。

魏紫桃黄漫品评，众香国里斗新晴。栽培独接春风座，不羡人间富贵名。

诗兴由来赏景光，东风吟到百花王。同侪类比耆英会，仿佛名园忆洛阳。

濂溪家学本清寒，立说何尝赏牡丹。大敞琼宴高列座，此花合与众人看。

鸟语（小鸟鸣如云在这歇歇先回去，音极清脆）

忽寒忽暖忽阴晴，湿气侵人闷损生。山鸟多情如劝我，歇时回去唤声声。

由祁门赴黟县

淡云微雨出祁门，路转峰回渡几村。涧水急流田水活，泉声引我入桃源。（黟县相传古桃源东南有山口，上题曰桃源洞。）

由黟县赴休宁出桃源洞

山重水复隔红尘，谁向桃源再问津。我竟拨云穿洞出，此游足傲武陵人。

夏日历六邑查学堂归路口号

峡水潺湲岭树重，寻山消夏记游踪。周回千里崎岖路，遍览新安十万峰。

题周山门年七十游山门图

老至游山门，奇境辟岩谷。七十二洞天(山门现年七十有二)，识君真面目。

题李艺渊观察同年慕莱堂

身不曾著老莱衣，亲不曾见老莱舞。惟此堂亲一片心，直与老莱共千古。古来至孝亦何奇，神孙圣子犹孩提。谁云钟丹异菽水，岂有远志弃当归。福孝作忠词已赘，锡类推恩大附会。亲舍所在心有依，心依不妨身在外。临江之城即闾里，慕莱之堂即庭戺。色笑音容心目中，千驷万钟无与比。亲在养志思无违，亲没继志远可追。一任生离死别境，万变寸心堂慕△家期。

写墨莲花

独邀太乙托仙踪，天气苍茫雾气浓。玉井纵开花十丈，河如云海涌奇峰。

新安官厅苍山石中一小影题句

携鹤游黄山，独立群峰顶。苍茫云海中，秀出孤松挺。

写墨莲花赠周山门

一花一叶一如来，色相定明世界开。闻说濂溪云清净，此山原不著尘埃。

赴婺源过大鄣山五岭二十韵(山又名三天子都)

客腊入新安，曾跻大洪顶。上七下八里，盘折路危回。今登天子都，崄巇更殊等。五岭势嵂崒，千岩气嵝溟。对镜望芙蓉，摩天莫与并。石蹬矗入云。仰窥鞭越涧，肩舆牵挽上。舁夫力加胫，如无上天梯。如撑逆流艇，彳亍懔倾侧。颠坠故可极，心悸似悬旌。目眩类酩酊，半晌至峰巅。憩亭姑啜茗，黑云从西来。雷轰电光炯，急雨挟风斜。万木声沸鼎。须臾雨一过，道途更苍泞。踟躇下山路，息肩夫谁肯。幽壑乍曲盘，危峰忽峻挺。岭脊泄流泉，梯田叠畦町。谷底路如绳，行人担荷梃。竹树随俯仰，岩涧费窥询。历境殊奇迷，履地梦却醒。

为劝我歇时，回去唤声声。

祁门差竣赴黟县

淡云微雨皆祁门，路转峰回度几村。涧水激流回水活，泉声引我入桃源。（黟相传古桃源东南有山口，曰桃源洞。）

峡夏日历六邑查学堂

涧水潺湲岭树重，寻山消夏记游踪。周回千里崎岖路，遍览新安十万峰。

由黟县赴休宁出桃源洞

桃花流水查难寻，谁向桃园再问津。今我入山穿洞出，当年笑致武陵人。

题周山门年七十游山门图

老至游山门，奇境辟岩谷。七十二洞天，识君真面目。

光绪丙午三十二年三月初一日（3月25日） 是日阴，冷雨如粒，有风，湿寒沁骨。房中复升火炉，著羊裘棉鞋。因小不爽，服药未愈，拜庙行香派教授、县丞恭代。

接第八号家信，系二月十九日发。

初二日（3月26日） 是日阴，微雨终日。程锦龢、鲍振炳等禀请免提紫阳经费。晚写家信。

鲍振炳具八紫阳经费开办师范学堂三百金。

初三日（3月27日） 是日阴。申刻蔡惠庵来见，回明许其仁、程千总事已和息销案。夜半又雨。晚接郝勖翁二月十八日信。

发第十二号家信，附军机禀并各堂宦信共十五件。

初四日（3月28日） 是日阴，微雨，寒甚。晚接庄子鸿信，连接三信，求写求情信，并告帮赠廿元邮寄。

初五日（3月29日） 是日阴。皖南镇吴来徽阅兵，本日到，差城府官衔帖出城迎接。申刻皖南镇吴继培来拜会，旋即回拜。参府吴请晚饭，吴镇同座。是晚晴，连阴雨九日。

初六日（3月30日） 是日晴。歙县备席公送吴镇，午后吴镇收席，附帖请晚局共饮。申刻赴吴镇公馆，终席归。

发致庄子鸿信，邮寄廿元。

初七日(3月31日) 是日晴。清早差帖与吴镇送行。午后步行至贡院，看学堂工程并到警察局，仍由贡院出角门步归。

芜湖学堂提书院款通禀请免提拨印发。

初八日(4月1日) 是日晴。午后吴参府来拜会。令歙县走府家人收什上房，裱糊铺垫。查郑承绪织布公所股票利息并修函致署建平县刘令筹偿还欠祁门县公款。

初九日(4月2日) 是日晴。接华漱石信，由鄂发，借盘川。

初十日(4月3日) 是日晴。天气暖，换夹袄棉袍。午后丁分府便衣拜会。

十一日(4月4日) 是日晴，晚微雨。差人请府教授、县教谕十二日辰刻来署监场。县走府家人在二堂排桌凳，传木匠收什上房，改隔断窗。

十二日师范招考出牌示时刻。黟县伍芳榛禀到。

十二日(4月5日) 是日晴。辰初刻在宅门内点名，报考共四十七人。辰正出题："汉宋儒小学异同""今小学堂教科宜何所取法论"。申刻净场。绩溪县刘以信禀到。

府县教官壹二堂监试收卷。申刻伍芳榛禀见、禀辞。

十三日(4月6日) 是日半晴阴。辰起亲自阅卷，至晚阅齐，共取四十五卷。晚雷雨。

△商△△求免捐。刘以信禀见。

十四日(4月7日) 是日阴。午刻考取师范生出榜。

刘以信禀辞。

十五日(4月8日) 是日阴。巳初行香拜庙，回路拜参府。十点半到师范学堂，同监督监学率诸生拜圣，开学(先在考棚内院开学)，诸生入校廿余人，尚未齐，俟到齐，择期上课。

又接华漱石信。

十六日(4月9日) 是日晴。

十七日(4月10日) 是日晴。邓祐侯来见,禀辞,即回拜并拜分府(分府先移驻屯溪)。

前歙县邓祐侯来禀辞。休宁县解案到。

十八日(4月11日) 是日微雨终日。蔡惠庵来见。丁分府拜会。

十九日(4月12日) 是日微雨终日。婺源县魏驯泰来见,街口巡检刘嘉惠来见。

二十日(4月13日) 是日阴。辰起出东门祀先农坛。午后堂讯臬批饬提休宁县解俞源顺一案。接畿辅学堂信,劝捐。

复华漱石信并寄洋五十元。

二十一日(4月14日) 是日阴,微雨。婺源县魏禀辞。申刻备席请吴参府、丁分府、蔡令、周陈二教官,酉刻散。

申刻请客。

二十二日(4月15日) 是日半阴晴,晚微雨。午后赴教授周山门赏牡丹之约,便衣便酌,山门抚琴并征诗入席,食品皆乡味。终席,复便坐畅谈,啜茗。申刻始散。此席迥非官场习气。

芮枣粥,据云枣出旌德县某山高处,以罕而珍,煮汤一枚,治痘,能起死回生。

二十三日(4月16日) 是日小雨,地潮湿甚。午后堂讯休宁县案,供词不符,仍当押,候再讯。晚放晴,连阴雨六日。

二十四日(4月17日) 是日晴。

二十五日(4月18日) 是日半阴晴。许际唐来,商师范学堂附设教育讲习会。

二十六日(4月19日) 是日阴,灯后微雨。午刻牌示四月初一日换带凉帽。丁分府移住屯溪,来拜会。

二十七日(4月20日) 是日阴,微雨。

二十八日(4月21日) 是日一夜小雨,辰起仍阴。八钟赴乌聊山(山在府城内)上东岳庙行香,回署。午后许际唐来商办出示劝立蒙小学堂。

二十九日(4月22日) 是日阴,小雨终日。周教授来见,请假数日并赠《新安志》一部,又出赏牡丹诗五排十六韵。

三十日(4月23日) 是日晴。午后步行至师范学堂,与王贻三谈学堂事并议立阅款处,仍步行回署。申刻丁分府来拜会,谈移居屯溪,请移知参府。师范学堂送来功课表、教育讲习会凭券、立学会章程数纸。

四月初一日(4月24日) 是日早晴。辰起行香拜庙,顺答拜丁分府,送行。午后又阴。

早丁分府来辞行。

初二日(4月25日) 是日阴。鲍振炳领师范学堂经费三百两。鲍振炳来见,将赴南京厘局差,辞师范监学。

初三日(4月26日) 是日阴,午后雨。午前许际唐来商学堂事,因一人两度监督不能分身,赴省考察研究会故另酌人去,箔捐事拟由绅士托人见箔商疏通劝勉。

初四日(4月27日) 是日阴。午后又雨。地气潮湿尤甚。

初五日(4月28日) 是日阴。溧川小学堂绅士来见,请谕茶号劝捐。歙绅徐受麑来见,所立织布公司借徐公祠作工。

初六日(4月29日) 是辰微露阳光。巳初郝厚畲到署。晚又微雨。

师范学堂教育讲习会开备。

初七日(4月30日) 是日阴,湿寒又甚。巳刻汪以仁来拜会(由京回籍省墓)。休宁县龄令来禀见。午后汪墨卿来拜会。蔡惠庵来见。

初八日(5月1日) 是日阴。午后回拜汪以仁、汪墨卿、休宁县龄。师范学堂监修吴文杰辞差,未允。龄令来见,云在歙县讯俞源顺一案,叶子和供全翻,拟请按众供确凿定案。

赠汪四菜两点。吴参府拜会。

初九日(5月2日) 是日阴。龄令来见,令其将叶子和翻供情形具禀核办。

初十日(5月3日) 是日辰起晴,午后又阴。巳刻吴筱珊便衣来晤谈,出信言街口事。蔡惠庵来见,面回相验事。

晚接街口铺商定△捐刘巡检。

十一日(5月4日) 是日阴。午刻许监督、程立达来见,谈箔商已进省递呈,现拟赴街口,收捐稍缓。晚接休宁天主堂信。系教士△良为民教兴△和△销案。

十二日(5月5日) 是日晴。午后覆天主教堂信。

发家信,附京堂禀、亲友信,卅余件。

十三日(5月6日) 是日晴。

十四日(5月7日) 是日晴。抖晾棉夹衣,收皮帽加樟脑,衣箱加樟脑。

致许际唐信,言操衣并朱子小学教科。

十五日(5月8日) 是日晴。辰起赴城隍、赤帝、龙王各庙行香,回拜参府吴筱珊,回署。

接丁镜鸿自屯溪来信。

十六日(5月9日) 是日晴明,天觉热。午后搬移住上房。厚畲住签抽房东间司账。恩绶同住东间。

十七日(5月10日) 是日晴。连晴六日,潮湿尽退。

十八日(5月11日) 是日晴。午后潮,阴雨,晚晴。近日天气暖甚,换单夹衣。

春季所属各官注考语,自书斋印封发。

十九日(5月12日) 是日自夜雷雨,巳刻雨止,午后又雨。终日有风,晚天忽凉,潮气又起。

二十日(5月13日) 是日晴。午后参府吴筱珊便衣来晤谈良久。

二十一日(5月14日) 是日阴潮,雨。巳刻许际唐来谈廿日在师范学堂众绅(六邑计七八十人)公议学会会所在府城,众推许为总董,又呈修改考棚图。午后请歙县来,因米价昂贵(每石七元零),商酌平粜。

发覆安徽学务总会信。

二十二日(5月15日) 是日半阴晴。师范监学黄家驹领经费贰百两。监生巴树谦送考棚改修楼房图,计盖楼房廿九间,旧料五成,添新五成,估计伍仟叁佰余元。师范学堂送学员学生履历册功课表并预算表二分。晚又雷雨。

二十三日(5月16日) 是日早晴,午刻又阴雨终日,连日潮湿愈甚。画扇二柄,小条一幅。兴致不来,纸笔几案均不合式,画殊不佳。

是日戌刻接祁门专差禀土匪窜扰,擒获四名。

二十四日(5月17日) 是日阴,夜大风,天气骤凉,又著棉衣。午后蔡惠庵来谈警察拟捐商民并平粮价事,已出简明告示,定谷价两元五角。并禁米出境。申刻芜湖周警维新带勇营过府城往婺源防堵。

祁门土匪事移文参将。

二十五日(5月18日) 是日半阴晴。辰刻府经历尹来见,派令劝谕米行平减米价。晚无事,备便席请各席幕友小酌畅谈,至八钟始散。接屯溪黄总办李信一件。

二十六日(5月19日) 是日晴。辰刻尹经历来见,面回米商不肯平价,因定出票传米商。代理街口巡检綦南英来谢委。午后汪以仁、汪墨卿便衣来拜会。

祁门土匪事禀抚臬宪,由邮局寄交,李长班代投。

二十七日(5月20日) 是日晴,天气蒸热。午后传到米商唐玉泰、方义源、汪源隆三家查讯,令平米价,仍推诿,即交经历暨礼房分别看管,限定米价,饬令平减,俟米价平复再行省释。晚据差查获私运米石，即传船行讯究，供系南乡米商往绩邑临溪办来之米，查有临溪行票可据，应令放行。

二十八日(5月21日) 是日阴，又雨，天气又凉。吴筱珊、蔡惠庵来会。午后尹经历来见，云米商现已邀出绩绅李某通知二十四家米商公议平价办法，俟有章程再回明候谕遵办。晚发船行谕示禁米出境，昨查南乡办来临溪之米即放行。

二十九日(5月22日) 是日雨。巳刻许际唐来会谈学堂箬捐省，胡元吉来信云，箬商已公禀筹议公所求免捐，已批交府，查尚未到，许已致督署信，预为布置。又请谕派黄家驹督理学堂工程，并批巴树谦禀派修学堂改考棚建楼工程。午后，派屯溪外委任恒智来禀见面交札，派经历初一拜庙。

闰(四)月初一日(5月23日) 是日晴。辰起赴文庙、武庙、文昌宫行香，顺回拜吴参府，会汪以仁，未会。回署，汪以仁已来辞行，晤谈，辞去。旋令恩绶回拜送行。午后许际唐来送师范学生名册，共二十八名。尹经历禀见，呈米行众铺户公结遵谕平价，各米店每日派认米数共计廿余石，在署前公卖，请示定米价遵办。晚歙绅柯凌汉来禀见。

接婺源禀款，探悉浮梁土匪情形。

初二日(5月24日) 是日晴明，有风。早蔡令来面禀，深渡有抢米店事，已派刘典史前往劝谕，正请参将派员代兵丁弹压。旋即函达参将，复信云已派程千总带勇前往。申刻，传各米行到齐，皆不愿公卖，昨公结系唐一人之见，因令经历查训。晚经历回禀，各铺仍愿遵谕减价，在店卖，具公结画押。夜卧觉身发热出汗。

代理师范监学程达本来见。

初三日(5月25日) 是日晴，天气蒸热。辰刻觉头闷休倦，请蔡令来诊脉，云心胃经异热，立方用竹叶石羹汤。午后煎服，至晚即觉精神爽适。闰四月初三为越国公太子生辰，乡间办太子会，进城到署，二堂乌驮神像五骑，向北摆列，请恩绶出具衣冠，拈香行礼。礼毕，即行，会甚盛，约有千数百人，幼孩扮演杂剧，服饰华丽，仪仗亦极多，甚美观。

初四日（5月26日） 是日阴。午后大雨终日。仍服蔡前开药方。

接婺源禀土匪情形。考棚开工。出示札警局，禁闲人。

初五日（5月27日） 是日晴。仍服前方药。米店唐玉泰遵批具结，不敢闭粜。当即开释。

发家信并中堂禀、科道信共四十九件。

初六日（5月28日） 是日晴。

初七日（5月29日） 是日阴，天气甚凉。刘典史、程千总由浰渡回禀知。午后蔡令来面回，浰渡事米店集议购米平粜，盐店亦减价二文。申刻休宁天主堂教士牧良来信，通知明日十点钟来拜会。

黄山巡检敖德元禀到。

初八日（5月30日） 是日晴。辰起甚凉，须棉衣，至午则蒸热矣。十点钟牧教士来拜会，无事，惟闲谈并询问江西土匪事。当答以抚台已派兵往连德、婺源、祁门三县驻扎，本府亦通饬各县认真保护教堂，稽查防范土匪，禁止谣言等语。彼亦云徽属人心甚好云云。谈刻许，辞去。午前黄山巡检来禀见。午后吴筱山来拜会，谈土匪事，亦云三县有兵可恃无恐，并任恒智来云张朝宗不肯卸，其俟八月筱已往查矣。申刻回拜牧教士并拜华教士，晤谈许久，并约上楼看工程。远望云山，甚爽人目。下楼即辞出，顺拜歙县谢步（请看病），归路拜黄山巡检，回署。

初九日（5月31日） 是日晴。传见警局继县丞、施巡检，面谕整顿警察事。街口司刘嘉惠交卸来见。

初十日（6月1日） 是日晴。天暖甚。黄山巡检敖德元禀辞。休宁县龄令来见，因留屯溪巡警外委张朝宗往见参府吴，未允，复来面求向参府商办。

接杨汇峰信。

十一日(6月2日) 是日晴。数日晴,只有风,潮湿尽退,天觉燥热。巳刻往拜吴筱珊,谈张朝宗事,缘吴已札派任恒智接办屯溪警务,任到屯溪而张不交卸并求龄令来留未允,因与商可否变通,吴仍碍难,亦未强求。回路拜龄令,回署。午后蔡令来禀见,继县丞、施委员来禀见,已查阳和门水沟估修须洋九元,查陈案拟捐左近铺户,如不敷,再由公款补足。

十二日(6月3日) 是日晴,热甚,换单衫。申刻休宁龄令来云,任恒智事吴可通融,拟改派署高视汛。

接奎绶来信一封,四月廿八日发。

十三日(6月4日) 是日阴,微雨,天气又凉。许际唐来谈箔捐事,云箔捐在江南各省均未递禀,闻箔商约鲍振炳调停此事。考棚仍欲用玻璃,未允其请。并谈米贵事,拟令绅士筹办。午后休宁县龄令禀辞。晚手谕巴树谦,考棚工程令遵批,不用玻璃。发禁止谣言生事告示,并发严谕,米店不准上价卖次米。

发覆杨汇峰信。

十四日(6月5日) 是日晴。早接屯溪丁分府信,十三日晚抢米店杂货店二家。

晚接耶稣堂唐教习信,问税契告示事。

因事 夜未眠,颇不爽。

十五日(6月6日) 是日晴。辰起赴城隍、赤帝、龙王庙行香。旋到中学堂嘱许监督须镇定,勿听谣言,已派巡勇暗中巡查,并嘱司事歙绅汪国颖会绅劝谕米铺公卖平粜以安人。今晚蔡令来云,汪已约李嘉善、杨庆兰赴县递单,令各米店出米公卖,请由府请该绅等面谕办理。晚又接丁镜河信,即复。

复唐教士信。

十六日(6月7日) 是日阴雨。早汪绅等来面谕办理公卖并出票传十九家米店来府,与绅等面商出米数目禀核。晚议定米数每日廿石。

蔡令往南源口因闹米事。移文驻祁门刘统领请拨勇防匪。

十七日(6月8日)　是日晴，天热甚。午后出示食米公卖平粜，自十八日起，在本署仪门外公卖，每升重一斤米酌定价六十四文，零买不得过二升，并札警察局弹压，尹经历照料。晚蔡令来见，面回南源口系船户强买米一元二斗，约买百余石，蔡令为之定价平粜始回署。

十八日(6月9日)　是日阴雨。早程立达来见，因箔捐事拟廿八日前往街口，请致厘局总办信。△渡绅士鲍诚周禀见禀请札绩溪县放行，并请设法疏通浙米。申刻公卖止，共卖出米十七石零。

十九日(6月10日)　是日忽晴忽雨。查出公卖米有米店胡永茂转人买米，回店将代买人枷号，传米店来，罚出米六斗充公。又查出福升烟店令多人代买米转卖，传烟店，交经历看管，罚米叁石充公。

二十日(6月11日)　是日晴。蔡令下乡查杨村抢米事。徐受赓请护照购米，令具禀候问。

二十一日(6月12日)　是日晴。蔡令来，面回杨村抢米事，继格面回添招巡勇十名。吴筱珊来谈，移文外委张朝宗任恒智事。札派施仲贤代理黟县典史。

接藩台排单信一封。

二十二日(6月13日)　是日雨终日。接刘统领移覆，知照吴参府，拟加函转移周官带，遣人知会吴筱珊加函。

省委歙县会审案。蔡焕飏禀见。

二十三日(6月14日)　是日雨终日。施仲贤来见，面交札文致婺源县并周官带信，派专差并移文往投。

二十四日(6月15日)　是日晴。巳刻接抚宪批饬往祁门督讯匪犯定于二十六启行，先致休、黟、祁三县信，力阻供应盛设。

吴参府执帖通知周官带已派拨勇百人赴屯溪。

二十五日(6月16日)　是日晴。辰起，与冯子乔商定同往祁门。午后回拜蔡委员，顺拜吴筱珊，即回署。黟县绅士因祁门阻运米递公禀，米商亦递公禀。

二十六日(6月17日) 是日晴。辰刻起行，冯子乔先行。巳初启行，出西门，至大桥南，属官公送，备茶，少座即行。十钟二刻至南子街尖。过文华里，有钟楼秀出云区，中天振铎△颇。午正一刻启行，三点至万安街，休宁官迎，备茶少座。四点至休宁县署中作公馆宿，龄令面称屯溪现设平粜两局，定价每升五十八文，地方安静，周管带已拨兵半哨来屯住扎。

二十七日(6月18日) 是日晴，热甚。辰正起行。三十里午初至岩脚镇尖，未初启行，出村，过大桥，南望里许齐云山，峰峦嵯峨，木秀山阴，高岩上有庙，闻四月香火甚盛。三点钟二十里至渔亭盐店作公馆宿。黟县伍芳榛来迎，黟绅士十人来见谢禀批(前因祁门禁米到府具公禀)，仍求疏通祁门县运米。饭后伍令便衣来谈许久，并递节略一，控陈公事，并夹单公事禀一件。黟县学堂现办改良修理房屋未齐，已请定省城高等学堂卒业生作教习，惟因绅士新悉不合款项尚未议定，故未能通禀，拟由祁门回路到县城查看学堂并酌定款项。

二十八日(6月19日) 是日热甚。辰正起行，十里至楠木岭茶尖，二十里午正二刻至双溪流尖，陈令来接。未正起行，申正至祁门县城，在曾文正公祠旁茶行公所公馆宿，张令来见。旋接张玉甫自建德来信，即日复。

二十九日(6月20日) 是日晴，热甚，午后忽雷雨一阵。祁门县请到署会审。坐二堂会审江、王二犯，讯以原供，语多支吾，提汪、张二犯质证并原办之团董对质，始无辞，退堂。令张令照抚宪批办理(就地正法)，即回公馆。茶税分局委员曾纪寅拜会。省委李令到县署会审案件，即在县署禀见。

三十日(6月21日) 是日晴，午后雷雨一阵，旋晴。未刻出东门，过桥到东山书院改设高等小学堂查学，学生著操衣排班返上堂谒见，三揖。祁门县张令率教员二人、管理员二人谒见，座谈许久辞出，进城拜客，回公馆。张令先到，谒见，本城教官、巡检、典史均禀见后绅士禀见,面递呈求疏通江西运米。申刻会衔禀稿齐,送县会画。县派来清书数名,在曾公祠缮写供折亦交清书分缮,限初一日午刻缮齐。

五月初一日(6月22日) 是日早晴,午后阴,晚大雨。申刻县书吏将通禀缮齐核对,灯后用印交县会印,由县专差分递。

致饶州府张玉书信,交祁门县派专差(为祁门公禀疏通运米事)。

初二日(6月23日) 是日阴,微雨。辰刻启行,出东门,经过学堂,教员、管理员率学生公送,阖城官在五里△地方公送,巳刻行卅里至地方尖。未刻过石佛岭、西武岭,岭不甚高,上下七里山阳盘道,不甚难行。至山顶,有一门,出此门,下山路,甚陡峭。在岭上一望平畴,水田交错,且山坡上多梯田,下山至南屏村程氏祠堂茶尖。又行二十里至县城县署中作公馆,旋令伍令知会学堂,前往查学。随即出小南门,约三里许至碧阳书院改设之高等小学堂。原书院规模甚大,现改学堂尚须改建房屋,须俟暑假后再开学查阅一过。即回公馆。

初三日(6月24日) 是日阴。辰刻启行,出东门,东南行。望四山云起如画,东南山重水复,林壑深秀,竹木满山,循涧水,石路曲折。行约十里,穿石径,出一门,上题曰桃花源。循山而下行十余里,至渔亭,尖。午后行数里,至岩脚茶尖,又数里至南渡,茶尖。四点钟至休宁县城,仍县署中作公馆。

申刻路过皖南公警茔,由府城开拔赴祁门。

初四日(6月25日) 是日晴。辰刻启行,先拜邑绅吴廷芬并天主堂牧教士,顺拜合城地方官,后至学堂查看。学堂系海阳书院改设,学生二十名、教员二人、堂长一人,均谒见。并看学生体操。查毕即出东门,行十里至万安街,地方官公送茶座,少坐即行,三十里至南子街尖。署礼房因祁、黟县优贡考卷迫于考期须领甚急,赶来用印,即南子街借印色,收卷皆用印齐,发下。饭后起行,申刻至郡,属官迎于大桥,少坐,进城回署。大堂下轿,挑衙后入署,属官皆来拜寿,挡驾。晚备便席请幕友。

初五日(6月26日) 是日阴雨。早便席，晚全席请幕友过节。

初六日(6月27日) 是日晴。午后谢客，拜会吴筱珊，顺路回署。汪天太花爆店擅买平粜米，查出，票传，罚米叁石充公。

初七日(6月28日) 是日晴，午雨一阵。吴筱珊来拜会。中学堂司事汪国頫来见，面交茶庄解款二千五百两，送来两学堂考卷留览。

初八日(6月29日) 是日晴，热甚。定于十一日往婺源县查学堂，并致婺源县魏令信交歙县走府家人转递。

初九日(6月30日) 是日半阴晴，午后微雨一阵。继县丞面禀修理沟渠，已劝捐铺户十千文，饬即开工修理，如款不足，另行筹办。

初十日(7月1日) 是日忽放晴忽大雨。绅士程许方因箔捐事恳致街口厘局张芙黼信，面属须速办众绅士禀藩台。

十一日(7月2日) 是日晴。綦南英卸代理街口巡检禀见，即禀辞，旋即启行。十一点至红山尖。四点钟至屯溪梓潼阁公馆宿，巡警黄四棚兵排队迎于郊。出门拜茶厘总办李观察未会，顺回拜牙厘局卢令、土药局张县丞并拜会丁分府，回公馆。酉刻休宁县龄令备全席请晚饭，丁、卢、张坐陪并陈巡检、张外委，亥刻散。

发京信一封，致绍越千。致张芙黼信，交许际唐。

十二日(7月3日) 是日晴。八点启行，出屯溪上中下街约四五里，阛阓填溢，足征繁盛。行四五里，忽见一山不甚高，而两峰高耸峭立，如两人相向，颇类假山。下有庙，地方官在此备茶座公送。中过两次渡，三十里至龙湾尖，借官盐店暂座。休宁办差山办屯溪，故此设尖宿皆自备。晚过一大岭(至山斗，因饭店不好，又行)，至岭脊，雷雨大作，少避两刻许，又冒雨下山，雨旋止，至黄茅饭店宿。

十三日(7月4日) 是日晴。辰启行，循山涧行，高低曲折，境颇幽僻，林壑甚美，过岭至官亭尖。未刻起行，过大岭，热甚，且石蹬极陡峭，中屡歇。至半山，婺源遣轿夫、民壮来迎，至申正始下山，过五岭，上下约川里，至江湾祠堂作公馆，宿。

十四日(7月5日) 是日淡阴。七点启行,二十里渡河,北岸汪口俞氏宗祠尖。午正二刻启行,循北岸石路,穿树林高低约二三里,浓阴颇爽,中过渡一次,五十里到县城临溪河过渡,地方官、绅士、武营均迎于河干,即入城,小学堂作公馆宿。探询朱子阙里暨庙兵燹后尚未修。问李蠡莼家住南乡李坑,闻尚主省未归。

是日七十里,维无一大岭,过小岭无数,崎岖无半里平路,林峦颇佳,多大木浓阴。

十五日(7月6日) 是日晴,热甚。午前洪令灏文(查学官)、邓令之望来禀见。午后出门,回拜客,顺到儒学明伦堂查看蒙学堂,到紫阳书院查师范传习所,回公馆。申刻蒙学堂学生来,中学堂操场演操,请阅操,系日本操法,颇整齐。晚县备筵席。饭后查阅各学堂章程规则,并调查讲义。

十六日(7月7日) 是日晴。辰刻启行,午刻至汪口,仍在俞氏宗祠尖,绅俞姓、廪贡附生三人来见。未初启行,渡河。申刻至江湾,仍在江氏祠堂宿。学堂送席,不收。

十七日(7月8日) 是日早淡阴,午晴。辰起赴江湾小学堂查学后即启行,五里过大岭,二十里至官亭尖。午后启行,过岭(即德胜岭)至岭脊,有塔,岭关阁内有关帝庙,在庙外少息,出关(即休宁县)下岭,循山峡曲折行八里至黄茅宿。

十八日(7月9日) 是日早淡阴,午晴,热甚。辰刻启行,过大岭,四十里至龙湾尖。午后启行,三十里至屯溪宿。因受暑,头晕目涨,精神疲困。地方官郊迎暨到公馆禀见均挡驾未见。

十九日(7月10日) 是日晴。辰起,差帖到各处谢步、辞行,即启行,地方官及武官仍郊送。二十里至篁墩某氏祠堂公馆尖。未刻启行,申正至府城,各官迎于大桥,少座即进城回署。旋各官来禀见,均未见,惟请蔡令诊脉立方。

二十日(7月11日) 是日晴。仍头晕体倦。晚阴雨。

二十一日(7月12日) 是日自夜雨至午后雨止,天气凉爽。许际唐来见，面递公禀，因箔捐事求转详藩、局宪允其请。是日平粜卖出罚米六石六斗并余米一斗一升，价计英洋三十七元有零，令存入灯捐簿，备警察局支用。

二十二日(7月13日) 是日晴。午后蔡令来见，因日内仍头闷口干，不思食，体倦思卧。蔡令云系汤温困肝，应用调脾利温药，又口述一方，晚煎服。

二十三日(7月14日) 是日晴。头晕少减，仍体倦口苦，再服昨方。许际唐来谈箔捐事。晚，查学洪令灏文禀到，带递安徽铁路局照会并禀函。

致丁镜河一函，还洋二十元。

二十四日(7月15日) 是日午后微雨。巳刻查学洪令灏文参见。吴参府来拜会，传歙县走府家人传知廿六日赴绩溪查学并递绩县刘令信一件。

接安徽铁路局照会并委员江西知县朱兆麟禀函。

二十五日(7月16日) 是日早晴。回拜吴参府，会回拜洪令，回署。午后有雷声微雨。郑承绪交息银卅六元零。晚看委员王令。树林来见，系查祁、黟米事并顺查由景德镇至屯溪电线路。到屯溪，另有查办事件(丁分府事)。

二十六日(7月17日) 是日晴。辰刻启行，午初刻至新管尖，未正至临溪茶尖，绩县刘令来迎。申刻至县城外三里，绅民因堨田水利事拦舆递公禀。又民人程学庸递呈，饬令候批。进南门，到儒学明伦堂后公馆宿，湖村命案上控藩臬禀批交刘令饬查后，晚传刑书王恒春查讯婪索事，饬据供单呈核。饭后阅学堂章程清册并期考卷，并检阅命案卷，致王昭三信，令代查私立学堂。至就寝，已丑初矣。

二十七日(7月18日) 是日晴。卯刻起，刘令来见，送回藩臬禀批并呈节略。辰刻出门，回拜本城官。出东门，过河到东山书院，查看官立小学堂。进城回公馆用饭后即启行，出南门，地方文武送于大桥。午刻至临溪，刘令来送，备茶座，少息，天阴有雷声，令收什轿子即行，刘令送于郊。又行十里，申初至新管尖。饭后即行，天阴，甚凉矣。远望西南大雨。六钟至郡东关外，各官迎于郊，少座即进城回署，已七点矣。

二十八日(7月19日) 是日晴。未会客。

二十九日(7月20日) 是日晴明。继县丞禀见，面回巡警避雨亭即催齐安设。

六月初一日(7月21日) 是日淡阴。辰起行香，回署手书复黄石荪信，交邮寄。

初二日(7月22日) 是日晴明，有风。晒晾衣服。因米价又涨，出示平价。晚札派刘典史照料平粜事。传唐玉太面饬如数交米平粜。

初三日(7月23日) 是日晴。复耶稣堂唐教士信。警勇一名因卖平粜米七斗责革交县。

初四日(7月24日) 是日晴，热甚。辰刻闻程千总为美到王村弹压并未来府禀知，因函询参府，旋参府吴筱珊来面谈，系王村演戏作会，因扬有匿名帖，恐生事故，请派弹压。

呈坎潨川学堂被打△，蔡令往查。

初五日(7月25日) 是日晴，热甚。

初六日(7月26日) 是日晴。蔡令来，面回潨川学堂事。

初七日(7月27日) 是日晴。东乡雷声有雨。请蔡令来议潨川学堂事，须通禀并朱教官度成设法调处。

木捐解到，交库房上簿。

初八日(7月28日) 是日阴晴，西郊有雨。潨川学堂递禀，蔡令亦通禀。

数日市米价日涨，平粜米卖十六石零。

初九日(7月29日) 是日半阴晴。许际唐来见，出信谈黟县学堂因款项禀讦事。

手撰成晓谕学堂宗旨、课程并禁造谣告示稿。

初十日(7月30日) 是日阴,申刻雷雨一阵,天气凉爽。

十一日(7月31日) 是日晴。午后阴,微雨一过。许际唐来见,谈学堂事并谈渌川学堂事,拟请绅士三人调处,嘱其与蔡令商办。

十二日(8月1日) 是日一夜雷雨。辰起,雨未止,至午雨住。蔡令来谈呈坎学堂已邀绅往调处。鲍南场事,拟详请批示。杨宝森来禀复查书院暨各公款开控。请转详尹、刘面禀平粜事,万寿日拟不停卖,提早时刻,午前停止。

十三日(8月2日) 是日晴。吴筱珊敬寿,差帖往贺。

十四日(8月3日) 是日晴。午后手复荣月帆信一封。连日平粜米卖廿石。

十五日(8月4日) 是日晴。辰起行香,顺路拜吴筱珊,回署。午后程立达递禀,缴谕辞箔捐差。接张美黼信并札稿箔捐事,即日复交来差赍回。晚月食,在大堂前救护,初亏、食甚、复元,行二次礼,属官禀贺。

十六日(8月5日) 是日晴,热甚。

接家信一封。

十七日(8月6日) 是日淡阴,有风。申酉间微雨。渌川学堂罗姓六人禀见,并请保护。晚蔡令来,面谈渌川学堂事须和平办理。

十八日(8月7日) 是日淡阴,午前微雨,午后晴,天气凉爽。蔡令禀知,东乡有江西客民滋事,前往弹压。

十九日(8月8日) 立秋。是日晴。歙教谕朱度成来见,面交委札查渌川学堂事。

接金奎禀函。发十八号家信。

二十日(8月9日) 是日晴,早晚凉爽,午后热。晚接大通邮政总局邮政司袁嘉林(洋人)信,因任恒智骂邮局事请查覆。

接李蠡莼信并诗。米店禀请暂停公卖数日,批驳。

二十一日(8月10日) 是日晴。早函达吴筱珊,并附邮局信,候查覆。申刻,接吴覆信。

二十二日(8月11日) 是日晴,午后大雨一阵。朱度成禀知赴呈坎。申刻潨川学堂又递一禀并失毁物单。

复邮政总局麦总司信。

廿二至廿四本郡城办雷祖会并演戏。

二十三日(8月12日) 是日晴。辰刻赴赤帝庙致祭,回署。潨川学堂又递一禀。

近日新谷上市,米价少减,平粜卖米三石零。

二十四日(8月13日) 是日晴,热甚。平粜卖米三石零。许际唐来谈潨川学堂事,嘱其劝学堂勿急切公禀上控,亦云然恐再激生事,力劝该学堂须从缓办理。蔡令晚饭后来谈黄山巡检事。

二十五日(8月14日) 是日晴。午后朱教谕自呈坎回,禀见陈呈坎事已少平静,不至再生事,容日详细禀复。旋约幕友到大堂前看戏。有歙县预备看台。

发致杨汇峰信。

万寿在署(大堂外)演戏,廿五起至廿七日止,系歙县办差。

二十六日(8月15日) 是日晴。辰初至万寿宫朝贺。行礼毕,在宫门内演神戏一出。礼毕,回署。歙县备面席,文武各官在署花厅公宴。午后回到大堂,看戏。午前收藩台札文,有查办事件。晚丁分府由屯溪来拜会,挡驾,未会。

发专差到休、黟、祁,催学堂册。

二十七日(8月16日) 是日早晴。蔡令来见,谈丁分府事并呈坎学堂事。午刻大雷雨,一时许旋止。晚晴。雨止后大堂外仍开戏。

二十八日(8月17日) 是日晴。尹经历禀见,回市面米价已平,新谷皆上市,请示停办平粜,定于七月初一日停。申刻收日本警察毕业生王良弼禀,请办警察教育,愿尽义务。

二十九日(8月18日) 是日阴雨断续终日。出示定六月三十日平粜截止。二更时大雷雨。

三十日(8月19日) 是日阴雨。近二日身体疲倦,仍感冒。蔡令来面回西乡命案并求其诊脉立方，云非感冒，系肝胃经有热兼湿。申刻朱教谕禀覆查呈坎学堂事。初一日行香，差人知会周教授代行。晚晴。

七月初一日(8月20日) 是日早晚阴雨，午晴。身体疲倦少减，仍头晕目涨，再服蔡令方。

手书致贺世百先宁溪台道任。

初二日(8月21日) 是日晴雨无定。许际唐来，将前程立达递禀辞办箔捐事并缴谕单交际唐交回程立达转，嘱勿辞，仍须与众绅商办。警察毕业生王良弼同吴棣禀见，谈警察学堂事，须另招识字本地人，令往见蔡令商办。接藩台宪牌抚批，因两次核转申文路矿盐斤加价事，声明更正，系前后不符。

初三日(8月22日) 是日晴，午刻雨一过，旋晴。吴筱珊来面交营兵改巡警禀稿，拟商办法以便禀覆镇台。尹经历面回鲍南场讼事已和息，容再禀详销案。晚尹经历来，交与节略二件、到屯溪密查禀覆。

发第十九号家信。

初四日(8月23日) 是日半阴晴，午刻四面仍有雷声。蔡令禀知求晴。申刻，吴筱珊函并禀稿（任恒智事）、镇台批求出信挽转。是两口肉铺因县办肉捐罢市。县小学堂递禀，拟批县查核禀覆。

初五日(8月24日) 是日晴。芜湖土膏局委员候补巡检李玉芬禀见（来查土膏捐），未会。

初六日(8月25日) 是日晴。路矿盐斤加价事，拟稿行查歙县。

初七日(8月26日) 是日晴，申刻雷雨一过。出门，回拜吴筱珊，面交致吴军门信，并交回改巡警稿，嘱其径禀覆镇台，不必声叙会商徽府。后因前次有会同地方官字样之札，仍叙会商。

初八日(8月27日) 是日晴。午后师范学堂教员王昭三来见，令其画中学堂图、师范学堂二分，并询问绩溪官立小学堂堂长、管理员姓名履历。

初九日(8月28日) 是日晴。辰起,许际唐来会,因谣传呈坎闹学之人欲聚众于初十日到唐模并府城闹学,专与际唐为难,请示保护,令往见歙令派人往探虚实再酌办。午后蔡令来面回南乡相验事,因令其传见盐总、绅董,查明路矿盐斤加价事,迅即禀覆。天主教士华克诚来片云,有主教姚于二十后来徽查看教务,请派兵保护。绩溪县刘令以信来禀见,面回公事黟李教谕禀到。

初十日(8月29日) 是日阴。一夜未眠,辰初即起,头晕,体觉软颤。刘令、李教谕禀见,均未会。

许际唐来信,呈坎闹学探系谣言。

十一日(8月30日) 是日阴,午微雨一过。查积谷委员吕清堃来禀见。

十二日(8月31日) 是日晴,午阴,申晴,晚又阴,微雨一过。

十三日(9月1日) 是日半阴晴,时有微雨。午前尹经历由屯溪回,面禀访查事件。午后蔡令来,面回盐斤加价事,已饬盐总详细禀复,并递王良弼呈警察教练所章程及招考告示拟底,留酌办。

十四日(9月2日) 是日晴。午后王昭三来,呈简字半日学堂招考广告请酌,当驳以文太古雅,市人不懂,宜改粗浅,使众易解。前查六县学堂册齐,令王昭三校阅加评。呈总评一纸。

十五日(9月3日) 是日阴晴不定。早起头晕,派经历代行香。午后尹经历来递节略(屯溪事)并回鲍南场事已和息,出安徽官报载学务处綦请王良弼充学堂教员札。是日晚,查学禀表册缮齐,印发派专差递省。

接家信一封、照相片一张。

十六日(9月4日) 是日阴,午后微有雨。晚自书致端午帅信。

查学禀表图册专差递省,填七月初六坐日。

十七日(9月5日) 是日阴,午后微雨,晚又雨,淅沥有声,天气已凉。灯下写致复李蠡莼信。发家信附同乡户商部及门生信、端午帅信。

革刑书程上林，派孙镇淦兼办。

十八日(9月6日) 是日阴雨终日。午后吴筱珊来，面交皖南镇吴养吾回信，并送阅禀批。将张宗朝撤差回营，仍派任恒智赴屯溪。

复李蠡莼信。

十九日(9月7日) 是日晴。因连阴雨三日，歙县禀知求晴。

二十日(9月8日) 是日阴，微雨。

上渝一道，两江总督端方调补，同日……

二十一日(9月9日) 是日阴雨终日，天凉甚，著大衣。

二十二日(9月10日) 是日阴雨终日。辰刻祀土神，遣经历代行香。歙县求晴，断屠三日。

二十三日(9月11日) 是日晴。午刻蔡令来函，回呈坎学堂事，拟再派刘典史往查，邀绅持平办理。

发廿一号家信，附松鹤龄信。

二十四日(9月12日) 是日晴，抖晾单夹衣。又连夜不成寐，服六味地黄丸。

二十五日(9月13日) 是日晴，抖晾棉衣。派尹经历赴源查案。

二十六日(9月14日) 是日晴明，天气又少热。胡开文送来墨寿星如意并秦权来看。申刻步行到师范学堂看工程并与监督商学务，拟令劝设蒙小学堂。

二十七日(9月15日) 是日晴，天又热(表九十四度)。高枧汛外委钱琇琳禀见。

接徽同乡京官公函，中学堂事。

二十八日(9月16日) 是日晴，晚雷雨一过。

二十九日(9月17日) 是日阴，有风，大骤凉(表下至七十度)，著夹棉衣。蔡令来函，回芜湖主教姚宗李总教上二十八日晚到，住天主堂,拟具帖请酒并请差信公请以表地主之仪。旋差人来持挑信云辞谢,明日即赴婺源县。派差十名、护勇四名保护。

八月初一日(9月18日) 是日半阴晴。辰刻赴西三庙行香,回署。姚主教差信来辞行赴婺源。

初二日(9月19日) 是日晴。

初三日(9月20日) 是日晴。卯正赴文庙丁祭。文昌同日祭,派歙县恭代行礼。

初四日(9月21日) 是日晴,午后有雷声,未雨。辰刻赴西门外祭社稷坛、神祇坛,即回署。申刻驻扎祁门周管带维新,因撤防过郡城来拜会。吴筱珊请明日晚饭。

初五日(9月22日) 是日晴,午后有风,夜不成寐,午后少息。申刻回拜周管带,顺至中学堂,仍觉头晕体倦……即归。吴筱珊晚饭之约,遣人辞谢。

初六日(9月23日) 是日晴。昨服药后熟眠一夜,觉有微汗,起,仍头闷。申刻,蔡令来面谈,宜服知柏地黄丸以降虚热,并回呈坎学堂,属禀各宪批令拏办拟差票,指名提传办理县小学堂水碓捐,有生员汪姓阻挠,如上诉,乞严斥。晚唤胡开文来买墨并订制送礼墨。

接家信一封。

初七日(9月24日) 是日晴。午刻许际唐来,出京同乡官信并覆信呈阅,谈师范学堂小有龃龉,经其调停劝勉即无事。申刻许又来信,咨呈辞监督。

初八日(9月25日) 是日晴,晚阴风,凉甚。午刻吴筱珊便衣来闲谈,旋省派到绩溪查案委员直牧左念惠便衣来拜会,询悉已到绩密查,尚未到县,拟明日仍往绩即到县署查案,因告以一半日此间亦即派员往查。申刻召尹经历来,面嘱往绩溪查案,即日发札令初九日即前往。

辰起头闷,晚两耳有声,又服蔡令药。

初九日(9月26日) 是日半阴晴。

发家信一封并寄墨寿星。

初十日(9月27日) 是日晴明。午后写匾对。申刻施仲贤由黟县交卸回,销差。

十一日(9月28日) 是日早晴,午后阴。许际唐来谈,因芜湖学署有匿名之信,欲迫令辞王昭三,访闻系江承诰所鼓动,因嘱其听之不理可也。

十二日(9月29日) 是日阴。蔡令来,面回东乡相验事,因与谈夜不成寐并头晕耳响耳聋等症,诊脉立方。晚尹经历由绩溪差回禀见,面回查案事。

十三日(9月30日) 是日晴。辰刻赴紫阳书院祭朱文公。申刻,委员直牧左念患自绩溪来拜会,谈查案事,拟请提讯绩溪粮书,讯后再商量禀复,因请其明日申刻便酌再谈。

十四日(10月1日) 是日晴。与冯子乔商酌绩溪查案不必提讯粮书,宜先照委查据实禀覆,如批提讯再办。午后蔡令来,面回呈坎学堂又鸣锣聚众,经罗凤藻等扭来鸣锣一人送县,蔡令拟即多派差役并巡勇往呈坎提传指控毁学之人。申刻请左委员、尹经历晚饭。

十五日(10月2日) 是日阴。派尹经历代行香。早便饭,晚成席,请幕友过节。

十六日(10月3日) 是日晴,甚凉,著棉衣。辰刻赴龙王庙致祭。午刻天主堂教士华克诚来拜会道谢,云姚主教已由祁门赴连海。

十七日(10月4日) 是日晴,天气甚凉。辰初赴关帝庙致祭,顺回拜天主堂华教士,并回拜姬守备、钱千总。

牌示廿日换带暖帽。

十八日(10月5日) 是日晴。午后藩派委员县丞朱保忠禀见,奉催提纸饭差。申刻,尹经历来,面交发给米店急公好义白书横匾,令其交李嘉善转交。

十九日(10月6日) 是日晴。午后回拜朱保忠,顺到中学堂少座即回署。

二十日(10月7日) 是日晴。午刻许际唐来谈办运动会须备奖赏,九月初一日办,庆祝立宪。申刻蔡令来函回呈坎学堂事。出票传罗冬基、罗文英。

二十一日(10月8日) 是日晴。又夜不成寐。辰起头闷而晕,耳响而聋,目涨而花,心烦扰不适,复煎前蔡令方服。

二十二日(10月9日) 是日阴,头闷耳响而聋仍未减。

遣关升回京并带家信两封、活计铺子花翎、神曲、笛子。

二十三日(10月10日) 是日晴。依然耳响而聋,心烦闷不快。

派周福到门房查号簿。

二十四日(10月11日) 是日晴。派施仲贤代理祁门典史兼理大洪巡检,面交委札并谕既兼两差应津贴原任家属。

致卸署祁门县陆奎荣信。

二十五日(10月12日) 是日晴。辰起收什签押房、门房号簿等提进收发文件并稿案,皆令书吏亲来面呈面领,不用家丁传递,即将门丁裁撤。

二十六日(10月13日) 是日晴。连十日天气晴明,且不潮湿。许际唐送来劝学所章程并绅董名单。

接金绶信一件。

二十七日(10月14日) 是日晴,天微和暖。午后致吴筱珊信,因复吴镇台咨文,送与会核。晚阅报,八月十九日世百先放安徽臬台。

遣散郑明,裁撤门房。

二十八日(10月15日) 是日晴,天又和暖。派尹经历到休宁查学堂省控案。绅商学界定于九月初一日庆祝立宪,来帖禀闻并请。申刻,周山门来谈绅商来帖请庆祝立宪,拟不与会。发简明告示以资弹压。

接曾绶信。

二十九日(10月16日) 是日晴,天气和暖,又换夹单衣。蔡令来谈劝学所并劝办小学堂。呈坎学堂已有人调停,拟罚赔,仍须查禁首犯。

三十日(10 月 17 日) 是日晴,有风,天少凉。许际唐因立宪专函来请。

接曾绶信。发弹压告示二纸,以未便与会复之。

九月初一日(10 月 18 日) 是日晴。辰起赴文庙、武庙、文昌庙行香,回署。绅商学界庆祝立宪,街市铺店皆悬黄龙旗,满挂灯彩,城乡共十处学堂学生会齐,到万寿宫行庆祝礼。复齐到张公祠会所演说,并奏洋乐歌舞,拍手称贺,在天宁寺演戏,男女游人甚多,如办大会。

初二日(10 月 19 日) 是日晴。

初三日(10 月 20 日) 是日晴。辰刻尹经历自休宁差回禀见。午后传见尹经历、继县丞,饬整顿警察,札派尹经历会同继县丞认真办。

接到家寄棉袜等物。

初四日(10 月 21 日) 是日晴。尹经历来谢委,面谈整顿警察事。

初五日(10 月 22 日) 是日晴。自书秋季属官密考清控。自是日起渔梁办会五天。

发家信一件,患软金缆。

初六日(10 月 23 日) 是日晴。早尹经历面回警察局于初五日到差。蔡令自休宁回,禀见,谈呈坎学堂事,罗冬基悔罪认赔学堂所毁之房物并赔罗凤落家物,当饬蔡令、学查,虽已认赔而首要武生罗文英仍须详革拏办。

初七日(10 月 24 日) 是日晴。密考清控写齐手书。复黄石荪信。

初八日(10 月 25 日) 是日晴。午后提审绩溪县招解命案犯侯树之。铁路委员朱兆麟拜会。

发寄上海户部银行徙致曾绶信。

初九日(10月26日) 是日晴。午后回拜朱兆麟。出西门至如意寺与幕友登高,在小楼清谈终日,傍晚归。

初十日(10月27日) 是日晴。午刻传杨宝森来面询节孝祠工已告竣,牌位尚未成做,当即饬催并云写降位尚须另筹笔资。岩寺有书院抵账房一处拟出卖,现有人认买(须检卷)。

金绶、奎绶信两封。发复黄石荪信。

十一日(10月28日) 是日晴。尹经历面回警局事,云有禁卒八名空领工食,无差可当,拟令为清道夫,当即令其具禀核批。蔡令来见,谈警局拟赁房迁移,嘱其再酌。遂令王昭三用蜡板印劝学告示。

发廿七号家信,致海山。

十二日(10月29日) 是日阴,微有雨。学堂送信,十四日运动会请临观,嘱学堂代办奖品。

十三日(10月30日) 是日半阴晴,数日天气又暖,换回夹衣。是日写对联数付,函约吴筱珊十四日看运动会。

十四日(10月31日) 是日半阴晴。辰起赴师范学堂看运动会,九钟开会,三钟闭会。

十五日(11月1日) 是日阴雨。许际唐因昨日运动会师范生负气退操,不合法律,请申饬学生,因传唤师范教习王昭三来,面嘱传谕规戒学生。

十六日(11月2日) 是日阴,有风,天骤凉。王昭三来,面回师范生已遵规戒之谕,以后守法律,照常上课。

发廿八号家信,谕金奎。

十七日(11月3日) 是日晴。程霞坡来谈劝学所事,嘱其提倡,与蔡令商办。许际唐来信,因病假十日,回家休息。

收到京寄来点心、丸药。

十八日(11月4日) 是日晴。中学堂送运动会奖品单,候晤许际唐再酌办,又送两学堂第一学期出入款四柱册。

十九日(11月5日) 是日阴,冷甚。辰起,赴城隍庙祭城隍夫人，顺路拜参府吴筱珊。休宁解来茶叶、蜜枣、青螺样贡三筒一匣，歙县解来贡墨，俱照春季办理。蔡令来函，回继县丞欲告病就医，求派代理，并谈劝学所拟举程锦龢为视学员充总董，呈坎学堂事仍令原中人潘姓调处办理。

二十日(11月6日) 是日晴。尹经历来函，回清街道事。胡开文定制墨、制香，系云海鸿泥墨二斤四十块、黟山灵秀墨二斤六十四块，如意二柄，另置成匣墨大小十八匣，计价百元有零。晚歙县招解盗犯一起，祁门县谢序勋禀到。是日画墨笔书画两副。

二十一日(11月7日) 是日晴。辰刻祁门县谢序勋禀见。午后写龙王庙递。绅士洪寿彭号述卿拜会。大北街铺店办献菜会，悬彩灯演戏七日并异神像三十余游行于市，锣鼓随之，为之戏菩萨，所以逐疫，多年土俗也。

发廿九号家信一封，恩致金信。

二十二日(11月8日) 是日阴，微雨。谢序勋禀办，江承诰递禀请办工艺，并呈京师皖学堂章程。吴绍儒、胡恩诏(师范学生)由邮局送一信，禀讦窝娼事，请查禁驱逐。

接曾绶二十号信。

二十三日(11月9日) 是日晴。师范教员王昭三来，面询吴、胡二学生有无此信，令查明禀复。

二十四日(11月10日) 是日阴。王昭三来云，吴、胡二学生并无此信，想系伪托。

二十五日(11月11日) 是日晴。吴筱珊便衣来，谈托致信吴镇台，为程为美说项，当即婉却之。致信中外报馆，更正报纸误传徽郡创办首善工艺厂事。

二十六日(11月12日) 是日晴，天又和暖。尹经历回营兵殴伤警勇，吴参府来帖开列姓名查办，当令往见歙宏张开元分析和解，并将滋事之警勇方某责革。晚芜湖委员从九沈家亮金卿禀见，出委札阅，系派查歙商学界公禀督宪查拏方柏松事。

二十七日(11月13日)　是日晴。午后回拜沈委员、洪绅寿彭。到师范学堂看工程。与许际唐谈劝学,拟刊印告示并推广小学简明办法数百张,函致六县转交董事广传劝学。

札派经历兼理歙县县丞。

二十八日(11月14日)　是日晴。午后提歙县招解盗犯四名查讯。谕户房杨世珍,将工艺局存歙发德茂生息月利六厘,立控按月取利登簿。

二十九日(11月15日)　是日晴。早起大雾迷漫,巳初始露阳光。师范学堂补行运动会。九钟便衣往看,午刻回署。工艺局存款洋七百余元,因不敷开办工艺,转存德茂钱庄生息,按年六厘,自十月初一日起息。

署经历尹星垣(耀庚)校博留别酬韵

天都云海纵游春,胜地名流快有邻。不溷风尘为俗吏,尽收山水作诗人。鸿嗷四野劳心旌(米△平粜,经理贤劳),鹤警三更雅步巡(郡城巡警频资整饬)。从此飞鸣入霄汉,岂容林壑寄闲身。

留别周山门教授

闻君曾说赋归来,岁月惊心契隐怀。天上星辰应有家,世间荆棘谢无才。宜从烟浦催吟舫,欲出春江访钓台。诗酒多情仍惜别,黄山回首望云开。

留别朱慎侯广文

莫叹清贫皆蒲盘,紫阳道脉重新安。腾蛟岂是池中物,羸马得从壁上观。检点琴书归画舫,流连诗酒谢吟坛。来年京国重携手,且拜花封现宰官。

留别陈蓉生广文投诗赠别依韵答之

万壑千山眼界开,联吟宜访柏梁台。玉杯劝酒愁无量,金谷催诗愧不才。齐鲁同风资教化,晋秦输粟系安怀。卧治孤负佳山水,留待讴歌姝度来。

经历尹星垣投诗赠别和韵

曾传鸿信及爪期，云路高飞尚待时。应恋新安好山水，胜予多得一囊诗。

五岭峣岩拟壮游，却因话别复句留。多情恰似连朝雨，待满春江送客舟。

留别歙县令蔡惠庵

山城羁宦忽经年，雨润风清两欲然。棋局欲翻难定谱，琴音屡改怕调弦。卧治徒慕徐公乐，问政还资亚父贤。从此挂帆江海去，浮云变态付遥天。

光绪丙午三十二年(1906)十月初一日(11月16日) 是日晴。辰起赴文武庙、文昌宫行香。回署，刊刷晓谕劝学告示、小学简易办法各八百张，均齐，拟函发六县劝学所广传劝学。蔡令来见，谈呈坎学堂事已由绅士调处罚赔，于十月修理学堂开学并罚罗冬基四百元充劝学所经费，罗文英已详革，仍须拿办。程立达禀见，求出渔梁坝禁示并求写“乐善好施”匾额。

初二日(11月17日) 是日晴。手拟致六县信稿，分发刊刷劝学告示暨小学堂简易办法，每县各一百张，令广传劝学，并送师范学堂各一百张。拟改章叔鸣信。

发家信一封，恩致金奎。

初三日(11月18日) 是日晴。辰起，巳初至城隍庙行香，回署。

接家信一封，廿一号。诞辰。

初四日(11月19日) 是日阴。地气湿寒，风凉刺面。

戌刻接家信，发致恩信廿二号。

初五日(11月20日) 是日晴。

初六日(11月21日) 是日晴。领秋季表廉公费，交德茂代领。

发致章叔鸣信，送风颖道△。

初七日(11月22日) 是日晴。午后蔡令来，面回南乡相验事，系吞烟借尸图赖两造同族愿理处，前查案委员指名赌棍已获一名，尚有数名在逃，当饬严缉勿纵弛。万寿戏饬传庆升班。

发渔梁坝告示，交绅勒石。

初八日(11月23日)　是日晴。芜湖委员沈家亮禀辞，将赴休宁一行，即回芜湖，赴休宁仍为查拿赌棍汪炳元等。

初九日(11月24日)　是日阴。大堂外演万寿戏。午后到大堂看台上同幕友看戏。

接黄石荪信，内附杨汇峰复信。定幕友事。

初十日(11月25日)　(皇太后万寿)是日阴。辰刻赴万寿宫朝贺。万寿礼毕，戏班在宫门下献神戏三出并跳加官毕，回署，歙县备果席面，请幕友同席。饭后仍至大堂，同属官看戏，申刻回署。

厨子革退逐出，用春元馆人办理。

十一日(11月26日)　是日阴，微雨。午后开戏三出，因雨紧即停演。蔡令请(刑书)席(冯、曹)。同恩绶在署。晚酌，看堂戏。灯后接京寄酱羊肉、茶叶。羊肉坏矣。

补送刑席冯子乔关书聘金。

十二日(11月27日)　是日晴。因万寿戏点传庆升班抗传不到，闻系县差贿纵，牌示将县班头戏差三名斥革管押候核办。申刻尹经历面禀府差(快班)毕华在街不服查赌，辱詈咆哮，扭送县，请饬惩办，当即斥革，札县究惩。

另雇厨役龚姓，春元馆荐。

十三日(11月28日)　是日早阴午晴。

十四日(11月29日)　是日早阴，雾，午晴。许际唐来见，拟绅士公举钱千总会办警察。蔡令禀回西乡勘盗案，并饬将革快班毕华责枷号十日。

十五日(11月30日)　是日晴。巳初刻至西三庙行香，又送师范学堂劝学告示简易办法各五十张。午后唤照相人来，在二堂及上房院照相三张。申刻，坐花厅点歙县捕保点名领冬防告示。晚请冯子乔并书账席，吃酒。

接家信廿三号,奎禀。

十六日(12月1日) 是日早雾,午晴。蔡令送寿礼,璧回。

接京寄来点心、杏粉。

十七日(12月2日) 是日晴。蔡令、尹经历、刘典史俱贺寿喜。

接家信一封,致海珊。

十八日(12月3日) 是日早阴午晴。

接街厘局总办胡仲垣信。

十九日(12月4日) 是日阴。午后出门,拜歙县谢步,道谢。顺到中学堂少座,与许际唐谈师范兵式体操,嘱访钱千总借枪枝(支)操演,申刻回署。

接徽府同乡京官信。

二十日(12月5日) 是日晴。午后参府移交领到秋季俸饷除现领外,余壹千,照例存府库。晚照相人来,又照相四张。

复杨汇峰信。

二十一日(12月6日) 是日晴。手书信稿致徽京官吴少渠言学堂事,送书启誊真。午后钱千总来禀见,面交札文派会办警察局,补传歙县都图捕保八名报到点名,发给冬防告示。歙县送炭四担,不收。

二十二日(12月7日) 是日晴。周山门教授送宣纸篆书对并书壹幅。

二十三日(12月8日) 是日晴。午后撰写宣纸对联并画墨荷花一幅赠教授周山门。

二十四日(12月9日) 是日晴。午后休宁地保图捕送烟灯捐册齐。坐花厅点名,发给冬防告示。

二十五日(12月10日) 是日晴。札委尹经历赴休宁查赌案。

发京到外部吴少渠信,又街口厘局胡仲垣信。向邮递。

二十六日(12月11日) 是日晴。龙王庙匾已做成,定廿九日悬挂,又做对联一付。晚尹经历来见,面谕须会县认真拿小赌棍。

二十七日(12月12日) 是日晴。谕警察局令钱千总教巡勇每日两次操练。

接金小山京信。

二十八日(12 月 13 日) 是日晴。午前钱千总禀见,面呈《步操释义》一本,拟仿照酌量教巡勇操练。午后吴筱山来拜会,谈张朝宗已赴宁国,现吴禀镇台请将张派弁押解来徽营,候质讯。晚接抚札饬查办休宁赌案。申刻到师范学堂商办操场围墙并添建讲堂工程。晚接抚札查办休宁赌案。

二十九日(12 月 14 日) 是日晴。辰起赴龙王庙挂匾致祭,自作祭文,兼求雨雪。祭毕,回署。休宁赌案加札尹经历专差送。

收到京寄虾米、口蘑、水烟、面干等物。

三十日(12 月 15 日) 是日微雨终日。厚畬、恩绶买湖北川汉铁路彩票二张。

发京信,并寄照相片,廿四号。

冬月初一日(12 月 16 日) 是日晴。辰起至城隍、赤帝、龙王庙行香,顺回拜吴筱山(珊),回署。许际唐来递一单,议明年中学、师范两堂教员事。

收到藩札并皖北捐册二十本。

初二日(12 月 17 日) 是日晴。许际唐来,因中学堂学生全体与黄教员反对,欲起风潮,现黄教员已自辞走,而严、贺二教员亦同辞走,理化、美文、算学暂停课。

初三日(12 月 18 日) 是日早阴,午后晴,夜雨有声。许际唐来送简字学堂卒业文凭二十张,用印,即日发。又因中学堂学生私议美文、理化、算学功课,未通知监督,欲负气请假回家,当即驳回,不准。旋呼会计汪国颖来,令其调停,请监督到学堂商办。

初四日(12 月 19 日) 是日晴,午后阴,天微寒。申刻丁分府来拜会道谢,并谈查办事。

初五日(12 月 20 日) 是日阴雨。辰起回拜丁分府,未会,回署,具柬请丁分府、吴筱珊、蔡令、周教授晚酌。申刻提歙县招解盗犯二名(鲍荃沣、李斤才)过堂。晚请客,九点终席,雨仍有声。

初六日(12月21日) 是日阴,近雨。夜又不成寐,头闷目涨,耳响耳聋,胸满气浮,心不快,又服蔡令前方,加山药、牛夕。许际唐因学堂事与学生负气归家,送来咨呈请假,并拟不受薪水,学堂请由府主持,当即写信驳覆,不能照办。并将咨文缴回,仍请其回学堂。丁分府辞行,并谈孙、洪氏案。杨宝森面禀书院抵押房产变价叁百拾伍两呈缴。

初七日(12月22日) 是日阴,有雨,阴寒之气逼人。中学堂黄质来谈许监督事,会计汪国颖拟请程绅锦龢商办。晚接许际唐回信,将咨文再呈,乞如所请,又覆信将咨文仍缴回,令速参议诸绅会商,务必学堂有所责成为要。

发家信,恩禀海珊。

初八日(12月23日) 冬至。是日晴。巳刻赴万寿宫朝贺,回署。晚备席请幕友晚酌。接许监督回信,负气辞监督。

初九日(12月24日) 是日晴。中学堂会计员汪国颖来函,谕令汪见许监督,传语云中学堂府不能兼顾,应会商参议各绅,如许不能来,学堂必有所责成。有学生来禀请告长假,禀未批,交汪令问许酌办。尹经历由休宁查赌回,禀见,旋呈会禀并有另单开赌棍名姓。申刻参府派人押送张朝宗来府报到,令仍回营候传讯。

初十日(12月25日) 是日晴。早汪国颖来面禀,已到唐模,转达许授。许云并非与府有意见,实因现病不能来,俟调治数日小愈即到堂。昨告假之学生亦到唐模见许,许允其辞退矣。当即面谕汪,令传谕黄质监学暂管理校中诸务,如有须取决于监督者可函达许或到唐模见许定夺。

接家信第二十五号,十月廿三发。

十一日(12月26日) 是日晴。早尹经历来,讯问警勇体操,据称定于十五日钱千总教习操演并云因在局聚赌,革去警勇棚头朱定山一名,当以棚头在局聚赌,仅斥革,殊属轻纵,饬提传送歙县枷责示惩。午后蔡令来函，回南乡勘案系服毒图诈，已由中调处具结和息，手拟批龄令与尹经历查赌会禀。晚休宁龄令禀到。

十二日（12月27日）　是日晴。早尹经历函禀朱定山已去远，尚未传到。闻其欲投参府营，如投营，请参府押送来局。龄令禀见，回查赌案，函斥其会禀敷衍，严饬查拿究办，并回吴允臧上控案函呈县卷，饬即解府候讯。午后程立达禀见，因修南门外堤岸工竣，请出示禁葬。当将皖北灾振捐册面嘱其转为劝募绅商学界。

收到京寄来点心二匣、丸药一包。

十三日（12月28日）　是日晴。早龄令禀辞，因头晕未见。午后，王昭三又领劝学告示、简易办法各五十张广传，当将江南设安徽学务总会信并广告二纸，交其通知学界。

接徽宁道密信，分饬各属查拿票匪。

十四日（12月29日）　是日晴。

十五日（12月30日）　是日晴。因头晕，各庙行香遣经历代行。申刻许际唐来会，当函劝戒其彼此不可存意见，许亦似悔悟，知回家不来不行，拟暂来暂去，虚与委蛇，以免学生要挟，当答以暂来暂去无不可，学堂事总须由监督主持，方免学生散心，许亦无异议矣。江南安徽学务总会拟开特别大会，许言各绅拟函达洪灏文为代表人（洪，祁门人，江苏候补县，现在南京），并商酌两学堂季考并考师范卒业须刊刻钤记，明年两校招考广告须早日分布。晚灯候歙县署县丞叶学仁到任禀见。

十六日（12月31日）　是日晴。午刻耶稣堂内失慎，赶即前往救护，幸仅焚稻草一堆，并未连及楼房，旋即扑息。饭后手书致世百先信。程立达来函，缴皖北捐册捐九十余元。

发致益和祥信。

十七日（1907年1月1日）　是日早阴，午后晴。午后许承尧来商办两学堂招考事，并酌定广告章程招考告示、两学堂年假日期、茶厘局款贰千五百两，当面交许手。

发致世百先手书贺函，邮局挂号。

十八日(1月2日)　是日晴。晚接到京寄来羊肉一罐。周教授因有人乘轿近文庙，从戟门前穿过，请出示禁止。

十九日(1月3日)　是日晴。两学堂钤记刊成，即照会颁发。

接京信两封，曾奎禀。

二十日(1月4日)　是日晴。因捐离事托德茂函达杭州代为发电京宅。晚手致海珊信。私塾改良告示交许监督刊刷。

发京信，致海弟，恩致金、曾，三十五号。

二十一日(1月5日)　是日晴。尹经历面禀换装巡勇号衣包头。接芜湖通函，言黟县焚都亭事，令函达伍令从速赔偿，和平了结，以息讼端。

接臬台世来信。

二十二日(1月6日)　是日晴。提讯绩溪县税书解到府。

二十三日(1月7日)　是日晴。

二十四日(1月8日)　是日晴。午刻到师范学堂考试毕业生国文科，顺到警察局看巡勇体操，仍回学堂看楼房工程。申刻回署。

二十五日(1月9日)　是日晴，有风。连日天气和暖，今日微寒。午后周山门面禀文庙大成殿内天花须修理，当令先饬匠估计再酌办。晚汰厦巡检来禀见，未见。

晚许际唐送来师范毕业课卷呈阅。

二十六日(1月10日)　是日晴。早将师范课卷送回并附函达许监督。午后提审绩溪税书，供其浮收情弊，饬令呈收钱粮底簿单、账单，供未带来，令开明住址派差往提，将税书交户房看管。

二十七日(1月11日)　是日阴。午后省派查冬防委员阎希仁(直隶保定人，号静山)禀见。申刻出门回拜阎委员，顺拜歙县县丞叶学仁，谢步，道喜。

派江宝到绩溪提取账簿。

二十八日(1月12日)　是日阴。早许监督来，因出昨日奉到江督批程绅锦龢等禀阻挠箔捐由，饬府传谕各商遵办，勿任阻挠，以重学务，当经许手录以便转致各绅。知照蔡令禀见，又请再发劝学告示简易办法各五十张。育婴堂绅董柯凌汉、程克敏禀见，禀请出告示勒石，禁古虹桥至太平桥叉鱼。

二十九日(1月13日) 是日阴。绩溪训导余经权禀见。

腊月初一日(1月14日) 日食。师范生毕业。

是日晴。辰刻赴东三庙行香并查看大成殿天花板情形，回路到师范学堂发毕业证书，先同监督引学生到礼堂行三跪九叩礼，毕，学生谒见，行三揖礼，即令学生北面听演说勉励，监督亦演说勉励，学生鼓风琴唱毕业歌，教员唱应发证书，学生一揖退，礼成即回署。午饭后未初三刻日食初亏，至申正初刻复，行三次礼。申刻派差江宝由绩溪回，取来账簿一本、草单两折。

初二日(1月15日) 是日晴。许监督同鲍、方、程、许诸绅来见，议箔捐事，令请人居间知会箔商和平商办。昨取来税书账簿草单细核算，与定章无浮。

初三日(1月16日) 是日晴。许际唐来条请谕休绅董劝箔商，当即具条，复以不合政体，碍难照办。午后复讯绩溪税书，供词如前，仍看管候再讯。

午刻接京电。

初四日(1月17日) 是日晴。连日天气和暖，旱干望雪。尹经历、钱千总禀见，回警局事号衣已做齐，拟于十五日带巡勇在大堂合操，并回张朝宗事现和息，欲禀请销案，当即驳斥，以上宪批提不能销案，现已办差提矣。

恩绶做羊皮马褂。

初五日(1月18日) 是日晴。又一夜未眠，终日疲倦甚。午刻尹经历来面询鲍南场事，饬即会同蔡令接办。

南乡瞻淇村公立小学堂禀请立案。

初六日(1月19日) 是日早晴午阴，晚雨有声。蔡令来禀，南乡瞻淇村禀办公立廉立小学堂珠兰花户赖捐经费，拟令再捐一分为劝学所经费。午后又堂讯绩溪税书，供如前，批令听候详请批示核办。

恩绶买狐腿皮袄，价卅三元半。

初七日(1月20日) 是日早阴午晴，晚又阴，微雨。

初八日(1月21日) 是日早阴午晴。丁分府来拜会，求致信六县张罗借款了债，当面回覆未便照办。

熬粥祀灶送幕友，并应茂销庄。

初九日(1月22日) 是日阴，晚雨。早起头闷甚且晕，又服蔡令前方。午后蔡令来禀见。

初十日(1月23日) 是日晴，午后阴。许监督拜会，谈预筹来年储米平粜事，嘱绅商早为设法办理。师范毕业学生须造册七分以便通详，嘱由学堂赶办。

连日头闷晕耳聋，甚不快。

十一日(1月24日) 是日阴，晚雨有声。杨定森禀见，云节孝祠牌位已做齐，须排画乌丝格再书写。牌横长二尺二三寸，高一尺，每牌须写三百名，共二百二十牌，计节烈妇女六万六千余名，书写甚不易，须筹笔资。

尹经历送留别诗四律。发卅六号家信，恩禀海珊。发山东刘仲华信。

十二日(1月25日) 是日阴，微雨。早九点赴刘猛将军庙行香，回署，因又夜不成寐，仍服蔡令前方，加苍术一串。休宁提案差回禀县差疲玩，又朱批令仍赴该县守催，严提解讯。许监督因箬捐事欲通融，请信邀绅劝谕箬商，当覆令持府照会诸绅文往见即可达意，无须用府信。

十三日(1月26日) 是日小雨一夜不止，午刻密雨有声，天气仍不甚寒。师范学堂送来毕业姓名籍贯等级分数册二本、简字半日学堂册二本。

十四日(1月27日) 是日阴雨 夜 日，潮湿又起。夜眠发热盗汗，早起头闷晕，气逆，腰腿无力，思卧，颇疲倦，耳愈聋。休宁解到吴允臧控案人证，出票饬原役传令取保候讯。

十五日(1月28日)　是日仍阴雨。拜庙遣经历恭代。夜眠未出汗，起仍头闷耳聋，体倦，腰腿无力。蔡令来诊脉立方，仍系肺胃经有热。鲍振炳、许际唐来议箔捐事，并递禀请定小学堂捐款禀程并出示晓谕详提学立案。

十六日(1月29日)　是日雨雪一夜一日，天气阴寒。晚休宁解到盗犯一起，龄令亦报到因欲将盗犯寄饭店，不入县监，禀见，未见，仍令照例收入歙县监。戌刻月蚀，照例救护。因服药体倦，只行礼一次后即遣经历代行。

十七日(1月30日)　是日晴。休宁龄令禀见，未会。午后蔡令禀见，令代讯吴允臧上控案，坐花厅，讯至灯后退堂。留便饭，因头闷耳聋胸满，系肺胃经热，自拟银△散方煎服。

接家信，金、曾禀，廿八号。

十八日(1月31日)　是日晴。龄令禀见，禀辞。头闷胸满稍轻减，仍服昨方。

十九日(2月1日)　是日晴。午初刻封印礼节如仪。饭后歙绅汪廷栋(号云浦)拜会，谈商人由浙运米过淳安威坪，请发护照，当即谆嘱开春速办。坐许久辞去。吴参府便衣拜会，为程康梓说项。吴去后即出门，回拜汪绅。晚备席请各席幕友。

接曾儿由河南差次来信，腊八日发。

二十日(2月2日)　是日晴。午后警察局委尹经历、钱千总带局勇在大堂请阅，体操步伐尚觉整齐，当即手谕加给钱千总夫马费每月六元以资津贴。

二十一日(2月3日)　是日阴，微雨。辰刻休宁专差送到汇万详文吴允臧上控一案，奉抚批提省交发审局讯办，当即提集人证，札交歙县派差解回。休宁署分府朱景行(号颖敷)自屯溪来拜会。午后答拜分府，即回署。

发家信,寄枣一包。

二十二日(2月4日) 是日微阴。辰刻赴东郊迎春。午刻回署。晚许际唐来谈简字毕业生胡仁基追缴文凭。

手复黄石荪信并贺年。

二十三日(2月5日) 是日晴。卯正起,补褂赴仪门外芒神前行香,一跪三叩,击鼓三声,执春鞭,率属官绕春牛三周,礼毕回署。叶县丞禀见,赴休宁查松萝山案回,递会禀销差。午后堂讯休宁解来盗犯一起四名,讯供无异,即札令休宁解回。晚约幕友饮春酒,食春饼,散后祀灶。朱谕承发房王承泽,不准入署干预呈词。

二十四日(2月6日) 是日阴,微有雨。头晕目涨耳聋甚。县差许文枷满,责释。

二十五日(2月7日) 是日阴,微雨。蔡令面回西乡勘路劫案事并东乡窃案,江西客民滋扰传案责抽。

马正元信局△信人△到。

二十六日(2月8日) 是日阴雨。昨服龙胆泻肝汤,夜眠颇安。起仍头闷耳响耳聋。午后写对联数付。申刻焚香烛向上遥叩,家忌。手书致世百先贺年信。

接奎绶禀函一件。

二十七日(2月9日) 是日阴雨终日。申刻省委员候补县丞寿余禀见。胡开文定作墨并买成匣墨,共壹佰卅余元,先付百元。

发致世百先信,邮递。

二十八日(2月10日) 是日阴雨,潮湿大发。头闷耳响聋甚,气上逆,腿软无力,又服蔡惠庵前方。

二十九日(2月11日) 是日晴。连阴雨五日。

休宁来差,将盗犯四名解回。

三十日(2月12日) 是日阴。请幕友早便席,晚全席。午后各属官来禀安辞岁。晚十点钟祭电,中堂设香烛遥拜神佛,拜祖先,令家人持帖与幕友辞岁后院祭紫翠楼。十一点小雨有声。

光绪三十三年

丁未正月初一日(2月13日)　是日小雨一夜。辰起仍阴。辰初诣万寿宫朝贺,各庙行香。回署,属官来贺,在二堂团拜。午刻大雨雪终日,至夜未止。请幕友早便席,晚全席。

初二日(2月14日)　是日大雪一夜。辰起仍不止。巳刻出门,答拜同城官贺年并答拜教堂各教士。吴筱珊请晚酌春酒,因头晕体倦不爽,辞谢。晚仍与幕友同席。

初三日(2月15日)　是日一夜雪,辰起雪愈密。午后至晚大雪终日。

初四日(2月16日)　是日仍大雪终日。派专差送祁、黟、婺发典生息银两。因夜未成眠,终日困倦,头闷耳聋甚。

初五日(2月17日)　是日晴。

初六日(2月18日)　是日阴,午后大雪。休宁县丞禀见贺年,未见。许际唐来贺年,未会。蔡令禀见,禀出戒烟告示并拟抽钱粮票卡办警察。

初七日(2月19日)　是日阴,晚晴。接美教李虚白由上海尚贤堂来信并送书四本。信内因歙附生吴清徽在尚贤堂就学,请饬歙县代筹学费,每年百金,以资成就云云。系吴生自来投信禀见,未传见,即传谕饬县筹学费未便照办。绩溪县刘以信禀到。是日头闷耳响,殊不快。

初八日(2月20日)　是日晴。屯溪巡检福荫、绩溪县刘以信禀见。午后出门答拜福巡检、刘令,并拜许际唐。

初九日(2月21日)　是日晴。福巡检禀辞,未见。刘令禀辞,送诗文稿三部,见,并面禀与蔡令商办购米备平粜事。

复李虚白信。

初十日(2月22日)　是日晴,雪尽化,天气清冷,手足皆冻。今夜又不成眠，精神疲倦。

十一日(2月23日) 是日早晴，午后阴。尹经历领警察局正月分饷项并面回局屋墙塌一段，拟归师范学堂工程修理。接家信云，捐离任腊月二十日奉部核准开缺，不必候部文，安省即可由本任禀请委员署理。晚与冯子乔面商，即拟禀稿缮齐后专差递省。

收海山来信一封，曾儿由湖北信一封，龚元凯、吴和翀信二封。

十二日(2月24日) 是日阴。程立达禀见，因箔捐事拟禀辞，未允其请，令与许际唐商办。晚又微雨。尹经历、钱千总请幕友暨恩儿吃春酒。

接△省李裕禀函。

十三日(2月25日) 是日阴，有微雨，地气大潮。巳初赴刘猛将军庙行香，即回署。阅《申报》，正月初七日上谕徽州府放刘汝骥。晚派专差进省递禀，请派员接署，并致世百先信，交长班李裕代投。

十四日(2月26日) 是日阴，午后微露阳光，晚又轻阴。

十五日(2月27日) 是日阴雨终日。巳刻赴东三庙行香，顺回拜鲍振炳，回署。晚备席请幕友过节。

十六日(2月28日) 是日阴，晚晴，连阴六日。征兵官吴燮堂标营管带到徽设局。

发家信 封。

十七日(3月1日) 是日晴明。征兵官吴拜会，参府吴筱珊拜会。

十八日(3月2日) 是日晴明。午后回拜征兵官吴燮堂，未会。参府吴筱珊谈许久，回署。

十九日(3月3日) 是日早晴午阴，晚又微雨。午刻升印。晚全席，请幕友。

接家信，金、奎各一函。

二十日(3月4日) 是日晴。手书致绍越千贺年信。

二十一日(3月5日) 是日晴。午刻许际唐同绅士五人来见，谈箔捐事，即照督抚批开办并筹办绅商购运米粮事。

接曾绶自南京发禀函一件，云于十三日赴清江。

二十二日(3月6日) 是日晴。鲍振炳、许际唐来见，谈深渡米商已赴兰溪购办米石，俟办妥再请发护照。绅士洪寿彭来见，亦谈米粮事，并拟偕鲍赴屯溪，约会茶商总董洪廷俊通盘筹划，须屯溪多购米，不令掣动歙西乡之米，则歙境内之米自流通不室，再有外来米接济，可无虑矣。午后约冯子乔、乔子熊赴北关外岚云山觉华寺一游。山离城七里，不甚高。山麓一片竹林，循石蹬，曲折穿竹径而上，不数武到庙门。门外红白梅四株，庙三重，中菩萨殿，后客厅，前望楼，推窗可望西山，俯临梅竹，颇幽静。在楼上与老僧茶话。夕阳在山，约二客步行，由庙外循山路而南过二小岭，至越国汪王祠瞻仰。祠旁王墓冢不甚大，前有石拜台，缭以石栏，列四翁仲，石牌楼上镌唐越国汪王墓，再前为享堂，门外两小山夹峙，左长右耸，具龙虎势，甚真，前有为两层水塘，远山朝对，后山围绕，颇有形势。夕阳欲坠，暮烟起，遂回署，已上灯矣。

二十三日(3月7日) 是日晴。发家信并致陆凤老、绍越千信。

二十四日(3月8日) 是日晴。数日天气和暖。

二十五日(3月9日) 是日晴。

二十六日(3月10日) 是日晴。夜雨一过。巳初至师范学堂考试(报名四十四人，到三十九人)新招师范生，散卷，复由监督出题，即回署。天气甚暖，换小毛皮袄。

夜雨一过。

二十七日(3月11日) 是日晴，夜雨一阵，有雷声，天气蒸热。阅师范考卷，仍送回学堂照填榜。

二十八日(3月12日) 是日早晴，午后雷雨一阵。辰刻，屯溪茶厘总办李观察(印维翰号艺渊、壬戌同年)来拜会，送茶、墨、竹快子、罐果子。饭后回拜。晚备全席，请便酌，蔡令、周老师座陪，回赠石鼓拓片、自制墨两匣。

二十九日(3月13日) 是日晴,微雨,天气又冷,仍升炭盆,穿皮袄。晚接省抄二十日挂藩牌徽州府王〇〇捐升遗缺,派刘沛然署理。

二月初一日(3月14日) 是日阴。辰起微雨。赴文庙、武庙、文昌庙行香。出东门,到紫阳师范学堂开学。偕监督率学生行礼,毕,演说勉励后少座,回署。

发家信,汇款,交德茂。

初二日(3月15日) 是日夜雨,辰起大雪。冷甚,又升火,著重裘。巳初到宅门土地行香。出门,到中学堂开学,率诸生行礼后演说勉励,毕,回署。

初三日(3月16日) 是日半阴晴。辰刻赴文昌宫致祭,礼毕,回署。申刻,接署任刘闰生红谕,定初六日接印。

初四日(3月17日) 是日晴。办理专案,移交稿件,收什行李箱支,购买礼物,装木板箱一支,茶桶五件。

初五日(3月18日) 是日晴。蔡令赴岩寺接新任刘,同城官出西门大桥南迎接,候至申刻,蔡令归云刘今日赶不到,须明日午刻赶到,即接印。

初六日(3月19日) 是日阴。卯刻赴文庙致祭,礼毕回署,蔡令禀见,面回新任刘今日到休宁,须初七日到府城,接印尚未定期。

装箱零物二支。

初七日(3月20日) 是日阴,微雨。辰刻赴西门外大桥南关帝庙外,祭社稷坛,礼毕,因忌辰,更素服登太白楼(庙门楼)眺望,下楼回署。申初刻新任刘到拜会,晤谈。代留刑席冯子乔已请定,刘即拜会子乔,少谈,辞去,随即到公馆回拜。冒雨回署。刘定初十日接印。

竹编茶桶八件。

初八日(3月21日) 是日阴,微雨,午后雨急,有声,潮湿甚。

发京家信一封。发福州、上海信两封。装书箱一支。

初九日(3月22日) 是日阴,微雨。属官具帖公请初十日申刻在万山观祖饯，心领辞谢。

初十日（3月23日） 是日早。卯刻派周福送印刘闰生。卯刻接印，赏周福六元。巳刻吴筱山（珊）来拜会，少谈去，即换花衣到公馆，与刘道喜，并回拜吴参府。午后又阴，大雨至晚未止。交卸。

复茶厘局李艺渊信。

十一日（3月24日） 是日急雨终日不止。刘闰生、吴筱珊连日请酒，均辞谢。午后往访刘闰生，面交内存密信文件，谈地方所办学务、警察并禁赌、预筹平粜诸事，详论所属官绅、本署书差。谈二刻余，冒雨回署。是日收束帽盒木板箱二支。

十二日（3月25日） 是日阴雨。午刻赴师范学堂公请之局，终局，学生在门外公送。洪绅筹款来送行拜会。申刻由学堂顺路回拜洪绅，谢步，辞行。是日束齐衣箱五支。上年未齐之平余发审，备托冯子乔催解江京。移交案卷已齐。

十三日（3月26日） 是日密雨终日，雷声不断。午后换行装冒雨到各官绅处辞行。周福同县家人至朱家村看船，传船行帖定八铺船两支，定十五日上行李，十六日开行，蔡令送礼八包，收茶、墨各一匣。新任移复收专案移文三十二件。

十四日（3月27日） 是日晴，微有风。行李箱支俱收束齐，刘闰生送礼六包，收茶叶两瓶和赠别诗五首，手写致百先信（荐曹）。

接百先回信一件。

十五日（3月28日） 是日早晴。歙县差门带抬夫四十名，将行李运上船，令周福、杨升同往安置。即在船△△△饭后刘闰生来送行，拜会。晚接屯溪茶厘局李观察信，专丁来取册页。信内谈茶局差派王孝禹接办。申刻又阴雨。

十六日（3月29日） 是日雨。辰刻随身行李恩绶、厚畬先行，巳刻起行，出南门，到泾梁，刘闰生、吴筱珊并合城文武官备茶座公送，少座即行，到浦口朱家村对岸廊中，蔡令备茶座，座少许登舟，冯子乔、曹子纯俱登舟来送，蔡令亦登舟拜送，本拟送至街口，因力阻云门。午刻开船，五十里至深渡泊舟驻宿。

十七日(3月30日) 是日仍阴雨。天明开船，五十里，八钟至街口，少停，巡检袁启祥登舟叩送。厘局总办胡仲垣登舟拜送，巡检备轿，即回拜胡仲垣并回拜巡检。胡具柬请酒，即面辞，旋送一品锅，巡检亦送一品，回赠胡仲垣土仪二色，收一色，即开行。二十里至威坪(淳安县厘局)，少停，投信请厘局查验，千子手来验，旋即开行，八十里至江口宿。

十八日(3月31日) 是日阴，微雨。天明开船，四十里至茶园泊船尖，四十里至杨溪，五十里至严州府南关，少停，至东关，泊船，宿。过杨溪，天开见日光，到严州，晚晴。

十九日(4月1日) 是日晴，微有东风。天明开船，四十五里至钓鱼台，停舟登山，游严先生祠，祠在山麓中，供严子陵像并神牌，两旁范文正、宋隐士、谢皋羽、欧阳文忠、方元英配享，范文正《严先生祠堂记碑》、阮文达《严先生赞》，牌壁上石刻皆满，祠外碑林立，皆模糊不能辨识。望半山两石如台，圆而平，顶上有亭有树，无石蹬，不易登临。返而登舟，开行四十五里至桐庐县停泊，县临江，无城郭。下船到街市一游，街市颇整齐，大铺店亦宽敞可观。回船用饭，即开行九十里至阜阳县停泊，宿。晴日和风，一路风帆沙鸟，夹岸竹树桃花，风景如绘。

二十日(4月2日) 是日午前淡阴，午后晴。黎明开船，八十里至闻家堰，少停。四十里至江头，少停，厘局查验。又开至曹泰来门外，驻船登岸，至曹泰来少座，行李俱搬下，由曹泰来换脚行，共二十四担，并小轿六乘齐顺潮东行绕进，候潮门至定府三桥，沈洪远过塘行栈房驻。晚在桥东街靛河楼用饭。

二十一日(4月3日) 是日晴。辰起步行游街市，至清河坊大井巷聚丰园(天津饭馆)用早饭后买扇子、剪子、绸缎、火腿等物，顺游回栈房。

二十二日(4月4日) 是日淡阴。辰起坐轿出涌金门，买一小舟,甚精洁,游西湖。循北岸,远看断桥、苏小墓,至楼外楼饭馆停船登楼小酌,岸边现取活鱼醋烹,此为西湖之美味。凭栏远望湖东南面。饭后游蒋祠,前涨△△△△,祠旁有园亭台榭石俱山,颇幽胜。复登舟循岸而西过苏堤桥,至花神庙左文襄祠,旁有园,亦幽敞,扇面亭少坐饮茶。时微雨,张繖。由祠左步行而北,过曲院风荷,至岳祠瞻仰岳墓,出。复登舟转而南,又过苏堤一桥至高庄停舟,步入园竹石,特感屋宇幽邃,各处坐许久,复登舟转而北。又过苏堤一桥,至三潭印月,舍舟登岸,进敞厅,历曲折石板桥,旋转至卐字亭,四面水,入夏皆荷花。由亭复折而东,穿竹径,至彭公祠,瞻仰彭公画像,在祠旁少坐,看祠人进冲藕粉一碗,点心甚佳,因购得十余匣。由祠旁循岸而北,出一牌坊,复登舟过湖心亭,至钱王祠,看表忠观碑。出,登舟而北,由旧路登岸,乘轿归寓。高文轩自苏沪来,因茶厘差将由钱塘江、新安江赴徽州府屯溪,特来栈房夜谈,留宿。

游西湖断桥、苏小墓、楼外楼、蒋祠、苏堤、花神庙、左祠、曲院风荷、岳祠、岳王坟、花港观鱼、高庄、三潭印月、湖心亭、钱王祠、雷峰夕照、彭公祠。

花神庙联:翠翠红红,处处莺莺燕燕;风风雨雨,年年暮暮朝朝。

二十三日(4月5日) 是日仍淡阴,文轩求致总办王孝禹观察信,即修函交文轩别去。午刻步行至聚丰园早饭。饭后游街市。申刻归寓,少息,令周福同栈房看船,写定无锡快船一支,价廿二元,明日申刻开行。在寓晚饭,饭后胡志云之弟胡玉泽便衣来拜会,谈许久辞去。收什行李箱支。恩绶又买绸缎、茶菊、火腿等物分装箱包。

二十四日(4月6日) 是日晴。辰起收什行李,先雇船一支,将行李运出二里许搬上快船。旋在街口饭铺用饭后步行二里许上快船。时午初刻,即开船北行数里,过四五桥,出水关十余里,三点钟至拱宸桥,桥甚高大,船过桥北官码头停泊。两岸洋楼市楼分峙宏敞,街道横直数道,颇形繁盛,因下船登岸游览,在茶楼上饮茶,甚敞亮精洁。对面为秋江月照楼,有女戏。市楼上多苏州妓馆,弦歌声盈耳,马路上马车往来不少，遍游一过上船。临船泊有日本海军小巡船，日本兵让上船笔谈并出茶点款洽，至四点钟即辞回船。旋即开轮。恒德轮轮船挂船三支，开至洋卡少停，洋人上船查验。此船因投信请验，问系官船进京，遂未验放行，时五钟二刻。长春栈房同行。

上海长春栈伙周姓迎至杭。

二十五日(4月7日) 是日淡阴。舟行一夜，过嘉兴府，东北行，由杭至沪五百五十里，至三点钟到上海，住长春栈(二洋泾桥)，晚到雅叙园晚饭。

二十六日(4月8日) 是日阴，微雨。早在栈房用饭。午后恩绶坐马车拜益和祥问汇款，访高老四未遇，回栈，遂同车至四马路青莲阁茶楼饮茶。晚至雅叙园用饭后，本拟看戏，因厚畬感冒，故未看戏，即由饭馆回栈。

二十七日(4月9日) 是日淡阴。在店用饭。同高老五坐马车游愚园、张园。晚至雅叙园用饭，饭后丹桂园听戏，子刻归。

二十八日(4月10日) 是日晴。早谦祥益马炳文来请，晚在本局晚饭。巳刻步行游四马路至棋盘街得和馆用饭。饭后至兴昌祥广货铺买洋货，三点钟回寓。刘顺拉清早到关道署办理护照，系刘顺与关道家人同乡(武清人)代办，并不收小费。申刻到谦祥益局内晚饭，八点钟赴群仙茶园观女戏，十一钟回寓。

二十九日(4月11日) 是日晴。清早关道署派人送来护照，赏壹元。高老五来请恩绶雅叙园便饭。饭后在街市游览，买零物。申刻回寓，在寓晚饭，灯候仍赴群仙茶园听戏。子刻回寓，轮船护照已备妥。连日盛京轮船未到，故迟迟。

三十日(4月12日) 是日晴，天气和暖。早赴洋货店买物，到得和饭馆便饭。饭后回寓，接家信一封。在寓检点买物装箱，在寓晚饭。

接奎绶禀，海珊信。

三月初一日(4月13日) 是日阴。午刻盛京轮船到，即令栈房写房舱一间。

初二日(4月14日) 是日晴。收束行李箱支,在栈房用饭。午后恩绶往访高老四,赠墨茶。申刻游四马路,到雅叙园晚饭。灯后丹桂园看戏,演播《烈士救海》。

初三日(4月15日) 是日淡阴,午晴。辰刻行李箱支运上船。饭后恩绶到谦祥益算清汇款,即托汇京。晚子刻厚畬上船。

接曾儿由闽省来信两件。

初四日(4月16日) 是日晴。辰起到马头上船送厚畬,即下,游马头,顺路回寓。饭后步行进城,游城隍庙,回寓,令栈房写定大通江轮官舱,初五日上船。

初五日(4月17日) 是日阴。申刻微雨。辰起令刘顺先运行李数件占舱,因官舱不好(前官舱已满,以后房舱作官舱卖),故退票,未行。晚又写瑞和轮船(怡和)官舱。晚高老四来送行并送路菜。马炳文来送行。

发闽信,致曾绶并电知启行。托谦祥代汇徽州余款。

初六日(4月18日) 是日阴,微雨。午后高老五来送行。申刻用饭后运行李,一同上船。官舱虽窄小,尚干净。夜丑正二刻开船。

初七日(4月19日) 是日阴,微雨。下午九点至镇江,十二点开。黑夜未见金山、焦山。

初八日(4月20日) 是日仍阴。上午九点至南京。□点开,下午六点到芜湖,□点开。

初九日(4月21日) 是日仍阴。上午九点至安庆,未停,过马当山、小姑山,六点至九江停,下午七点二刻开。

初十日(4月22日) 是日晴。上午十二点至汉口,住老长春栈。饭后游街市,买水烟袋。晚在月华楼用饭,回寓。

十一日(4月23日) 是日晴。辰刻令刘顺持名片到车站拜总巡何守贤,何现进京,未遇。随后电达京宅,十二由汉起十五到京。在栈房早饭后坐小火轮渡江到武昌省城,进汉阳门游览街市,返而登黄鹤楼，在怀白楼茶馆饮茶。纵观大江南北，对面汉阳城晴川阁，复由茶馆再高处瞻仰胡文忠官文恭公祠，祠旁有楼阁，登楼一望，满江舣舟，来往如织，两岸楼台各种机器厂烟桶林立，龟蛇二山暨省城汉阳城历历在目。下楼，复到祠后略一游览即下楼出城，仍坐火轮渡江归北岸，至一品香茶酒馆楼上用晚饭。楼临江，时夕阳斜照，江景远眺，尤可观。饭后同栈房换湖北银元百元，备火车写票用。

省城警钟楼（洋式）、怀白楼、为霞楼、倚晴楼、涌月台、黄鹤新楼，楼匾皆端方书。

记联

昔贤整顿乾坤，缔造皆从江汉起；

今日交通文轨，登临不觉亚欧遥。

月明云空。张之洞书。

我辈复登临，昔人已乘黄鹤去；

大江流日夜，此心吾与白鸥盟。

黄鹤新楼。端方书。

大江东去，云树苍茫，纵谈万古英雄；

太白西归，风流萧瑟，剩有千金裘马，问谁能作酒中仙。

十二日（4月24日） 是日晴。上午五点赴大智门写车票（由汉口至北京）上火车，七点[illegible]刻开车，下午七点至驻马店停车，未下车，即在车上宿。茶房荐天保栈送菜饭，问茶房，始知京汉车三日抵京。

十三日（4月25日） 是日早阴晚晴。午正宁芒山山洞过黄河桥，五点三刻至彰德府车站，下车住永升栈宿，有同车客胡相卿（湖南人，系知府过道班）进京赴引，又同栈，饭后晤谈许久。

十四日（4月26日） 是日晴。卯刻起上车，七点开行，午正至正定府，下午三点至保定府，七点二刻到前门，金绶来迎，即坐车回家，已灯后矣。

十五日（4月27日） 是日晴。未出门。世子厚送四菜两点，刘、叔华送果一桌，绍五爷、世子厚、世作舟来拜会。

十六日(4月28日) 是日晴。未出门。大理院德兴送筵席一桌并来拜会,绍越千送四菜四点,实业学堂厨子送四菜两点。

十七日(4月29日) 是日早阴雨。

十八日(4月30日) 是日晚有风。午后与郝勖初道喜即归。晚家祭。

十九日(5月1日) 是日晴。商部员外缺,有点补之信,即日电达福州,催曾绶宜速归。

二十日(5月2日) 是日晴。午后冯心兰拜会,冯老九拜会。晚接曾绶来电,廿一由闽启行北上,即令金绶电话达魏梯云,答云缺已点定,曾绶尚未定引见日期。

二十一日(5月3日) 是日晴。恒利义请裕照楼早饭并观剧,海山、恩绶赴约。巳刻出门,回拜绍五爷、世子厚、作舟,顺拜景月汀,回家。因感冒,服药,未出门。

二十二日(5月4日) 是日晴。午后出门,回拜冯心兰,到兵马前街拜祖、拜婶母。晚归。

二十三日(5月5日) 是日晴。午后出门,西城拜陆凤石、刘仲鲁、荣中堂、裕筱鹏、军机大臣林赞虞,因风雨归。

二十四日(5月6日) 是日晴。未出门。

二十五日(5月7日) 是日晴。出门拜铁宝臣、那中堂、鹿滋老,归。

二十六日(5月8日) 是日晴,大风扬沙。未出门。

二十七日(5月9日) 是日晴,仍大风。

二十八日(5月10日) 是日晴,仍大风。

二十九日(5月11日) 是日晴,风息。午后出门拜恒利义、存月帔、瑞玉如、刘博泉、张振卿归。申刻曾绶回京。

四月初一日(5月12日) 是日晴。未出门。绍越千来拜会。因度支部筹办造纸厂,在通州采地,请海珊同该厂总办刘世珩到通踏勘,约订明日刘总办来拜会面商。

初二日(5月13日) 是日晴,午后有风。

致松鹤帅信,交王铸生。

初三日(5月14日) 是日晴。因感冒未出门。

初四日(5月15日) 是日晴。郝厚畬自沙岭来。安徽同乡会团拜公请,辞谢。

初五日(5月16日) 是日晴,大风。未出门。

初六日(5月17日) 是日晴,微有风。午后赴陆凤老之约,散后顺路拜永泰阶、金小山、甄梦九,晚归。振贝子请开差缺。

半日学堂陆允津贴二十金,具禀顺天府。

初七日(5月18日) 是日晴。午后便衣同海弟出城游考工厂。宾宴楼福寿全,申刻归。

商部尚书溥颋调补,度支部尚书泽△补授。

初八日(5月19日) 是日晴。热甚,换单衣。世子厚来回拜。曾绶云,安徽来电,世百先病故。

初九日(5月20日) 是日晴。热甚。

初十日(5月21日) 是日晴。午后出门拜延子澄,回拜李晴田药行会馆,祝张振卿七十寿,回拜朱芷青、俞筱沅,申刻归。

十一日(5月22日) 是日晴。未出门。瓦木工修理上房墙,换床板。

十二日(5月23日) 是日晴。拜绍五爷,询问世百先归葬事。到溥宅行吊。

十三日(5月24日) 是日晴,有风。天旱干,甚烦,盼雨。未出门。

十四日(5月25日) 是日晴。上屋修理墙壁,糊房,故半月不暇日记。商部魏梯云放岳州府。点派曾绶掌公务司印。廿九日曾绶赴津。

五月初一日(6月11日) 是日晴。缮写致刘闰生、冯子乔信。

初二日(6月12日) 是日晴。接高文轩由大通来信一封,并寄银元,求转交。

发徽州府刘闰生、冯子乔信、德茂钱店信。

初三日(6 月 13 日) 接徽中学监督许、鲍来信,接冯子乔信。

是日晴。接曾绶由津来信,须初七八日回京。

初四日(6 月 14 日) 是日晴。亲友来祝寿。

初五日(6 月 15 日) 是日阴,微有雨。

接曾绶信,初七早车回京,在西直门外下车,即同赴园。

初六日(6 月 16 日) 是日晴,有风。河南榜录吏郭桂芬来送礼,未收。

初七日(6 月 17 日) 是日晴。辰刻令王顺押车到西直门外,接曾绶。申刻曾绶回,未赴园。金绶大理院点派署典簿,六品,试署三月后引见补实。

初八日(6 月 18 日) 是日晴,下午阴有雷声,未雨。

接歙县蔡令惠庵贺节禀,应复璧本。外部尚书军机瞿中堂被恽毓鼎参劾,奉令开缺回籍。吕海寰补外部尚书,肃王补民政部尚书,陆凤石补吏部尚书。

初九日(6 月 19 日) 是日晴。辰起出门,拜绍越千、世子厚、作舟、柏峻山、王寿卿并道谢。午后出城拜朱并谢寿,到聚宝堂赴李青田之约,终局,晚归。

初十日(6 月 20 日) 是日晴,天气热甚。

接日本留学生部仙洲致平安、筱圃信。

十一日(6 月 21 日) 是日晴,热甚,晚阴,有雷声,微雨一过。张之洞以湖广总督协办大学士。

十二日(6 月 22 日) 是日晴,热甚。金绶大理院典簿厅派管第一股,因事繁不能兼差,将实业学堂庶务官辞却。

十三日(6 月 23 日) 是日晴,热甚。

接冯子乔信,汇来余平发审脩金。

十四日(6 月 24 日) 是日晴。辰起往拜陆凤石道喜,并拜陈雨蓉、魏梯云。

十五日(6月25日) 是日晴。天气亢旱,望雨颇切。

十六日(6月26日) 是日晴。辰起往吊崇中堂,顺拜景月汀。

十七日(6月27日) 是日晴,有风,午后阴,有雨意,晚晴。

十八日(6月28日) 是日晴,午后阴,有雷声,小雨一过,晚晴,天气凉爽。

十九日(6月29日) 是日淡阴。曾绶赴颐和园进呈各省铜元厂图并铜元样子。

二十日(6月30日) 是日淡阴,天气凉爽。带子弟出城,吃致美斋,逛工艺官局,晚归。

二十一日(7月1日) 是日晴,天气凉爽。

二十二日(7月2日) 是日晴,天气炎热。度支部参议刘兰卿来,约海珊同李委员赴通调查造纸厂,定于二十三赴通。午后出门拜客,申刻归。

二十三日(7月3日) 是日晴,晚阴。午后海珊赴通。

二十四日(7月4日) 是日晴。

二十五日(7月5日) 是日晴。赠万荚生△△五十元,万世兄近遭回禄,被灾尤剧,故有此赠。午前万生、袁宝三来拜会。晚海珊回京。

二十六日(7月6日) 是日阴,微雨。午后出德胜门赴华严寺,吊世百先。归路回拜赵制军次山,未遇。

二十七日(7月7日) 是日晴。感冒困倦,牙痛甚。上谕裁设外省官制。

二十八日(7月8日) 是日晴。安徽巡抚恩铭被巡警会办候补道徐姓枪,死。安徽巡抚冯煦补授。

接冯子乔信一封,汇银五十三两。

二十九日(7月9日) 是日晴。曾儿送振贝子土仪八色。手书致徽州歙县蔡令、绅士许承尧、鲍振炳两函。

发新安纪程

江口夜泊，自郡城至此，两岸山渐平远，已入浙境。

飘然五马乐行春，来与名山作主人。此日挂帆江海去，群峰相送过前津。

严州夜泊

新安江水涨悠悠，二月春阴送客舟。夹岸云山三百里，一帆烟雨到严州。

钓台

钓台低处一停舟，四面云山足眺游。二月春寒犹料峭，而今我亦著羊裘。

烟波浩渺子陵滩，想像当年物色难。雷雨任他龙门野，不教鳞甲惹渔竿。

西湖

四围楼阁画中看，万顷湖光快纵观。水更萦洄山更秀，天然幽胜让新安。

澹静草庐落成，约同人雅集。延子澄同年投诗致贺，依颜答之

白衣苍狗幻云天，作势秋风逼九边，

荆棘真难行此路，桑榆不返待何年。

特开东阁联诗社，静倚南窗了画缘，

自叹闲居慵作赋，赚来佳句集成篇。

上海

万帆舟棹万家楼，珍错如云萃五洲。醉舞狂歌春似海，不知大陆有神州。

黄鹤楼(遗址现改建洋式警钟楼)

名城俯瞰大江流，水陆交通贯九州。警夜钟声新世界，莫谈黄鹤古时楼。

再和延子澄

此身不属大罗天，安有仙风到耳边。晓日峥嵘新学界，晨星寥落

旧同年。耽吟未免添诗债，逃醉翻疑结佛缘。整顿敝庐招雅集，只凭斗酒换鸿篇。

张船山先生嘉庆庚午出守莱州，冬日履任，辛未冬乞休，壬申春二月解组归时年四十有九。予己巳出守徽州，冬履任，丙午冬乞休，丁未春二月解组归，与先生若合符节，然予年已六十有六矣，因赋二绝志之

蓬山云海一年游，冬去春归太自由。诗画兴浓官兴淡，徽州颇不让莱州。

一到蓬莱即告归，早知四十九年非。我今周甲才回首，愧听旁人说见几。

王春严六十征诗代曾儿

岭外游踪水上萍，乍亲光耀即垂青。灵椿得气恒千岁，丹桂凝香蔚一庭。东海尚流君子泽，南天齐拜老人星。乌衣门巷原同谱，合共莱斑祝百龄。

杂感步何闰夫韵

俳优到处竞欢迎，撩乱琴心是郑声。剪绿作花终易谢，屈力为镜总难明。鸿飞自有冥冥志，豹隐原无赫赫名。笑指浮云变苍狗，青天不管任纷更。

光绪丁未年（三十三年）六月初一日（7月10日） 是日晴。接冯子乔邮寄信一封。

初二日（7月11日） 是日晴。手拟信稿致谢安徽候补府街口厘局总办胡仲垣。前院作小布幛子三个。

初三日（7月12日） 是日晴。送致祭百世先祭席一桌、垫子四个。海珊、金绶前往吊祭。曾绶引见原定初四日，嗣因圣躬欠安彻停。手书复宣候补道丁春农。

初四日（7月13日） 是日晴。辰起拜长少谷西城，回拜张雨臣、德润斋。出顺德门，拜汪范卿、张家族、李符曾、怀尚书，随到前街本家少息，用早饭。午后赴江苏馆甲戌科公请，送团费叁拾金，终席。

顺路回拜王鹤田,归家。

上谕暂停引见,设内阁验看。

初五日(7月14日) 是日晴。曾绥赴德胜门外华严寺陪点主。

发致丁春农信。

初六日(7月15日) 是日晴,热甚。

接郝鼎元信。

初七日(7月16日) 是日淡阴,热甚,午后雷雨一阵,晚微雨。

上谕赵启霖开复革职处分。

接刘仲华来信。

初八日(7月17日) 是日一夜雨,早晴,午后又大雨,晚晴。

初九日(7月18日) 是日晴,天气凉爽。

初十日(7月19日) 是日晴。午后出城,访彭一山,闲谈片刻归。

十一日(7月20日) 是日阴,微雨终日。邮传部陈尚书奏调商部,司员八员,曾绥被调,闻系借助三月仍咨回。

十二日(7月21日) 是日阴,微雨,午后急雨不止,未刻晴,申刻有雷声,又大雨如注,至灯后少住又雨。恩绥由国典籍加捐司务,取法务分部行走。

十三日(7月22日) 是日阴雨终日,晚晴。手书致文轩信。

十四日(7月23日) 是日晴。

张之洞补授大学士,鹿传霖协办大学士。

十五日(7月24日) 是日晴。曾绥题升员外在内阁验放,申刻同海弟、儿辈出城邀宾宴楼饮茶,毕,购得玉皮子翎发一支,给曾儿。

十六日(7月25日) 是日晴。申刻率曾儿祭祀堂拜祖。

十七日(7月26日) 是日淡阴,热甚,晚有雷声,小雨。王卓升请同丰堂,辞谢。

十八日(7月27日) 是日夜雨,连绵终日。午后冒雨赴陶然亭袁宝三之约,终席归。

十九日(7月28日) 是日一夜雨。辰起大雨,午后止,晚晴。发覆高文轩信。

二十日(7月29日) 是日淡阴,微雨一过。

二十一日(7月30日) 是日晴。

二十二日(7月31日) 是日晴。辰刻赴兵马前街祝婶母寿,申刻归。

二十三日(8月1日) 是日晴。申刻同勖初、海珊、宝枢到东安饭店饮茶后游市场归。

二十四日(8月2日) 是日阴,细雨,至午后雨止。令曾儿赴兵马前街家祭,拜祖。

二十五日(8月3日) 是日晴。汪赞唐来辞行,将出京赴徽州府屯溪茶厘局。

二十六日(8月4日) 是日晴。午后偕子弟辈赴东安茶馆饮茶。

二十七日(8月5日) 是日晴。午后赴会贤堂裕筱鹏之约。

二十九日(8月7日) 是日晴。皇太后还宫。

三十日(8月8日) 是日早雾午晴。接高文轩信。

七月初一日(8月9日) 立秋。是日晴。太后幸颐和园。

初二日(8月10日) 是日晴。

初三日(8月11日) 是日晴。

初四日(8月12日) 是日晴,热甚。岑春煊开缺,张人骏升两广督,林绍军河南抚。

初五日(8月13日) 是日阴雨,申刻雨止。

初六日(8月14日) 是日晴。

初七日(8月15日) 是日半阴晴。郝勖初作寿。

初八日(8月16日) 是日晴。辰起出城拜张星槎,访朱少伯,求诊脉,立方。带恩绶、平安在福兴居用饭。饭后广德楼观剧,灯候归。

初九日(8月17日) 是日淡阴。

初十日(8月18日) 是口晴。

十一日(8月19日) 是日晴。午刻坐马车同海山到西城同福馆用饭。饭后出西直门游万生园。申刻归。

十二日(8月20日) 是日晴。热甚。

十三日(8月21日) 是日晴。晚同海山赴东兴楼景月汀之约。奎绥奉陆军部堂谕派充军计司策勋科一等科员。

十四日(8月22日) 是日晴,热甚。晚福兴居约通州同乡谈水灾赈济。

十五日(8月23日) 是日阴,巳刻雷声,急雨一过。申刻晴。酉刻祭祠堂。

十六日(8月24日) 是日晴。

十七日(8月25日) 是日晴。辰刻东城拜溥仲璐、陆天池。

十八日(8月26日) 是日晴。接郝厚畬信,求谋事。

十九日(8月27日) 是日终日雨。

二十日(8月28日) 是日早晴,午后阴。赴西城拜林赞虞道喜(新放河南抚),拜陆凤石问疾,顺拜福际云、傅小山、史宝安、常用宾、王铸生,到同丰堂赴金筱珊之约。晚归。

二十一日(8月29日) 日晴。天气凉爽。平安二十岁生日。

二十二日(8月30日) 是日晴。

二十三日(8月31日) 是日晴。午后出城在宾宴楼饮茶,晚赴福兴居张星槎之约,终席归。

二十四日(9月1日) 是日晴。巳刻携子弟孙辈并约刘叔华、宁筱甫赴醉琼林用饭。午后到广德楼观剧,晚归。

二十五日(9月2日) 是日晴。

崇文门监督溥伦、绍英[①]。

---

① 《绍英日记》无光绪三十三年七月廿五日日记,八月初一日则记:"崇文门监督博公派世杰襄办堂委差使,托魏梯云婉言辞谢。晚间接博公来函云,务祈帮忙,勿再固辞等语。"(第二册93页)

二十六日(9月3日) 是日晴。

二十七日(9月4日) 是日晴。

张之洞、袁世凯为军机大臣。袁补外部尚书。

二十八日(9月5日) 是日晴。恩绶司务验看。

二十九日(9月6日) 是日晴,微有风。午后步行,访景月汀,闲谈,顺游隆福寺,晚归。

手书致吴筱珊、周山门两函。

三十日(9月7日) 是日晴。买旧砖三千块,备修理客厅。

发致冯子乔信,附吴、周两信。

八月初一日(9月8日) 是日晴。午后出前门访甄梦九并到益和祥买绸子。

初二日(9月9日) 是日晴。

初三日(9月10日) 是日晴,晚大雷雨一过。

初四日(9月11日) 是日晴。午后出城,登第一楼游览。晚赴福隆堂同金筱珊、张心田公请通州同乡便酌,议筹办振粥集捐事。

初五日(9月12日) 是日晴。恩绶司务掣礼部。

初六日(9月13日) 是日晴。

初七日(9月14日) 是日晴,午后阴,晚微雨。

初八日(9月15日) 是日阴,微雨。

初九日(9月16日) 是日晴。午后同海珊出城赴益和祥之约,灯后归。

初十日(9月17日) 是日晴。金绶补典簿缺(试署期满),赴内阁验放。

十一日(9月18日) 是日晴。申刻率子弟拜祖。

十二日(9月19日) 是日晴。凭兰寿(十五改十二),演戏,海弟往贺。

十三日(9月20日) 是日晴。申刻往拜绍越千,求转恳陈玉苍调恩绶邮传部。

十四日(9月21日) 是日晴。同乡万程约申刻鲍春园,海珊赴约。

接月帆信。

十五日(9月22日) 是日早晴,午后阴,微雨,晚晴。

接歙县蔡令贺节禀。

十六日(9月23日) 是日晴。通州同乡在松筠庵会议振捐事,海珊赴约。

十七日(9月24日) 是日晴。午后同海弟出前门,到三庆园听瞽者王玉峰弦子戏,灯候归。

十八日(9月25日) 是日晴,有风。

十九日(9月26日) 是日晴。

二十日(9月27日) 是日阴,晚雨,有雷声。

二十一日(9月28日) 是日晴,一夜大风。晨起,凉甚。未刻赴松筠庵与金小山、张心田公请陆申甫,终局归。

二十二日(9月29日) 是日晴。

二十三日(9月30日) 是日晴。

二十四日(10月1日) 是日早晴,午后阴。出城,到益和祥。赴琉璃厂拜郝执甫,冒雨归。

二十五日(10月2日) 是日晴。辰刻出朝阳门赴南海惠寺行吊陆申甫天池。

二十六日(10月3日) 是日晴。

二十七日(10月4日) 是日晴。巳刻开工,拆修东客厅。

二十八日(10月5日) 是日阴,微雨,晚晴,夜起大风。

二十九日(10月6日) 是日晴,辰起风息。海珊生日。

九月初一日(10月7日) 是日晴。

初二日(10月8日) 是日晴。

初三日(10月9日) 是日晴。午后赴效述堂之约,申刻归。

初四日(10月10日) 是日阴,微雨。申刻出城,拜李嗣香。晚至宗显堂。

初五日(10月11日) 是日晴。申刻赴东照楼绍五爷之约。

初六日(10月12日) 是日阴,微雨。

初七日(10月13日) 是日晴。

初八日(10月14日) 是日晴。辰刻客厅上梁。

初九日(10月15日) 是日阴雨。

初十日(10月16日) 是日晴。忠精一来拜会。

十一日(10月17日) 是日晴。

十二日(10月18日) 是日晴。

接冯子乔、王铸生两信。

十三日(10月19日) 是日阴,午后密雨。

十四日(10月20日) 是日终日微雨。

十五日(10月21日) 是日早阴晚晴。午后拜张振卿(署总宪)、忠精一(署副宪)道喜,王爵生嫁女道喜。出宣武门,回拜何闰夫,顺拜甄梦九,灯后归。

十六日(10月22日) 是日晴,大风。奎绥陆军部奏改以本部主事候补。十二姑奶奶又举一女。换珠毛。

十七日(10月23日) 是日晴。午后赴便宜坊何闰夫之约,申刻归。

买兔花骡一头,价一百四十金。

十八日(10月24日) 是日晴。

十九日(10月25日) 是日晴。

二十日(10月26日) 是日晴。

二十一日(10月27日) 是日早大雾,午晴。晚同海山带荫绶、佛保到市场看电影。

二十二日(10月28日) 是日晴。午后出前门至便宜坊赴张振卿之约,灯后归。

二十三日(10月29日) 是日晴,连日和暖。

二十四日(10 月 30 日) 是日晴。东平台立架。

二十五日(10 月 31 日) 是日晴,晚阴。

接高文轩一信。

二十六日(11 月 1 日) 是日晴。

皇太后还西苑。

二十七日(11 月 2 日) 是日晴,晚有风,觉寒。

二十八日(11 月 3 日) 是日晴。午后出前门到益和祥、魁盛元买物归。

二十九日(11 月 4 日) 是日晴。午后出前门,回拜李毓璠(壬戌同年李艺渊之子)、袁树五、史吉甫。到清秘阁买冷金宣一张。

三十日(11 月 5 日) 是日晴。

十月初一日(11 月 6 日) 是日辰起大雾,午后大风扬沙,天骤寒。晚祭祖先。

初二日(11 月 7 日) 是日晴,风止。写对三副。

初三日(11 月 8 日) 是日晴。

初四日(11 月 9 日) 是日晴。

初五日(11 月 10 日) 是日晴。午后拜陆凤石,求写匾,未遇,晚归。

初六日(11 月 11 日) 是日早阴,午后晴。

初七日(11 月 12 日) 是日晴。

初八日(11 月 13 日) 是日晴。午后赴瑞蚨祥西栈延子澄之约。晚游前门大街。看万寿灯,顺路归。

初九日(11 月 14 日) 是日淡阴。

初十日(11 月 15 日) 是日晴。万寿。

十一日(11 月 16 日) 是日阴,微雪。

十二日(11 月 17 日) 是日晴,大风,寒甚。

十三日(11 月 18 日) 是日晴。

十四日(11 月 19 日) 是日晴。午后同海山赴临记福寿全购洋灯。晚赴万庆楼王旭斋之约,灯后归。

十五日(11月20日) 是日晴。午后赴绍宅叩绍老太太寿,旋归。修理客厅落成。

十六日(11月21日) 是日阴。至亲来祝寿,备影戏,晚内外备席三桌。

十七日(11月22日) 是日大雪连宵达旦,阖家赴余园演戏,祝太太七十寿,夜二点钟归。

十八日(11月23日) 小雪。是日晴。司账亲友来家结算账目,晚备全席。

十九日(11月24日) 是日晴,有风,天甚寒。通州振务同人公聚斌升楼,午后海山往赴约。

二十日(11月25日) 是日晴。午后出门,拜溥仲璐、绍越千、铁宝臣、景月汀,均谢步送乏。出城拜金筱山、毛琴孙贺喜,申刻归。

二十一日(11月26日) 是日晴,有风,寒甚。

二十二日(11月27日) 是日晴。

二十三日(11月28日) 是日晴。恽孟乐约午饭,辞谢。绍越千寿,海山儿辈往祝。

二十四日(11月29日) 是日晴。

二十五日(11月30日) 是日晴。东客厅修理油饰齐。接文轩来信。

二十六日(12月1日) 是日晴。午后出城,到益和祥买物,顺访彭一山,遇惠石樵,略谈即归。

海山下通,粥厂事。

二十七日(12月2日) 是日晴。晚海山由通回。

二十八日(12月3日) 是日晴。

二十九日(12月4日) 是日晴。

冬月初一日(12月5日) 是日晴,午后大风。

接汪赞唐信。

初二日(12月6日) 是日晴。午后步行,同海山至崇文门内看马戏女戏,晚仍步归。

初三日(12月7日) 是日晴。毛琴孙嫁女,海山往贺。

初四日(12月8日) 大雪。是日阴,灯后雪,夜起大风。

初五日(12月9日) 是日晴,大风。因感冒喉痛,服海弟方。

初六日(12月10日) 是日晴。张筱传来拜会,谈矿政局事。王四爷来,谈买房。

初七日(12月11日) 是日晴,有风。

初八日(12月12日) 是日晴。辰赴通州,本族四弟因茔地树木事来面商,留饭,约定海弟到同酌,醉。

初九日(12月13日) 是日晴,午后大风。出城赴广和居陈子久之约,晚归。在席间约定十五日在舍小酌。

初十日(12月14日) 是日晴。午后回拜李子深、朱星胎、路金坡、专△唐虢郑、王爵生、陆凤石、张筱传,顺路归。

十一日(12月15日) 是日晴。

十二日(12月16日) 是日晴。午刻拜金筱珊,贺补缺。赴同兴堂王鹤田之约,终席。到清秘阁买纸归。

十三日(12月17日) 是日晴。

十四日(12月18日) 是日晴。写客厅匾两方。

十五日(12月19日) 是日阴。午后在家请客,张振卿、效述堂、恽孟乐、何闰夫、延子澄、陈子久、王爵生,均到,诗酒书画,畅叙至夜分。

十六日(12月20日) 是日晴,大风扬沙。世辉山来托询义善源挂失票。

十七日(12月21日) 是日晴。巳刻出城,访金筱山(珊)面交捐通州粥厂五十元。午正赴三胜馆张筱传之约,终席散,到镒丰与李晴田略谈即归。海山由晚车赴通,粥厂事。

十八日(12月22日) 是日晴。

十九日(12月23日) 是日晴。手书覆文轩信。发覆文轩信。

二十日(12月24日) 是日晴。早车海山回京。

二十一日(12月25日) 是日早阴午晴。通州榆林庄粥厂开放。

二十二日(12月26日) 是日晴,大风,申刻风止。

接文轩来信。

二十三日(12月27日) 是日晴。

二十四日(12月28日) 是日晴。约朱幼青悦宾楼早饭,饭后文明园观剧。

二十五日(12月29日) 是日晴。午后出城,游陈列所,在第一楼饮茶。

二十六日(12月30日) 是日阴,微雪。手书复荣月帆信。发收荣月帆一函。

二十七日(12月31日) 是日风,天气寒甚。

二十八日(1908年1月1日) 是日晴。金绶新打一车,是日交齐。

二十九日(1月2日) 是日晴。因感冒,痰嗽不适,服海弟方药。

三十日(1月3日) 是日晴。仍服药。

腊月初一日(1月4日) 是日晴。

初二日(1月5日) 是日晴。

初三日(1月6日) 是日大风。寒甚。午后赴福全馆延子澄之约,谈诗把酒,灯候归。同丰金筱山之约,辞谢。

初四日(1月7日) 是日晴。

初五日(1月8日) 是日晴。

初六日(1月9日) 是日晴。又添雇一车夫。

初七日(1月10日) 是日晴。送范希五礼六色。

初八日(1月11日) 是日晴。连日痰嗽,头闷体倦,服朱汉池方。

初九日(1月12日) 是日晴,大风终日。服朱方,夜微汗,体倦解,嗽亦见轻。

初十日(1月13日) 是日晴。送朱汉池礼六色。

十一日(1月14日) 是日晴。平安赴国子监,应学部覆考,中学毕业。

十二日(1月15日) 是日晴。

十三日(1月16日) 是日大雪终日。写对联八对。

十四日(1月17日) 是日晴。平安赴考四场,今日完场。

景月汀奉旨,预备召见。

十五日(1月18日) 是日晴。

十六日(1月19日) 是日晴。

十七日(1月20日) 是日晴。

十八日(1月21日) 是日晴。午后拜景月汀、绍越千,未遇。

景月汀资政院协理。

十九日(1月22日) 是日早阴午晴,天寒甚,晚又微雪。

二十日(1月23日) 是日阴午晴,晚又阴。半日学堂毕业十三人,散给文凭。

二十一日(1月24日) 是日早大雪,午后晴。

二十二日(1月25日) 是日晴。早偕海山带荫绶、平安、佛保出城,福兴居早饭,天乐园听戏,晚归。

二十三日(1月26日) 是日早淡阴,午后又雪。

二十四日(1月27日) 是日晴,早微有风,午后和暖。

二十五日(1月28日) 是日晴。

二十六日(1月29日) 是日阴,午后又雪终日。申刻祭祠堂,家忌。

二十七日(1月30日) 是日晴。午后出城,访甄梦九,未遇。到宾宴楼饮茶,顺游第一楼。申刻归。

周山门寄到《山门新语》书一部。

二十八日(1月31日) 是日早晴,午后阴,晚又有雪意,天气清寒。

二十九日(2月1日) 是日晴。除夕祭祠堂祀神如例。

光绪三十四年

正月初一日(2月2日) 是日晴。

初二日(2月3日) 是日早晴。辰刻祭神,拜祖堂,即出门到东城拜年,归。午饭后到西城,出宣武门拜年。申刻,到本家影堂拜祖,顺路拜年,灯后归。晚阴,又雪。

初三日(2月4日) 是日晴,午后又阴,微雪一阵,旋起风,放晴。

初四日(2月5日) 是日晴。

初五日(2月6日) 是日有风,晴。

初六日(2月7日) 是日晴。午后出城,赴恽孟乐之约,晚归。

初七日(2月8日) 是日晴。午后出城,游琉璃厂,晚归。

初八日(2月9日) 是日晴。午后率子侄家人子妇游东安市场,茶社饮茶。

初九日(2月10日) 是日晴,午后有风。令奎儿到厂肆购得李某生山水书画,四金。

初十日(2月11日) 是日晴。接姑奶奶。午后出城游琉璃厂,购得颜尚先对(四元)、姚元之横(三元),晚归。

十一日(2月12日) 是日晴。

十二日(2月13日) 是日晴。辰起出城,约金小山、毛琴孙便酌致美楼。饭后,游厂庙,归路到第一楼饮茶,晚归。

十三日(2月14日) 是日晴。

十四日(2月15日) 是日晴。午后出城,游厂庙,晚归。

十五日(2月16日) 是日晴,午后微阴,有雪意,旋晴。带子弟游厂甸,晚归。

十六日(2月17日) 是日晴。

十七日(2月18日) 是日晴。午刻赴同兴堂毛琴孙之约。饭后赴湖南馆张振卿、王爵生、陈了久之约戏局,夜子刻归。

十八日(2月19日) 是日晴。

十九日(2月20日) 是日早阴午晴。

二十日(2月21日) 是日晴。辰刻教读师张甫进馆,棠华家塾开学。

二十一日(2月22日) 是日阴,晚子刻雪。

二十二日(2月23日) 是日一夜雪,早晴,午后风。

二十三日(2月24日) 是日淡阴。午后出城,到宾宴楼饮茶,魁盛元买零物归。

二十四日(2月25日) 是日淡阴。

二十五日(2月26日) 是日阴。

二十六日(2月27日) 是日阴,晚有雨意。请景夫人、小姐暨沈太太、舅太太、姑奶奶,终席,灯候散。宁筱圃来京。

二十七日(2月28日) 是日阴,微雨。

二十八日(2月29日) 是日晴,有风。

二十九日(3月1日) 是日晴。午后赴江苏馆,会房门生公请,终局归。

三十日(3月2日) 是日阴,微雪,晚晴。

二月初一日(3月3日) 是日淡阴,天气清寒。

初二日(3月4日) 是日晴。午后同海山游东安市场,买元押铜印一方,古铜砚卮一个,到饭店饮茶,由东安大街归。

初三日(3月5日) 是日晴。午后出城,赴琉璃厂清秘阁看笔,顺访彭一山,复游宾宴楼,申刻归。朱幼卿(青)来家,谈平安姻事,云李宅已言定,特来送信商量过帖日期。

初四日(3月6日) 是日淡阴,有风,清寒。

初五日(3月7日) 是日晴,一夜风。辰起,寒甚。出门访绍越千、景月汀,面约东兴楼便酌,定十二日晚局,顺路回拜瑞鼎臣即归。

初六日(3月8日) 是日半阴晴。

初七日(3月9日) 是日半阴晴,夜有微雪。

初八日(3 月 10 日) 是日晴,有风。

初九日(3 月 11 日) 是日晴。午后同海山出城,宾宴楼饮茶,复到前门大街瓷器铺看瓷器,晚归。

是日闻信,汪赞唐在屯溪于正月十四病故。

初十日(3 月 12 日) 是日晴。

十一日(3 月 13 日) 是日晴。

十二日(3 月 14 日) 是日晴。申刻东兴楼,请景月汀暨绍越千、荣蔚华、世竹铭便酌,终局归。

十三日(3 月 15 日) 是日晴。宝枢定姻,午刻遣车迎大媒刘叔华、朱幼青来家,全席,请酒,申刻过帖,晚约东兴楼至亲来贺。

十四日(3 月 16 日) 是日晴。

十五日(3 月 17 日) 是日晴。

十六日(3 月 18 日) 是日晴。午刻出城,拜孙寿州相国叩喜,顺到湖广馆,甲戌团拜,夜两点钟归。是晚前门外第一楼与考工陈列所同时被灾。

十七日(3 月 19 日) 是日晴。联琴舫请护国寺同丰堂,辞谢。

十八日(3 月 20 日) 是日晴。

十九日(3 月 21 日) 是日晴。早毛琴孙来谈通州胡绍和之弟胡子明因嫁女,拟借二百金(因有德聚号欠款之渊源,故有此举)。据琴孙云,已将欠款之事代为申明,系富成号与德聚号之交易,皆众东家之公事,非彼此两人所能提议,此举恐碍难办理云云,所论极公允,因即恳其照此回复之。午后,同琴孙、德弟、得绶侄出城,到宾宴楼茶话,散后复到福寿全、魁盛元买物,顺路归。郝厚畬由沙岭来家。

二十日(3 月 22 日) 是日晴。曾绶荐厚畬为河南造币厂司事,奎聚五允之,今早令厚畬往谒。午后同德弟游隆福寺,申刻归。

二十一日(3 月 23 日) 是日晴。

二十二日(3 月 24 日) 是日晴。

二十三日(3 月 25 日) 是日晴。巳刻同海山儿辈出城,赴泰丰居恒利义之约。饭后观剧,晚归。

二十四日(3月26日) 是日晴。

二十五日(3月27日) 是日晴。

二十六日(3月28日) 是日晴。午后出城,到益和祥,复到宾宴楼饮茶归。

海山赴通老坟地,栽柳梢。

各省铜元暂停铸一个月。

二十七日(3月29日) 是日晴。午后大风。辰起出门,回拜顾汝言,顺访延子澄,面送诗稿一纸,子澄赠诗二本,顺路归。

曾绶约奎聚五在福全馆晚饭。厚畬暂缓赴河南。

二十八日(3月30日) 是日早晴,午后淡阴。申刻,鸿绶来谈,得绶经李经楚约,到交通银行办文案,特来通知曾绶后即写信寄津。晚,海山由通回京。

二十九日(3月31日) 是日淡阴,晚有风。午后写对联三副。

三月初一日(4月1日) 是日早晴晚阴。

初二日(4月2日) 是日晴。辰起火车下通祭妇,晚归。

初三日(4月3日) 是日晴。午后赴效述堂之约,回拜联琴舫。晚归。

初四日(4月4日) 是日晴。

初五日(4月5日) 清明。是日晴,有风。裕丰炉房请酒,海山、金绶同往。晚家祭。

陈子久放奉天遗缺府。

初六日(4月6日) 是日阴,天气清寒。辰起,往拜延子澄,送行,赠以诗,顺拜陈子久,贺喜。

初七日(4月7日) 是日晴。申刻金小山来谈通州粥厂,拟三月二十日止厂,约海山于十九日一同回通到厂。

上谕派恭亲王、鹿传霖、景星、丁振铎禁烟大臣。

初八日(4月8日) 是日晴。早起,回拜陆春江。饭后,同海山出城，在宾宴楼饮茶，旋游前门大街，在公兴永买天然木寿星一座、双如意一匣。

初九日(4月9日) 是日阴，微雨。午后出城，赴瑞生祥中栈张振卿、陈子久之约。

初十日(4月10日) 是日阴。

十一日(4月11日) 是日阴。午后收什画具，画堂画一张。申刻何闰夫来谈诗茶话，并约同到东兴楼便饭，终局归。

十二日(4月12日) 是日晴。辰起出城，贺王旭斋嫁孙女之喜。

十三日(4月13日) 是日晴。

十四日(4月14日) 是日晴。定十九日在宗显堂请陈子久，送行，令于福走知单。

十五日(4月15日) 是日阴。申刻微雨，旋起风霾。

十六日(4月16日) 是日晴。早起，回拜樊介轩、孙筱舫。午后画屏两幅。

十七日(4月17日) 是日晴，天气和暖。午后赴湖广馆张振卿之约，戏局，晚子刻归。

十八日(4月18日) 是日晴。

十九日(4月19日) 是日晴。午后赴宗显堂，请陈子久话别，并约张振卿、效述堂、何闰夫、恽孟乐、王爵生、王鹤田、李青田畅聚，灯后归。海山下通，二十日粥厂止厂。

二十日(4月20日) 是日早阴午晴，大风扬沙。海山申刻自通回京。

二十一日(4月21日) 是日晴，晚阴有风。

二十二日(4月22日) 是日晴，晚阴。

二十三日(4月23日) 是日早晴，午后大风扬沙，晚阴。辰起往贺铁宝臣娶儿妇。午后赴云山别墅，壬戌团拜。平则门大街汪宅作寿，演戏。

二十四日(4月24日) 是日晴,大风。午后赴北城贺效述堂嫁女。出前门,到孙公园贺孙中堂娶孙媳,顺路归。

先哲祠春祭。

二十五日(4月25日) 是日晴,午后微有风。同海山、郝厚畲到东安市场饮茶。

二十六日(4月26日) 是日晴,午后有风。往吊刘博泉之丧。

二十七日(4月27日) 是日晴。

二十八日(4月28日) 是日晴。

二十九日(4月29日) 是日早晴晚阴,有风。

四月初一日(4月30日) 是日晴。午后出城,到清秘阁刻图章二方,顺治门大街回拜许际唐,顺拜何闰夫畅谈。拜朱芷青,未遇,归,芷青适来拜,坐候,又畅谈许始去。

初二日(5月1日) 是日一夜大风,辰起阴,微雨,旋晴。午后金小山来,粥厂收厂事,并谈程某拟捐助爱国报馆,学堂欲动用粥厂余存款,因议以碍难照办,须另筹款复之。

初三日(5月2日) 是日晴,有风。

初四日(5月3日) 是日晴。午后同海山、勖初出西直门,游万寿寺,晚归。

初五日(5月4日) 是日晴。晚福全馆赴长少谷△△之约。

初六日(5月5日) 是日晴。

初七日(5月6日) 是日晴。

初八日(5月7日) 是日晴。午后拜陈子久,送行,顺拜阔安甫、景月汀。

初九日(5月8日) 是日晴。辰起往西城拜桂月亭、钟秀之,晤谈。顺拜陆凤石,未遇。

绍越千由山西回京。

初十日(5月9日) 是日早阴雨,午晴。未刻同海山出前门裱画,访甄梦九,未遇,旋到福兴居请朱芷青、孙筱舫、钟玉圃、周琴侣,终局归。

十一日(5月10日) 是日晴。午后偕海山出城，访金小山，送回粥厂账簿。先约定王子良、于韵生在小山处聚谈，即约同到悦宾楼便酌，畅谈，终局归。

十二日(5月11日) 是日晴。午后出城，先到兵马前街，请婶母安。回拜恽孟乐，道喜。赴崇效寺阔钟桂王河公祝之约，并赏牡丹。局散后，赴宗显堂钟玉圃之约，终局归。

十三日(5月12日) 是日晴，连日有风。午后赴余园张振老之约，戏局，夜子刻归。

十四日(5月13日) 是日晴。午后往祝张振老寿，未晤，归。曾儿赴，周洛△。

十五日(5月14日) 是日晴。午后往祝溥仲璐六十寿。

十六日(5月15日) 是日晴。辰起往贺朱芷青嫁女。

十七日(5月16日) 是日晴，有风。午后同海山儿辈出西直门，游万生园，晚归。

十八日(5月17日) 是日晴。

十九日(5月18日) 是日晴。

二十日(5月19日) 是日晴。

二十一日(5月20日) 是日晴。

二十二日(5月21日) 是日晴。辰刻请教读老夫子带学生并海山、恩绶出城，悦宾楼早饭，在文明茶园观剧，晚归。

二十三日(5月22日) 是日晴。吏部白片传金绶过堂，拟选安庆府同知。

二十四日(5月23日) 是日晴。申刻西城拜陆凤老、张筱传，回拜于继华。

二十五日(5月24日) 是日晴。午后出城赴宗显堂请会房门生便酌，晚归。

二十六日(5月25日) 是日晴。张振老补授都御史。

二十七日(5月26日)　是日晴。

二十八日(5月27日)　是日晴。因感冒,风温,头闷疲困,服海山拟方。

二十九日(5月28日)　是日晴。仍困倦,魏绍庭约福隆堂晚饭,辞谢。

三十日(5月29日)　是日早晴,午后雷雨一过。钟秀之约未刻便酌,因疾未愈,辞谢。服朱汉池方药。

荣月帆到京,送四菜两点。

五月初一日(5月30日)　是日晴。

初二日(5月31日)　是日晴。

初三日(6月1日)　是日晴,天气燥热。辰起,往贺张振老升总宪,顺拜荣月帆畅谈,归。

初四日(6月2日)　是日晴。亲友来祝寿。天气燥热。

初五日(6月3日)　是日淡阴。金绥赴内阁验放。

初六日(6月4日)　是日淡阴。连日胸闷喉干,声哑,饮食不畅。张振卿约瑞蚨西栈便酌,作七绝两首代柬辞谢。

初七日(6月5日)　是日晴,热甚。

初八日(6月6日)　是日晴,天气干燥。辰起拜谢溥仲璐、绍越千、荣月帆。

初九日(6月7日)　是日晴,旱干,热甚。申刻西城拜定镇平、刘仲鲁,未遇,归。

初十日(6月8日)　是日晴。

十一日(6月9日)　是日晴,午后阴,仍风霾,闷热。

十二日(6月10日)　是日晴,午后仍热风,微阴。

十三日(6月11日)　是日夜有雨。早晴,天气清爽。同海弟、金绥出城,在厚德福便饭。午后观剧。申刻大雷雨一过。晚归。

十四日(6月12日)　是日阴,雨意颇浓,午后晴。

十五日(6月13日)　是日淡阴。

十六日(6月14日) 是日晴。辰起，赴西城，访朱汉墀看病。顺拜钟秀之，未遇，归。申刻，风雷一过，未雨旋晴。

画屏幅一张，赠王爵生。

十七日(6月15日) 是日晴。午后访何梅叟，未遇。归路赴天寿堂，祝俞筱沅七十寿，申刻归。

十八日(6月16日) 是日晴。午后聚丰公祝效述堂寿，灯后归。晚阴，微雨，有雷声。

十九日(6月17日) 是日阴，午后三点钟雷雨，灯后雨止。申刻赴小草厂张振老之约，终席散后，同局何闰夫顺路来访，挑灯茶话，两刻许辞去。

二十日(6月18日) 是日晴。

二十一日(6月19日) 是日晴，天气热甚，晚雨一过。

走知单请九老会诸君。

二十二日(6月20日) 是日晴。

二十三日(6月21日) 是日晴，热甚。延子澄回京，往访，未遇，赠诗一首。

二十四日(6月22日) 是日晴，热甚。

二十五日(6月23日) 是日晴，热甚。绍叔五卓异赴引到京，海弟、儿辈往迎。午后赴先哲祠，请九老会诸君雅集，终局，晚归。

二十六日(6月24日) 是日阴，微有雨。辰起往拜绍叔五，未遇。送叔五烧△鸭蒸食。

二十七日(6月25日) 是日阴，微雨。午后赴陶然亭，同人公饯恽孟洛(乐)太守，晚归。

二十八日(6月26日) 是日晴，天气爽朗。

二十九日(6月27日) 是日阴，微雨。

三十日(6月28日) 是日早阴。午后同郝厚畲、海弟出城，在大观饮茶，旋到金昌堂镶牙，复到魁盛元，因天阴欲雨，即归。

六月初一日(6月29日) 是日半阴晴，恽孟洛(乐)约便宜坊早饭，辞并附送别诗一绝。申刻雷雨一过。

初二日(6月30日)　是日晴。酉刻雷雨雹一过。

初三日(7月1日)　是日晴。申刻出城，访金筱山，晤谈，取来济通振局征信录。

初四日(7月2日)　是日晴。

接闽督松鹤龄复信。

初五日(7月3日)　是日阴，细雨终日。

初六日(7月4日)　是日晴，晚大雷雨一阵。

初七日(7月5日)　是日晴。午后同海弟带奎绶出城，到福寿堂看洋戏法。散后，到金昌堂取镶牙，顺到悦宾楼饭，灯后冒雨归。

初八日(7月6日)　是日阴。午后三点钟到聚宝堂赴阔安甫之约，晚归。

初九日(7月7日)　是日晴。画松堂画一幅。

初十日(7月8日)　是日半阴晴。

十一日(7月9日)　是日晴。

十二日(7月10日)　是日晴。午后出城访金小山，复到清秘阁买纨扇归。晚大雷雨一过。

十三日(7月11日)　是日晴。

十四日(7月12日)　是日热甚。申刻在东兴楼请荣月帆、绍氏昆仲。

十五日(7月13日)　是日半阴晴，夜大雷雨。

十六日(7月14日)　早阴午晴。申刻，在城外惠丰堂请许际堂(唐)、朱汉墀、张荫农，晚归。

十七日(7月15日)　是日阴雨终日，晚晴。

十八日(7月16日)　是日晴。午后赴会贤堂王鹤田、袁际云之约，终局归。

十九日(7月17日)　是日半阴晴。恩绶奉调，派在禁烟公所差委，今日辰刻到所谒堂任差。

二十日(7 月 18 日) 是日阴雨终日。晚赴东兴楼绍四、五爷之约。

二十一日(7 月 19 日) 是日阴雨终日。王旭斋约同丰堂晚局,辞。海山赴约。

二十二日(7 月 20 日) 早阴晚晴。辰刻赴前街拜婶母寿,申刻归。

二十三日(7 月 21 日)

二十四日(7 月 22 日)

二十五日(7 月 23 日)

二十六日(7 月 24 日) 午后同海弟访金小山。到大观楼饮茶。厚德福晚饭,灯后归。

二十七日(7 月 25 日)

二十八日(7 月 26 日) 辰起,请老大子带荫绶、海弟游万牲园。午后赴会贤堂便饭,申刻回。

二十九日(7 月 27 日)

七月初一日(7 月 28 日) 阴雨终日。

初二日(7 月 29 日) 午赴荣月帆约,文明园观剧,晚东兴楼晚饭。

初三日(7 月 30 日) 晴,热甚。

初四日(7 月 31 日) 晴,热甚。

初五日(8 月 1 日)

初六日(8 月 2 日)

初七日(8 月 3 日) 连日晴,酷热。

初八日(8 月 4 日) 晴,热甚。

初九至十二日(8 月 5 日—8 月 8 日) 晴,极热。

十二日(8 月 8 日) 立秋。绍越千夫人五十寿,余园戏局。

十三日(8 月 9 日) 晴,热甚。

十四日(8 月 10 日) 是日阴。午后赴会贤堂张振卿之约。晚微雨。

十五日(8月11日) 晴。

石展地衣三药径,蟹健两螯能敌虎。锦园天柱十花樯,芋肥一本可专车。养成笔力能扛鼎,此辈宜束之高阁。准备花时要索诗,诸君皆依若泰山。

不因人热,聊以自娱。

十六日(8月12日) 晴。午后出城,访金小山、彭一山闲谈,晚归。

十七日(8月13日) 晴。

十八日(8月14日) 午后赴效述堂怡园之约。

十九日(8月15日) 申刻,往祝桂月亭寿。

廿日(8月16日) 夜大雨,早晴,凉爽。

廿一日(8月17日) 阴,微雨,晚晴。

廿二日(8月18日) 半阴晴,天气凉爽。

廿三日(8月19日) 阴雨终日,晚晴。

廿四日(8月20日) 晴。早拜杨、吕,午后拜方坤吾,未遇。

廿五日(8月21日) 阴。

廿六(8月22日) 晴。午后同海山赴宾宴楼饮茶。

廿七日(8月23日) 晴。午后拜方坤吾,赴湖广馆张、王之约,晚归。

廿八日(8月24日) 晴。方坤吾来,看病。

廿九日(8月25日) 晴。

卅日(8月26日)

戊申八月己酉、庚戌回京日记

八月初一(8月27日) 晴。

上谕预备立宪议员选举法。

初二(8月28日) 晴,仍暑热。

初三(8月29日) 辰起雷雨,午后雨止。晚在东兴楼约旧工部同寅诸君便酌。

初四(8月30日) 晴。张星槎请便酌，海山、金绶赴约。午后赴金筱山之约，在真素园小聚，晚归。

初五(8月31日) 阴。午后往振贝子府叩寿，顺拜敬世五，晤谈。复拜景月汀，未遇，归。

初六(9月1日) 阴雨晚晴。金绶署都典簿。

初七(9月2日) 早晴。午后赴文明园，约荣月帆、绍叙五、敬世五观剧，晚悦宾楼便饭。申刻大雨不止。

初八(9月3日) 夜雨不止。午后松筠庵请客，张、定、裕、刘、王、李、樊、绍，晚终局归。

初九(9月4日) 晴。申刻雷雨雹一过。许际唐请赓和居，辞。

初十(9月5日) 晴。

十一(9月6日) 晴。江亭雅集图拍照成，拟印八张，分赠九老会诸君。

十二(9月7日) 夜雨达旦不止，晚晴。

十三(9月8日) 晴。午后出城，到二我照相馆宾宴楼饮茶，申刻归。赠方坤吾烧鸭果点，收二色。

十四(9月9日) 晴。赠朱汉墀十金，璧回。

十五(9月10日) 淡阴。画纨扇一柄，题二绝句，赠樊介轩提学。

十六(9月11日) 晴。

十七(9月12日) 晴。申刻雷雨一过。

十八(9月13日) 晴。午后同海弟、荫绶、奎绶出城，宾宴楼饮茶。晚致美斋用饭，三庆园看洋戏法。

十九(9月14日) 半阴晴。

二十(9月15日) 早晴，午后雷雨，晚晴。晚同海山赴福隆堂李晴田之约。

廿一(9月16日) 晴。

廿二(9月17日) 晴。

廿三(9月18日) 夜雨达旦,午后晴。西城行吊张笃生,顺拜钟秀之、柏峻山。

廿四(9月19日) 晴,大风。午后西城拜钟秀之母寿,戏局,夜子刻归。

廿五(9月20日) 晴。午刻江苏馆汪范卿之约,顺到兵马前街本家请婶母安,晚归。

廿六(9月21日) 晴。午刻太升堂赴壬戌公请,申刻归。

廿七(9月22日) 晴。午后方坤吾来诊奎媳脉,立方。

廿八(9月23日) 晴。

廿九(9月24日) 晴。海山寿辰,亲友来祝,唱影戏一日。

九月初一(9月25日) 晴。

初二(9月26日) 晴,六奶奶四十寿辰。

初三(9月27日) 早阴午晴。

初四(9月28日) 晴。辰起,往拜绍四、五,顺拜林赞虞。午后达赖喇嘛(即活佛)自山西由火车进京前门出安定门,往黄寺。

初五(9月29日) 晴。

初六(9月30日) 晴。午后同海弟出城,镶牙收什,大观楼饮茶,晚归。

初七(10月1日) 晴。

初八(10月2日) 晴。未刻赴东兴楼张振卿之约。

初九(10月3日) 晴。午后同海弟出城,宾宴楼茶话。晚致美斋用饭,广德楼观夜戏,子刻归。郝勖初借补主事,曾绶郎中拟陪。

保荐人才,上谕袁嘉谷候补学部丞参,绍叙五以参议候补。

初十(10月4日) 晴。樊介轩辞行。

十二(10月6日) 晴,晚阴,微雨。午后出城,叩孙静翁寿,顺拜方坤吾、△朱子良。晚约教读师合兴号便饭。

上谕币制定一两重。

十三(10月7日) 晴,有风。林赞虞六十寿,令金绶往叩祝。

十四(10月8日) 晴。午后同海弟出城,访彭一山,旋到大观楼饮茶,到金昌堂取收什镶牙,晚归。

十五(10月9日) 晴。辰起拜樊介轩,送行。拜绍叙五、文星甫,道喜。

十六(10月10日) 晴。题恽孟洛(乐)《宣南话别图》。

十七(10月11日) 晴。

十八(10月12日) 晴。午后赴天宁寺雅集,九老诗酒畅叙。

十九(10月13日) 阴。

二十(10月14日) 晴。

廿一(10月15日) 晴。午后同海山出城,访彭一山,大观楼饮茶,晚在合兴号便饭。

廿二(10月16日) 晴。午后出城,拜孙静翁,送呈回房同门录。晚赴同兴堂金小山之约。

廿三(10月17日) 晴。

廿四(10月18日) 晴。金绶与徐朗秋、黄敏仲、金筱泉换帖。

廿五(10月19日) 晴。午后赴聚丰堂阔安甫之约。

廿六(10月20日) 晴。未刻赴益和祥栈房孟瞻东之约。

廿七(10月21日) 晴。午后西城拜钟秀之送行,答拜王季寅、戈炳琦。

廿八(10月22日) 阴,微雨。王季寅约聚丰堂,辞谢。

景隆补内务府大臣。

廿九(10月23日) 阴,微雨。

三十(10月24日) 阴,微雨,晚晴。

十月初一(10月25日) 晴。晚祭先祠。

初二(10月26日) 早晴,午后阴。申刻赴瑞生祥之约,晚归。大风,骤寒。换灰鼠。

初三(10月27日) 晴。

初四(10月28日) 晴。换车夫。

初五(10月29日)

初六(10月30日)

初七(10月31日) 晴,晚约荣月帆合兴号便饭。

初八(11月1日) 晴。午后出城,回拜魏绍亭、方坤吾、檀斗生、袁树五。

初九(11月2日) 晴。午后同海弟带佛保游万生园,定天和喜轿。

初十(11月3日) 阴,午后微雨。晚同海山赴金源坊王寿卿之约。

皇太后万寿。

十一(11月4日) 早阴午晴。午后带荫绶、佛保游市场。

十二(11月5日) 晴。

十三(11月6日) 晴。

十四(11月7日) 晴。午后赴余园,祝绍老太太寿,观剧。

十五(11月8日) 晴。午后仍赴余园观剧。

十六(11月9日) 晴。午后往西城桂月亭之约。金绶署都典簿,本日具奏。

十七(11月10日) 晴。子刻恩儿媳举一子。

十八(11月11日) 晴,有风。

十九(11月12日) 晴。

二十(11月13日) 晴。内廷信息紧急,圣躬病势沉重。

廿一(11月14日) 晴。是日六点二刻龙驭上宾。

廿二日(11月15日) 阴。巡警传摘门封、去门对。

是日未刻皇太后升遐。

廿三(11月16日) 晴。金儿等做缟素服入内,随堂官行礼。

皇上梓宫乾清宫。

廿四(11月17日) 晴。曾儿入内,随堂官行礼。派恭理处随员。

廿五(11月18日) 晴。连日儿辈著缟素服入内齐集,家人皆素服。

皇太后梓宫在皇极殿。

廿六(11 月 19 日) 晴。辰起,出前门补贺孙静翁令孙合卺之喜。

廿七(11 月 20 日) 晴,有风。儿辈五夜入朝齐集行礼。巳刻达赖率僧徒入朝,几筵前唪经。

廿八(11 月 21 日) 晴,有风。儿辈入内齐集。是日各国使臣进几筵前吊奠。

廿九(11 月 22 日) 晴。午后访何闰夫,赏菊,题《岫云晚胜图》七古一首,灯后归。

卅(11 月 23 日) 晴。

冬月初一(11 月 24 日) 晴。

初二(11 月 25 日) 晴,申刻大风起。

初三(11 月 26 日) 晴,有风。

初四(11 月 27 日) 晴,风止,清寒。令恩儿随十太太往兵马司本家拜祖,忌辰。

初五(11 月 28 日) 晴。

初六(11 月 29 日) 晴。

初七(11 月 30 日) 晴。

初八(12 月 1 日) 晴。

初九(12 月 2 日) 晴。儿辈朝服入内朝贺。是日和风朗日,天气清明。

午刻,皇上登极。

初十(12 月 3 日) 早雾阴,申刻晴。

十一(12 月 4 日) 晴,晚起风。

十二(12 月 5 日) 晴。

十三(12 月 6 日) 晴。

十四(12 月 7 日) 晴。

十五(12 月 8 日) 晴,连日天气和暖,不冰。午后出城,大观楼饮茶。

十六(12 月 9 日) 晴。是日巳刻,儿辈进内押杠。

大行皇帝奉移观德殿。

十七(12 月 10 日) 晴。

十八(12 月 11 日) 晴。月汀午后来访,谈许久,晚送来清蒸奶猪。

十九(12 月 12 日) 晴。是日大祭后释缟素,换青袍褂,缀缨。

大行皇帝大祭。

二十(12 月 13 日) 晴。是日约荣月帆、绍四、五爷在本宅茶话,晚便饭。

廿一(12 月 14 日) 晴,有风。儿辈赴观德殿满月祭。

廿二(12 月 15 日) 晴。儿辈进内齐集。

皇极殿满月大祭。

廿三(12 月 16 日) 阴,天气清寒。

廿四(12 月 17 日) 晴。

廿五(12 月 18 日) 晴。午后赴北城,访效述堂,不遇。顺访景月汀,谈时许。赴张振卿之约。

廿六(12 月 19 日) 晴。

廿七(12 月 20 日) 晴。午后同拜效述堂,晤谈许久。拜何闰夫、张筱帆,未遇。

廿八(12 月 21 日) 晴。

廿九(12 月 22 日) 冬至。

腊月初一(12 月 23 日) 晴。辰起往祝荣月帆寿。午后游隆福寺。

初二(12 月 24 日) 晴。

初三(12 月 25 日) 淡阴。

初四(12 月 26 日) 晴。

初五(12月27日) 晴。午后出城,访彭一山,晚归。

初六(12月28日) 晴。接王铸生来信。

初七(12月29日) 晴。馈月汀菜,糟煎鱼、煎海参,并两点。

初八(12月30日) 晴,有风,寒甚。徐花农来拜会。

初九(12月31日) 晴。午后海山并率同一少奶奶赴前街祖堂祭祀。是日画纨扇二。景月汀来拜会。

初十(1909年1月1日) 晴。得景月汀残菊景楼诗四截句。

十一(1月2日) 晴。赠张振卿画一幅、纨一柄,贺生子。

袁宫保回籍养疴。那相入军机。

十二(1月3日) 晴。午后率子侄孙辈游集云楼。

十三(1月4日) 阴。午后拜王石坞,道喜。出城,回拜徐花农。申刻同海弟赴集云楼荣月帆之约,悦宾楼晚饭。

十四(1月5日) 晴。寄河南李筱坪挽幛一轴。画残菊景楼图赠月汀。

十五(1月6日) 晴。曾儿致奎聚五信,求派王增昱差使。

郝勖初出洋启行。

十六(1月7日) 晴。

十七(1月8日) 雪,午后雪止,晚晴。第一楼致美斋赴敬世五之约。家中请课师。

十八(1月9日) 晴。

十九(1月10日) 晴。儿辈入署封印。

廿(1月11日) 阴,微雪。

廿一(1月12日) 晴,有风,寒甚。午后赴阎安甫宅,公局请王爵生、王石坞。

廿二(1月13日) 晴。

廿三(1月14日) 晴。

廿四(1月15日) 晴。午后同海弟赴土地庙花厂,租来红梅大小十棵、碧桃四棵、大竺二盆。租价△四△。

廿五(1月16日) 阴,清寒,晚雪。

廿六(1月17日) 阴,晚大雪。家忌,祭祠堂。

廿七(1月18日) 大雪,至申刻雪止,晴,晚起风,寒甚。

外部堂官出使大臣均赏宝星。

廿八(1月19日) 晴。奎又买红梅十八棵(三元),租腊梅二棵(二元)。

廿九(1月20日) 晴,天气严寒。

卅(1月21日) 晴。

宣统元年

正月初一日(1月22日) 天气晴明。午后偕海弟赴兵马前街本家祠堂拜祖。

初二(1月23日) 早微阴,有雾,旋晴。辰刻祀神。午后带小孩游市场。

初三(1月24日) 晴。

初四(1月25日) 晴。

初五(1月26日) 晴。午后往游孙静翁,顺游火神庙。十一姑奶奶又生一女。

初六(1月27日) 晴。

初七(1月28日) 晴。午后答拜景月汀。晚赴王爵生之约。

初八(1月29日) 晴。早回拜王石坞,送行。午后复游火神庙。买篆对一付。

初九(1月30日) 晴。午后同海弟游火神庙。

初十(1月34日) 晴。

十一(2月1日) 晴。午后同海弟、荫绶游市场,饮茶。

十二(2月2日) 晴。午后出城,拜孙静翁,顺游火神庙。

十三(2月3日) 晴。

十四(2月4日) 立春。晴。午后出城,游厂,赴西城何闰夫之约。

十五(2月5日) 晴,有风。午后偕海弟带子孙游厂。赴大观楼饮茶。买梁山舟对二付。

十六(2月6日) 晴,有风。

十七(2月7日) 晴。申刻在家请孙静翁并至亲近友坐陪,饮春酒。

十八(2月8日) 晴。

十九(2月9日) 晴。课师到馆,荫绶、佛保上学。

开印。

二十(2月10日) 晴。

二十一(2月11日) 晴。申刻在家请荣月帆、敬世五、绍氏昆仲饮春酒。

二十二(2月12日) 晴。

廿三(2月13日) 晴。午后拜效述堂、景月汀,未遇。晚赴东兴楼徐花农之约。

廿四(2月14日) 晴。

廿五(2月15日) 晴。金绶赴内阁验放补实都典簿。

廿六(2月16日) 晴。午后出城游第一楼(大观楼),致美晚饭,看戏。

廿七(2月17日) 晴。

廿八(2月18日) 晴,午后风。晚赴聚宝堂阔安甫之约。

廿九(2月19日) 晴,有风。校勘延子澄出使诗稿。

二月初一(2月20日) 晴,大风,寒甚。金、曾儿进内随祭百日礼,未刻薙发。

初二(2月21日) 晴,有风。

初三(2月22日) 晴。

初四(2月23日) 晴。

初五(2月24日) 晴,大风终日。走单请九老会诸君初九日晚聚。

初六(2月25日) 晴。

初七(2月26日) 微阴,午晴。辰起拜荣月帆、绍五爷、王四爷。

初八(2月27日) 晴。午后出城,在迎薰楼便饭。晚在文明茶园看电影。

初九(2月28日) 晴。午后请九老会诸君在家晚酌。

初十(3月1日) 晴。申刻赴太升堂,赴延子澄之约。
十一(3月2日) 晴。
十二(3月3日) 晴。午后游市场,饮茶。
十三(3月4日) 晴。晚赴福全馆荣月帆之约。一夜大风。
十四(3月5日) 晴。午前微有风,午后大风扬沙。
十五(3月6日) 晴,微有风。
十六(3月7日) 晴。
十七(3月8日) 晴。午后出城,集云楼饮茶。恩绶赴密云。
十八(3月9日) 晴。
十九(3月10日) 淡阴。
廿(3月11日) 夜小雪,午后晴。
廿一(3月12日) 晴。午后出城,广德楼听孩子戏。
廿二(3月13日) 晴,午后风。
廿三(3月14日) 晴。午往吊谢敬灵。拜张心田。顺到前街。
廿四(3月15日) 阴,午后雪,至晚晴。恩绶自沙岭归。
廿五(3月16日) 晴,有风。申刻万福居赴孙静翁之约。
廿六(3月17日) 晴。
廿七(3月18日) 阴,午后密雪。
廿八(3月19日) 阴,一夜大雪,晚晴。
廿九(3月20日) 晴。辰起拜瑞仲纲、绍越千。
三十(3月21日) 春分。晴,午后淡阴,有风。
二月初一(3月22日) 晴,有风。
初二(3月23日) 晴,寒甚,大风。
初三(3月24日) 晴,仍有风。
初四(3月25日) 晴,风。
初五(3月26日) 晴,风止。午后同海弟出城观剧。
初六(3月27日) 晴。午后往吊那相,拜景月汀。
初七(3月28日) 晴。

初八(3月29日)　晴。

初九(3月30日)　晴。题何闰夫《西湖春泛图》。

初十(3月31日)　阴,有风。画诗屏一幅,祝徐花农六十寿。

十一(4月1日)　晴。

十二(4月2日)　晴。午后西城拜朱子良、陆凤石、何闰夫、张筱帆,看新罗山水人物册、戴文节、张小蓬册。

十三(4月3日)　晴,晚阴。海山下通。

十四(4月4日)　晴。卯刻起,率合族由火车赴通祭扫,晚归。度支部奉派正监理。

十五(4月5日)　清明。早阴午晴,有风。巳刻海山由通归。荣月帆令兄接三,金绶往吊。

十六(4月6日)　晴明。

十七(4月7日)　晴。午后同海山游市场。

十八(4月8日)　晴。巳刻同海山出城,南味斋便饭。午后拜方坤吾,未遇。旋到三庆园听弦子戏。晚赴西栈九老会,公请何闰夫。

十九(4月9日)　晴,午后大风扬沙。换棉袍褂。

廿(4月10日)　晴。辰起赴半日学堂楼上看那宅出殡,午后同海山出城,庆乐园观剧。

廿一(4月11日)　晴。

廿二(4月12日)　晴。午后赴荣月帆,行吊。

廿三(4月13日)　晴。午后淡阴,有风。

廿四(4月14日)　晴。午后同海山、奎儿赴东安市场观剧。

廿五(4月15日)　晴。

廿六(4月16日)　晴。

廿七(4月17日)　早阴午晴,有风。

廿八(4月18日)　晴。午后请教读师在吉祥茶园观剧。

廿九(4月19日)　晴有风。

三月初一(4月20日) 晴有风。

初二(4月21日) 晴。午后游蟠桃室。

初三(4月22日) 晴。午后赴效述堂之约。

初四(4月23日) 晴。

初五(4月24日) 晴。午后赴工艺局,看图画博览会,并看各科工艺。至申刻赴云山别墅何闰夫之约。

初六(4月25日) 淡阴。午后赴阔安甫赏梨花之约。晚微雨。换夹袍褂。

初七(4月26日) 大风一夜。

初八(4月27日) 晴。

初九(4月28日) 淡阴。换凉帽。

初十(4月29日) 晴。

十一(4月30日) 晴。午后出城,往贺徐花农小儿满月,顺拜莫子杰、朱星胎。

十二(5月1日) 晴。午后出城,访金小山,未遇。到清秘阁买笔扇,回到第一楼饮茶归。金绥自差上陵。德宗梓宫奉移山陵。

十三(5月2日) 晴。午后有风。

十四(5月3日) 晴。

十五(5月4日) 晴,晚阴,微雨。

十六(5月5日) 晴。午后海山出城,在庆乐园观剧。

十七(5月6日) 晴。金绥由陵差回京。

十八(5月7日) 晴。申刻祭祠堂。家忌。

十九(5月8日) 晴,大风,午后风止。游市场,收什表。

廿(5月9日) 辰微雨旋晴,有风。未刻游隆福寺。

廿一(5月10日) 晴。午刻赴崇效寺徐花农之约,赏牡丹。归路拜王鹤田,未遇。

廿二(5月11日) 晴。

廿三(5月12日) 晴,晚阴,有风。

廿四(5月13日) 一夜风,辰刻起密雨。先哲祠春祭。

廿五(5月14日) 晴。申刻赴天寿堂李晴田之约。

廿六(5月15日) 晴,申刻雷雨一过。晚赴福全绍叙五之约。

廿七(5月16日) 晴。

廿八(5月17日) 晴。曾儿京察一等,吏部过堂。

廿九(5月18日) 晴。金绶二等,赴吏部过堂。晚阴,有风。

四月初一(5月19日) 晴。

初二(5月20日) 晴,天气热甚。午后西城拜陆凤石、莫子杰、何闰夫,东城拜徐士佳、曾文玉,出前门赴孟静侯之约。京察过堂。

初三(5月21日) 晴。申刻游市场。曾儿京察引见。

初四(5月22日) 早晴,午后阴。巳刻赴永丰堂尹松山之约。

初五(5月23日) 晴。巳刻赴致美楼毛琴孙之约。

初六(5月24日) 晴,大风。

初七(5月25日) 晴。午后拜朱芷青,赴天寿堂闫瑞五、丁少山之约。

初八(5月26日) 半阴晴,微雨一过。

初九(5月27日) 晴。申刻访彭一山,赴金小山之约。晚九老会孙洋寿。

初十(5月28日) 晴。

十一(5月29日) 晴。同海山约定王寿卿作津门之游。是日早六钟,出城,上火车,八钟二刻开行,十一点二刻到津新车栈下车,到贾家口大街泰隆栈住。饭后到北门阜丰里桐林栈访刘聘卿。晚在宝宴楼便饭,饭后游估衣街,归。天气热甚。

十二(5月30日) 晴。辰起移寓北门内街隆茂栈,饭后坐电车赴紫竹林天仙茶园听戏。晚在同和楼晚饭,仍坐电车回寓。晚东南阴有雷电,夜有风。

十三(5月31日) 辰起阴,微雨一过,天气凉爽。申刻,赴河东满春楼吃饭,东天仙园听夜戏。

十四(6月1日) 晴。辰起,游估衣街。到文兴楼用饭。午后,坐电车到日本界马头看轮船游洋行,同到鸿宾楼郝励愚之约。晚东天仙听戏。

十五(6月2日) 晴。午后刘聘卿备马车二辆往游公园考工所,回游李文忠祠、三太爷庙。晚赴德义楼晚饭,回寓。

十六(6月3日) 晴。午刻约刘聘卿、郭茂林同福楼便饭。午后协盛园听戏。晚茂林约天源楼便饭。

十七(6月4日) 晴。午后到日本界洋行买玩物、花盆、地席。晚赴文兴楼苑春舫之约。饭后大观楼听夜戏。

十八(6月5日) 阴。辰刻急雨一过。午刻刘聘卿约聚升成便饭。未刻赴老龙头车站,三点二刻上火车开行,六点三刻到前门。回京。

十九(6月6日) 阴。恒利义请永丰堂,海山带儿辈赴约。

廿(6月7日) 半阴晴,申刻起风。

廿一(6月8日) 晴。午刻赴太升堂壬戌值年公请之局,饭后拜朱芷青。

海山赴沙岭。

廿二(6月9日) 晴。

廿三(6月10日) 晴,午后雷雨一过。

廿四(6月11日) 晴。辰刻出城,在悦宾楼约朱芷青、俞筱沅便酌。饭后庆乐园观剧。

廿五(6月12日) 半阴晴。

廿六(6月13日) 阴,巳刻雷雨,申刻晴。

廿七(6月14日) 晴。辰刻开工,收什前院砖地。申刻阴,雷雨一过,旋晴。

廿八(6月15日) 晴。

廿九(6月16日) 晴,午后微有风。

卅(6月17日) 海山自沙岭归。

五月初一(6月18日) 晴。午后同海山在丹桂茶园听戏。申刻风雷,无雨。

初二(6月19日) 晴阴半,晚雷雨一过。

初三(6月20日) 晴。

初四(6月21日) 晴。亲友来祝寿,应酬终日。

初五(6月22日) 晴。申刻大雷雨,风暴一过。

初六(6月23日) 晴。申刻雷雨一过。

初七(6月24日) 晴。收什重砌马台石。

初八(6月25日) 晴,热甚。

初九(6月26日) 晴。

初十(6月27日) 阴。

杨莲帅出缺,端方调直督,张人骏调两江,袁树勋署两广,孙传琦山东抚,那相署直督。

十一(6月28日) 晴。申刻赴聚丰堂延子澄之约。

十二(6月29日) 阴。

十三(6月30日) 晴。

十四(7月1日) 阴,微有雨。

十五(7月2日) 阴,微雨。

十六(7月3日) 阴。申刻微雨,晚密雨一过。

十七(7月4日) 阴雨终日。

十八(7月5日) 阴。

十九(7月6日) 晴。午后同海弟带子孙在丹桂观剧。

廿(7月7日) 晴。约月帆在丹桂观剧,晚便宜坊便饭。

廿一(7月8日) 晴。

廿二(7月9日)

廿三(7月10日)

廿四(7月11日) 晴。申刻大雷雨一过。

廿五(7月12日) 淡阴。午后拜长少谷、景月汀、凤禹门,赴会贤堂凤禹门之约。

廿六(7月13日) 晴。

廿七(7月14日) 晴,热甚。

廿八(7月15日) 晴。

廿九(7月16日) 阴,有微雨,午刻大雷雨终日。

六月初一(7月17日) 晴。申刻同海弟游市场,到郝宅晚饭。

初二(7月18日) 阴,午后雨,申刻晴,晚又雨。申刻赴会贤堂九老会补祝之约。

初三(7月19日) 晴。王石坞来拜会。

初四(7月20日) 晴。辰起脚腕痛,步履难行。

初五(7月21日) 晴。服海山方药并洗药。

初六(7月22日) 晴。足内外踝痛甚且肿,请朱汉池诊治,服汤剂并敷面药。

初七(7月23日) 晴。九老公请王石坞、绍仁亭,因足疾不克到。早阴,有雨。

初八(7月24日) 晴,午微雨一过。连日天气热甚。

初九(7月25日) 晴。足痛已渐愈,惟肿未消,仍请汉池诊治。端午帅到京。

初十(7月26日) 淡阴晴,有风。

十一(7月27日) 夜雨早阴,仍小雨,天气凉爽。

十二(7月28日) 晴。

十三(7月29日) 半阴晴。足疾痛止,肿渐消。

十四(7月30日) 淡阴。辰刻骤雨一过。

十五(7月31日) 辰刻大雷雨。

十六(8月1日) 晴。午刻大雷雨一过,晚晴。足疾肿已消,惟脚根无力,不能健步。

十七(8月2日) 晴。

十八(8月3日) 晴。

十九(8月4日) 晴。公请端午帅,辞谢。

二十(8月5日) 晴。

廿一(8月6日) 晴。题徐花农崇效寺看花图。

廿二(8月7日) 淡阴。

廿三(8月8日) 淡阴。足疾渐愈。

廿四(8月9日) 阴。辰起微雨,晚大雨。

廿五(8月10日) 晴。画何闰夫折扇,遣人送去。

廿六(8月11日) 晴。画孟觐侯折扇,送交张振卿。

廿七(8月12日) 晴。

廿八(8月13日) 晴。

绍鼎补民政参议。

廿九(8月14日) 晴。

七月初一(8月16日) 辰刻大雷雨旋晴。午后游市场。

初二(8月17日) 淡阴晴。

初三(8月18日) 晴。晚约宁岱卿便宜坊便饭。

初四(8月19日) 晴。脚根又肿痛。

初五(8月20日) 淡阴。请韩达卿。晚大雨。

初六(8月21日) 雨一夜不止。

初七(8月22日) 微雨终日。

初八(8月23日) 微雨终日。服韩达药三剂。足疾痛止,肿仍未消。

初九(8月24日) 晴,晚微雨一过。

初十(8月25日) 晴。

十一(8月26日) 晴。足肿消,仍不吃力。

十二(8月27日) 晴。

十三(8月28日) 晴。

十四(8月29日) 阴,午微雨。带女孩到后门南看法船,饭后丹桂茶园观剧。

十五(8月30日) 晴。

十六(8月31日) 晴。

十七(9月1日) 晴。

十八(9月2日) 阴,午晴。

十九(9月3日) 晴。

廿(9月4日) 晴。孙静翁故。

廿一(9月5日) 晴。午后同海弟、宁筱圃、平安丹桂观剧。

廿二(9月6日) 阴,早微雨。

廿三(9月7日) 晴,大风终日,天气甚凉。

廿四(9月8日) 晴。

廿五(9月9日) 晴,有风。崇文门博公迪苏寿耆。

廿六(9月10日) 晴。

廿七(9月11日) 晴,晚微雨。近日足疾愈,仍不能健步。

廿八(9月12日) 晴。

廿九(9月13日) 阴,午晴。

八月初一(9月14日) 阴。申刻赴聚丰堂王石坞之约。

初二(9月15日) 晴。未刻赴会贤堂九老会。

初三(9月16日) 晴。

初四(9月17日) 晴。孙静翁开吊,海山代往致祭,送挽联一付。

初五(9月18日) 阴,午后晴。申刻赴仓场署桂月亭之约。

初六(9月19日) 晴。辰起回拜王石坞,送行。午后石坞送留别廿四金。是日率五孙照相。

初七(9月20日) 早晴,午后阴。

初八(9月21日) 晴,晚阴,微雨。午后偕海山丹桂园观剧。

初九(9月22日) 夜有风,晴,天气凉。

初十(9月23日) 晴。画成丰拓园图,送求何闰夫题。

十一(9月24日) 晴。

十二(9月25日) 晴。作挽白竹君挽联二付,送爱国报馆。

十三(9月26日) 晴。午后带奎儿游市场,在球场饮茶。

十四(9月27日) 阴。

十五(9月28日) 晴。午后率子弟侄孙游市场。

十六(9月29日) 晴。晚勖初约丹桂听夜戏。

十七(9月30日) 晴。申刻赴聚丰堂吕镜宇之约。

十八(10月1日)

十九(10月2日) 晴。晚阴,雷雨一过,即寝,夜大风。换暖帽。

廿(10月3日) 晴。

廿一(10月4日) 晴。张(文襄)中堂出缺。

廿二(10月5日) 晴。午后同海弟赴丹桂听戏。

廿三(10月6日) 晴。辰起出门,拜延、绍、瑞、景、张。

戴少怀入军机。

廿四(10月7日) 晴。午后同海弟赴丹桂听戏。

廷杰调法部尚书。

廿五(10月8日) 阴。申刻赴云山别墅何闰夫之约。夜雷雨一过。

廿六(10月9日) 晴。午后赴丹桂听戏。

溥良察哈尔都统。

廿七(10月10日) 晴。辰起西城拜金小山,贺李仲年娶儿媳,顺拜何闰夫,归。午后,偕海山率荫绶、平安观剧。

葛宝华礼部尚书。同乡公祭张文襄。

廿八(10月11日) 晴。阖家在丹桂观剧。

廿九(10月12日) 晴,有风。偕海弟观剧。

三十(10月13日) 晴。

九月初一(10月14日) 晴。

初二(10月15日) 晴。

初三(10月16日) 晴。午后同海弟游市场。

初四(10月17日) 阴雨终日。

初五(10月18日) 阴,微雨。

初六(10月19日) 晴。画何闰夫托作棠芝图册页。

初七(10月20日) 晴。画堂画一幅,朱哲臣。

初八(10月21日) 晴。

初九(10月22日) 晴。午刻同海弟出城,大观楼早饭后游劝业场。

初十(10月23日) 晴。

十一(10月24日) 晴。

十二(10月25日) 阴,微雨终日。晚赴万福居敬世五之约。

十三(10月26日) 阴,微雨终日。

十四(10月27日) 晴。

十五(10月28日) 晴。

十六(10月29日) 晴。午后西城往吊联琴舫妻丧。到太升堂公请桂月亭,补祝。

十七(10月30日) 晴。午后同海弟丹桂观剧。

十八(10月31日) 晴。午后仍丹桂观剧。

十九(11月1日) 晴。辰起往吊张文襄。拜端午帅。

廿(11月2日) 阴,午后微雨。是日早霞满天。

陆凤老协办大学士。

廿一(11月3日) 晴。大风一日,天骤寒。

廿二(11月4日) 晴。午后赴西城致贺陆凤老,顺拜何闰夫。晚赴会贤堂效述堂之约。

廿三(11月5日) 晴。出城拜李泽钧迎宾旅馆。同海弟游土地庙,顺游陈列所,由顺治门洞看花盆凉墩归。

廿四(11月6日) 晴。

廿五(11月7日) 晴。辰起进东华,赴沙滩,看白差内纸糊椅库銮舆仪仗。午后带平安到丹桂听戏。

袁嘉谷放浙江提学使。

廿六(11月8日) 阴,早大雾。午后游市场,买菊花。是日袁嘉谷来拜会。

廿七(11月9日) 阴,有风。儿辈出东直门恭送赴东陵,曾儿押杠。

孝钦显皇后奉移山陵。

廿八(11月10日) 晴。午后出城,拜韩宝忠、袁树五、万荚生,顺到前街。

廿九(11月11日) 晴。午后赴王爵生宅,公祝阏安甫寿,赏菊。

卅(11月12日) 晴。

十月初一(11月13日) 晴。午后带佛保(十岁生日)丹桂园听戏。

初二(11月14日) 晴。曾儿回京。

初三(11月15日) 晴。连日和暖,不见冰凌。

初四(11月16日) 晴。

孝钦显皇后永远奉安。

初五(11月17日) 晴。义门之妻病故。

初六(11月18日) 晴。

初七(11月19日) 晴。

皇太后回京。

初八(11月20日) 晴。

初九(11月21日) 晴。

神牌回京,升祔太庙。

初十(11月22日) 阴。晚起风。

十一(11月23日) 晴。大风,天骤寒。

直督端褫职,陈小石调直督,瑞心如湖广,宝香士苏抚,丁衡甫晋甫。

十二(11月24日) 晴,仍大风。午后赴宗显堂,请客,祥字号各金店铺掌。

十三(11月25日) 晴。

十四(11月26日) 晴。巳刻同海弟赴悦宾楼,约甄梦九、金小山、李青田、李伯笙便酌。午后,文明茶园听戏。

十五(11月27日) 月蚀。午后赴绍宅,祝老太太八十寿。顺拜景月汀、张振卿并送丰拓园图求题。

十六(11月28日) 晴。申刻起大风扬沙。

十七(11月29日) 晴,大风终日。亲友来祝寿。

孙中堂出缺,予谥文正。陆凤老掌院学士。

十八(11月30日) 晴,风止。

十九(12月1日) 晴,有风。午后西城拜陆凤老。出宣武门,拜聂献廷。赴万福居张星槎之约。

二十(12月2日) 晴。

廿一(12月3日) 晴。

廿二(12月4日) 晴。大风终日。

廿三(12月5日) 晴。

廿四(12月6日) 晴。辰起西城贺沈雨人世兄成婚之喜。午刻请大媒许树衡、朱幼卿来,饭后过通书。申刻赴西城,补祝王爵生寿公局。

廿五(12月7日) 阴,微雪。巳刻赴天福堂孟觐侯之约。晚赴太升堂金筱山之约。

廿六(12月8日) 阴,大风。晚晴,风止。天福堂请木房门生与袁树五饯行。

廿七(12月9日) 晴。午后拜端午帅,未遇。贺溥筱峰补阁学。聚宝堂赴阔安甫之约。

廿八(12月10日) 晴。

廿九(12月11日) 晴。

卅(12月12日) 晴。晚起大风。连日天气甚寒。

冬月初一(12月13日) 晴。迎妆。

初二(12月14日) 晴。宝枢完婚,迎娶。

初三(12月15日) 晴,有风。新亲来认亲。

加上皇太后徽号册宝。

初四(12月16日) 晴。

初五(12月17日) 晴。午后东城谢客。

初六(12月18日) 晴。

初七(12月19日) 晴。午后西城谢客。出城奠孙文正公送库。

初八(12月20日) 晴。巳刻起风。申刻福全馆请九老。

初九(12月21日) 晴。午后游市场,买花瓶一对、挂画屏一对。

初十(12月22日) 晴,大风终日。

十一(12月23日) 晴。辰起吕镜宇来信约聚丰堂便酌。

十二(12月24日) 晴,大风终日,寒甚。晚延子澄来拜。

十三(12月25日) 晴。

十四(12月26日) 晴。

十五(12月27日) 晴。午后东西城拜客,出顺治门,到前街。

十六(12月28日) 晴。早同宁小圃便饭宴春居,晚聚丰公请吕镜宇。

十七(12月29日) 晴。

十八(12月30日) 晴。

十九(12月31日) 晴,大风。

廿日(1910年1月1日) 晴,午后仍大风。

廿一(1月2日) 晴。午后同海山、勖初游球场。

廿二(1月3日) 晴。申刻赴西城何闰夫之约,顺贺陆凤老大拜。

陆凤老体仁阁大学士。

廿三(1月4日) 晴。书朱桂卿寿诗屏。

廿四(1月5日) 晴。

廿五(1月6日) 晴。

廿六(1月7日) 晴。

廿七(1月8日) 晴。丰拓园图送托徐花农题。

廿八(1月9日) 阴。

廿九(1月10日) 阴。

腊月初一(1月11日) 阴,微雪。午后往祝荣月帆寿。

初二(1月12日) 阴,密雪。申刻同海山赴袁宝三之约。

初三(1月13日) 阴,大雪终日。

初四(1月14日) 晴。

初五(1月15日) 晴,有风,严寒。申刻赴福全馆绍叙五、越千之约。

初六(1月16日) 晴。

初七(1月17日) 晴。午后丹桂观剧。

初八(1月18日) 晴。午后丹桂观剧。巳刻拜端午帅。

初九(1月19日)

初十(1月20日) 晴。题端午帅评碑图。午后贺林赞虞喜,拜铁宝臣、景月汀。

十一(1月21日) 晴。

十二(1月22日) 晴。午后出城,劝业场饮茶游宾宴。

十三(1月23日) 晴。申刻福全馆赴张振卿之约。

十四(1月24日) 晴。午后同海弟出城,在宾宴楼便饭。晚天乐园听戏。

十五(1月25日) 晴。

十六(1月26日) 晴。午后西城红庙贺桂月亭娶儿媳。

十七(1月27日) 晴。午后同海弟游市场。

十八(1月28日) 晴。

十九(1月29日) 晴,大风扬沙。儿辈进署封印。

二十(1月30日) 晴。赠朱汉池锡壶、煤油灯炉、水壶、葡萄酒二瓶、罐头四△。

凌福彭调直藩,王乃征补府尹。

廿一(1月31日) 晴。

廿二(2月1日) 晴。

廿三(2月2日) 晴。午后偕海弟、平安游土地庙,买花。

廿四(2月3日) 晴,微有风。

廿五(2月4日) 晴。金绶送刘仲鲁花八盆。

廿六(2月5日) 晴。申刻家祭。

廿七(2月6日) 晴。景月汀病故。

廿八(2月7日) 晴。午后带平安出城,游茶楼。

廿九(2月8日) 晴。

卅(2月9日) 晴,有风。

宣统二年

正月初一日(2月10日)　晴。

初二(2月11日)　晴。午后赴前街祠堂拜祖。

初三(2月12日)　晴,微有风。

初四(2月13日)　晴。午后偕海弟带子孙游香厂、琉璃厂。

初五(2月14日)　晴。午后带佛保游市场。

初六(2月15日)　晴。午后往吊景月汀。

初七(2月16日)　晴。申刻赴张振卿之约。

初八(2月17日)　晴。午后偕海弟带子孙游琉璃厂。

初九(2月18日)　晴。接姑奶奶。

初十(2月19日)　晴。

十一(2月20日)　晴。午后到景宅行吊,送圣。

十二(2月21日)　晴。同海弟到一品香便饭,游厂。

十三(2月22日)　晴。同海弟逛厂,买得王惕甫字条、《十八家诗钞》。

十四(2月23日)　晴。申刻赴桂月亭之约。

十五(2月24日)　晴。午后出前门,游琉璃厂。

十六(2月25日)　晴。

十七(2月26日)　晴。午后收影,赴景宅致祭。

十八(2月27日)　晴。

十九(2月28日)　晴。儿辈卯刻进署开印。

徐世昌协办大学士。吴郁生军机大臣。

二十(3月1日)　晴。辰刻赴景宅陪点主迎赐祭天使。

廿一(3月2日)　晴。辰刻送景宅出殡,顺拜徐菊人,道喜。

廿二(3月3日)　晴。申刻出城,到西栈公局请端午帅。

廿三(3月4日)　晴。

廿四(3月5日) 晴。

廿五(3月6日) 晴。带宝枢出城,致美斋便饭、观剧。

廿六(3月7日) 晴,微有风。晚吉祥茶园观剧。

廿七(3月8日) 晴。午后西城拜陆中堂,赴王寿生之约。

廿八(3月9日) 晴。

廿九(3月10日) 晴,有风。

二月初一(3月11日) 晴。

初二(3月12日) 晴。辰起往拜王聘三大京兆,未遇。

初三(3月13日) 晴。王聘三来拜会,谈半日学堂事。

文庙大祀。

初四(3月14日) 淡阴,午晴。

初五(3月15日)

初六(3月16日)

初七(3月17日) 晴。海山赴通。

初八(3月18日) 晴。

铁宝臣开缺,荫昌补陆军部尚书。

初九(3月19日)

初十(3月20日) 晴。海山回京。

十一(3月21日) 晴。辰起赴效述堂吃肉之约。

十二(3月22日)

十三(3月23日)

十四(3月24日) 晴。晚同海弟、勖初吃锅帖铺,游市场。

十五(3月25日) 晴。

十六(3月26日) 晴。

十七(3月27日) 晴。午后往贺刘幼樵放四川提学。吊奠张筱传。顺拜谭斗生。到前街,归路到朱宅。

十八(3月28日) 阴,微雪。

十九(3月29日) 阴,晚晴。

廿(3月30日) 晴。请朱桂卿来看病。晚赴福和楼公祝何闰夫。

廿一(3月31日) 晴。

葛振卿遗折。

礼部尚书荣庆调补学部尚书,唐景崇补授吏部左。吴郁生补授,吴仍留军机吏左,于式枚调补。

廿二(4月1日) 晴。

廿三(4月2日) 晴。辰刻率金、曾儿赴江苏馆甲戌春团。饭后拜朱桂卿,谢步,归。晚吉祥园观剧。

廿四(4月3日) 晴。海弟带恩儿、宝枢并女眷下通上坟祭扫。是日因喉痛未往。

廿五(4月4日) 晴。

廿六(4月5日) 晴。午后吉祥园看钟声演《孽海花》新戏。晚遇荣月帆在便宜坊便饭,晚仍观剧。

廿七(4月6日) 阴,有风。瑞蚨祥约晚局,辞谢。晚家祭。

廿八(4月7日) 阴。

廿九(4月8日) 阴,微雨,午后晴。巳刻出城回拜李鳌纯。赴云山别墅何闰夫之约。申刻游劝业场,归。

卅(4月9日) 晴。

三月初一(4月10日) 晴。

初二(4月11日) 晴,天气和暖。申刻太升堂壬戌公请王聘三。

初三(4月12日) 晴,有风。

初四(4月13日) 晴,有风,晚阴。

初五(4月14日) 午后赴自来水厂游览,回到恒利义,在余源坊便饭。

初六(4月15日) 晴。

初七(4月16日) 晴。午后出城,中和园观剧。

初八(4月17日) 晴,大风扬沙。午后西城贺联琴舫续娶。东城贺阔安甫喜。

初九(4月18日) 晴。午后赴丹桂观剧。晚在球房饮茶便饭。

初十(4月19日) 晴。

十一(4月20日) 晴。

十二(4月21日) 阴。午后往前街贺义门续娶花烛之喜。夜雨。

十三(4月22日) 阴。申刻赴惠丰堂张式侨之约。

十四(4月23日) 晴。

十五(4月24日) 晴。申刻宗显堂请客,李、朱、徐、延、谭、方、何、王、金。

十六(4月25日) 晴。午后游市场,球房饮茶。

十七(4月26日) 晴。晚在丹桂观剧。

十八(4月27日) 晴。微有风。

十九(4月28日) 晴。

廿(4月29日) 晴。

廿一(4月30日) 晴。申刻忽大风扬沙。

廿二(5月1日) 晴。

廿三(5月2日) 晴。画石六幅,仿板桥一笔石。

廿四(5月3日) 晴。

廿五(5月4日) 晴。午同海弟出城,裱画,鸿兴楼早饭,中和园听戏。

廿六(5月5日) 晴。

廿七(5月6日) 晴。檀斗生来访,赠诗稿二本。

廿八(5月7日) 晴。斗生送来祝陆凤老韵诗。

廿九(5月8日) 晴。午后游隆福,买花。

四月初一日(5月9日) 晴。午后赴清秘阁看寿屏纸,询办屏价。晚赴西栈,公请延子澄寿局。

初二(5月10日) 晴,连日天气骤暖。

初三(5月11日) 阴,微雨。

初四(5月12日) 晴,有风,天又骤凉。

初五(5月13日) 晴。清秘阁定做六尺屏一画。李蠡莼来访,商公祝陆凤老,愿入公分。

初六(5月14日) 晴。

初七(5月15日)

初八(5月16日) 晴。早出城,拜朱芷青,未遇,拜俞筱沅,书寿屏。

初九(5月17日) 晴。早芷青来,即约在东兴楼便饭,午后写寿屏一条。

初十(5月18日) 晴。

十一(5月19日) 晴。早赴老便宜坊俞筱沅之约,午后文明观剧。

十二(5月20日) 晴。

十三(5月21日) 晴。连日写寿诗屏八幅。

十四(5月22日) 晴。早起往祝张振老寿。出城赴永丰堂恒利之约。饭后,文明园观剧。晚赴同丰堂李锡田昆仲之约。

十五(5月23日) 晴。写寿屏,祝溥仲璐寿。

十六(5月24日) 晴。辰刻往贺朱子良嫁女。接王铸生信并水礼,送来人纪有堂,号咏南,癸卯举人,来就拣。

上谕重定币制,暂以银为本位,每圆重库平七五二分。

十七(5月25日) 晴。寿屏写齐。

十八(5月26日) 晴。寿屏送裱。

十九(5月27日) 晴,热甚,午后有风沙。

廿(5月28日) 阴,微雨一过,午晴。

廿一(5月29日) 星。阴,夜雨一过。

廿二(5月30日) 阴,微雨终日。

廿三(5月31日) 晴,大风。午后往贺端仲刚、文瑞图喜事,因小恙避风不果行。

廿四(6月1日) 晴。

廿五(6月2日) 晴。辰偕海弟出城,访甄梦九。午在劝业场玉楼春便饭。

廿六(6月3日) 阴,微雨,午晴。游市场。晚雷雨至夜。

廿七(6月4日) 晴,大风。因寿屏裱坏,又补写一条,送清秘赶裱。

廿八(6月5日) 星,晴有风。北城拜效述堂文瑞图,西城拜陆中堂。

廿九(6月6日) 晴。申刻同海弟赴鸿兴楼,约甄梦九便酌。

五月初一(6月7日) 晴。

初二(6月8日) 晴。派人同长班送陆凤老寿屏席酒,同年公分。

初三(6月9日) 晴。

初四(6月10日) 晴。早起,赴西城祝凤老七十寿。晚阴,微雨,夜雨。

初五(6月11日) 晴。

初六(6月12日) 淡阴。申刻赴同兴堂金筱山之约。晚大雨一阵。

初七(6月13日) 晴。早起东城谢客。

初八(6月14日) 晴。午后申刻同海弟赴福隆李青田之约。

初九(6月15日) 半阴晴,有雨。曾儿四十岁,至亲友来贺。

初十(6月16日) 阴。申刻微雨。曾儿点派郎中,拟陪。

十一(6月17日) 阴,有雨,天气颇凉。

十二(6月18日) 晴。发致朱芷青信并诗稿。

十三(6月19日) 晴。午后同海弟游万生园,归路游新丰市场。

十四(6月20日) 晴。辰刻出城,祝朱哲臣寿,回拜吴颖芝。

十五(6月21日) 晴。申刻源丰堂公祝张振老。饭后约安甫、闰夫游球房。

十六(6月22日) 晴。辰刻约甄梦九福寿堂便酌,顺游市场。

十七(6月23日) 晴。午桂月亭来补祝。晚大雷雨一过。

十八(6月24日) 阴,微雨,午止。

十九(6月25日) 晴,午后大风。

廿(6月26日) 晴。辰起西城拜长少谷,贺喜,顺拜桂月亭道谢。曾儿保劝业道,商部今日具奏。

廿一(6月27日) 晴。画纨折屏各一。

廿二(6月28日) 晴。申刻赴西栈孟觐侯之约。

廿三(6月29日) 晴。

廿四(6月30日) 晴。巳刻赴太升堂延子澄之约。晚阴,有雷声。

廿五(7月1日) 晴,晚阴,有风雷,未雨。

廿六(7月2日) 晴。

廿七(7月3日) 晴。

廿八(7月4日) 晴,晚阴,微雨。

廿九(7月5日) 阴,辰刻大雨一阵。曾儿引见,郎中拟陪。

卅(7月6日) 晴。

六月初一(7月7日) 晴,天气炎热。

初二(7月8日) 晴。午后阴有雷声。赴西栈九老之约。旋晴,晚又阴,归路急雨一过。

初三(7月9日) 晴。门生周廷干带见小门生,定于初五六日来见。

初四(7月10日) 晴,午后阴有雨。

初五(7月11日) 晴。

初六(7月12日) 晴。午前见小门生。申刻赴同丰堂金小山、李锡田之约。

初七(7月13日) 阴。午后带平孙丹桂观剧。

初八(7月14日) 晴。

初九(7月15日) 晴。辰刻北城拜效述堂,未遇。接芷青诗函。

初十(7月16日) 晴。午后出城,赴西栈张振老之约,酉刻归。晚大雷雨。

十一(7月17日) 晴,晚阴。

十二(7月18日) 晴,晚大雷雨。

十三(7月19日) 晴,晚阴。

十四(7月20日) 晴。

十五(7月21日) 晴,晚阴,大雨。发复高智生信。

十六(7月22日) 晴,晚阴,大雷电。

十七(7月23日) 晴。

十八(7月24日) 阴。

十九(7月25日) 晴。午后太常仙蝶来,家人妇孺聚观,蝶不避人,翩翩旋绕,许久始去。

廿(7月26日) 晴。早仙蝶又来,因为绘图并咏一截句。

廿一(7月27日) 晴,连日酷热。

廿二(7月28日) 一夜大雨,辰刻雨止旋晴。巳刻往叩婶母寿。午后拜章式之、檀斗生,赴西栈张振老之约。晚又雷雨。

廿三(7月29日) 晴。午后雷雨一过,晚又雷雨。

廿四(7月30日) 晴。

廿五(7月31日) 阴,午后大雨一阵。

廿六(8月1日) 晴。恒利义送盆莲两盆。

廿七(8月2日) 晴。午后访效述堂,未遇。赴会贤堂黄仲鲁之约。

廿八(8月3日) 晴。

廿九(8月4日) 晴。

七月初一(8月5日) 晴。

初二(8月6日) 晴,晚大雨。

初三(8月7日) 阴。率子弟游万生园,在燕春鸿记早饭,饭后游园,日暮归。

初四(8月8日) 立秋。阴。

初五(8月9日) 晴。

初六(8月10日) 阴,午前微雨,晚晴。画成纨扇条幅、字对一联,赠李锡田。

初七(8月11日) 阴,微有雨。是日腹泻。

初八(8月12日) 晴。腹泻止,酣睡一日。

初九(8月13日) 晴。

初十(8月14日) 晴。

十一(8月15日) 晴。

十二(8月16日) 阴,微有雨。

十三(8月17日) 晴。午后同海弟游市场,花园饮茶。

十四(8月18日) 阴,午后晴。同海弟出城,游楼饮茶,便饭。

十五(8月19日) 阴。曾儿放湖南劝业道。

十六(8月20日) 夜大雨,后微雨连绵终日。

十七(8月21日) 阴,小雨。曾儿进○○内谢○○恩,○○召见。归,祭祖先。

十八(8月22日) 晴。至亲来贺喜。

十九(8月23日) 晴,晚阴。午后西城吊瑞际堂,顺回拜陆中堂、贺△△△△沈雨人,祝杜月亭寿、朱老太太寿,到前街本家,率曾儿拜祖享酢,晚归。

二十(8月24日) 早晴,晚阴雨,一夜大雨。宁筱圃回密。

廿一(8月25日) 晴。

廿二(8月26日) 晴,晚阴。

廿三(8月27日) 晴。

廿四(8月28日) 晴。

廿五(8月29日) 晴。

廿六(8月30日) 阴。

廿七(8月31日) 晴。

廿八(9月1日) 晴,午后陡阴。出城,拜杨汇峰,旋到太升堂公请长少谷,晚归。

廿九(9月2日) 晴,午后雷雨一过,旋晴。申刻游市场。接芷青信并仙蝶词。

卅(9月3日) 晴。

八月初一(9月4日) 晴。高俟生来电。

初二(9月5日) 晴。

初三(9月6日) 晴。

初四(9月7日) 晴。铁良授江宁将军。

初五(9月8日) 晴,午后淡阴,有风。

初六(9月9日) 阴,微雨终日。

初七(9月10日) 晴。

初八(9月11日) 阴。午后拜锡清帅、刘幼云、延子澄,顺贺吕镜老嫁女。赴太升堂请客,杨汇峰、朱子良、绍叙五、荣月帆、金小山、李锡田。

初九(9月12日) 阴,午晴。同海弟出城,到益和祥,顺拜彭一山,游茶楼归。

初十(9月13日) 晴。曾儿赴礼部谢○恩,入○内画凭,明日吏部领凭。

十一(9月14日) 晴。

十二(9月15日) 晴。

十三(9月16日) 晴。辰起东城拜客,林、绍、铁、阔、景、张。

十四(9月17日) 早阴晚晴。午后游市场。

十五(9月18日) 阴,微雨。晚晴见月,夜甚凉。

十六(9月19日) 阴。

十七(9月20日) 晴。午后带荫绶、宝龢在丹桂观剧。发致芷青信。

十八(9月21日) 阴雨终日。

十九(9月22日) 阴,午雨,申晴。

二十(9月23日) 阴。海弟赴通晚归。曾儿赴津。

廿一(9月24日) 阴。午后西城拜桂月亭、何闰夫。出城贺谦祥益开张。

廿二(9月25日) 晴。午后同海弟到织云公所看戏。谦祥益开张。

廿三(9月26日) 晴。午后游市场。

廿四(9月27日) 晴。

廿五(9月28日) 晴。

廿六(9月29日) 晴。曾儿回京。

廿七(9月30日) 晴。辰刻同海弟带平安出城,福安楼便饭,文明观剧。

廿八(10月1日) 晴。海弟带儿辈赴锡厌堂恒利义之约。

廿九(10月2日)

九月初一(10月3日) 晴。午后西北城拜客,陆中堂、徐中堂、凤将军、敬世五、王寿生、忠精一、刘仲鲁。

资政院开院。

初二(10月4日) 晴。和何梅叟诗二首,由邮递。

初三(10月5日) 晴。

初四(10月6日) 阴,午后微雨。曾儿下通,赴先茔拜祖,拜林梅桢、闵少窗。

初五(10月7日) 晴,午阴,微雨旋晴,有风。

初六(10月8日) 晴。曾儿赴西陵禀辞溥堂。吴大姑奶奶赴南京。

初七(10月9日) 晴。

初八(10月10日) 晴。午后同海弟、琴孙、寿卿市场茶话。

初九(10月11日) 晴。义门幼生饯曾绶,在东兴楼家宴。

初十(10月12日) 晴。至亲来,与曾儿送行。晚赴福全荣月帆之约。

十一(10月13日) 晴。曾儿带吴彬、金瑞先启行,由火车赴汉口,附轮到南京调查劝业会并谒右堂杨杏城。是日卯刻儿辈送至车站。

十二(10月14日) 晴。恩儿带人包裹箱支。

十三(10月15日) 晴。束齐行李箱支,共三十五件,定于十四日交福兴楼,命周福由天津、上海赴汉口,在迎宾江馆会齐。共运费银六十元。午后赴西栈补祝吕靖宇、效述堂。

十四(10月16日) 阴,微雨。行李箱支派周福押送启行。

十五(10月17日) 晴。午后赴西栈补祝阔安甫、桂月亭公局。收奎聚五信。

十六(10月18日) 早雾阴,午后晴。

十七(10月19日) 阴,晚有雨意。画何梅叟春园图。

十八(10月20日) 阴,申刻晴。修理南照房隔断墙。

十九(10月21日) 晴。同海弟带佛保出城,致美斋便饭,文明听戏。

廿(10月22日) 阴。申刻太升堂请九老、海弟下通。高老舅太太接三。

廿一(10月23日) 晴,有风。巳刻赴宗显堂张星槎之约。

廿二(10月24日) 晴。卯刻曾儿媳起程,经畲送往汉口。

廿三(10月25日) 晴。海弟赴通,高老舅太太封灵,廿四发引。接曾儿江宁信。

廿四(10月26日) 晴。

廿五(10月27日) 晴。午后偕海弟游市场。晚接曾儿电信,眷、装均抵汉。

廿六(10月28日) 晴。午后同海弟赴土地庙花厂买菊。晚到聚宝王鹤田之约。

廿七(10月29日) 晴。辰起出城,福安楼约甄梦九便饭。申刻拜钟秀之。晚赴桂月亭之约。

廿八(10月30日) 阴。申刻宗显堂请林梅桢、闵少窗。

廿九(10月31日) 阴。接曾儿江南来信。

卅(11月1日) 晴。午后回拜文子和,西城贺沈雨人侍郎候补。赴爵生之约。

十月初一(11月2日) 晴有风,天微寒。晚郝经畬同勖初到京。

初二(11月3日) 晴。约经畬、勖初在家便饭。

初三(11月4日) 晴。接曾儿电信,初二日抵湘。

上谕宣统五年开国会。

初四(11月5日) 晴。

初五(11月6日) 晴。早赴西城,拜桂月亭,求幼青事。福兴居赴李伯升之约,游茶楼归。

初六(11月7日) 晴。午后同海弟游劝业场,饮茶。晚在宗显堂请客。补祝金小山六十寿。

初七(11月8日) 淡阴,有风,夜微雨。

初八(11月9日) 阴,有风。海山下通,到北祖茔,酌定义门之妻下葬,当日归。

初九(11月10日) 晴。午后出城,贺罗幼耕、林梅桢嫁娶。是日接长沙信一封,五号,电信一件。曾儿定初十日接印。

初十(11月11日) 晴,午后起风。回拜张兰圃,赴会贤堂、效述堂之约。

十一(11月12日) 晴。辰刻西城吊曹竹铭。申刻聚丰堂赴王石坞之约。

十二(11 月 13 日) 晴。申刻赴朱桂卿之约。

十三(11 月 14 日) 晴。巳刻赴聚丰堂阔安甫之约。

十四(11 月 15 日) 晴,大风,寒甚。晚同海弟在丹桂听戏。

十五(11 月 16 日) 晴,大风。午后祝绍四、五爷母寿,顺贺长光甫嫁女。车号改修马槽,改院门。接长沙来信,六号。

十六(11 月 17 日) 晴,仍有风。申刻赴小草厂张振老之约。

十七(11 月 18 日) 晴,风止。亲友来祝寿。

十八(11 月 19 日) 晴。申刻游劝业场,买李世倬画一幅。晚赴同丰金小山之约。

十九(11 月 20 日) 晴。

二十(11 月 21 日) 晴。

廿一(11 月 22 日) 夜微雪,辰刻雪止,阴云终日。巳刻赴资政院特别旁听,未正开议,酉正归。

廿二(11 月 23 日) 晴。

廿三(11 月 24 日) 晴。午后往祝绍越千五十寿[①],吊景东甫老太太之伴宿。

廿四(11 月 25 日) 晴。往贺吕镜宇娶儿媳。回拜溥仲璐,道谢。

廿五(11 月 26 日) 晴。

廿六(11 月 27 日) 阴,清寒。砖窑送砖六千块。

廿七(11 月 28 日) 大雪一夜,辰起雪止,积雪五寸余。午后偕海弟赴万生园赏雪,一游晚归。

廿八(11 月 29 日) 大雪。午刻接曾儿信一件,七号。申刻赴

---

① 《绍英日记》宣统二年十月廿三日未列明祝寿之人,但记载:"余五旬初度,亲友多来庆祝,在家接待一日。五十无闻,良可慨也。守身安命,夙夜兢兢,庶可收之桑榆,尚其勉旃。"(第二册,第 166 页)

聚丰延子澄之约。

廿九(11月30日) 阴。题阔安甫尺五园图。

三十(12月1日) 晴,大风一夜,天甚寒。接长沙韫琦信。

十一月初一(12月2日) 晴,风止。画梅花中堂赠林梅桢。

初二(12月3日) 晴。画中堂一幅。

初三(12月4日) 晴,有风。

初四(12月5日) 晴,风止。申刻赴聚丰堂吕镜宇之约。砖送△。

初五(12月6日) 晴。合何梅叟诗七律二首。

初六(12月7日) 晴。午后偕海弟游市场。

初七(12月8日) 晴,一夜大风,寒甚。

初八(12月9日) 晴。巳刻赴商务总会袁宝三之约。接长沙信,八号。

初九(12月10日) 晴,有风。

初十(12月11日) 晴。申刻赴安徽馆李蠡纯之约。

十一(12月12日) 晴。画园、折扇各一柄,送郝子高,祝七十寿。

十二(12月13日) 晴。

十三(12月14日) 淡阴。申刻赴泰丰楼李蠡纯之约。

十四(12月15日) 晴,有风。申刻赴聚丰堂公请钟秀之、王爵生,补祝。

十五(12月16日) 晴。海弟下通,当日回,偕与坟丁吴双绂。

十六(12月17日) 晴。

十七(12月18日) 淡阴。申刻赴西城王爵生之约。

十八(12月19日) 晴。

十九(12月20日) 晴。午后出城回拜张俊卿、潘经士,赴太升堂公请潘经士、文子和。接长沙信,九号。

二十(12月21日) 晴。接长沙韫琦信。

廿一(12月22日) 晴。送溥仲璐长沙禀函并礼物。

廿二(12月23日) 晴。送熙隽甫长沙禀函、礼物。失去黑骡一匹。

廿三(12月24日) 晴。未刻赴同丰金、张、曾、罗、田之约，在宝记同照一相。

廿四(12月25日) 晴。通州胡绍和来，问海山、富成义成永欠款事。

廿五(12月26日) 早晴，午后阴。

廿六(12月27日) 晴。

廿七(12月28日) 晴。午后同海弟往看勖初病。接长沙信第十号，附禀函五十二封。

廿八(12月29日) 晴。补写《金刚经》。顺天府来人问失骡，云已获贼。

廿九(12月30日) 晴。辰拜大学堂监督刘幼云，拜庆丰生，道喜。

卅(12月31日) 阴，微雪，晚晴。

腊月初一(1911年1月1日) 晴。午后祝荣月帆寿，惟拜岳柱臣(泰宁总兵)，贺喜。赴张振老之约，消寒。接长沙信第十一号，随海信二包。

初二(1月2日) 晴。奎儿因部裁司被裁乌布。

初三(1月3日) 晴。午后同海弟带端保在丹桂观剧。黑骡找回。

初四(1月4日) 晴，大风。

初五(1月5日) 晴，风止。补写《金刚经》，写齐。

初六(1月6日) 晴，晚阴。接长沙第十二号信。随信一包，折差寄来。

初七(1月7日) 大雪一夜。是日晚喉痛甚，一夜未解衣寝。

初八(1月8日) 晴。桂月亭嫁女，令金儿往贺。喉肿痛，请虞子云来诊脉，立方。太太旧病复作。

初九（1月9日） 阴。喉痛稍轻，仍服前方。王爵生来信并诗稿十分。

初十（1月10日） 阴，晚又有风。仍服前方。

十一（1月11日） 大风一夜，早晴。仍按前方加减服。

十二（1月12日） 晴。

十三（1月13日） 晴。

十四（1月14日） 晴。发长沙信并食物四罐。请韩达卿、金小山约万福居晚局，海山赴约。

十五（1月15日） 晴。

十六（1月16日） 夜微雪，轻阴终日。接长沙第十三号信。

十七（1月17日） 阴。申刻请九老在澄静阜庐作消寒第二集。

十八（1月18日） 晴。

十九（1月19日） 晴。

廿（1月20日） 晴。辰刻封印。

廿一（1月21日） 晴。是夜呕泄数次，晨请虞子云诊治，似痢。

廿二（1月22日） 晴。仍服虞方。连日喉舌口鼻干痛并腹痛。

廿三（1月23日） 早微云。仍请子云诊治，病见轻。

廿四（1月24日） 晴。仍服云方。

廿五（1月25日） 晴。病见轻减。

廿六（1月26日） 晴。家忌。

廿七（1月27日） 晴。仍请子云来诊。

绍昌补法尚书，王垿补右侍郎。

廿八（1月28日） 晴。

廿九（1月29日） 大雪终日。

宣统三年

辛亥正月初一(1月30日) 大雪终日,厚尺余。

初二(1月31日) 晴。午后风起。恩儿媳举一女。

初三(2月1日) 晴,有风。

初四(2月2日) 晴,风止。何梅叟约作消寒第四集,因病初愈,作诗辞谢。

初五(2月3日) 晴。

初六(2月4日) 晴。

初七(2月5日) 晴。

初八(2月6日) 阴,雾凇满树。午晴,晚又阴,有雪意。

初九(2月7日) 阴。

初十(2月8日) 阴。徐花农约源丰堂便聚,辞未赴。

十一(2月9日) 阴。延铁君约作消寒五集,因病初愈,投诗辞谢。

十二(2月10日) 晴。张星槎约万福居,海山赴约。接长沙十八号信。

十三(2月11日) 晴。接姑奶奶吃春酒。

十四(2月12日) 淡阴,清寒。

十五(2月13日) 阴,雾凇满树。

十六(2月14日) 阴,晚晴,起风。

国恤,释服。

十七(2月15日) 晴。午后祠堂收影像,撤供。

十八(2月16日) 晴。陆中堂请假修墓。

十九(2月17日) 晴。卯刻开印。

廿(2月18日) 晴。效述堂作消寒第六局,病初愈,仍不能到,投诗辞谢。接长沙十九号信。

陆中堂请假回籍省墓。

廿一(2月19日) 阴。

廿二(2月20日) 晴。

廿三(2月21日) 淡阴。宁小圃来京。

廿四(2月22日) 晴。午后改画老太爷、老太太大像,三品顶戴补服。

廿五(2月23日) 晴,接朱芷青信。湖南劝业科员李润之来拜。

廿六(2月24日) 晴。

廿七(2月25日) 晴。申刻阔安甫招饮,聚丰堂作消寒七集。桂月亭署绥远将军。

廿八(2月26日) 阴,早雾。

廿九(2月27日) 晴。早出门拜绍氏昆仲、阔安甫,贺瑞工如署仓场。申刻往吊荣月帆夫人丧。

卅(2月28日) 晴,有风。绍宅喜事请知客,因病初愈,未赴约,海弟前往。

二月初一(3月1日) 晴,微有风。绍宅喜事,海弟、金、奎往贺。

初二(3月2日) 晴。接长沙第二十号信并魏、赵两信。

初三(3月3日) 早阴,午后晴。

初四(3月4日) 阴。

初五(3月5日) 晴。午后赁马车西北城拜效、王、沈、钟、桂、何、金。出城到益和祥,换便衣到金昌堂镶牙。

初六(3月6日) 晴。申刻赴王爵生之约。请桂月亭。

初七(3月7日) 淡阴,有风。申刻西安楼公饯桂月亭并请王爵生。

初八(3月8日) 晴,大风一夜,终日不止。申刻赴聚丰堂钟秀之约,作消寒八集。

初九(3月9日)　晴。午后同海弟出城,在金昌堂镶牙,劝业场饮茶。接长沙廿一号信。

初十(3月10日)　阴。辰起拜绍四五爷,补贺喜并托奎绶事。午雪。松筠庵壬戌团拜,金奎去。荣月帆太太伴宿,海山往吊。

十一(3月11日)　阴,终日微雪。送效述堂菜点四色、诗一首,晚述堂来拜。

十二(3月12日)　阴,夜雪。辰起雪止,晚晴。

十三(3月13日)　阴,午后晴,晚又阴。致何、阔两函,索消寒诗。

十四(3月14日)　晴,微有风。午后同海弟游市场,饮茶。收阔安甫诗稿。

十五(3月15日)　早阴午晴。接长沙廿二号信。

十六(3月16日)　一夜大雪,午后雪止,仍阴。约毛琴孙、幼生、仲三在球房便饭。

十七(3月17日)　晴。辰起往拜绍越千,谈奎儿事。效述堂送菜点。

十八(3月18日)　阴。

十九(3月19日)　阴。早赴瑞林臣,行吊。午后同海弟、荫侄丹桂观剧。

二十(3月20日)　阴。

二十一(3月21日)　大雪一夜,午后雪止,仍阴。

廿二(3月22日)　晴,大风。

廿三(3月23日)　晴。申刻赴西栈九老,公祝何梅叟。

廿四(3月24日)　晴。宝枢考毕业,学部具奏奖给举人,以中书科中书尽先补用旨依议。

廿五(3月25日)

廿六(3月26日)　晴有风。

廿七(3月27日)　晴。辰起率儿孙祭告祠堂。

廿八(3月28日) 淡阴午晴。修房瓦木开工立圈厂。

廿九(3月29日) 辰起急雨,午后大雪终日。

三月初一(3月30日) 晴。令奎儿夫妇赴前街祖祠随祭。

初二(3月31日) 阴。

初三(4月1日) 晴。移厨房。

初四(4月2日) 半阴晴。接长沙廿四号信并伦贝子、溥仲璐两禀。

初五(4月3日) 晴。

初六(4月4日) 阴。

初七(4月5日) 晴。午后带奎儿大舞台听戏。

初八(4月6日) 淡阴。

初九(4月7日) 阴,微有雨。十太太寿,至亲来祝,看影戏。

初十(4月8日) 阴雨终日。

十一(4月19日) 晴。

十二(4月10日) 晴。海弟率子侄下通祭先茔。高老五来京。

十三(4月11日) 阴。海弟回京。晚晴。

十四(4月12日) 阴,午后微雨。拆修祠堂后厢房即时开工。

十五(4月13日) 阴,早微雨。

十六(4月14日) 晴。接长沙廿五号信。杜月亭回京。宝枢中书到科。

十七(4月15日) 早雾,午晴,晚起风。

十八(4月16日) 淡阴,午微雨,旋晴,又雨,忽晴忽雨终日。晚祭祠堂。

陆中堂回京。

十九(4月17日) 晴。晚大风急雨。

二十(4月18日) 晴。早起回拜延子澄、吕镜宇、景五爷。

廿一(4月19日) 晴,大风终日。

廿二(4月20日) 晴,大风。

赵尔巽东三省，赵尔丰川督。

廿三（4月21日） 晴，风止。

廿四（4月22日） 晴。午后西城拜孙玉亭、何闰夫、桂月亭、陆凤老。

廿五（4月23日） 晴，天热甚。晚约高老五、勖初、小圃球房便饭。

廿六（4月24日） 阴。午后往贺溥仲璐，回拜荣月帆、赵次帅。

廿七（4月25日） 早阴午晴，大风扬沙。接长沙第□□号信。

廿八（4月26日） 晴。

廿九（4月27日） 晴，微有风。

卅（4月28日） 晴。

回京日记（辛亥夏秋避居沙岭，壬子春三月回京，癸丑）

挽端午桥：

谢太傅再起东山揽辔志澄清谋国始终心不死

武乡侯尽瘁西蜀骄箕神壮烈归元想像面如生

挽沈子敦：

犴狴渐风清作士独操明允法

龙蛇丁岁厄典刑谁继老成人

四月初一（4月29日） 晴。巳刻赴江苏馆甲戌团拜，请赵将军、李世兄。申刻赴何梅叟之约。△△花园。

初二（4月30日） 晴。

初三（5月1日） 晴。午后带恩儿赴市场观剧，高腔。

初四（5月2日） 阴。微雨终日。午后赴织云公馆张振老、吕镜宇、王爵生之约，戏局。

初五（5月3日） 晴。午后带奎儿赴市场观剧，高腔。

初六(5月4日) 早阴午晴。

初七(5月5日) 晴。午后市场观剧。

初八(5月6日) 晴。

初九(5月7日) 晴。午后西城拜钟秀之、许子纯。到前街更衣，再回拜仇子彬。晚赴许子纯之约。

初十(5月8日) 晴，晚阴。

上谕颁布新内阁弼德院。

十一(5月9日) 晴。接长沙第廿七号信。

十二(5月10日) 阴，微雨。

十三(5月11日) 晴。午后拜张振老寿，又拜景东甫寿，观剧，夜归。

十四(5月12日) 晴。

十五(5月13日) 阴。午后往祝溥仲璐寿，回拜效述堂。

十六(5月14日) 晴。午后赴织云公所公祝张振老，戏局，晚归。

十七(5月15日) 晴。

十八(5月16日) 晴。申刻回拜冯公度、杨若，未赴许紫莼之约。

十九(5月17日) 晚晴，微雨一过。海弟、金儿约月帆福兴局定戏。

廿(5月18日) 晴。午后回拜王薇卿，赴效述堂之约。

端方赏侍郎，候补派铁路大臣。顺承郡王禁烟大臣。

廿一(5月19日) 晴。接长沙第二十八号信。

廿二(5月20日) 晴。

廿三(5月21日) 晴。△△△△△△△。申刻同海弟赴谦祥益东栈之约。

廿四(5月22日) 晴。申刻赴福全延了澄之约。

廿五(5月23日) 晴。午后往贺徐花农，顺访许子纯，到妙杏处谈诗画，画扇三柄。晚福兴居约月帆定戏。

廿六(5月24日)　阴，午晴。拜绍仁亭、阔安甫，贺奎乐峰、端午樵。

廿七(5月25日)　晴。接长沙第二十九号信。

廿八(5月26日)　晴。金筱山约东兴楼与王薇卿谈终日。

廿九(5月27日)　晴。接长沙第三十号信，吴彬带来。

五月初一(5月28日)　晴。亲友陆续送寿礼。

初二(5月29日)　晴，晚阴，大雨一过。足痛，不良于行，晚稍轻减。

初三(5月30日)　淡阴，午后晴。至亲来预祝。申刻请至亲友便饭四桌。

初四(5月31日)　晴。余园演戏楼待亲友。喜连成祁。

初五(6月1日)　晴。

初六(6月2日)　阴，午初大雷雨一阵，晚又雨一过。

初七(6月3日)　晴。申刻有雷声，晚晴，见月。

初八(6月4日)　晴。申刻同海弟赴敬世五之约。

初九(6月5日)　晴。午后西城吊钟秀之丧偶，顺谢刘仲鲁、桂月亭、何闰夫。

初十(6月6日)　晴。

十一(6月7日)　晴。写寄湖南信一封。

赵从藩赏四品卿衔，充安徽财政监理官。广西劝业道胡湘林。

十二(6月8日)　晴。写楼匾条幅对联。

十三(6月9日)　午后东北西城谢客。申刻归。接长沙卅一号信。

十四(6月10日)　晴，申刻雷雨一阵。

十五(6月11日)　晴，午后阴。

十六(6月12日)　晴。出宣武门，拜客，便宜坊早饭。前街拜祖，拜客，回。

十七(6月13日) 晴。画松鹤图并题五古一首,祝吕镜宇七十寿。

十八(6月14日) 阴,午后晴。送端午樵现席一桌。

十九(6月15日) 半阴晴。

廿(6月16日) 阴。

廿一(6月17日) 晴。天气热甚。

廿二(6月18日) 晴。在先哲祠请客两桌,日暮归。

山西巡抚陈宝琛补授。

廿三(6月19日) 晴。

廿四(6月20日) 巳刻小雨一过,申刻晴。申刻赴张振卿、王季樵之约,面辞晚赴锡庆堂恒利义之约。

廿五(6月21日) 晴,晚雷雨一阵。接长沙卅二号信。

廿六(6月22日) 晴。

廿七(6月23日) 阴,午晴。接长沙卅三号信。晚赴福兴居李青田之约。

上谕吏部、中书科、宪政馆、上谕事件处、批本处裁撤。

廿八(6月24日) 阴,辰刻微雨。

廿九(6月25日) 晴。辰刻拜端午桥,不遇。西城拜陆凤老,叩谢。

六月初一(6月26日) 晴。洒扫佛楼、祖祠。

初二(6月27日) 晴。辰起请佛入龛,奉祖先神主入祠。午后致祭。

初三(6月28日) 晴。

初四(6月29日) 晴。

初五(6月30日) 早晴旋阴,远闻雷声。午后往祝吕镜宇寿,观剧,夜归。

初六(7月1日) 早晴旋阴,午后雷雨一过。太太腹疾,请朱汉池诊。

初七(7月2日)　早晴旋阴,急雨一阵,午后晴。接长沙卅四号信。仍请朱汉池。

初八(7月3日)　晴。

初九(7月4日)　晴。敬远楼挂匾工程全齐。消寒唱和诗印成。

初十(7月5日)　阴,微雨。

十一(7月6日)　阴,微雨,午晴,晚又雨,有雷声。

十二(7月7日)　夜雷雨,辰刻晴。

十三(7月8日)　半阴晴,午后雨雷一过。

十四(7月9日)　晴。熙隽甫寿,送礼六色,金绥往祝。

十五(7月10日)　晴。接长沙信卅五号。

陆中堂、陈宝琛授。皇帝讳。陆钟琦山西抚,王大贞山西劝业道。

十六(7月11日)　晴,晚阴。送那宅贺礼八色。

十七(7月12日)　阴,微雨。申刻往贺那相娶儿媳,回拜端仲刚。

十八(7月13日)　阴晴无定,终日小雨数过。

十九(7月14日)　晴。午后同海弟隆福寺买花,顺到恒利义小座。

廿(7月15日)　阴,晚晴。恒利义送莲花两盆。

廿一(7月16日)　阴。接长沙卅六号信并寿联文一纸。

廿二(7月17日)　晴,热甚。辰刻出城,拜王季樵,托题意拓园图。赴前街拜婶母寿。午后约许紫莼赴姜妙香处谈画、谈诗,晚归。

廿三(7月18日)　阴,午后大雨一过。

廿四(7月19日)　早晴,申刻雨一阵,灯后又大雨。金奎儿到前街致祭,忌辰。

廿五(7月20日)　晴阴无定,晚又雨,有雷声。

礼部改典礼院。

廿六(7月21日) 晴。午后写对两付四条。申刻同海弟游市场。

廿七(7月22日) 阴晴无定。

廿八(7月23日) 夜雨至午不止。

廿九(7月24日) 早阴,午后晴。

卅(7月25日) 晴。张车夫与剃头匠斗欧(殴),剃头匠聚众来寻欧(殴),并伤姜贵片道区。

闰六月初一(7月26日) 晴。

初二(7月27日) 晴。接长沙卅七号信。

王芝祥升广西藩。

初三(7月28日) 阴,微雨,午后晴。申刻赴源兴堂延子澄之约。

初四(7月29日) 阴。祠堂种竹两丛,前院种一丛。

初五(7月30日) 晴。午后同海弟带荫绶、端保游万生园。

初六(7月31日) 晴,午阴,有雷声,未雨,旋晴。

初七(8月1日) 阴雨旋止,午后又雨,申刻晴。写致朱芷青、袁树五信两封。

初八(8月2日) 晴。午后赴陶然亭张星槎、金小山之约。

初九(8月3日) 晴。接长沙卅八号信。

初十(8月4日) 晴。

十一(8月5日) 早雨一过旋晴。

十二(8月6日) 晴。毛琴孙约同兴堂,海山赴约。

十三(8月7日) 晴,晚雷雨一过。

十四(8月8日) 晴。

湖南抚,余成格调补。陕西抚,杨文鼎调补。

十五(8月9日) 晴。立秋。是日热甚。

十六(8月10日) 阴,微雨。

十七(8月11日) 早阴,午见阳光。申刻偕海弟赴会贤堂赵雁农、李瀛裔之约。

十八(8月12日) 阴。

十九(8月13日) 晴。

廿日(8月14日) 晴。接长沙卅九号信。午后同海弟隆福寺买花,买竹椅、茶几。

廿一(8月15日) 晴,申刻雷雨一过。

桂春民部瑞丰仓场。

廿二(8月16日) 淡阴,晚微雨一过。何闰夫来补祝,约在球房便饭,观剧。

廿三(8月17日) 阴有雨。约虞子云在球房便饭,听高腔戏。

廿四(8月18日) 阴。午后同海弟带平孙听弋腔。

廿五(8月19日) 阴。

各府裁首县。

廿六(8月20日) 晴。午后北城、西城拜瑞玉如、桂月亭,道贺,拜陆中堂、何闰夫。出城,到清秘阁。

廿七(8月21日) 晴。午后访许子纯。申刻赴李蠡莼之约。

廿八(8月22日) 阴。申刻大雨两阵。

廿九(8月23日) 密雨一夜,辰起未止,午后晴。

七月初一(8月24日) 辰起大雾旋晴,灯后暴雨一阵。

《政治官报》改《内阁官报》。

初二(8月25日) 晴。接长沙第四十号信。午后同海弟、金儿观剧。

初三(8月26日) 晴。午后沐浴,游市场。

初四(8月27日) 晴。巳刻同海弟赴天寿堂李伯笙、仇子彬之约,同赴市场听戏。

初五(8月28日) 晴。

初六(8月29日) 阴,晚密雨,有声。

初七(8月30日) 夜雨达旦不止。

初八(8月31日) 晴。接长沙第四十一号信。午后带奎儿听弋腔戏。

初九(9月1日) 晴。

初十(9月2日) 晴,晚阴。《内阁官报》通行,宝枢改小京官,分民政部。

十一(9月3日) 阴,小雨。在先哲祠请通州同乡便饭。

十二(9月4日) 晴。巳刻往贺瑞裕如喜事。

十三(9月5日) 晴。巳刻东城访绍叙五。

十四(9月6日) 晴。午后同海弟出城,三庆园观剧。

十五(9月7日) 晴。

十六(9月8日) 晴。带恩儿市场观剧。仙蝶又来飞集花丛许久始去,蝶比去年稍小。

十七(9月9日) 晴。宝枢到民部。

学堂停止奖励异官,皇上典学。

十八(9月10日) 晴。午后拜贺陆申甫。西城赴王爵生之约。

十九(9月11日) 阴,微雨。午后西城祝桂月亭寿。

廿(9月12日) 阴。午后同海弟市场观剧,并请姑奶奶。

廿一(9月13日) 阴。接长沙第四十二号信。午后大雨一阵,至晚微雨。

宝枢知承政厅机要科。

廿二(9月14日) 阴,微雨,申刻大雷雨一过,旋放晴。写寄长沙信。

廿三(9月15日) 晴。那相寿,照上年曾儿送礼,奎儿往叩。

廿四(9月16日) 阴。

廿五(9月17日) 晴。画桂月亭托大屏四幅。

廿六(9月18日) 晴。午后带宝枢在市场听高腔戏。

廿七(9月19日) 晴。辰刻函达何梅叟,公请陆申甫。午后市场观剧。

廿八(9月20日) 晴,晚雷雨一过。

廿九(9月21日) 晴。买桂花六盆。

八月初一(9月22日) 晴。午后出城,回拜涂元甫、林叔鸿、李蠡纯(莼),清秘阁买扇。

初二(9月23日) 夜雨至巳刻止,仍阴。

初三(9月24日) 晴。午后聚丰堂公请陆申甫、翁弢夫。

圣庙祭。

初四(9月25日) 晴。接长沙第四十三号信,又一封禀函不挂号,控差带来。

初五(9月26日) 晴。

初六(9月27日) 晴。辰刻出城,到林宅贺喜。进城到景宅贺嫁女。

初七(9月28日) 晴。午后市场听高腔。接长沙四十四号信。

初八(9月29日) 晴。巳刻出城,宴香居赴涂元甫之约。饭后赴市场听戏。

换夹袍褂。

初九(9月30日) 晴。

初十(10月1日) 晴。

十一(10月2日) 晴。

十二(10月3日) 晴。午后游茶楼饮茶,公慎书局买《国光集》十九本。

十三(10月4日) 晴。巳刻出城,赴长吴馆袁宝三之约。申刻到市场听戏。

十四(10月5日) 阴,晚微雨。是日赠徐养五纨扇、汉印、自书诗横幅。

十五(10月6日) 辰阴雨乍息,午刻晴,晚月明如昼。

十六(10月7日) 晴。

换绵袍,换绞帽。

十七(10月8日) 晴。在球房请金小山、勖初、李锡田、筱圃早饭。饭后丹桂听戏。

十八(10月9日) 晴。

十九(10月10日) 晴,晚阴。接长沙四十五号信。午后带奎儿到山本照相馆照相。

换毡冠仪服。

廿(10月11日) 晴。巳刻偕海弟出城,悦宾楼早饭,文明园听戏。

廿一(10月12日) 晴。午后校对《引年珠玉编》。

上谕十九日湖北革党攻陷武昌省城。袁世凯湖广督,岑春煊川督。

廿二(10月13日) 晴。

廿三(10月14日) 晴。

廿四(10月15日) 晴。午后出城贺俞筱沅嫁女。到前街看婶母病。

廿五(10月16日) 晴。写匾一方、对一付。

廿六(10月17日) 晴。官报汇登各省官报。

廿七(10月18日) 晴。西城访王爵生,不遇,顺贺敬世五娶儿妇。是日请虞子云看太太病。

廿八(10月19日) 晴。松筠庵同乡会议入祀先哲,因投函认可张文襄、鹿文端、王梅岑。

廿九(10月20日) 早阴午晴。海山寿日。太太病见好,仍请子云来诊。

卅日(10月21日) 午后宁筱圃约文明听戏。晚在玉楼春便饭。

换珠毛。

九月初一(10月22日) 晴。太太病又请虞子云诊治。午后同勖初游市场。

初二(10月23日) 阴。

初三(10月24日) 晴,有风。接长沙四十六号信。是日报纸云长沙有警兵变。

初四(10月25日) 晴。午后带奎儿赴京华印局印寿诗文四百本,到茶楼、益和祥。

川绅蒲罗开释,盛宣怀革职。邮大臣唐绍怡内币百万济军饷。钦差大臣袁节制海陆各军。荫昌回京。

初五(10月26日) 晴。巳刻约虞子云、郝伯申宴英楼便饭。申刻往贺锡聘之喜事。

初六(10月27日) 晴,有风数日。九江失守,陕西兵变,报纸纷传。

初七(10月28日) 晴。

报纸传山西兵变。

初八(10月29日) 晴。广州将军凤山遇炸弹被害。

上谕瑞澂逃上海,拿交法部。

初九(10月30日) 晴。午后游市场。是日,上谕下诏罪己,取销皇族预国务,另简完全责任内阁,资政院协赞宪政,开党禁,世中堂准其开缺,桂月亭回仓场本任,赵秉钧民政大臣,李家驹达寿资政院长。

初十(10月31日) 晴,有风。接长沙敬电。换灰鼠。

民政大臣赵到任。

十一(11月1日) 晴。上谕准庆王等辞内阁总协理,载泽、邹嘉来等辞国务大臣,袁世凯授为内阁总理大臣,涛贝勒开去军谘大臣。荫昌授为军谘大臣,庆王授为弼德院院长,那、徐、荣顾问大臣,魏光焘湖广总督。

十二(11月2日) 晴。

上谕宪法归资政院起草。

十三(11月3日) 晴。接上海电,全眷到沪安。

上谕宪法重大信条宣誓太庙布告臣民,准资政院奏。

十四(11月4日) 晴,申刻阴有风。

上谕勤求治理，惟日孳孳作新，厥民犹如不及，再谆切宣谕。袁世凯辞总理，上谕毋再固辞并速来京任事。陆钟琦殉难，恩旨一道。山西巡抚吴禄贞署理。上谕各省统兵大员申明纪律，严禁骚扰。

十五(11月5日) 晴。午后回拜金小山。出城到益和祥、魁盛元。

上谕准资政奏准革命党组织政党以备择用。又准奏即召集国会。闻上海有警。

十六(11月6日) 晴。闻江宁、江西、浙江均有警。

上谕派张绍曾宣抚大臣，赴长江一带安抚劝导解散。四川总督岑春煊未到任以前，端方暂署，赵尔丰毋庸署理。准法部奏，革命嫌疑人犯汪兆铭、黄复生、罗世勋开释，发往广东，交张鸣歧差委。

十七(11月7日) 晴，有风。金儿探询慈善妇孺救济会。是日苏浙闽粤均无安报。是日闻有秘密警报，遂定议十八日携眷东避于乡。

十八(11月8日) 辰刻家眷六车出东直门，申刻至孙河店宿，本拟赴密云，是晚改议赴沙岭。偕海弟率金绶、荫绶全眷赴岭。宁筱圃回家。

十九(11月9日) 黎明启行，未刻至杨各庄打尖，酉初至沙岭。是日祝宅亦到岭，勖初内眷回。

廿(11月10日) 议租房托经畬问乐山堂前院房。是日阴，一夜雨。

廿一(11月11日) 议租房无成定议修理布置郝宅书房。金绶拜本门及各门。

廿二(11月12日) 晴。

廿三(11月13日) 晴。偕海弟同伯中拜本门及各门。

廿四(11月14日) 晚，勖初车送物来岭。接家信一封，云京师安静。

廿五(11月15日) 传闻袁宫保廿四进京。

廿六(11 月 16 日)　修理门房炕。

廿七(11 月 17 日)　晴。金绶回京。

廿八(11 月 18 日)　自立大食砌院墙。接宁筱圃遣人来送信并食物。

廿九(11 月 19 日)　砌板炕垛子。

卅(11 月 20 日)　砌长槽。姜贵坐车送物来岭。

十月初一(11 月 21 日)　阴,辰微雨。海弟上杨各庄买物。板炕、马棚俱修齐。

初二(11 月 22 日)　晴。

初三(11 月 23 日)　晴。午后写对联条幅。发京信一封,便脚。

初四(11 月 24 日)　晴,晚阴。

初五(11 月 25 日)　夜大雪,午晴,北风寒甚。

初六(11 月 26 日)　晴。写对三付。接家信,金、奎禀附曾禀函。

初七(11 月 27 日)　晴。

初八(11 月 28 日)　晴。因初五大雪,京通至今道路不通。汉阳克复。

初九(11 月 29 日)　晴。申刻托便人带京信一封。

初十(11 月 30 日)　阴。

十一(12 月 1 日)　晴。海山带荫绶赴杨庄集。△阅京报,汉阳克复。交老吕带京信一封。

十二(12 月 2 日)　晴。

十三(12 月 3 日)　晴。

十四(12 月 4 日)　晴。由杨庄邮政来信一封(系初六发),内附《时事纪实报》。

十五(12 月 5 日)　晴有风,寒甚。恩儿同六奶奶等来岭。接家信。

十六(12 月 6 日)　晴。海山带姜贵借敞车赴杨庄买煤米。

摄政王逊位。剪辫。改阳历。

十七(12 月 7 日) 晴,午后密云。宁岱卿遣段俊章来岭送寿礼。

十八(12 月 8 日) 晴。裕仁堂送席一桌。晚阅上谕,摄政王逊位。

十九(12 月 9 日) 晴。海山赴杨庄。宗卿送水礼四色,收两色。

廿(12 月 10 日) 晴。买于庄煤百斤。

廿一(12 月 11 日) 晴。海弟、恩儿赴杨庄。

廿二(12 月 12 日) 阴,晚雪。王珍进京。

廿三(12 月 13 日) 晴。厚畲回岭。

廿四(12 月 14 日) 晴。巳刻曾儿偕勖初、筱圃来岭。

廿五(12 月 15 日) 晴。筱圃回密云,由通运来煤球两千斤。

廿六(12 月 16 日) 晴。令姜贵上集。送筱圃车回岭。

廿七(12 月 17 日) 晴。

廿八(12 月 18 日) 晴。令姜贵上集,裕仁堂约儿辈早饭。

廿九(12 月 19 日) 晴。

冬月初一日(12 月 20 日) 晴,天寒甚。接京信二封(杨庄邮递),附金筱珊信。

初二(12 月 21 日) 晴。冯二车来。接金、奎儿信,附金筱珊信,当复一函。

初三(12 月 22 日) 晴。恩儿同勖初夫妇进京。

初四(12 月 23 日) 冬至。晴。

初五(12 月 24 日) 晴。午后访执甫面谈,顺访祝吉臣探询京师消息。宁宅来车。

初六(12 月 25 日) 晴,姜贵上集。端长保乘宁宅来车赴密云。

初七(12 月 26 日) 晴,有风。未刻宝枢来岭。接信一封。

初八(12 月 27 日) 晴。恩儿妇赴密云。

初九(12月28日) 晴。午后姜贵上集,密云车回。

初十(12月29日) 晴。

十一(12月30日) 晴。海弟上集。

十二(12月31日) 晴。午后写屏对。

十三(1912年1月1日) 晴。姜贵上集。写对联四付。

十四(1月2日) 晴。画横直两幅。老吕由京回,接家信。

十五(1月3日) 晴。宝枢回京。画横两幅。

十六(1月4日) 晴。姜贵上集。

十七(1月5日) 晴。奎儿同勖初夫人来岭。

十八(1月6日) 晴。曾率孩辈游麻林山。

十九(1月7日) 晴。

廿(1月8日) 晴。

廿一(1月9日) 晴。姜贵上集。写对联数付。接京信并药。老吕来。

廿二(1月10日) 辰刻微雪,午晴。

廿三(1月11日) 晴。

廿四(1月12日) 晴。议借欲仁堂客厅分住。

廿五(1月13日) 晴。收什欲仁堂客厅。老吕进京。发信一封。

廿六(1月14日) 晴。海珊、金绶上集。

廿七(1月15日) 晴。厨房破土。

廿八(1月16日) 晴,数日天气严寒。十奶奶由密云回岭。接京信(老吕)。

廿九(1月17日) 晴。同海弟移寓欲仁堂客厅。

卅(1月18日) 晴。省吾调臣借车赴三河。

腊月初一(1月19日) 晴。姜贵上集。

初二(1月20日) 晴,晚阴。

初三(1月21日) 辰起微雪旋晴。接京信一封(老吕)。调臣回岭。

初四(1月22日) 晴。

初五(1月23日) 晴。

初六(1月24日) 淡阴。奎、绶上集。

初七(1月25日) 晴。二奶奶带庆儿来岭。

初八(1月26日) 晴。

初九(1月27日) 晴。

初十(1月28日) 晴。

十一日(1月29日) 伯申乃祖忌辰,送糖供五盘。

十二(1月30日) 晴。

十三(1月31日) 晴。

十四(2月1日) 晴。

十五(2月2日) 晴。遣车进京取物。王珍亦进京。

十六(2月3日) 晴。录和何梅叟诗三纸,拟寄京。

十七(2月4日) 晴,有风,寒甚。

十八(2月5日) 晴,有风。宝枢夫妇来岭。

十九(2月6日) 晴。

二十(2月7日) 晴。送安仁、欲仁年礼各一分。

廿一(2月8日) 晴。海珊带枢孙上集。勖初、西山回岭。

廿二(2月9日) 晴。

廿三(2月10日) 晴。约安仁、欲仁吃烤羊肉。晚祭灶。

廿四(2月11日) 晴。姜贵上集。

廿五(2月12日) 晴。海珊上集。

廿六(2月13日) 晴。申刻家忌,致祭。晚微雨。

廿七(2月14日) 淡阴,夜雪。

廿八(2月15日) 辰雪止,午晴,起风。

廿九(2月16日) 晴,有风。书诗横一帧。

卅(2月17日) 晴,风止。晚祭神,遥祭祖先。

民国元年

壬子正月初一(2月18日) 晴。辰起遣人到各门投片,贺年喜。书元日感怀诗屏一幅。

初二(2月19日) 晴。申刻祭财神,到安仁堂祖龛前行礼。

阅《爱国报》,懿旨:皇帝辞位,定为中华民国共和国体,客腊廿五日宣布。

初三(2月20日) 晴。申刻祭祖。晚约伯申昆仲便饭。

初四(2月21日) 晴。巳刻赴启灵堂莱卿春酒之局。饭后村外游览。

初五(2月22日) 晴,申刻起风,晚阴。熙五爷送菜十碗。厚畲六昆玉请早饭。

初六(2月23日) 晴。申刻约欲仁堂昆仲六人晚饭。

初七(2月24日) 晴。宋卿送四菜四点。西山进京。

初八(2月25日) 晴。画书画二幅,写对两付。

初九(2月26日) 晴。

初十(2月27日) 淡阴。巳刻伯申、勖初约春酒。

十一(2月28日) 晴。

十二(2月29日) 晴。子正三刻恩儿媳生一男,命名安保。奎儿同勖初进京。

十三(3月1日) 早晴,申刻阴,有风。

闻京齐化门、东直门内抢掠烧大乱。

十四(3月2日) 淡阴。午后带儿孙辈到增庄看会。

十五(3月3日) 晴。姜贵告假回家一看回。老吕进京。

十六(3月4日) 晴。密云宁宅遣人来,当日回。

十七(3月5日) 晴。老吕回。接京信,京乱稍平。

十八(3月6日) 晴。姜贵回岭。接家信,京乱平净。

十九(3月7日) 晴,有风。

廿(3月8日) 晴。午后同伯申游村外,由后街进西门。

廿一(3月9日) 晴。午后东门外眺望,与野老闲话。

廿二(3月10日) 晴。东院华卿、厚田进京托带信一封。连日和缓。

廿三(3月11日) 阴,一夜大风,天又骤寒。欲仁堂五姑奶奶送十二天礼白面蒸小鸡。晚晴。

廿四(3月12日) 晴,仍有风,寒甚,又上冻。

廿五(3月13日) 晴有风。

廿六(3月14日) 晴。卯刻奎儿媳生一女,乳名绵绵。经畬进京,交老吕带信一封。

廿七(3月15日) 晴。

廿八(3月16日) 早阴晚晴,接京信一件,杨庄邮递。老吕回,接京信并报纸、衣包、药物。

廿九(3月17日) 晴。

卅(3月18日) 晴。宁岱青来信(郑宅车夫送来)并寄来票五百七十余千。

二月初一(3月19日) 晴。海珊回,仲英同车上集。

初二(3月20日) 晴,大风扬沙。

初三(3月21日) 晴,风止。高八爷进京,交老吕带一信。

初四(3月22日) 晴。

初五(3月23日) 晴。经畬回岭。接郝五姑奶奶赴津。

初六(3月24日) 晴。老吕带回京信第卅四号并食物、药材。曾带姜贵上集。

初七(3月25日) 晴。午后出村,东北游至后院少坐。

初八(3月26日) 晴。交老吕寄京信。经畬送五姑奶奶进京。

初九(3月27日) 晴。孙女吉庆廿岁,安仁、欲仁皆送礼。撰《沙岭纪胜八则》诗八首。

初十(3月28日)　阴。恩儿来岭。接奎儿信一封。

十一(3月29日)　晴。

十二(3月30日)　晴。安保弥月。

十三(3月31日)　晴。

十四(4月1日)　晴,晚阴,微雨。

十五(4月2日)　晴,有风。老吕带来信一件并棉衣食物。

十六(4月3日)　晴。姜贵上集。

十七(4月4日)　晴。曾儿带枢孙回京。

十八(4月5日)　晴。申刻遥祭祖先。

十九(4月6日)　晴,天气和暖。

二十(4月7日)　晴,微有风。奎儿来岭。

廿一日(4月8日)　阴,微雨。恩儿上集。张伯卅生日,赠礼四色。

廿二(4月9日)　晴,一夜风,辰起天寒,又见冰。鼎臣赠诗答截句二首。

廿三(4月10日)　晴,风止,天渐和暖。画堂画两付。

廿四(4月11日)　晴。交老吕寄京信一封。画小屏两条。

廿五(4月12日)　晴,天气骤暖。辰起同海弟到西院看杏花。午后率子孙游麻林山寺、观盘龙山泉。

廿六(4月13日)　晴有风。绵绵弥月,欲仁堂有白事(仲芙病故),因移西宜山堂乐寿轩。

廿七(4月14日)　晴,午后大风扬沙。老吕回,接京信物件。送欲仁堂糖糕供五碗箔两块。

廿八(4月15日)　晴,仍有风。京宅专遣杨顺来送信,招恩儿回京领公所薪水。

廿九(4月16日)　晴。恩儿进京。

三月初一(4月17日)　晴。奎儿同伯申、赵冠英上杨庄。怡山堂熙五爷故。

初二(4月18日) 晴。送熙五爷挽幛、祭烛,海弟往吊。

初三(4月19日) 晴。奎儿上集。申刻宝枢来岭。

初四(4月20日) 淡阴,午晴。

初五(4月21日) 晴。连日天燥热,盼雨。

初六(4月22日) 晴。专差老吕送京信,筹归计。姜贵上集。京专杨顺来岭。

初七(4月23日) 晴。宝枢进京。

初八(4月24日) 晴有风,天气又凉。姜贵上集。老吕回,带京信一封。

初九(4月25日) 晴。家车来岭。

初十(4月26日) 晴。曾恩坐雇车两辆来岭。

十一(4月27日) 淡阴。头一起回京家两车雇两车,卯初起行,晚六钟到京。高雁生到京,住北城。

十二(4月28日) 淡阴。

十三(4月29日) 晴。安排花木。宁筱圃来电,十四必到京。冯伯玗、吴师竹、高八爷来问候。

十四(4月30日) 晴,早有风。宝枢赴沙岭。宁筱圃来京。

十五(5月1日) 早阴午晴,微有风。李润田、元绶来看。

十六(5月2日) 阴,密雨终日,夜晴。郝西山充拱卫军营务委员。

十七(5月3日) 晴,大风。郝勖初留部。申刻风息。

十八(5月4日) 晴。未刻曾媳带子女回京,姜贵送之,老吕回来。申刻祭祀。

十九(5月5日) 晴。十二姑奶奶来看。老吕回岭。

廿(5月6日) 晴,微有东风,晚阴。令姜贵骑白骡雇车赴沙岭。

廿一(5月7日) 晴。申刻金媳带子女媳回京,由岭雇车。

廿二(5月8日) 晴。全眷回京,惟恩儿留岭收什善后一切。

廿三(5月9日) 阴,微雨。

廿四(5月10日) 晴,大风。

廿五(5月11日) 晴,有风。姜贵押车赴沙岭送礼并接恩绶。

廿六(5月12日) 晴,有风。

廿七(5月13日) 晴。申刻恩儿回京,带大敞车运行李全回。

廿八(5月14日) 晴,申刻阴。

廿九(5月15日) 晴。午后西南拜金小山、何闰夫、毛琴孙、朱芷青、前街本家,晚归。

卅(5月16日) 半阴晴。收什东院,房内装修。

四月初一(5月17日) 密雨,东风终日。朱芷青约便宜坊,辞未赴。

初二(5月18日) 晴,午初风雷雨一过,旋晴,仍有风。

初三(5月19日) 晴,有风。勖初避居米市朱宅。

初四(5月20日) 晴,有风。

初五(5月21日) 晴。辰起东城访荣月帆、延子澄、绍叙五、阔安甫、王寿卿,午归。

初六(5月22日) 晴。王少甫约定奎绥办第三营文案。

初七(5月23日) 晴。画堂画一幅。奎儿到营。

初八(5月24日) 晴。荣月帆、绍越千、阔安甫来拜会。

初九(5月25日) 晴。午赴云山别墅镇、阔、恽、何之约,申刻散,顺到二我相馆、益和祥。

初十(5月26日) 晴,有风。

十一(5月27日) 晴。

十二(5月28日) 晴。王少甫生日,送桃面、果酒,奎儿往祝。沙岭老吕来。接伯申一信。

十三(5月29日) 晴。宝枢就捷成洋行办书启。

十四(5月30日) 晴。

十五(5月31日) 早淡阴,午晴。申刻游市场,恩媳自密云回家。

十六(6月1日) 晴。因全眷回家,祭佛祖。上平安△△。

十七(6月2日) 晴。

十八(6月3日) 晴。午后回拜王薇卿到魁盛元,旋进西城访钟秀之、金小山。

十九(6月4日) 晴。

廿(6月5日) 晴。辰起偕海弟来访王薇卿并约金小山致美斋小酌。饭后游劝业场饮茶,冒雨归,申刻雷雨一过。

廿一(6月6日) 淡阴,微雨终日。

廿二(6月7日) 早晴,午后阴,有雷声,微雨一过。

廿三(6月8日) 晴。

廿四(6月9日) 早晴,午后阴,晚雷雨。

廿五(6月10日) 半阴晴。

廿六(6月11日) 晴。

廿七(6月12日) 阴。因端午生日,遣人持片到至亲友家阻礼挡驾。

廿八(6月13日) 阴。

廿九(6月14日) 阴。大理院总长到任。

五月初一(6月15日) 辰刻小雨,晚晴。

初二(6月16日) 晴。

唐总理潜逃赴津。

初三(6月17日) 晴,天热甚。宝枢因选举投票赴津。

初四(6月18日) 淡阴。辰起赴玉楼春,约高老四便饭。饭后赴荣华利、益和祥、清秘阁,冒雨归。晚雷雨一阵旋晴。

初五(6月19日) 晴。

初六(6月20日) 晴。

初七(6月21日) 晴。郝厚畬、张伯来京。

初八(6月22日) 夜雨辰止,仍阴。晚赴金台旅馆延子澄之约。回拜奎星潭。

初九(6月23日) 晴。宝枢自津回京。

初十(6月24日) 半阴晴。

十一(6月25日) 辰刻雨一过,仍阴。是日一夜未眠。宁岱青自津来京。

十二(6月26日) 晴。

十三(6月27日) 晴。女厕安后门,常关不走,作为太平门。

十四(6月28日) 阴,晚微雨有雷。

唐总理辞职。交通长施肇基辞职。

十五(6月29日) 晴。

十六(6月30日) 晴。

十七(7月1日) 晴。巳刻回拜荣月帆。申刻游市场。

内阁总理陆征祥、工商部陈其美辞职。

十八(7月2日) 晴。

十九(7月3日) 晴。

廿(7月4日) 晴。数日天极热。

廿一(7月5日) 阴。卯刻起雷雨至午刻止,仍阴,酉刻又大雷雨。

廿二(7月6日) 连阴雨,晚晴。

廿三(7月7日) 晴,淡阴,晚微雨一过,仍阴。

廿四(7月8日) 阴,微雨。

廿五(7月9日) 晴。延子澄送来易实甫商剪发诗八十六韵。晚雷雨一过。

廿六(7月10日) 晴。

廿七(7月11日) 半阴晴。

廿八(7月12日) 阴,半晴。

廿九(7月13日) 阴,微雨终日。

六月初一(7月14日) 晴。

初二(7月15日) 晴。《引年珠玉编》印成三百本,内有错误,送回收什。

初三(7月16日) 晴。枢孙赴黄村顺天学会。午后同厚畬、勖初游市场。

财政熊、司法王、教育蔡、农林宋、工商王,均辞职。

初四(7月17日) 夜雨仍阴。午后往吊何闰夫,顺拜徐花农、朱芷青。

初五(7月18日) 半阴晴。枢孙自黄村回。

初六(7月19日) 晴。

初七(7月20日) 晴,热甚。

初八(7月21日) 晴。巳刻阴,午后密雨终日。宁筱圃来。

初九(7月22日) 阴,密雨终日。

初十(7月23日) 阴,密雨,申刻雨止。

十一(7月24日) 阴。

十二(7月25日) 阴,晚晴见月。

十三(7月26日) 半阴晴。午后沐浴。申刻游什刹海。

十四(7月27日) 晴,天热甚。晚八钟大雷雨,旋晴,见月,夜又雨。

财政周学熙,司法许世英,教育范源濂,农林陈振先,交通朱启钤,大理章宗祥。

十五(7月28日) 阴,微雨。

十六(7月29日) 夜雨,仍阴,潮湿甚。

十七(7月30日) 夜雨,辰晴,午又阴,申刻晴。

十八(7月31日) 阴。午后东望△云,卯雷声西风急雨一阵,晚晴。

十九(8月1日) 早晴,午后淡阴,有风。

廿(8月2日) 晴。

廿一(8月3日) 晴。午后往吊何闰夫,顺拜许子纯,到前街拜婶母寿，回路拜徐养吾。

廿二(8月4日)　早晴旋阴，潮湿特甚。

廿三(8月5日)　晴，有风，蒸热甚，申刻阴，晚雨。

廿四(8月6日)　一夜雨，巳刻雨止，午后又雨。

大理典簿△解散。

廿五(8月7日)　晴。霁色开朗，潮湿大减。

廿六(8月8日)　立秋。晴。午后同厚畬游市场，饮茶。王寿臣故。

廿七(8月9日)　淡阴晚晴。

廿八(8月10日)　早阴午晴，申刻大雨。煤屋墙圮。送王顺回家。

廿九(8月11日)　阴雨。

卅(8月12日)　晴明。修理煤屋墙。

七月初一(8月13日)　晴，午后淡阴。

初二(8月14日)　晴。数日牙痛。

初三(8月15日)　晴。煤屋修齐。

初四(8月16日)　阴，午刻大雨。

初五(8月17日)　晴。

初六(8月18日)　晴。

初七(8月19日)　晴。找补煤屋房顶抹灰。杨顺回上工。

命令宣布提款。

初八(8月20日)　晴。黑骡交密云宁宅代出售。坐车俱(具)收起。

初九(8月21日)　晴。

初十(8月22日)　晴。

十一(8月23日)　晴。

十二(8月24日)　晴。是日晚通州兵变，焚抢一夜。

孙文到京。

十三(8月25日) 晴。辰起东城拜延子澄。

十四(8月26日) 早半阴晴,午刻大雷雨,申刻晴。

十五(8月27日) 晴。申刻祭祠堂。晚雷雨。

十六(8月28日) 一夜雨,早晴。

十七(8月29日) 晴。辰刻访朱汉池看背痒病。致美斋早饭后游宾宴楼、魁盛元,大观楼饮茶。

十八(8月30日) 晴。灯后雨。宁岱青筱圃由津来。

十九(8月31日) 晴。

二十(9月1日) 晴。请朱汉池。

廿一(9月2日) 阴,小雨终日。请朱汉池。

廿二(9月3日) 一夜雨,辰雨止,午晴。

廿三(9月4日) 晴。吴大姑奶奶由津来京。宁筱圃回密。

廿四(9月5日) 半阴晴。

廿五(9月6日) 早淡阴。

廿六(9月7日) 阴,辰刻小雨一过。六奶奶赴山东。

廿七(9月8日) 早晴午阴,小雨一阵,申刻晴。

廿八(9月9日) 晴有风。巳刻出城,悦宾楼同延子澄、钟秀之便饭。饭后文明听戏,补祝阔安甫。晚悦宾楼公请安甫。

廿九(9月10日) 晴,有风。

八月初一(9月11日) 晴。

初二(9月12日) 晴。

初三(9月13日) 晴。

初四(9月14日) 晴,大风。郝厚畬回岭。

初五(9月15日) 晴。

初六(9月16日) 晴。午后同海弟隆福寺景泰园听戏。

初七(9月17日) 晴。题吉宪臣归田课子图,和徐养吾通州兵变诗。

初八(9月18日) 晴。

初九(9月19日)　晴。和徐花农诗二律。

初十(9月20日)　阴,申刻微雨。送李宅老太太两菜两点。

十一(9月21日)　晴有风。

命令申明孝悌忠信礼义廉耻。

十二(9月22日)　晴。

十三(9月23日)　晴。午后带枢孙景泰园观剧。

十四(9月24日)　晴。

十五(9月25日)　晴。写"心清室"额。写宣纸对两副。

十六(9月26日)　早阴午晴。金绥赴津。

十七(9月27日)　晴。郝厚畬来京。

十八(9月28日)　晴。

十九(9月29日)　晴。

二十(9月30日)　晴。写大对联两付。

二十一(10月1日)　晴。

二十二(10月2日)　晴。午后同厚畬到中和园观剧。

廿三(10月3日)　晴。

廿四(10月4日)　早阴午晴,日光赤色,晚阴。金绥回京,高老六来京。

廿五(10月5日)　夜雷,阴雨终日,晚晴,起风。命令宣布服色。

廿六(10月6日)　晴有风,天骤凉。

廿七(10月7日)　晴。圣诞,学堂停课。勖初夫人来,预祝海山寿。

廿八(10月8日)　晴。李亲家太太来,预祝海珊寿。

廿九(10月9日)　晴。

九月初一(10月10日)　晴。阳历十月初十日开共和纪念会,国庆三日。

初二(10月11日)　晴。高老四来云,沪存箱支全运京。

初三(10月12日) 晴。

初四(10月13日) 晴。午后带曾儿游市场。

初五(10月14日) 阴。送王少甫四菜两点,因在医院养伤。

初六(10月15日) 晴,大风。

初七(10月16日) 晴。

初八(10月17日) 晴。

初九(10月18日) 淡阴。午后带奎儿出城,茶楼登高饮茶,遇王稷堂,晤谈。

初十(10月19日) 晴。郝厚畲赴营充司书。郝调臣来。

十一(10月20日) 早晴午阴,有风。廿四属联合会开成立会,儿辈赴会。

十二(10月21日) 阴,凉甚。申刻微雪。

十三(10月22日) 阴,申刻又微雪。六奶奶回京。郝舅太太嫁女,来京。

十四(10月23日) 晴。

十五(10月24日) 阴,微雨,晚晴。

十六(10月25日) 晴。

十七(10月26日) 阴。午后赴义成店与郝宅道喜。

十八(10月27日) 晴。

十九(10月28日) 阴。

廿(10月29日) 晴,午后阴。隆福寺买菊花十数棵。

廿一(10月30日) 阴,微雨终日,晚风晴。

廿二(10月31日) 晴,天气和暖。

廿三(11月1日) 晴。

廿四(11月2日) 晴。

廿五(11月3日) 晴。午后同海山带荫绶、佛保游劝业场饮茶,并与荫绶议姻。申刻步进城兵部街看飞艇归。

廿六(11月4日) 晴有风。接郝人姑奶奶回单儿。

廿七(11月5日)　晴,大风,冷甚。巳刻同海弟赴泰丰居恒利义之约。

廿八(11月6日)　晴。

廿九(11月7日)　晴,大风。

卅(11月8日)　立冬。淡阴,仍有风,寒冷。

十月初一(11月9日)　晴,微有风。申刻祭祠堂。朱芷青送阅《飞艇行》诗稿[①]。

初二(11月10日)　晴。申刻又看飞行艇。

初三(11月11日)　晴。芷青、筱山来畅谈。

初四(11月12日)　晴。

初五(11月13日)　晴,有风。

初六(11月14日)　晴,有风。郝酉山完婚,海弟率儿孙辈并内眷往贺。

初七(11月15日)　晴,风止。

张弧两淮运司,杨寿枏长芦运司。

初八(11月16日)　晴。宝枢在学会公呈顺天府收回顺天学堂批准。

初九(11月17日)　阴。

初十(11月18日)　晴,有风。

十一(11月19日)　晴,有风。

十二(11月20日)　晴。金绶赴津。

十三(11月21日)　晴。郝宅新妇来谢。

十四(11月22日)　晴。午后游市场。

十五(11月23日)　晴。海山下通,当日回。送孙玉亭寿幛并壁幛。

---

① 朱寯瀛原诗见其《素园晚稿》,《清代诗文集汇编》第759册,上海古籍出版社,第537页。

十六(11月24日)　晴。李润田送菜点四色，经畬送酱肘蜂糕。金绶来信，运司约办会计科员。

十七(11月25日)　晴。至亲来祝寿。金绶来电，运司约曾绶办官运局。郝衡之来。

十八(11月26日)　晴。曾儿赴津。

十九(11月27日)　早阴晚晴。午刻曾儿来信，已受任官运局总办、金绶总务科科员。

廿(11月28日)　晴。恒利义存皮衣箱取回。

廿一(11月29日)　淡阴。王四姑太太来通知荫绶，说许宅姻事言定。

廿二(11月30日)　阴，午后晴。早往拜延子澄。曾儿午刻自津回。

廿二(12月1日)　晴。未刻出城访芷青，未遇，即赴徐花农赏菊之约。

廿四(12月2日)　晴。曾儿赴津。修厨房大灶。

廿五(12月3日)　晴。带曾儿出城，大观楼便饭，广德楼观剧，银行换存单。

廿六(12月4日)　晴，天气和暖。

廿七(12月5日)　晴。荫绶定姻，过庚帖。

廿八(12月6日)　阴，晚晴，有风。道胜恐慌。

廿九(12月7日)　晴，有风，天骤寒。郝云卿来。

卅(12月8日)　晴。

十一月初一(12月9日)　晴。

初二(12月10日)　淡阴，申刻晴。

初三(12月11日)　晴。

初四(12月12日)　晴。海山、恩绶带女眷到前街祭祀，祖母忌辰。

初五(12月13日)　晴。

初六(12 月 14 日)　晴。金绶晚车由津回京。

初七(12 月 15 日)　晴。请朱汉池看太太脉。晚同海弟赴福全绍越千之约。

初八(12 月 16 日)　晴。又请朱汉池。

选举投票。

初九(12 月 17 日)　晴。宝枢奉到顺天府令充中校校长。

初十(12 月 18 日)　晴。曾儿由津回京。

刘若曾直隶藩司。

十一(12 月 19 日)　阴,密雪。金儿早车赴津,曾儿晚车赴津。

十二(12 月 20 日)　晴。请朱汉池。

十三(12 月 21 日)　阴,微雪,午晴。

十四(12 月 22 日)　冬至。晴,大风,寒甚。请朱汉池。

十五(12 月 23 日)　晴。同海山出城赴商会李伯笙、仇子彬之约。

十六(12 月 24 日)　晴。请朱汉池。

十七(12 月 25 日)　晴。晚大雪一夜。

顺天尹丁乃扬辞职,张广达为府尹。

十八(12 月 26 日)　雪止,午晴。访朱汉池,改方。

十九(12 月 27 日)　晴。

二十(12 月 28 日)　晴。

廿一(12 月 29 日)　晴。巳刻访金筱山,斟酌济通振捐局致总商会信公存借券事。

廿二(12 月 30 日)　晴。

廿三(12 月 31 日)　晴。写大门对。写王少甫托写住宅门对。曾儿回京。

廿四(1913 年 1 月 1 日)　晴。

廿五(1 月 2 日)　晴,晚阴。

廿六(1 月 3 日)　晴。郝勖初移居张相公庙。

廿七(1月4日) 晴。曾儿晚车赴津。

廿八(1月5日) 早淡阴,午后晴,天气寒甚。金筱山来访,济通捐局事。

廿九(1月6日) 阴。请定教读师张虎臣。

十二月初一(1月7日) 阴冷。巳刻往祝荣月帆寿。

初二(1月8日) 晴。午后同海弟出城游天坛、先农坛。郝厚畲来京。

初三(1月9日) 晴。徐花农来访,属和寿诗并书屏。

初四(1月10日) 晴。

初五(1月11日) 晴。赠朱汉墀水礼六色,两果两点,山鸡、火腿。

初六(1月12日) 晴。佛保等课师张虎臣到馆上学。

初七(1月13日) 晴。写徐花农寿诗屏四幅。

初八(1月14日) 晴。熬粥供佛祖。午后游市场。

初九(1月15日) 晴。写致商会公信,存会源存券。海弟、金媳赴前街祭祀。

商税局即崇文门陆钟岱,杂税局王善荃。

初十(1月16日) 晴。午后赴大观楼,与振局董事茶会,阅公约签字公函,交商会。

十一(1月17日) 晴。棠华家塾开学,四女学生上课。

十二(1月18日) 晴。

十三(1月19日) 晴。

十四(1月20日) 早阴,午晴。

十五(1月21日) 早阴,午晴。

十六(1月22日) 晴。

十七(1月23日) 晴。

十八(1月24日) 大雪。

十九(1月25日) 晴,旋淡阴,小雪一过,午又晴。申刻悦宾楼公请客。

廿(1月26日)　晴。

廿一(1月27日)　晴。写匾一方、对一付。

廿二(1月28日)　晴,大风。

廿三(1月29日)　晴。晚祀灶。

廿四(1月30日)　晴。

廿五(1月31日)　晴。清扫祠堂,午后游市场。

廿六(2月1日)　晴。申刻祭祀。

廿七(2月2日)　晴。午后清扫佛楼。

廿八(2月3日)　晴。

廿九(2月4日)　晴,晚阴,起风。金、曾儿午刻由津回京。汉粤川路岑春煊督办。

卅(2月5日)　大风,晚风止。

民国二年

癸丑正月初一日(2月6日) 晴。漫成七律一首,寄芷青。请朱汉池。

初二(2月7日) 晴。巳刻祭神。

初三(2月8日) 晴。申刻祠堂上供。

初四(2月9日) 晴,天寒甚。

初五(2月10日) 晴。辰刻枢孙媳生一男,命名新民。

初六(2月11日) 太太忌日。

初八(2月13日) 接三。

十一(2月16日) 迎首七,禅经。

十六(2月21日) 隆裕皇太后大事。

十八(2月23日) 迎二七,成主堂祭。

廿四(3月1日) 迎三七,禅经,领帖。

廿五(3月2日) 发引暂停朝阳门外海会寺。

三十(3月7日) 迁赴茔地阳宅浮厝。连日晴,微有风,天清寒。

二月初一(3月8日) 曾、金儿晚车回京。

初二(3月9日) 金、恩儿晚车回。四七儿辈祭。

初三(3月10日) 曾儿早车赴津。

初四(3月11日) 金儿晚车赴津。曾孙弥月,因持服不贺,送礼,璧谢。

江西民政长赵从蕃。

初六(3月13日) 晴。徐养吾约鸿兴楼晚饭,辞谢。恩儿谢客。

初七(3月14日) 晴。午后游市场。金儿谢客。

初八(3月15日) 晴。恩儿谢客。

初九(3月16日) 晴。一夜未眠。太太迎五七，至亲送供奠祭。

初十(3月17日) 淡阴。恩儿下通，赴五里桥，晚回。

十一(3月18日) 晴。午后偕海山赴天安门，看哀悼会牌楼，顺到张相公庙郝宅少座。出城游劝业场第一楼，申刻回。

十二(3月19日) 晴。荫绶第二中学学生，宝枢顺天中学校长，均进内哀悼。晚有风。

十三(3月20日) 晴，有风。

十四(3月21日) 晴。巳刻同海山赴福兴居张星槎之约。申刻顺到清秘阁，拜俞、朱、刘，未遇。

十五(3月22日) 晴，申刻阴有风。月食。

十六(3月23日) 晴，申刻阴。儿媳辈上坟，迎六七，致祭，当日回。

十七(3月24日) 晴，大风扬沙。

十八(3月25日) 晴，仍有风。晚赴米市延宾馆延子澄、钟秀之之约。

十九(3月26日) 晴。申刻阴有雨△。午后同海山景泰园观剧。

廿(3月27日) 晴，申刻阴。题延子澄黄甲连登图。

张謇暂办导淮事务。

廿一(3月28日) 晴，天气和暖。申刻带荫绶游市场。

廿二(3月29日) 晴有风。海山赴通。午后带荫侄游市场。

廿三(3月30日) 早阴午晴。太太七七，郝宅来致祭。

廿四(3月31日) 晴。

廿五(4月1日) 晴。

学堂放春假一星期。

廿六(4月2日) 晴，午淡阴。奎儿带儿媳两孙上新坟。带枢孙游市场。

廿七(4月3日)　晴。早车曾儿由津回京。

皇太后奉移西陵。

廿八(4月4日)　辰淡阴,午后微雨。海山带子侄下通上坟。

廿九(4月5日)　早淡阴,有雨意,午后晴。申刻祭祠堂。

卅(4月6日)　晴,有风。午后约勖初带曾儿、佛保游市场。

三月初一(4月7日)　淡阴,轻云。曾儿早车赴津。

初二(4月8日)　晴。巳刻偕海山带荫绶登第一楼海天春早饭,游劝业场。

国会开成立大会。

初三(4月9日)　淡阴。同海山、勖初赴东来顺羊肉馆便饭。

初四(4月10日)　淡阴,午晴。金儿由津回京。

初五(4月11日)　阴有风。海山、金绶约徐立堂到茔地议祭事。太太六十日祭,至亲郝、李、吴、汪、晋宅均来致祭。

入孔社为社员,徐花农介绍。

初六(4月12日)　画绢堂画二条,赠杨味云、沈幼彦。

因外国承认民国,各学堂放假一日。

初七(4月13日)　淡阴。午后访金小山,遇高露坡、张心田,畅谈,因介绍入孔社,延子澄亦介绍入孔社。又访徐子光,赠《珠玉编》两本。出宣武门,赴皮库营悦生堂孔社茶话会。散后,到清秘阁买册页片,裱成小对。

初八(4月14日)　淡晴。金儿早车赴津,午后游市场,饮茶。晚约李润田同海山东来顺便饭。晚阴,有雨意。

初九(4月15日)　早淡阴,午晴,有风,申刻风止。恩儿上坟,看上漆。

初十(4月16日)　晴。

十一(4月17日)　晴。

十二(4月18日)　淡阴,申刻浓阴,微雨,亥刻密雨。

十三(4月19日)　晴。午后带荫绶、承奎游市场。

十四(4 月 20 日) 晴。午后画堂画一张。徐养吾送刻印一方。

十五(4 月 21 日) 晴,酉刻阴,有风。檀斗生送《史记杂咏诗》。

十六(4 月 22 日) 阴,微雨零星终日。挪移马台石。

十七(4 月 23 日) 早晴,午后阴。

十八(4 月 24 日) 阴,午后小雨有声。申刻祠堂致祭。

十九(4 月 25 日) 晴,晚阴。

廿(4 月 26 日) 半阴晴,微有风。

廿一(4 月 27 日) 晴。午后出城,赴湖广馆孔社成立大会。散后,顺拜徐养吾,未遇,留赠自制墨两匣。画成养吾托画册页十二开,另画十二开存。

孔社成立,社长徐花农,副社长恽薇孙①。

廿二(4 月 28 日) 晴。奎儿下通,赴茔地看漆材糊夏布,晚归。高雁生就天津官运局会计科。

廿三(4 月 29 日) 晴。午后游市场。

廿四(4 月 30 日) 晴,午后阴,申刻大雷,有风,微雨一过,晚晴。

众议院长汤化龙。

廿五(5 月 1 日) 晴。跋延子澄《三十六天诗》,送寄王鹤田挽幛。

美国承认民国。

廿六(5 月 2 日) 晴。戏作介绍孔社员说。

廿七(5 月 3 日) 晴,午后风,扬沙。作《潞河县氏族谱序》一篇。

廿八(5 月 4 日) 晴。午刻赴崇效寺公局赏牡丹。申刻散,顺

---

① 《恽毓鼎澄斋日记》1913 年正月二十一日记:"未刻至湖广馆赴孔社成立大会……余以四百十四票得副社长。社长为徐花农前辈。"(浙江古籍出版社,2004 年,第 641 页)

访朱芷青、徐养吾。

廿九(5月5日)　晴。郝云樵来。

四月初一(5月6日)　阴。

初二(5月7日)　晴,晚阴有风。

初三(5月8日)　晴。午刻出城赴鸿兴楼郝厚田之约,散后,劝业场饮茶,益和祥买布,归。

学界答谢美国承认。

初四(5月9日)　奎儿早车赴房山。恩儿下通上坟,看漆工。

初五(5月10日)　晴。午后约郝云樵、赵冠英游市场,饮茶。

初六(5月11日)　晴。劝业场玉楼春约郝氏叔侄及赵冠英早饭。饭后同望照相,归。

初七(5月12日)　阴有雨意。午刻赴集云楼超然亭李润田之约。晚雨。

赵剑秋税务帮办。

初八(5月13日)　早晴,午后阴,晚微雨旋晴。

初九(5月14日)　晴,有风。同朱芷青在悦宾楼晚局,公请徐、延、钟、阔诸君。

初十(5月15日)　晴。

十一(5月16日)　晴。题汪以仁蓼莪图四截句。申刻阴有风。

十二(5月17日)　晴,申刻阴,微有风。

十三(5月18日)　晴有风。午刻金儿由津回京。酉刻曾儿回京,奎儿回京。

十四(5月19日)　晴。金、曾儿下通上坟。郝伯申来。

十五(5月20日)　晴。太太百日祭,本家全亲均来致祭。

十六(5月21日)　晴。林南仓、周老四来,应百日祭。

十七(5月22日)　晴。曾儿晚车赴津。

十八(5月23日)　晴,微有风。金儿晚车赴津。

十九(5月24日)　晴,午后淡阴。同海弟游隆福寺回,游市场。

廿(5月25日)　早晴,午刻雷雨雹一过,未刻晴,大风,申刻风止。

廿一(5月26日)　晴。午后赴前街叩婶母八旬正寿。

廿二(5月27日)　晴,有风。

廿三(5月28日)　晴。巳刻赴西栈孟觐侯之约,散后到益和祥,归。

廿四(5月29日)　晴,有风。

廿五(5月30日)　晴,申刻淡阴。

廿六(5月31日)　淡阴,午晴,有风。高老三来。

廿七(6月1日)　晴,午后淡阴。福兴居请甄梦九、孟觐侯暨通州亲友畅聚,散后取照相,游茶楼市场。

廿八(6月2日)　淡阴,午后晴。

廿九(6月3日)　晴。

卅(6月4日)　晴,小雨终日。

五月初一(6月5日)　阴,微雨。辰起抱新民拜祠堂,供樱桃、粽子。

初二(6月6日)　晴。金儿晚车回京。

初三(6月7日)　晴。曾儿早车回京,奎儿晚车回京。

初四(6月8日)　阴,密雨终日。至亲来祝寿。

初五(6月9日)　雨止,仍阴。

初六(6月10日)　晴,午淡阴,申刻晴。带荫侄游市场,茶楼饮茶。

初七(6月11日)　晴。曾儿早车赴津,奎儿赴房山,金儿下通上坟。

初八(6月12日)　晴。晚后阴,小龙月。

初九(6月13日)　晴。金儿早车赴津。申刻偕海弟游市场。

初十(6月14日)　晴。足指忽肿痛。晚令儿辈请课师迎春楼便饭。

十一(6月15日) 阴雨终日。足仍肿。

十二(6月16日) 晴。足肿渐消,仍不能步。

十三(6月17日) 淡阴。足肿渐消。恩儿下通上坟。

十四(6月18日) 晴。教读师辞馆。

十五(6月19日) 晴。

十六(6月20日) 阴,微雨,午后晴。

十七(6月21日) 晴。王薇卿来拜会。足疾全愈。

十八(6月25日) 阴。郝浴沧送来《沙岭纪游草》,写齐校勘。

十九(6月23日) 阴。写挽联送汪亲家。

廿(6月24日) 晴,午后大雷雨一过。郝云樵来。巳刻访荣月帆,谢步。

廿一(6月25日) 早晴午阴。连日午前看飞艇由南苑演起。

廿二(6月26日) 半阴晴。改《沙岭纪游草》,代撰后跋。

廿三(6月27日) 晴。

廿四(6月28日) 晴。书挽联送沈子敦。申刻阴。

廿五(6月29日) 晴。巳刻同海弟、恩儿、枢孙在迎春楼便饭,游市场,归。

廿六(6月30日) 晴,天气炎热,晚起风。

廿七(7月1日) 淡阴。巳刻同海弟赴福兴居李青田之约,饭后进城游市场。

廿八(7月2日) 晴,申刻淡阴,有风。

廿九(7月3日) 晴。巳刻约郝云樵迎春楼便饭。午后游市场,看洋戏法。

六月初一(7月4日) 晴。

初二(7月5日) 晴。恩儿下通,奎儿回京。天热甚。孟觐侯约晚饭,辞。

初三(7月6日) 晴,天热甚。

初四(7月7日) 阴。

初五(7月8日)　阴。奎儿赴房山。徐养吾赠印色一匣。午后游市场。晚微雨。

初六(7月9日)　阴。巳刻赴迎春楼延子澄之约。饭后,游市场,茶话。

初七(7月10日)　阴,晚大雨。

初八(7月11日)　雨。午刻在迎春楼约延子澄、周采臣、金小山便饭。曾儿早车回京。

初九(7月12日)　晴。

初十(7月13日)　晴。午后延子澄约到市场茶楼饮茶。

十一(7月14日)　晴。巳刻约云樵在东来顺便饭,中兴楼饮茶,归。

十二(7月15日)　晴。通州胡绍恒来,索富成号陈欠,海山却之。曾儿早车赴津。

十三(7月16日)　晴。申刻游市场。

数日传宣江西独立与北军开仗。国务总理赵秉钧辞职。

十四(7月17日)　晴。早赴迎春楼周采臣之约,晚赴福全绍越千之约。

十五(7月18日)　晴,晚有雷声。

十六(7月19日)　晴。

十七(7月20日)　晴。

十八(7月21日)　阴,午后晴。

十九(7月22日)　晴。巳刻赴迎春楼曾式如之约。

二十(7月23日)　晴。巳刻赴西栈孟觐侯之约。连日炎热。

廿一(7月24日)　晴,连日炎热。

廿二(7月25日)　晴,午后急雨一过。婶母八旬寿,海弟、儿辈往叩。金绶回京。

湖口克复。

廿三(7月26日)　晴,午后半阴晴,有风,晚雨一过。

廿四(7月27日) 晴。辰起沐浴,午后命六姑奶奶带佛保到前街祭祀。

廿五(7月28日) 晴。

廿六(7月29日) 早雾旋晴。

廿七(7月30日) 晴,热甚。金儿早车赴津。

廿八(7月31日) 黎明大雷未雨,浓阴。毛琴孙来,请定课师潘振卿。

命令熊希龄总理。

廿九(8月1日) 黎明大雷雨,午见日光,午后大雷雨数次。

七月初一(8月2日) 阴雨,午见日光,旋又阴。曾式如赠《书塘唱和诗》。

初二(8月3日) 夜大雨,辰起仍阴雨。

通州大水。

初三(8月4日) 早阴午晴。收什糊裱书房,具帖请课师初六到馆。

初四(8月5日) 晴。

初五(8月6日) 半阴晴。

初六(8月7日) 半阴晴。原定是日课师进馆,因潘师在通阻水,未来,改期。

初七(8月8日) 晴。因通州大水,济通振局商办急振。

初八(8月9日) 晴。因足痛,昨请韩达卿立方,服一剂,今照方。

初九(8月10日) 晴。潘振卿课师进馆。足痛微减。

初十(8月11日) 阴。义门回京。

任命王少甫为中将,又命王少甫为第八师师长。

十一(8月12日) 晴。连日足痛,今已愈。金筱山来谈济通振局事。奎儿回京。

十二(8月13日) 晴。

十三(8月14日) 晴。足仍未痊,服海弟方药。

十四(8月15日) 早晴,午后阴,晚雨一过。奎儿赴房山。

十五(8月16日) 阴。阔安甫送关中八景墨拓,托题惜惺吟诗草,签字。

十六(8月17日) 阴雨。

十七(8月18日) 阴。

十八(8月19日) 阴。奎儿晚车回京。

十九(8月20日) 半阴晴。奎儿早车赴房山坨里。晚大雷雨一过。

廿(8月21日) 晴。张星槎约早饭,海弟赴约。

廿一(8月22日) 晴。

廿二(8月23日) 一夜雨,辰起不止,午晴。

廿三(8月24日) 晴

廿四(8月25日) 晴。天气凉爽。钟秀之赠《川楚纪游》一本。

廿五(8月26日) 晴,晚雷雨一过。

报传南京克复。

廿六(8月27日) 阴。

廿七(8月28日) 阴,不雨,颇凉。

廿八(8月29日) 晴。海弟、恩儿下通,晚车回。

廿九(8月30日) 晴,秋风清爽。

卅(8月31日) 晴。

八月初一(9月1日) 晴。坟丁吴三来云,漆材工已齐。

初二(9月2日) 晴。

初三(9月3日) 晴,午后阴。奎儿由坨里回京。

孔教会在国子监圣庙公祭。命令宣布南京克复,命张勋为江苏都督。

初四(9月4日) 阴。同海弟出城,致美斋便饭,游劝业场、东安市场。奎儿赴津。

初五(9月5日) 晴。

初六(9月6日) 晴。恩儿下通，成做椁。奎儿由津回京。

初七(9月7日) 晴。奎儿赴房山坨里。

初八(9月8日) 阴。足又肿痛，仍服前韩达卿开方。徐养吾赠葠两枝。

初九(9月9日) 阴，微雨。恩儿由通回京。

初十(9月10日) 晴。恩儿早车下通。

十一(9月11日) 晴。足痛止，肿消。国务员①命令宣布。

十二(9月12日) 晴。潘师回通。

十三(9月13日) 晴，大风。恩儿晚车回京，椁已做齐。

十四(9月14日) 晴。金、曾儿晚车回京。

联合会大会会长金筱山，副(会长)张心田、陆。财政次长张弧。

十五(9月15日) 晴，晚月蚀既，旋雷雨一过。

十六(9月16日) 晴。

十七(9月17日) 淡阴。海弟带儿辈下通，坟地破土，晚车回。

十八(9月18日) 阴，微雨，晚晴。

十九(9月19日) 晴。金儿奉运司札赴财政部领新印。潘师回馆。

廿(9月20日) 晴。儿辈下通，办葬事。

廿一(9月21日) 晴。海弟率儿、媳辈下通坟地，是日未时安葬。

廿二(9月22日) 晴。午刻毛琴孙来道谢，约到东来顺便饭。

廿三(9月23日) 晴。儿辈安葬讫，回京。

廿四(9月24日) 晴。

廿五(9月25日) 晴。金、曾儿赴津，奎儿赴房山坨里。中刻赴斌升楼定镇平、锡宸臣之约。申刻阴雨一过。

---

① 疑为“国务院”之讹。

孔社因圣诞日开会四日[①]。

廿六(9月26日) 晴。辰起访延子澄,询张振老行止。

廿七(9月27日) 晴。辰起同海弟、课师率子孙到圣庙国学瞻仰。

廿八(9月28日) 晴。

孔教会在国子监圣庙致祭。

廿九(9月29日) 晴。海山生日,至亲来祝。连日天气秋热。

九月初一(9月30日) 晴。

初二(10月1日) 晴。自书对一付,并墨拓板桥竹,赠阔安甫。

初三(10月2日) 晴。午后偕钟秀之、朱芷青在玉楼春公请客,定、锡、延、阔。

初四(10月3日) 阴,午急雨一过,晚晴。

初五(10月4日) 晴,秋爽。金儿晚车回京,奉差缴运司旧印。

初六(10月5日) 阴,午后急雨一过。

初七(10月6日) 阴,午晴。

初八(10月7日) 晴。

议院选举总统,袁(正),黎(副)。初七八两日因选定总统,十三国均承认民国。

初九(10月8日) 阴。巳刻约郝云樵、仇子彬在玉楼春便饭,云樵约观剧。晚在悦宾楼便饭。

初十(10月9日) 阴。金儿晚车赴津。

十一(10月10日) 阴,微雨。午后南苑飞艇来庆祝。

总统莅任,国庆纪念。

十二(10月11日) 晴。午后同海弟赴劝业场饮茶,又赴新华门看牌楼。奎儿回京。

---

① 《恽毓鼎澄斋日记》1913年八月二十七日:"至圣先师诞日,率儿辈在圣像前行礼。"(第661页)

十三(10月12日) 晴。午后带宝枢游市场。

十四(10月13日) 晴,午阴,未刻雨一过,旋晴。

十五(10月14日) 晴,午阴,微雨终日。

赵椿年解芜关监督。

十六(10月15日) 晴。

十七(10月16日) 晴。

十八(10月17日) 晴。

顺天府尹王治馨,内务次长钱能训。

十九(10月18日) 阴。恩儿早车下通省墓,晚车回。午晴。画松堂画一纸。

二十(10月19日) 晴,午后起风。

廿一(10月20日) 晴。约郝云樵来早饭,鱼片火锅。

廿二(10月21日) 晴。

廿三(10月22日) 晴。张星槎作寿,海山往祝。午后游市场,买菊花十二株。

廿四(10月23日) 晴。上房糊窗。

廿五(10月24日) 晴,有风。

廿六(10月25日) 晴。午刻同海山在东海楼便饭,游市场。金儿早车回京。

廿七(10月26日) 晴。

廿八(10月27日) 晴。金儿早车赴津,曾儿早车回京,奎儿晚车回京。

廿九(10月28日) 晴。曾、奎儿下通省墓,晚归。

十月初一(10月29日) 晴。奎儿赴房山坨里。申刻祠堂祭祀。

初二(10月30日) 晴。

初二(10月31日) 晴。曾儿早车赴津。

初四(11月1日) 晴。

初五(11月2日) 阴,微雨。晋三姑奶奶来上供,释服。南照房后墙圮。

初六(11月3日) 晴。

初七(11月4日) 晴。修砌南照房墙。

命令解散国民党。

初八(11月5日) 阴,微雨。

初九(11月6日) 晴,有风。南照房后墙工竣。

初十(11月7日) 晴。恩儿赴密云。

十一(11月8日) 晴。

十二(11月9日) 晴。奎儿早车回京。

十三(11月10日) 晴。拆通西厢房平台动工。王幼甫约海山看军医官。

长芦运司任命李穆。

十四(11月11日) 晴。奎儿早车赴坨里。吴山子来报,汤宅被明火盗劫。

十五(11月12日) 晴,有风。令姜贵同山子下通,递呈报案,函托胡玉庵关照。

十六(11月13日) 晴,有风。申刻吴三来云,昨日过堂讯问被盗情形。女厕槐树被风吹折。

十七(11月14日) 晴。勖初四十生日,画松梅、纨扇,题诗赠之。西厢房完工。

十八(11月15日) 晴。奎儿回京。郝浴沧约枢孙办公估局文牍。

十九(11月16日) 晴。午后带荫侄暨诸孙游市场。

廿(11月17日) 晴,有风。金儿晚车回京。

廿一(11月18日) 晴。奎儿早车赴坨里。午后回拜王铁珊。访芷青,买《国光集》。恩儿由密回京。

廿二(11月19日) 晴。金儿到财政部谒新运司李穆。

粤关监督杨寿楠。

廿三(11月20日) 早阴午晴。金儿晚车赴津。

廿四(11月21日) 晴。

廿五(11月22日) 晴,天气和暖,尚未见冰凌。

廿六(11月23日) 晴。巳刻同海弟带子侄孙在市场白肉馆便饭,游市场。

廿七(11月24日) 阴。画松堂画一幅。

廿八(11月25日) 晴。画荷花屏一条。夜雪辰止,午晴。

廿九(11月26日) 晴。

命令厘定尊圣典礼,衍圣公给一等禾章。组政治会议机关。李经羲、梁敦彦、樊增祥、蔡锷、宝熙、马良、杨度、赵惟熙。均二十九日命令。

卅(11月27日) 晴。

冬月初一(11月28日) 晴。申刻约郝云樵游市场,在白肉馆便饭。

初二(11月29日) 晴。

初三(11月30日) 早阴午晴,晚又阴。

初四(12月1日) 晴。奎儿午车回京,因小疾来就医。

初五(12月2日) 晴,午后风雪甚。奎儿腹痛,请虞子云诊治。

初六(12月3日) 晴,有风。又请虞子云。

初七(12月4日) 晴,风息。奎儿服海珊药见效,大外行腹痛止。

初八(12月5日) 晴。

初九(12月6日) 早阴午晴。

初十(12月7日) 晴。大家吃烤肉。午后同延子澄游市场。晚在东海楼便饭。

十一(12月8日) 早阴午晴。大雪。

十二(12月9日) 晴。

十三(12 月 10 日) 晴。郝裕仁堂嫁女,海珊大媒,往贺。

十四(12 月 11 日) 晴。海珊早车赴张家口。曾儿晚车回京,官运局已辞职。

黎副总统来京。

十五(12 月 12 日) 晴,大风。奎儿早车赴坨里。

十六(12 月 13 日) 晴。海珊由张(家)口来一信。

十七(12 月 14 日) 晴,晚阴,有雪意。

十八(12 月 15 日) 大雪一夜,终日不止。晚同子澄、安甫在万福居公请客。

江苏都督冯国璋,直督赵秉钧,巡阅长江张勋。

十九(12 月 16 日) 晴。申刻赴瑞蚨西栈孟觐侯之约。

廿日(12 月 17 日) 晴。

廿一(12 月 18 日) 晴。请潘师振卿(定下年馆)、朱芷青、金小山、毛琴孙东海楼便饭。

廿二(12 月 19 日) 晴。

廿三(12 月 20 日) 郝云樵来,畅谈半日。

命令绍英管左右赞前锋营、八旗护军营[①]。

廿四(12 月 21 日) 晴。接海山来信。

廿五(12 月 22 日) 晴。冬至。

廿六(12 月 23 日) 晴。午后游市场,会英堂茶点。晚接海山来信。

赵尔巽给勋二位。

廿七(12 月 24 日) 晴。午后带曾儿同伯申赴东安市场看白昼电影。

廿八(12 月 25 日) 晴。请虞子云看安保病。邓平仲拜会。晚

---

① 《绍英日记》民国二年十一月廿四日:"昨日大总统命令任命绍英管理两翼前锋八旗护军营事务。"(第二册,第 546 页)

接海山来信。

廿九(12月26日) 晴。郝六姑奶奶来谢。

腊月初一(12月27日) 晴。午后往祝荣月帆寿,同游市场,茶点。

初二(12月28日) 晴。午后带佛保游市场,改作困秋帽。

初三(12月29日) 晴,有风。申刻延子澄、王少甫来拜会。

初四(12月30日) 晴,风息。

初五(12月31日) 晴。午后同高雁生、郝调臣、曾儿△△游市场。

初六(1914年1月1日) 晴,有风。

初七(1月2日) 晴,有风。上午请虞子云东海楼便饭。午后游市场,茶话。

王汝勤陆军中将,二等文虎章。王汝俭,四等文虎章。

初八(1月3日) 晴。午后游市场,发张(家)口信。晚接海山来信。

初九(1月4日) 晴。巳刻访延子澄,送诗稿,询问支季卿出租之房。

初十(1月5日) 晴。午后带荫侄出城,同乐园听戏。接金儿信。

十一(1月6日) 晴,有风。作汤瓶鸭绒枕诗二截句寄朱芷青。

十二(1月7日) 晴,风止,寒甚。作汤平儿、白荣儿小传。奎儿早车赴坨里。

赵△蕃代理财政次长。

十三(1月8日) 晴。

十四(1月9日) 晴。接海珊来信。

命令郝树基为佥事。

十五(1月10日) 晴。未正海弟由张家口回京。

十六(1月11日) 晴。周老四自张(家)口回京,郝厚畬自河南回京。

十七(1月12日) 晴。午后出城,青云阁茶点。奎儿晚车由坨里回京。

十八(1月13日) 晴。

十九(1月14日) 晴,有风。奎儿赴坨里。晚赴悦宾楼公局,东坡生日纪念。

廿(1月15日) 晴。午后游市场。

廿一(1月16日) 早淡阴,午晴。家塾结馆,潘师回通。

廿二(1月17日) 晴。奎儿回京。高线路已归商办交割解散。

廿三(1月18日) 晴。辰刻带枢龢两孙出城,青云阁茶点,文明听戏。金儿晚车回京。

廿四(1月19日) 晴。送朱汉池、虞子云礼各四色。

廿五(1月20日) 晴。

廿六(1月21日) 晴。担扫佛楼祠堂,晚忌辰祭祀。

廿七(1月22日) 晴。午后带佛保在吉祥茶园看新戏《塞北奇缘》。

廿八(1月23日) 晴。午后带荫侄在吉祥园看戏。祠堂悬影。

廿九(1月24日) 晴,有风。祠堂上果供。

卅(1月25日) 晴。午刻祠堂上供。

致金筱珊

筱珊四兄大人如握,别来二月余,深念,深念。月朔由邮局递到手札,敬悉壹是。吾乡慈善救济会名义甚正,救济与赈灾同为保全人民生命,则提赈款办理亦属正当,自应赞成。前儿辈家报中提及此事,曾经函命儿辈到尊府面陈,允为提款。惟提款如不用,应如何归还,如用去,应如何详办征信录,皆须预定确实办法来补。所筹一切,烦用密号商,既云可少提,即可照前议提余剩一千之数,盖救一时之意,济一时之难,断无延长日月救济之理。前次吾辈办赈捐皆系京通殷实铺商经理，吾辈均未经手，则一千自可敷用。至于常年粥厂及他项公益皆非救急，自不可。银钱此次自应照办即可，不用则归还，用则核销办法由铺商经理提拨此数，以符当日同乡之公议。救济会倘遇危险，非兵力不能保护，吾州人有何把握，亦应预筹。如虑乡间之分会亦来提款，则以号商只能付利不能提本命之，想不能强我也。

致李仲年（三益和）：

仲年仁兄大人阁下，久违雅度，时系渴怀。顷奉手书，敬聆壹是。济通振局之款，蒙尊处从公费初经理，屈指十有九年，随收随取，异常纷扰。又经庚子变故，至今本息毫无舛误，皆仰赖诸公精勤诚笃极力保全，敝同乡无不感佩。今因时局艰危，移交敝同乡接收，敝同乡在京颇不乏人，自应共尽义务经理一切，十数年琐渎清神，特此专函布谢。弟因干戈满地，警报纷来，而妻老且病，妇孺幼稚，不堪惊扰，遂挈眷赴沙岭郝舍亲处，聊以避嚣。幸难敉平，足应垂注，俟回京后当即趋谒面谢。手复敬请台安。惟照不一一。

致孙玉亭：

玉亭仁兄大人左右，别来倏忽经年，每企芝屑，无任驰仰。迩维气象经新，康强违合。今岁欣值我兄七旬正寿，只以远阔乡关，不获跻堂称祝，甚歉。谨备寿幛一悬，聊申微悃。忝呈笺帛，望乞哂存。至弟去岁七十生辰，曾已拜领厚贶，乃今年衰朽余龄，又蒙远颁隆礼，万不敢领，谨璧敬谢。

蠡莼尊兄同年大人阁下，别来瞬忽经年矣，大地变色，风雨飘摇，不图吾辈老境复观此景象，曷胜浩叹！忽颁手札，敬悉壹是，就谂随遇而安，老当益壮。迩唐旅况弥？渴怀。弟自客秋九月因事休岌岌，故寓遍近东华，老妻病久，妇孺累多，倘有变动，何堪惊扰，遂携眷东避于乡，在舍亲家小住，尚称安适。京师新正十二之变，东安门外寓危险，儿辈在家留守，见街市三面火起，人声鼎沸，追迫几不能保，竟未遭焚掠，诚为大幸，堪慰垂注。弟于三月中旬知京帅地面梢安，始挈眷回京，惟毫无生计，子孙坐困，囊橐空虚，徒唤奈何。中央政府本未完全，忽又中变，万端待举而借款无成，大局摇摇，如何得了。市面虽开，内容奇窘，米珠薪桂，民不聊生，望后顾，真不堪设想也。

挽王吉甫

分道旧朋侪，鳬舄飞腾壮游冀北；

长辞新世界，乌衣凄冷怅望江南。

挽何闰夫

水部擅才名，仰楼阁清高，不嫌杯酒流连，招我共谈尘外梦；

养园留粉本，怅云山缥缈，无复邮筒酬答，邀君叠和画中诗。

挽汪以仁亲家

盛名久著金台，至谊托葭莩，羡桂馥兰芬，指日八旬称寿斝，

薄宦曾游珂里，义行传桑梓，忽山颓木萎，流风千古仰遗徽。

民国三年

甲寅正月初一(1月26日) 晴,天气和暖。……[1]

初二(1月27日) 晴。辰起祀神。

初三(1月28日) 晴。至亲来贺年。申刻,祭祠堂。和芷青元旦诗。

初四(1月29日) 晴。和芷青诗分送延、阔二君。午后起,本家拜影堂。

初五(1月30日) 晴。……

初六(1月31日) 夜雪辰止,午晴。偕海弟青云阁便饭,饭后游琉璃厂。申刻到东安市场晚饭。太太忌日周年,至亲来祭。曾儿△△△拜。申刻△△△游△△赴延子澄△△。

初七(2月1日) 晴。

初八(2月2日) 晴。

初九(2月3日) 阴。△△△△申△△上坟拜祖。

初十(2月4日) 阴。午后带曾儿逛厂。申刻赴万福居斌升楼。

十一(2月5日) 晴。金儿早车赴津。

十二(2月6日) 早阴,申刻晴。

十三(2月7日) 大雪终日。

十四(2月8日) 阴。晚祠堂上灯,供元宵。

十五(2月9日) 晴,清寒。晚祠堂上灯,供元宵。

十六(2月10日) 早阴,午晴。潘师到馆,学生上学。晚祠堂供元宵。

十七(2月11日) 晴。午后祠堂上供,收影。申刻赴吉祥乐园

---

① 底本181页至183页字迹多处漫患不清,用省略号代替。

听戏。

十八(2月12日) 晴。……

十九(2月13日) 晴。……

廿(2月14日) 晴。……

廿一(2月15日) 晴。

廿二(2月16日) 阴,晚雨。午后吉祥园听戏。

廿三(2月17日) 夜雨,辰雪,午后雪止,仍阴,潮湿大作。

廿四(2月18日) 阴。

廿五(2月19日) 晴。申刻赴悦宾楼延子澄之约。

廿六(2月20日) 晴。请塾师带学生吉祥观剧。晚白肉馆便饭。

直督赵兼民政。刘应曾政治官员,梁启超币制局总,司法长梁辞职,教育汪辞职,司法长章宗祥,教育长严修。

廿七(2月21日) 晴。

廿八(2月22日) 晴。午后游市场。

廿九(2月23日) 晴。

卅(2月24日) 晴。

二月初一(2月25日) 晴。午后游市场,饮茶。

初二(2月26日) 晴。午后出城,广和楼听戏。孟子诞辰。

初三(2月27日) 晴。午后吉祥园听戏。

初四(2月28日) 晴。

直督赵出缺,直督民政长朱家宝兼署督。命令解散省议会,暂不必另选举。

初五(3月1日) 晴。申刻赴南城万福居朱芷青之约。

初六(3月2日) 淡阴。文庙丁祭,金儿由津晚车回京。

初七(3月3日) 晴。午后游市场。郝厚畬来京。

初八(3月4日) 晴,晚阴。甲戌同年五人在铁门安庆馆公请陆凤老。

初九(3月5日) 阴,微雨,晚密雨。

熊希龄办全国煤油矿。

初十(3月6日) 连阴,一夜风雨不止,午后雨止,晚晴。

十一(3月7日) 晴,大风。

十二(3月8日) 晴。午后同原畲△△△……茶话。

十三(3月9日) 半阴晴。闻前三日山海关外大雪风,故天气寒冷。勖初赴山西、河南。

十四(3月10日) 淡阴。冯伯玗考知事,取甲等四十一名。

十五(3月11日) 阴。

十六(3月12日) 阴,风雨雪。申刻雪止,晚晴。

十七(3月13日) 晴,微有风,清寒甚,水又冰。

十八(3月14日) 晴。夜不成寐。

十九(3月15日) 晴。

二十(3月16日) 晴。午后游市场。

二十一(3月17日) 晴。

廿二(3月18日) 晴。奎儿早车赴塘沽盐务所办文案。

廿三(3月19日) 晴。午后游市场,同延子澄茶话。荣月帆约白肉馆晚饭。

廿四(3月20日) 晴。

廿五(3月21日) 阴。

廿六(3月22日) 晴。午后吉祥园听戏。

廿七(3月23日) 晴。午后约延子澄同海弟吉祥听戏。

廿八(3月24日) 夜雪,辰不止,午晴。

廿九(3月25日) 晴,夜风,甚寒,水又见冰。

卅(3月26日) 晴。午后吉祥园听戏。

三月初一(3月27日) 晴。午后吉祥听戏。

初二(3月28日) 晴。午后吉祥听戏。

初三(3月29日) 晴。午后带曾儿赴后门外集贤楼饮茶。申刻阴，有雷声。

初四(3月30日) 晴。午后延子澄来约游市场，邕观楼茶话。晚阴。

初五(3月31日) 晴，午后阴，晚又清寒。

初六(4月1日) 晴，有风，申刻阴，天寒，晚有微雪。回拜周采臣。晚赴广和居锡闰生之约。

初七(4月2日) 阴。奎儿来信。学校放假。

初八(4月3日) 淡阴，天气清冷。

张謇出差，章宗祥代商部总长，陆军段回京，田文烈获豫督，都肃政史庄蕴宽。

初九(4月4日) 晴。海弟带儿辈下通省墓致祭并补种树。

初十(4月5日) 早晴。申刻阴。云樵来京。勖初回京。晚祠堂致祭。清明。

十一(4月6日) 晴。午后同义门游市场。

十二(4月7日) 晴，大风。

十三(4月8日) 晴，天气和暖。恩儿赴奉天营口。

十四(4月9日) 晴。

十五(4月10日) 晴。申刻阴。早赴西城，约郝云樵出城致美斋。便酌后游琉璃厂，又到茶楼公清局益和祥。接恩儿山海关来信。

十六(4月11日) 阴。

十七(4月12日) 早阴，午晴。辰刻率儿孙赴先哲祠致祭。

十八(4月13日) 早晴，申刻淡阴。老太爷忌日，祠堂致祭。

十九(4月14日) 晴，有风。

二十(4月15日) 晴，仍有风。接恩儿营口来信。

廿一(4月16日) 晴。接恩儿营口来信，晚又来信。奎儿溏沽来信。派熊岳撤验局分卡卡长。

廿二(4月17日) 晴。荫侄姻事通书过礼，本家至亲来贺。

廿三(4月18日) 晴，午后阴。后院搭玻璃相。晚晴。

廿四(4月19日) 晴,天气甚暖。申刻赴恽薇孙家赏花。出城访徐养吾,不遇。

廿五(4月20日) 晴。接恩儿来信。

廿六(4月21日) 晴。晚奎儿回京。

廿七(4月22日) 晴。荫侄成婚。

廿八(4月23日) 晴。撤喜棚。

廿九(4月24日) 晴。

四月初一(4月25日) 晴。荫绶夫妇回门。晚在吉祥园观剧。

初二(4月26日) 晴,申刻淡阴。接恩儿营口来信。

初三(4月27日) 阴。酉刻恩儿由营口回京。奎儿赴塘沽。

初四(4月28日) 晴。申刻阴。

初五(4月29日) 晴。

初六(4月30日) 晴。头闷,牙痛,胸膈不□□□。徐花农赏花之约未赴。

初七(5月1日) 晴,晚阴。

徐世昌为国务卿,汤化龙教育,梁敦彦交通。国务院废止。民国约法公布。梁士诒税务督办,政事堂左丞杨士琦、右丞钱能训。任命肃政史十六人,军政院评事十五人。

初八(5月2日) 晴。午后游市场,茶点。

初九(5月3日) 晴。午后同勖初市场茶话。

初十(5月4日) 晴。

十一(5月5日) 晴。送绍老太太四菜两点,接风。

十二(5月6日) 晴。

十三(5月7日) 晴。午后同云樵游市场,茶话。

十四(5月8日) 晴,午后阴。

十五(5月9日) 晴。

十六(5月10日) 晴。政事堂司务所叙会派曾绥编辑旧案事宜。

十七(5月11日) 晴，有风。巳刻东城拜王铁珊、绍越千。曾绶派在机要局。

十八(5月12日) 阴。

十九(5月13日) 阴有风，午晴。约云樵在吉祥园听戏，东海楼晚饭。

廿(5月14日) 晴，午后有风。

廿一(5月15日) 晴。午后延子澄约同海弟在吉祥听戏。

廿二(5月16日) 晴。酉刻金儿由津回京。

廿三(5月17日) 晴。午后赴益和祥少座，到天乐园。云樵约听戏，晚饭小乐天。

廿四(5月18日) 阴，微雨，晚晴。

廿五(5月19日) 晴。

廿六(5月20日) 晴。辰刻回拜绍叙五，并访荣月帆。

廿七(5月21日) 晴。

廿八(5月22日) 晴，晚阴，灯后雷雨一过。

廿九(5月23日) 晴。

命令公布省改三级：巡按使、道尹、县知事。

卅(5月24日) 晴。巳刻偕海弟在会元楼便饭。午后吉祥观剧。

五月初一(5月25日) 晴，有风扬沙。申刻同海弟、荣月帆公请绍四、五爷、敬世五、锡闰生福全便酌。

初二(5月26日) 晴，有风。客厅搭苇棚。

初三(5月27日) 晴。

初四(5月28日) 晴。至亲来祝寿。午后大风扬沙甚烈，晚阴，有雨意。

初五(5月29日) 晴。各官署学校放节假一日。

初六(5月30日) 晴。午后西城拜陆凤老、郝云樵，顺路到张相公庙。申刻起风，夜雨。

初七(5月31日) 阴,仍有风,微雨。

初八(6月1日) 晴。午刻赴西城陆凤老宅便饭。申刻阴,微雨。

初九(6月2日) 早阴,午晴。同延子澄出城,看大舞台。酉刻雷雨一过。

初十(6月3日) 晴。画菊酒图诗扇,应延子澄之属。

十一(6月4日) 晴。

十二(6月5日) 晴。申刻起风。巳刻访延子澄、荣月帆、绍叙五。晚赴福全绍四、五之约。

十三(6月6日) 淡阴,晚微雨。毛琴孙来,得绶、洪绶事商酌办法。

十四(6月7日) 晴,有风扬沙。

十五(6月8日) 晴,有风扬沙。

十六(6月9日) 晴。辰刻同延子澄赴前门观音寺大梁春便饭。午刻赴第一舞台听戏。搭大红棚新开张,才演戏三出,忽红棚失慎,火起,急躲至后院,幸巡警推倒邻家墙,乃相携而出,危险哉。

十七(6月10日) 晴。午后带金儿、刘外孙游市场,茶点。

十八(6月11日) 淡阴。午后到前街看妯母,顺访朱芷青、汪墨卿。

十九(6月12日) 晴。

廿(6月13日) 晴。画松芝堂画一幅。午后游市场茶点。

廿一(6月14日) 淡阴,微雨一过。

廿二(6月15日) 晴。画堂画一幅。

廿三(6月16日) 晴。辰约荣月帆市场会元楼便饭。申刻雷雨一过,旋晴。

廿四(6月17日) 晴。辰刻赴天祐堂沐浴。

廿五(6月18日) 晴。巳刻太丰楼周采臣之约,饭后同游市场，买花。

廿六(6月19日) 晴。午后访徐养吾。申刻赴西栈孟觐侯之约。晚西南有雷雨。

廿七(6月20日) 晴，午后阴。

丁振铎为审计院长，徐恩元副。

廿八(6月21日) 晴。连日足痛。

廿九(6月22日) 半阴晴。奎儿来信，充邓沽△务局局员。

闰五月初一(6月23日) 早晴，申刻大雷雨，灯后雨止。

初二(6月24日) 晴。申刻同云樵出城玉楼春便饭。饭后到商务总会同李伯笙赴湖广馆听赓飏集夜戏。

初三(6月25日) 晴。沈雨人派恩儿浦信工程局科员。

初四(6月26日) 早晴，午后阴，有雨意，晚晴。延子澄约悦宾楼，辞。

初五(6月27日) 晴。写对联三付。

初六(6月28日) 夜大雷雨，晨雨止，仍阴，午晴。带枢孙吉祥听戏。

初七(6月29日) 阴，午晴，申刻北有雷声。

初八(6月30日) 阴。

初九(7月1日) 夜雨，辰晴，天气清凉。申刻游市场，茶点，买书，买花。安徽□□乌衣□

初十(7月2日) 阴，午晴。巳刻赴秦老，访赵次帅。恩儿早车赴浦信工程局。

十一(7月3日) 早阴，巳刻晴。巳刻访延子澄。

十二(7月4日) 阴。

十三(7月5日) 夜雨，仍阴，午后又微雨一过，申刻晴。晚接恩儿来信，十一到乌衣。

十四(7月6日) 晴。

十五(7月7日) 阴，申刻细雨。

十六(7月8日)　连阴细雨,晚晴。接恩儿来信。

十七(7月9日)　晴。海弟、得绶下通,验房地契,剪子巷住房地基,两茔地,枣林庄祭田。

十八(7月10日)　晴,午后阴雨。

十九(7月11日)　夜雨早晴,午阴,晚晴。晚赴湖广馆,偕云樵听赓飏演戏。

二十(7月12日)　晴。午后同延子澄、锡闰生舞台听戏。晚悦宾楼便饭。

廿一(7月13日)　晴,午后急雨一过。接奎儿邓沽来信。灯候急雨一过。初伏。

廿二(7月14日)　早微雨,半阴晴。遣李顺赴邓沽。

廿三(7月15日)　早阴,午晴。申刻游市场,茶点,买花。

廿四(7月16日)　晴,晚阴,有雷声。接奎儿来信。接恩儿来信,派工科科员。

廿五(7月17日)　夜雨早晴,午后阴晴不定,晚雷雨。和赵次山七古一篇。

廿六(7月18日)　阴雨。

廿七(7月19日)　阴。

廿八(7月20日)　阴。

廿九(7月21日)　晴。

卅(7月22日)　晴。写小对小横幅。

六月初一(7月23日)　晴。巳刻偕海弟赴鸿兴楼徐养吾之约。七钟,风雷雨一过。

初二(7月24日)　阴,微雨,午后急雨两次,连绵终日。接恩儿来信。

初三(7月25日)　阴,微雨,午后急雨数次,连绵终日。冯伯玗署唐县知事。

初四(7月26日)　大雨一夜,晨雨止,仍阴,午晴。

初五(7月27日)　阴,午晴。买花一担。六钟,大雷雨一阵。

初六(7月28日)　晴。

初七(7月29日)　晴。辰刻西城拜钟秀之,顺约郝云樵到东安楼茶话,便饭。饭后吉祥听戏。通州查验地契,由义门取回。

新官制卿大夫士九等命令颁布。

初八(7月30日)　阴午晴。

初九(7月31日)　晴。晚八钟雷雨一阵。密云地契就近左翼税局呈验。

初十(8月1日)　晴,晚雷雨一过。

十一(8月2日)　晴,申刻雷雨一过。接恩儿来信。

十二(8月3日)　晴。午后片云,微雨一过。

十三(8月4日)　晴。辰出城,华充银行拜李仲年。申刻游市场。

十四(8月5日)　晴。辰起访延子澄。

十五(8月6日)　晴。

十六(8月7日)　早阴,微雨,午后晴。

十七(8月8日)　晴。

十八(8月9日)　晴。接恩儿来信。

十九(8月10日)　晴。

特任赵倜宏威将军,因击毙白狼。

廿(8月11日)　晴。申刻游市场,饮茶。

廿一(8月12日)　晴。

廿二(8月13日)　晴,天气甚热。

廿三(8月14日)　晴,仍热甚,午后片云,急雨一过。接恩儿来信。

廿四(8月15日)　晴,仍热甚,午后大雨两阵,仍阴。

廿五(8月16日)　晴,三更风雨一过。

廿六(8月17日)　晴。密云地契验讫,取回。

廿七(8 月 18 日)　晴,灯后雷雨。

廿八(8 月 19 日)　夜大雨,仍阴,午后晴。

廿九(8 月 20 日)　晴。绍叙五来访,约到市场会元楼便饭,复茶楼茶话。

七月初一(8 月 21 日)　晴,午后阴,微雨。

初二(8 月 22 日)　晴。午后出城赴望园,顺赴张星槎。晚恩儿回京。

初三(8 月 23 日)　晴。

初四(8 月 24 日)　晴。午后带恩儿、承奎、承第游市场茶点,买小椅,赏新民。

初五(8 月 25 日)　晴。

初六(8 月 26 日)　晴。

初七(8 月 27 日)　晴。中刻偕海弟出城到云华利,旋赴致美斋便饭。晚听舞台夜戏《天河配》,十二点归。

初八(8 月 28 日)　晴。

初九(8 月 29 日)　晴。

初十(8 月 30 日)　晴。辰起西城拜谒陆凤老,回拜丁镜河。申刻约延子澄、锡闰生金谷春便饭。晚第一舞台听戏,灯后雷雨一过,三更雨止。

十一(8 月 31 日)　晴。申刻市场茶楼饮茶。

十二(9 月 1 日)　晴。

十三(9 月 2 日)　淡阴,晚晴。巳刻赴延子澄金谷春之约舞台听戏。

十四(9 月 3 日)　半阴晴。申刻游市场。

十五(9 月 4 日)　晴。申刻祠堂祭祀。

十六(9 月 5 日)　晴,晚阴。

十七(9 月 6 日)　夜雨晨晴。海山同王幼甫赴河南许州。午后带佛保赴文明园听戏,因人多甚热,先归。日暮雷雨一过。

十八(9月7日)　晴。

十九(9月8日)　阴。

二十(9月9日)　半阴晴,西北风起,秋凉。

廿一(9月10日)　晴。

廿二(9月11日)　晴。

廿三(9月12日)　晴。接海弟自许州来信。申刻游市场茶点。

廿四(9月13日)　早晴午阴,雷雨一过,旋晴。申刻又雷雨一过,旋晴,晚又雷雨一过,即晴。

廿五(9月14日)　半阴晴,晚阴,雷雨一过。

廿六(9月15日)　晴。

廿七(9月16日)　晴。学堂教育署放假一日。午后赴宴宾楼李润田之约。晚子正归。

廿八(9月17日)　阴。赵丹林、夏樵三来问胡绍和事,约赴市场便饭茶话。奎儿回京。

廿九(9月18日)　辰起大雷雨,微雨终日。

卅(9月19日)　阴。奎儿媳生一女。

八月初一(9月20日)　晴。奎儿早车赴邓沽。午后赴孔社讲经开会。申刻赴天福堂李仲年之约。郝勖初自南京回京。

初二(9月21日)　晴。接海弟由许州来信。

初三(9月22日)　晴。

初四(9月23日)　晴。

初五(9月24日)　晴。巳刻往吊文子和亲丧。海弟自许昌回京。

初六(9月25日)　晴。午后赴西城直隶农学会。

初七(9月26日)　晴。巳刻赴正阳楼锡闰生之约,饭后天乐听戏。

初八(9月27日)　晴,午后阴。

初九(9月28日)　晴。

总统亲行孔子庙大祀。

初十(9月29日)　早晴,午后阴。

十一(9月30日)　晴。

十二(10月1日)　晴。午后赴西城农学会,又赴张相公庙郝宅。吕海寰捐山东振务。

十三(10月2日)　晴。午后丹桂听戏。

十四(10月3日)　晴,午后阴,微雨。

十五(10月4日)　仍阴,微雨,晚晴,见月,旋又阴。

十六(10月5日)　阴,午见日,申刻又阴。游市场,饮茶。夜雷雨。

十七(10月6日)　晴。

顺天府尹改为京兆尹。审计处长李经羲。

十八(10月7日)　晴。

十九(10月8日)　晴。午后游市场,茶点。接胡绍和来信。

二十(10月9日)　晴。晚赴斌升楼阔安甫之约。

二十一(10月10日)　晴。复胡绍和信。

廿二(10月11日)　晴。辰刻带枢孙游社稷坛、天安门楼,出城,止阳楼便饭,天乐园听戏,晚赴泰丰楼丁镜河之约。

廿三(10月12日)　阴午晴。

廿四(10月13日)　半阴晴。

廿五(10月14日)　早阴。午后画堂画赠宁子衡。

廿六(10月15日)　晴。

廿七(10月16日)　早阴,午晴。连日画横直幅四张。

廿八(10月17日)　圣诞日。晴。巳刻到孔社瞻仰圣容,随班祀圣。申刻同延子澄赴广和居便饭,旋到清秘阁取裱画归。

廿九(10月18日)　阴。海山生日,至亲来祝。晚密雨。

九月初一(10月19日)　晴,西北风,天清寒。

初二(10月20日)　晴。

初三(10月21日) 晴。午后带新民市场照相、饮茶、游大街，归。晚赴丹桂园听夜戏。

初四(10月22日) 晴。

初五(10月23日) 晴。

初六(10月24日) 晴。巳刻赴斌升楼延子澄之约，饭后天乐听戏。

初七(10月25日) 晴。午后赴长元馆公请赵次山。海山带荫绶夫妇赴通拜墓。

初八(10月26日) 晴。午后出城，游望园。赴朱芷青，祝七十寿。

初九(10月27日) 阴，微雨终日，晚晴。

杨寿枏山东财政厅。

初十(10月28日) 晴。申刻赴福兴居，约丁镜河暨荣、延、周、阔、徐、张便酌。

十一(10月29日) 阴，微雨。晚急雨一过。

十二(10月30日) 晴。

十三(10月31日) 阴，雾气潮湿。

徐相国六十寿。总统夫人寿。

十四(11月1日) 密雨一夜，微雨终日。

十五(11月2日) 终夜密雨，辰起不止。

十六(11月3日) 晴，北风终日。

十七(11月4日) 晴。复赵丹林信，言胡厚庵事。

十八(11月5日) 晴。午后游市场，饮茶。

十九(11月6日) 晴，有风，天寒。

廿(11月7日) 晴。李润田赠菊花三十盆求画。

廿一(11月8日) 阴。

廿二(11月9日) 晴。同乡王画初道元赠菊、柏求画。

廿三(11月10日) 晴，午后阴，晚微雪。

廿四(11 月 11 日) 阴。

廿五(11 月 12 日) 晴。午后游市场。晚同海弟在吉祥听戏。

廿六(11 月 13 日) 半阴晴。午后赴西城吊钟秀之,顺到郝宅。出城,悦宾楼公祝朱芷青七十寿。

廿七(11 月 14 日) 晴,北风。新民病哮喘,请虞子云诊治,病危险。

廿八(11 月 15 日) 晴。新民病不减,请周立桐诊治,晚亥刻新民殇。

廿九(11 月 16 日) 晴。曾儿早车下通上坟。

十月初一(11 月 17 日) 晴。申刻祭祠堂。晚阴,有雨意。

初二(11 月 18 日) 晴。巳刻出城,带金儿约高雁生翠芳园便饭,文明听戏。

李穆调两浙盐运,陶家瑔长芦盐运。

初三(11 月 19 日) 晴。午后游市场,饮茶。

初四(11 月 20 日) 晴。辰起偕海弟、恩绶出城,约高老四在翠芳园便饭。

初五(11 月 21 日) 晴。

初六(11 月 22 日) 晴。巳刻偕海弟带金儿、枢孙赴万福居李润田之约。饭后天乐听戏,晚归。在市场霁月楼便饭。

初七(11 月 23 日) 晴,微有风。书挽端午桥弟兄挽联两副。

初八(11 月 24 日) 晴,天气和暖。午后游市场,饮茶。

初九(11 月 25 日) 晴,微有风。

初十(11 月 26 日) 阴,微风,清寒。晚赴市场霁月楼延子澄之约。

十一(11 月 27 日) 晴。午后带恩儿游天桥市场。

十二(11 月 28 日) 阴。

十三(11 月 29 日) 早阴,午晴。约李润田昆仲悦宾楼早饭,天乐听戏。

十四(11月30日) 阴。晚赴市场霁月楼李四爷之约。

十五(12月1日) 晴。巳刻约潘师带学生赴霁月楼便饭。午后起风。

十六(12月2日) 晴。一夜风,辰刻风止。

十七(12月3日) 晴。午后游市场饮茶点。申刻儿辈祭阴寿。

十八(12月4日) 晴,清寒。午后吉祥园听戏。

十九(12月5日) 晴。申刻赴会英堂荣月帆约,便饭。

二十(12月6日) 晴。

廿一(12月7日) 晴,有风。徐花农约陶陶居晚饭,辞谢。

廿二(12月8日) 晴。

廿三(12月9日) 晴。午后出城,回拜诸梦九、韩剑芝、李青田。

廿四(12月10日) 晴。家做两菜并酥桃、挂面送郝植甫,祝七十寿。

廿五(12月11日) 晴,晚起风。

廿六(12月12日) 晴,天严寒。

廿七(12月13日) 晴。巳刻约毛△、金△、潘师霁月楼便酌。晚赴会英堂绍氏之约。

廿八(12月14日) 淡阴。

廿九(12月15日) 晴,午后起风。

卅(12月16日) 晴。辰起赴杨忠愍公祠公祭。

十一月初一(12月17日) 晴,有风。巳刻赴霁月楼锡闰生之约,饭后吉祥听戏。

初二(12月18日) 晴。午后沐浴。奎儿由邓沽回京。

初三(12月19日) 晴。

初四(12月20日) 晴。约赵冠英、郝树如吃烤羊肉。午后赴广慧寺孔社开会。

初五(12月21日) 阴。

初六(12月22日) 夜雪辰止,旋晴,起风。

初七(12月23日) 晴,风日清明。冬至。

官署学校放节假一日。总统祀天。

初八(12月24日) 晴。

初九(12月25日) 晴。奎儿早车赴塘沽。午后大风。

初十(12月26日) 晴。徐养吾赠梅四盆、水仙十棵,附诗二首。

十一(12月27日) 晴有风。和徐养吾诗二首。坟丁来报,刘姨太太初十病故。

十二(12月28日) 晴。海弟带恩儿早车下通,到茔地办刘姨葬事。

十三(12月29日) 晴。巳刻会英堂茶点。午后丹桂听戏。海弟晚车回京。赵仲宣赠佛手香桃四盆。

十四(12月30日) 晴。申刻赴市场会英堂锡闰生之约。

十五(12月31日) 晴。午后偕海弟约子澄、润生丹桂听戏,晚会英堂吃白肉。

十六(1915年1月1日) 晴。巳刻赴会英堂茶点,丹桂听戏,晚会英堂晚饭。厚斋来。

十七(1月2日) 晴有风。

十八(1月3日) 晴。

十九(1月4日) 晴。

廿(1月5日) 晴。午后丹桂听戏。晚带荫侄、枢孙、刘承第霁月楼便饭。

廿一(1月6日) 阴,午后大雪。

廿二(1月7日) 晴。午后丹桂听戏。

令巡按使巡视地方。

廿三(1月8日) 阴,晚雪。

廿四(1月9日) 阴。

廿五(1月10日) 晴。

提灯会,庆祝总统选举法。

廿六(1月11日) 晴,大风。

廿七(1月12日) 晴。天气酷寒。

廿八(1月13日) 晴,仍有风。

廿九(1月14日) 晴,仍有风,午阴,冷气逼人,申刻晴。

十二月初一(1月15日) 晴。午后往祝荣月帆寿。出城赴金昌镶牙。

初二(1月16日) 晴,有风。请虞子云治龄保核症。

初三(1月17日) 晴。又请子云。

初四(1月18日) 晴。请虞子云会英堂早饭。

初五(1月19日) 早阴,微雪,午晴。

初六(1月20日) 阴,密雪。

初七(1月21日) 大雪。晴。午后出城,取镶牙。申刻清秘阁买对联。

初八(1月22日) 晴。申刻偕海弟赴悦宾楼朱芷青之约。

初九(1月23日) 阴,密雪终日。龄保喉症剧,请潘韩医生诊治。奎儿由塘沽回京。

初十(1月24日) 晴。龄保症仍不见轻,又请杨医诊治,晚龄保殇。

十一(1月25日) 夜雪。巳刻晴。奎儿赴塘沽。

十二(1月26日) 阴。恩儿下通,送龄保葬。申刻赴子澄之约,听戏,便饭。

十三(1月27日) 晴,有风。

十四(1月28日) 晴,有风。

十五(1月29日) 晴。晚赴万福居冯公度之约。

十六(1月30日) 晴。十二姑奶奶赴唐县任。

十七(1月31日) 晴。早往拜延子澄、锡闰生。申刻游市场。

十八(2月1日) 晴。午后西城拜陆凤老。赴恽宅徐花农之约。晚雪。

十九(2月2日) 夜雪,终日不止。

廿(2月3日) 晴。申刻起风。

廿一(2月4日) 晴,有风。连日请周立桐看六奶喉症。

廿二(2月5日) 晴,有风。连日严寒。

廿三(2月6日) 淡阴。晚祀灶。

廿四(2月7日) 晴。午后丹桂听戏。

廿五(2月8日) 晴。六奶喉病愈,又请朱汉池诊治调理。

廿六(2月9日) 晴。申刻祭祠堂,高太君忌辰。奎儿回京。

廿七(2月10日) 晴。扫佛堂祠堂。沈梦九赠梅四盆,附诗二首。

廿八(2月11日) 晴。宝和堂送一品锅转送陆凤老。

廿九(2月12日) 晴。祠堂悬影上供。申刻游市场。

共和纪念日。

卅(2月13日) 晴。午刻祭祠堂。除夕,供佛,祭祖祠。

民国四年

乙卯正月初一(2月14日) 晴。

初二(2月15日) 晴。午后带佛保游市场。

初三(2月16日) 阴。申刻祭祠堂。

初四(2月17日) 阴。

初五(2月18日) 早晴,午后淡阴。

初六(2月19日) 淡阴。本家至亲来祭太太二周年。

初七(2月20日) 晴,有风。

初八(2月21日) 晴。早起东城回拜绍四、五爷、荣月帆、锡闰生、延子澄。午后偕海弟游厂庙。申刻赴前街拜祖堂,顺回拜徐梦黼。

初九(2月22日) 晴。祝史康侯老太太九十寿。申刻往观剧,深夜归。

初十(2月23日) 晴。

十一(2月24日) 早晴,申刻阴。午刻赴赵次山同年之约。

十二(2月25日) 密雪终日,晚晴。

十三(2月26日) 阴。午后带刘外孙女吉祥听戏。晚起风。

十四(2月27日) 晴,大风,骤寒。

十五(2月28日) 晴。

十六(3月1日) 晴,午后起风。

十七(3月2日) 晴。巳刻偕海弟到武英殿看陈列古物,未刻归,祠堂祭祖,收影。

十八(3月3日) 晴。

十九(3月4日) 大风扬沙,昼晦。

廿(3月5日) 晴。午后同延子澄赴丹桂听戏。

廿一(3月6日) 阴。午后赴市场,丹桂听戏。

廿二(3月7日) 大风扬沙。晚赴斌升楼延子澄之约。

廿三(3月8日) 晴，午后有风。辰刻恩儿媳生一子，乳名天保。

廿四(3月9日) 晴。午后游市场，茶点。

廿五(3月10日) 晴，微有风。

廿六(3月11日) 阴午晴。

廿七(3月12日) 淡阴。午后清寒，微有雪意。申刻游市场，茶点。

廿八(3月13日) 晴。

廿九(3月14日) 晴。午后赴中央公园游览，看慈善会开彩。

三十(3月15日) 晴，申刻阴。

二月初一(3月16日) 晴。午后市场丹桂园听戏，遇延子澄。晚会贤堂便饭。

初二(3月17日) 晴。巳刻带金儿会英堂便饭。午后吉祥听戏，金儿赴商会。

初三(3月18日) 晴。画博古四页，赠祝延子澄七十寿。

初四(3月19日) 晴。

初五(3月20日) 晴。午后游市场，饮茶。

初六(3月21日) 晴。午后在市场丹桂听戏，会英堂便饭，吉祥看电影。金儿奉清□□派名誉校勘，奎儿奉运司保盐知事。

初七(3月22日) 晴，微有风。郝厚畲自邓沽回京。

初八(3月23日) 晴。

初九(3月24日) 阴霾，天黄。午后起风。约厚畲、海弟会英堂早饭。奎儿回京。

初十(3月25日) 晴，夜风寒，辰起水尚冻薄冰。

十一(3月26日) 晴。

十二(3月27日) 阴，微雨兼雪。奎儿赴津邓沽。晚晴见月。

十三(3月28日) 晴，有风。

十四(3月29日) 晴。

十五(3月30日) 晴。往访阔安甫,约公祝延子澄。午后游市场,饮茶。

十六(3月31日) 晴。午后游市场沁芳楼茶点。

十七(4月1日) 晴,午后淡阴。巳刻访延子澄,定公祝之局。三孙赴南口。

十八(4月2日) 晴,微有风。

十九(4月3日) 阴有风,午后晴。

廿(4月4日) 晴有风。海弟率儿辈赴先茔祭扫。

廿一(4月5日) 晴有风。偕阔安甫、朱芷青斌升楼公祝延子澄七十寿,并饯定镇平,知镇马兰。

廿二(4月6日) 晴,仍有风。天保满月。

廿三(4月7日) 晴,微有风。

廿四(4月8日) 晴。晚偕海弟、金儿赴浴沧明湖春之约。

廿五(4月9日) 晴。午后游市场茶点。

廿六(4月10日) 晴,午后淡阴有风。吉祥园听戏。

廿七(4月11日) 晴。

廿八(4月12日) 阴,午后晴。

廿九(4月13日) 晴。申刻同延子澄游市场,茶楼茶点。

三月初一(4月14日) 晴,晚阴有风。恩儿□□□到前街拜忌。

初二(4月15日) 晴。

初三(4月16日) 晴。午后锡闰生约丹桂听戏。□福□□□。

初四(4月17日) 晴。

初五(4月18日) 阴,午晴,见日光。南城赴朱宅行吊。申刻又阴。

初六(4月19日) 晴。带金儿午车下通上坟,拜祖。徐花农请晚饭,辞谢。

初七(4月20日)　阴,微雨一过。申刻出城,拜甄梦九,赴悦宾楼延子澄之约。

初八(4月21日)　晴有风。

初九(4月22日)　晴有风。

初十(4月23日)　晴有风,连日清寒。

十一(4月24日)　晴。

十二(4月25日)　晴。辰刻赴先哲祠,与祭享胙,申刻归。在吉祥听戏。

十三(4月26日)　阴,微雨。

十四(4月27日)　早阴午晴。午后游市场茶点,买格笔洗。晚又阴。

十五(4月28日)　晴。辰刻赴霁月楼金小山、李伯笙之约。饭后约小山会英茶话。

十六(4月29日)　晴。

烟酒专卖局钮传善命令训饬司法。

十七(4月30日)　晴。奎儿回京。

十八(5月1日)　晴。儿辈午车下通上坟。申刻祠堂致祭。

十九(5月2日)　晴。儿辈禫祭,除服。午后赴吉祥听戏。

廿(5月3日)　晴。午后赴孔社博览会,顺到前街看婶母病,回游望园。

廿一(5月4日)　晴。午后带恩儿出城,天乐园听戏。晚正阳楼便饭。

廿二(5月5日)　晴。

廿三(5月6日)　辰急雨,巳刻晴。午后出城,青麟阁饮茶,劝业场买笔架、笔洗。

廿四(5月7日)　阴,晚灯候密雨。

廿五(5月8日)　晴。早赴东城祝延子澄七十寿,午后吉祥听戏。

廿六(5月9日)　晴,午后阴,有雷声一过,旋晴。

中日交涉和平解决。

廿七(5月10日)　晴。午后市场会英堂茶点。奎儿早车赴塘沽。

廿八(5月11日)　晴。

命令训饬各省禁烟。

廿九(5月12日)　晴。午后市场会英堂茶点。

卅(5月13日)　晴。午后吉祥听戏。

四月初一(5月14日)　阴,申刻雷声自东南来,密雨。

初二(5月15日)　晴。午后市场听戏。晚赴会英堂延子澄之约。

初三(5月16日)　阴,申刻晴旋又阴。市场广春园德昌茶点。晚雷电,未雨。

初四(5月17日)　辰放晴,午后又阴,晚细雨。

初五(5月18日)　晴。午后市场丹桂听戏。

初六(5月19日)　晴。午后延子澄来约赴丹桂听戏。

初七(5月20日)　晴。巳刻带吴大姑、郝三姑赴市场会英堂便饭,丹桂听戏。晚阴,微雨。

初八(5月21日)　晴,巳刻淡阴,午晴,微有风。

初九(5月22日)　晴。午后游市场,丹桂听戏。

初十(5月23日)　晴。二次救国储金会。

十一(5月24日)　晴。午后偕海弟、吴大姑奶奶吉祥听戏。

十二(5月25日)　晴。

十三(5月26日)　晴。

十四(5月27日)　晴。

十五(5月28日)　晴。午后沐浴后游市场,饮茶。

十六(5月29日)　晴。

十七(5月30日)　淡阴晴。

十八(5月31日) 晴。晚宁小圃来。

十九(6月1日) 晴,晚阴,微雨。

廿(6月2日) 淡阴晴。

廿一(6月3日) 淡阴晴。先茔修理阳宅上房动工。

廿二(6月4日) 晴,午后忽阴,雷雨一过,申刻大风,晚晴。海弟夫妇率子侄前街拜寿。

廿三(6月5日) 晴。午后出城,同海弟舞台听戏。晚阴,微有风。

廿四(6月6日) 晴,大风扬沙。

廿五(6月7日) 晴。

廿六(6月8日) 晴。

廿七(6月9日) 早晴,午后阴。

廿八(6月10日) 晴。上屋糊房。

廿九(6月11日) 晴。

卅(6月12日) 晴。

五月初一(6月13日) 早晴午后阴。徐养吾送花六盆。晚雷雨。

初二(6月14日) 夜密雨,至午后止,晚晴。奎儿自邓沽回京。

初三(6月15日) 晴有风。海弟早车下通。端保十岁生日。翟树声(号兴秋)送花四盆求画。

初四(6月16日) 阴微雨。至亲友来祝寿。海弟午后回京。

初五(6月17日) 晴。晚雷雨。

初六(6月18日) 阴。恩儿早车赴津。午晴,晚雷雨。

初七(6月19日) 晴。午后偕海弟吉祥听戏。恩儿由津回京。

初八(6月20日) 晴。奎儿赴津。巳刻东城拜月帆、叙五。申刻赴杏花春李青田之约。

初九(6月21日) 晴。午后游市场,茶点。

初十(6月22日) 晴。

十一(6月23日)　晴，申刻阴，微雨。曾儿补机要局佥事，十三见命令。

十二(6月24日)　晴。画六尺堂画一帧，王少甫求画。

十三(6月25日)　晴。申刻游市场，饮茶。

十四(6月26日)　晴。

十五(6月27日)　晴，午阴。巳刻赴天福堂益和祥之约。饭后广和楼听戏。晚雷雨一过。

十六(6月28日)　晴。

十七(6月29日)　晴。郝厚畬来。

十八(6月30日)　晴。巳刻赴北城补祝效述堂七十寿(昨日)。

十九(7月1日)　晴。

廿(7月2日)　淡阴。申刻出城，在明湖春请客，延效、荣、绍、锡、周。

廿一(7月3日)　阴，午后微雨。

廿二(7月4日)　阴，午晴。

廿三(7月5日)　晴。曾儿佥事觐见。

廿四(7月6日)　晴。

廿五(7月7日)　晴。郝云樵来京。

廿六(7月8日)　晴。曾儿叙列五等。

廿七(7月9日)　晴，连日燥热，盼雨。

廿八(7月10日)　晴，热甚，晚阴，有雷声，夜急雨一阵。

廿九(7月11日)　晴。

六月初一(7月12日)　夜大雨晨止，仍阴，午晴。王铁山约会贤堂，因腹泻辞，海弟赴约。

初二(7月13日)　晴，天气清爽。曾儿叙官授中大夫。

颁定官民相见礼。

初三(7月14日)　晴，午雷雨一过。

初四(7月15日)　晨雨至午，未大雨，晚晴。

初五(7月16日) 半阴晴。

初六(7月17日) 阴,微雨,午晴,旋又阴,晚又微雨。

初七(7月18日) 夜大雨晨晴。

初八(7月19日) 晴。

初九(7月20日) 夜雨早晴。

初十(7月21日) 晴。足肿痛,服韩达卿方。晚雷雨。

十一(7月22日) 阴,微雨,晚晴。

十二(7月23日) 晴,晚雷雨一过即晴。

十三(7月24日) 晴。足痛止,仍微肿。晚雷,微雨一过。

十四(7月25日) 晴,晚雷雨一阵。

十五(7月26日) 早晴旋阴,晚微雨。

十六(7月27日) 晴,午刻云雷带雨一过即晴。

十七(7月28日) 晴。

十八(7月29日) 晴。金儿五十生日,至亲来祝,晚唱影戏。奎儿回京。申刻急雨一阵旋晴。

十九(7月30日) 晴,午后阴,有雷声一过,旋晴。

廿(7月31日) 晴。腹痛微泄,服海弟方。

高等小学校国民学校令公布。

廿一(8月1日) 晴。奎儿早车赴津。

廿二(8月2日) 半阴晴,午后晴。腹泻止,饮食仍不畅。

廿三(8月3日) 晴。

廿四(8月4日) 晴。曾儿、金儿媳赴前街祭祠堂,忌辰。

廿五(8月5日) 晴,热甚。申刻阴雨一过,旋晴,晚清爽。

廿六(8月6日) 阴,微雨,午晴。

廿七(8月7日) 阴,天气凉爽。

廿八(8月8日) 立秋。晴。

廿九(8月9日) 晴。

卅(8月10日) 连日清爽。申刻同云樵、琴石游市场。

七月初一(8月11日) 晴，午后阴。

初二(8月12日) 晴有风。

初三(8月13日) 早阴午晴。申刻偕海弟赴会贤堂绍氏之约。

初四(8月14日) 夜雨，晨阴。申刻到益和祥回拜史子鸿。赴斌升楼延子澄之约。

初五(8月15日) 晴。足又肿痛。

初六(8月16日) 晴。

初七(8月17日) 晴。申刻雷雨一阵。

初八(8月18日) 晴。佛保入第四中学肄业。

初九(8月19日) 晴。灯后风雷不雨一过。

初十(8月20日) 晴，天气热甚。足痛止，肿消。

十一(8月21日) 晴，热甚，晚雷雨。画松堂画送裱，祝李青田八十寿。

十二(8月22日) 晴。

十三(8月23日) 晴。

十四(8月24日) 晴。

十五(8月25日) 阴。右足又肿痛。晚祭祠堂。

十六(8月26日) 晴。晚雷雨一过。

十七(8月27日) 晴。

十八(8月28日) 早晴午阴。海弟下通，祭忠义节烈祠。纪念日。

十九(8月29日) 早阴午晴。

廿(8月30日) 晴。足痛止，仍微肿，可行走。

廿一(8月31日) 淡阴，灯候密雨。

廿二(9月1日) 阴，细雨，未刻晴。

廿三(9月2日) 晴，秋风颇凉。

任命王汝贤军官学校长。

廿四(9月3日) 晴。奎儿晚车回京。

廿五(9月4日) 淡阴。

廿六(9月5日) 晴。奎儿晚车赴塘沽。

廿七(9月6日) 晴。

廿八(9月7日) 晴。

廿九(9月8日) 晴。

八月初一(9月9日) 晴。午后偕海弟吉祥园听戏。

初二(9月10日) 晴。

初三(9月11日) 晴。午后偕海弟吉祥听戏,晚会英堂便饭。

初四(9月12日) 晴。奎儿回京。

初五(9月13日) 晴。孔庙丁祭。

初六(9月14日) 晴。

初七(9月15日) 阴。巳刻雷雨,晚晴。

初八(9月16日) 晴。画松中堂赠王画初。总统寿。

初九(9月17日) 晴。

初十(9月18日) 阴午晴。奎儿保盐场知事盐务署考询。

十一(9月19日) 晴。奎儿知事考询核准。

十二(9月20日) 晴。奎儿早车赴邓沽。

十三(9月21日) 晴。

十四(9月22日) 阴。

十五(9月23日) 半阴晴。奎儿回京,次日早即回。

十六(9月24日) 晴午阴,细雨一过。会英早饭,带海弟、恩儿吉祥听戏。□□□

十七(9月25日) 晴。朱芷青约悦宾楼晚局,因腹不爽,辞谢。

十八(9月26日) 晴。陆中堂薨。

十九(9月27日) 晴。午后赴贾家李青田之约。

廿(9月28日) 晴。

廿一(9月29日) 晴。第四中学纪念会。

廿二(9月30日) 晴。

廿三(10月1日) 晴。奎儿早车回京。

廿四(10月2日) 晴,巳刻阴,微雨。

廿五(10月3日) 阴,微雨。

廿六(10月4日) 晴。

廿七(10月5日) 晴。

廿八(10月6日) 晴。奎儿早车回津。请课师带子侄孙辈致美斋便饭,游国货展览会。

廿九(10月7日) 晴。海弟生日。至亲来祝,唱影戏。

卅(10月8日) 晴。

九月初一(10月9日) 晴。

初二(10月10日) 阴,微雨终日。荫绶考观摩会,在第四中学。

国庆。

初三(10月11日) 晴。徐养吾赠菊八十盆。

初四(10月12日) 晴。和郝鼎臣七律一首。午后游市场,茶点。

初五(10月13日) 晴。

初六(10月14日) 晴。

初七(10月15日) 晴。

初八(10月16日) 晴。

初九(10月17日) 晴。海弟下通,换地事。奎儿回京。午后约郝浴沧游市场,茶话。晚带恩儿、奎儿霁月楼便饭。

初十(10月18日) 阴,午刻小雨一过。奎儿赴政事堂代见。晚晴,北风甚凉。

十一(10月19日) 晴,仍有风,午后又阴。冯公度赠菊三十盆。

十二(10月20日) 晴。奎儿早车赴邓沽。海弟申刻回京。十二姑奶奶来京。

十三(10月21日) 晴。

十四(10月22日) 晴。午后游市场,饮茶。

十五(10月23日) 早阴午晴,申又阴。吉祥听《金山寺》。郝云樵赠菊四十盆。

十六(10月24日) 阴,微雨。荫绶又考观摩会,前次国文,此次算学、英文。

十七(10月25日) 晴。申刻偕海弟、曾儿约云樵霁月楼便饭。

十八(10月26日) 晴有风。王画初赠菊三十盆。

十九(10月27日) 晴。国务卿请病假一月,陆征祥代理。

廿(10月28日) 晴。偕海弟西城访甄梦九,旋赴郝云樵处早饭,饭后拜王仙儿、冯公度。曾儿机要局调二科。

廿一(10月29日) 阴午晴。

廿二(10月30日) 晴。

廿三(10月31日) 晴。午后勖初约同海弟吉祥听《嫦娥奔月》。

廿四(11月1日) 早阴午晴。

廿五(11月2日) 晴。曾儿、荫媳赴前街拜六太太寿。午后勖初约吉祥听戏。

廿六(11月3日) 晴。撰《临朐郝氏贻芬录》序。

廿七(11月4日) 晴,连日和暖。午后偕海弟约云樵吉祥听戏,遇甄梦九。晚在霁月楼便饭。

廿八(11月5日) 晴。申刻赴斌升楼延子澄之约。

廿九(11月6日) 早阴午晴,有风。

十月初一(11月7日) 晴。金绶下通祭祖坟。申刻祠堂祭祀。

初二(11月8日) 立冬。晴有风。奎儿知事部照并分发长芦凭单云樵送来。

初三(11月9日) 晴。

初四(11月10日) 晴,午阴,申晴。

初五(11月11日) 夜微雪晨阴,巳刻晴。奎儿晚车回京。

初六(11月12日) 早阴午晴。

初七(11月13日) 晴。

初八(11月14日) 阴。申刻约朱、潘两师并至亲郭、李、郝,至友徐赏菊,畅叙。奎儿晚车赴津。

初九(11月15日) 微雨终日。

初十(11月16日) 晴。画四绢小屏,冯公度求。

十一(11月17日) 晴有风。

十二(11月18日) 晴。宁筱圃来京。

十三(11月19日) 晴。恩儿同得绶下通,议枣林庄增地租。巳刻回拜锡闰生、嵩子山。

十四(11月20日) 晴。

十五(11月21日) 晴。辰赴绍宅拜老太太寿。午刻赴明湖春王画初之约。饭后拜徐花老。

十六(11月22日) 晴。

十七(11月23日) 晴。太太阴寿,家祭,至亲来祭。

十八(11月24日) 淡阴晴。上房后隔扇,改门。海弟赴津小站王幼甫之约。

十九(11月25日) 晴。

二十(11月26日) 晴,天甚和暖。上房后门修齐。

廿一(11月27日) 晴有风。

廿二(11月28日) 晴。午后赴月帆之约,广德听戏,晚富源楼便饭。

廿三(11月29日) 晴。午后游市场,茶点。晚约宁岱卿会英堂便饭。

廿四(11月30日) 晴。

廿五(12月1日) 晴。午后游市场,饮茶,买小梅花六棵。

廿六(12月2日) 晴。

廿七(12月3日) 晴。接海弟小站来信。

廿八(12月4日) 晴。午后带恩儿出城,庆乐园听戏。

廿九(12月5日) 晴。午后赴吉祥听戏。

卅(12月6日) 晴有风。赵丹林、金小山来谈坟地事。发致海山信。晚赴西栈孟觐侯之约,回拜丹林。

十一月初一(12月7日) 晴,晚雪。

初二(12月8日) 大雪。晴。

初三(12月9日) 晴,午后淡阴,清寒。

初四(12月10日) 阴,湿寒,有雪意。海弟于七钟由小站回京。

解决君宪国推戴△俯允申令。

初五(12月11日) 早阴午晴。

初六(12月12日) 阴。晚偕海弟带△孙在万福居东院同李润田公请客。

初七(12月13日) 晴,大风。

初八(12月14日) 晴。午后赴琉璃厂书局看书,打磨厂买眼镜。

初九(12月15日) 早晴午阴。恩儿早车下通,到老坟地查看偷挖地情形。晚车回京。

初十(12月16日) 晴,午阴,晚起风。坟地事禀报官,命王恭报告。

十一(12月17日) 晴有风。

十二(12月18日) 晴。

十三(12月19日) 晴。午后出城,赴润田之约,广德楼听戏,万福居晚饭。

十四(12月20日) 晴。午后带恩儿游公园。

十五(12月21日) 晴有风。晚偕海弟赴东兴楼绍越千之约。

十六(12月22日) 晴。

十七(12月23日) 晴。巳刻赴绍宅贺嫁女。午后同月帆丹桂听戏,霁月楼晚饭。

商民提灯会三日,庆祝帝国△△。

嵩山四友:徐世昌、赵尔巽、李经羲、张謇。

大封公侯伯子男,太监宫女永远革除。

十八(12月24日) 晴。

十九(12月25日) 晴。

廿(12月26日) 晴。画绍中堂喜画一幅。

廿一(12月27日) 晴。

廿二(12月28日) 晴。海弟约潘师同毛琴孙霁月楼便酌定馆。申刻延子澄约游市场茶点。

廿三(12月29日) 晴,连日和暖。奎儿由津回京。

廿四(12月30日) 晴。奎儿赴津。

廿五(12月31日) 淡阴。

廿六(1916年1月1日) 晴。午后吉祥听戏。晚雾,地潮湿。

廿七(1月2日) 阴,大雾。

廿八(1月3日) 晴。午后带枢孙中华园听戏。晚赴月帆约,会元楼便饭。

廿九(1月4日) 阴。

十二月初一(1月5日) 大雪,午后雪止。往祝荣月帆寿。云樵约吉祥听戏,霁月楼便饭。

初二(1月6日) 小寒。早阴午晴又阴。

初三(1月7日) 阴,细雪终日。云樵约吉祥听戏。晚约云樵、润田霁月楼便饭。

初四(1月8日) 晴。……云樵约吉祥听戏,晚在会英堂便饭。

初五(1月9日) 晴,大风。

初六(1月10日) 放晴,风止。

初七(1月11日) 晴。午后偕海弟中华舞台听戏。

初八(1月12日) 晴。

初九(1月13日) 晴。

初十(1月14日) 晴。午后约振卿、云樵、润田吉祥听《黛玉葬花》。晚在家便饭。

十一(1月15日) 晴。午后在吉祥听戏,仍演《黛玉葬花》。

十二(1月16日) 晴,连日和暖。奎儿早车由津回京。

十三(1月17日) 晴。

十四(1月18日) 晴。午后带奎儿中华听戏。

十五(1月19日) 晴。

十六(1月20日) 阴。

十七(1月21日) 阴,大雾。恩儿早车下通上坟地,奎儿赴津。午后晴,起风。

十八(1月22日) 晴,大风。

十九(1月23日) 晴,仍有风。

二十(1月24日) 晴,风止。因老坟地掘坟事,禀京兆严办,禀交袁宝三代呈。

廿一(1月25日) 晴。

廿二(1月26日) 晴。家塾解馆,晚请潘师在学房便酌。

廿三(1月27日) 晴,午阴晚晴。祀灶。

廿四(1月28日) 晴。午后带恩儿出城,宾宴楼茶点。

廿五(1月29日) 晴,连日和暖。午后偕海弟、恩儿市场茶点。

廿六(1月30日) 晴。申刻祠堂祭祀。

廿七(1月31日) 晴。

廿八(2月1日) 晴。悬影。申刻带佛保游市场茶点。奎儿晚车回京。

廿九(2月2日) 晴。

民国五年

丙辰正月初一(2月3日) 早晴午阴。

初二(2月4日) 阴。巳刻祭神。

初三(2月5日) 淡阴晴。申刻祠堂致祭。

初四(2月6日) 早晴,午又阴晴不定,晚晴。

初五(2月7日) 晴有风。

初六(2月8日) 早阴午晴。太太三周年,至亲来祭。

初七(2月9日) 阴午晴。

初八(2月10日) 早阴午晴。郝厚畬来京,将赴山东。奎儿早车赴津。

初九(2月11日) 晴有风。

初十(2月12日) 晴有风。金儿、恩儿午车下通拜祖。

十一(2月13日) 晴有风。

十二(2月14日) 晴。午后带曾儿、恩儿出城游厂甸。

十三(2月15日) 晴有风。午后中华园听戏。潘振卿到馆。

十三(2月16日) 晴。午后带金儿游厂庙,到前街拜祖,归路华楼饮茶。

十五(2月17日) 晴,申刻起风,晚风止。

十六(2月18日) 晴。午后中华园听戏。自十四起每晚佛祖供元宵。

十七(2月19日) 晴。申刻祭祠堂,收影。

十八(2月20日) 晴。午后赴月牙胡同听票戏。晚雪。

十九(2月21日) 微雪。

廿(2月22日) 阴。海弟早车赴唐县。晚密雪。郝云樵来京,赠山东土仪。

廿一(2月23日) 晴,午又阴,夜起风。

廿二(2月24日) 晴,大风。

廿三(2月25日) 晴,午后淡阴,仍有风。东城拜延子澄、锡闰生、荣月帆。

廿四(2月26日) 晴,风止。午后游市场,带佛保茶楼茶点。

廿五(2月27日) 阴。申刻出城赴万福居荣月帆之约。

廿六(2月28日) 晴,微有风。午后吉祥听戏。

廿七(2月29日) 晴有风。

廿八(3月1日) 晴。午后西城回拜定振平、钟秀之、郝云樵。

廿九(3月2日) 淡阴,午晴。申刻赴万福居李润田之约,金鼓丝竹,啸歌甚乐。

卅(3月3日) 晴,有风扬沙。

二月初一(3月4日) 晴,大风。奎儿晚车回京。

初二(3月5日) 晴,仍有风。早赴云樵西斜街之约。塾师上馆。晚赴孟觐侯之约。

初三(3月6日) 晴。奎儿早车赴津。

初四(3月7日) 晴。

初五(3月8日) 晴。

初六(3月9日) 晴。巳刻赴福兴居赵次山之约。饭后广德楼观剧。

初七(3月10日) 晴。申刻约云樵游华楼,茶话,赴恩成居便饭。

初八(3月11日) 夜雪,巳刻晴。

初九(3月12日) 晴。

初十(3月13日) 晴。

十一(3月14日) 晴,申刻淡阴。带金儿华楼饮茶。约高雁生义门杏花春便饭。海弟自唐县来信。

十二(3月15日) 晴有风。

十三(3月16日) 晴有风,清寒。

十四(3月17日) 晴有风。午后市场丹桂看小戏。

十五(3月18日) 晴。午后带承第丹桂听女戏。

十六(3月19日) 晴,天气和暖。午后拜绍越千,谈刻字馆事,顺游市场。

十七(3月20日) 晴。午后丹桂听戏。

十八(3月21日) 晴有风。

十九(3月22日) 晴有风。

帝制撤销,洪宪废止。徐世昌,国务卿;段祺瑞,参谋总长。

廿(3月23日) 晴。辰刻拜赵次山,赠诗两截句。

廿一(3月24日) 晴。接奎儿邓沽来信。

廿二(3月25日) 晴。

廿三(3月26日) 淡阴。

廿四(3月27日) 晴。

廿五(3月28日) 晴。

廿六(3月29日) 晴。海弟晚车自唐县回京。

廿七(3月30日) 晴。

廿八(3月31日) 淡阴晴。午后带宝枢、承第丹桂听女戏。

廿九(4月1日) 晴。申刻赴斌升楼阔安甫之约。

卅(4月2日) 夜雪,巳刻雪止,晴。金儿、曾儿早车下通上坟。

三月初一(4月3日) 晴。午后游市场茶点。申刻起风。十太太、荫绶赴前街祭祀。

初二(4月4日) 晴有风,清寒见冰。

初三(4月5日) 清明。晴,风止。

初四(4月6日) 晴,和暖。午后吉祥听戏。

初五(4月7日) 早阴,巳刻晴,未刻又阴,有风。

初六(4月8日) 晴,午淡阴。午后丹桂听戏。

初七(4月9日) 淡阴,大风扬沙。书挽俞筱沅联。

初八(4月10日) 晴,仍有风。

初九(4月11日) 晴,风止,天气暖。

初十(4月12日) 晴。午后游市场,遇延子澄,茶话。

十一(4月13日) 晴。申刻丹桂听戏。

十二(4月14日) 晴。

十三(4月15日) 早阴午晴,有风。

十四(4月16日) 晴暖。冯伯玗唐县知事撤任。

十五(4月17日) 淡阴晴,晚阴,有雨意。午后丹桂听戏。晚小雨。

十六(4月18日) 阴午晴。见△△□。

十七(4月19日) 晴有风。

十八(4月20日) 晴。申刻祭祠堂。

十九(4月21日) 阴。午后吉祥听戏。

命令责任内阁制定政府。

廿(4月22日) 阴,小雨。

廿一(4月23日) 晴。午后延子澄约丹桂听戏。

廿二(4月24日) 晴。申刻游市场茶点。旋阴,灯候小雨一过。

令各部总长更换。

廿三(4月25日) 阴。申刻赴悦宾楼,同芷青公请客,延徐、□、□、□。

廿四(4月26日) 晴。午后约毛琴孙在丹桂听戏。

廿五(4月27日) 晴。晚赴东兴楼绍越千之约。

廿六(4月28日) 淡阴午晴。赴绍宅贺喜。

廿七(4月29日) 淡阴晴,晚阴,起风。

廿八(4月30日) 阴。辰刻率儿辈赴先哲祠致祭。午赴悦宾楼延子澄之约。

廿九(5月1日) 晴,午后阴,微雨一过,旋晴。奎儿晚来京。

四月初一(5月2日) 晴。午后游市场,遇王筱甫茶点。申刻起风扬沙。

初二(5月3日)　晴。午后吉祥听戏。

初三(5月4日)　晴。早写对四副,午后游市场茶点。

初四(5月5日)　晴,晚阴有风。午后带奎儿丹桂听戏。

初五(5月6日)　淡阴晴。奎儿早车赴津。午后大风扬沙。

初六(5月7日)　晴。冯伯玗挈眷回京。

初七(5月8日)　淡阴晴,申刻阴旋晴。

初八(5月9日)　晴。

初九(5月10日)　晴。

采金局裁撤。

初十(5月11日)　晴,天气骤热。

十一(5月12日)　晴,午后天气热。

十二(5月13日)　阴。徐花农约崇效寺赏牡丹,辞谢。午刻微雨,至暮晴,见月。

十三(5月14日)　晴。申刻带恩儿游公园。曾儿秘书厅佥事叙列四等,任命国务院秘书厅佥事。

十四(5月15日)　晴。题赵次山尊翁鲁斋年伯汤穀殉难事实七古一首。酉刻阴。

十五(5月16日)　晴。申刻在东兴楼请客,甲戌同年、绍氏兄弟。

十六(5月17日)　晴,晚阴。足痛,一夜未眠,服韩达卿旧方药。

十七(5月18日)　夜雷雨早晴。足痛渐减轻。海山回京。

十八(5月19日)　晴,午后大风扬沙,暮止。

十九(5月20日)　晴。足痛止,肿消,渐能步。檀斗生明湖春之约、史康侯先之约均辞。

廿(5月21日)　晴。

廿一(5月22日)　晴,申刻阴,晚密雨有声。奎儿回京。

廿二(5月23日) 晴,午后阴,申刻雷雨一过旋晴。海弟、儿辈赴前街拜婶母寿。

廿三(5月24日) 晴。刘李宅喜事,海弟、儿辈往贺。

廿四(5月25日) 晴。

廿五(5月26日) 晴,午刻起大风扬沙。奎儿早车赴津。

廿六(5月27日) 晴,申刻起大风扬沙。

廿七(5月28日) 晴有风,申酉又大风扬沙。金儿赴交通行股东会,在江西馆。

廿八(5月29日) 晴有风。

廿九(5月30日) 晴。

卅(5月31日) 晴。

五月初一(6月1日) 晴。

初二(6月2日) 晴。

初三(6月3日) 晴,天气甚热。足又痛。

初四(6月4日) 晴。至亲来祝寿。申刻阴,雷雨。月帆约晚饭,海弟赴约。

初五(6月5日) 晴。

初六(6月6日) 阴,天气凉爽,午晴。奎儿早车赴津。十六姑二十岁生日。

袁大总统薨,黎大总统继任,京城安静。

初七(6月7日) 晴。奎儿来信云,邓沽赁房已办妥。

初八(6月8日) 晴。曾儿致奎信,拟缓期赴邓。

初九(6月9日) 晴。恩儿媳赴密云。

初十(6月10日) 晴。奎儿媳早车赴天津邓沽。午后起风扬沙。

十一(6月11日) 晴,午阴。

十二(6月12日) 晴。枢孙应文官考试。

十三(6月13日) 阴,微雨,午后渐晴,露阳光,晚又阴,微雨。

十四(6月14日)　阴,午后雷雨一过,旋晴,申刻又雷雨一过又晴,晚又阴。

十五(6月15日)　晴。巳刻东城拜绍、延、锡、荣,道谢。枢孙二场考试。

十六(6月16日)　晴。

十七(6月17日)　晴,入夜大风,微雨一过。

十八(6月18日)　晴。未刻雷雨一过。

十九(6月19日)　晴,日暮阴雨。

廿(6月20日)　晴,日暮云雷,未雨。

廿一(6月21日)　晴。枢孙四场口试。

梁士诒辞职。广东省取消独立。

廿二(6月22日)　晴,入夜雷雨。

廿三(6月23日)　阴午晴。出前门,赴悦宾楼延子澄之约,游市场。

廿四(6月24日)　晴。

廿五(6月25日)　忽阴忽晴。文官考试,刘承奎取中等。午刻同海弟带子侄并勖初赴东来顺便饭,会贤堂茶话。申刻归,阴,微雨。

廿六(6月26日)　淡阴,午晴,申又阴,微雨。

廿七(6月27日)　晴。恩儿下通,送高宅葬。午后雷雨一过。带宝枢、承第赴中和园听女戏。

廿八(6月28日)　晴,入夜雷雨一过。

前袁总统殡出。

申令恢复旧约法。参政院、肃政厅裁撤。国务总理段祺瑞。

廿九(6月29日)　晴。

六月初一(6月30日)　夜雷雨一过,辰起阴。

初二(7月1日)　晴。连日因足痛未出门。

各部总长全辞职。特任外交唐绍仪、内务许世英、财政陈锦涛、海军程璧光、司法张耀曾、教育孙洪伊、农商张国淦、交通汪大燮、陆军段祺瑞兼。

初三(7月2日) 晴,西北风。恩儿媳自密云回京。

初四(7月3日) 晴。

初五(7月4日) 晴。

初六(7月5日) 晴。荫绥中学毕业,领到文凭。连日天干热。

初七(7月6日) 夜雷雨,晨阴,午晴,申刻雷雨一过。

初八(7月7日) 阴午晴。因曾儿媳痢疾,连日请孟玉知诊视。

命令各省将军改名督军。

初九(7月8日) 晴。曾儿下通看预备寿衣。

初十(7月9日) 夜大雷雨一阵,辰起半阴晴。李润田约宴宾楼早饭,曾儿、枢孙往。

十一(7月10日) 阴午晴。

十二(7月11日) 半阴晴。奎儿由津晚车送妻了回京。

十三(7月12日) 阴。

十四(7月13日) 阴,晚晴。

十五(7月14日) 晴。申刻带枢孙出齐化门,游菱角坑。

十六(7月15日) 晴,申刻雷雨雹一阵。

命令惩办帝制祸首八人:杨、孙、顾、梁、夏、朱、周、薛[①]。南方军务院、各省独立均取消。

十七(7月16日) 晴。

十八(7月17日) 晴。

十九(7月18日) 晴。

廿(7月19日) 晴。

廿一(7月20日) 晴。

廿二(7月21日) 阴。

廿三(7月22日) 晴,热。

---

① 分别指杨度、孙毓筠、顾鳌、梁士诒、夏寿田、朱启钤、周自齐、薛大可。

廿四(7月23日) 晴。……

廿五(7月24日) 晴。

廿六(7月25日) 晴。

廿七(7月26日) 晴。午后淡阴,有风。

廿八(7月27日) 晴。午后有风,晚阴。

廿九(7月28日) 晴热,申刻阴。

卅(7月29日) 阴,微雨,夜急雨。

七月初一(7月30日) 阴午晴。饭后带刘、冯外孙女两人游市场,茶点。

初二(7月31日) 半阴晴。

初三(8月1日) 早阴午晴。

国会开会,总统演说、宣誓。

初四(8月2日) 淡阴。

初五(8月3日) 晴。带枢、龢两孙市场,都一斋便饭,丹桂听女戏。

初六(8月4日) 晴。

初七(8月5日) 半晴阴,晚雷电,未雨。

初八(8月6日) 晴,晚雷雨一过,仍阴。

初九(8月7日) 半阴晴,午微雨,晚雷雨一过。

初十(8月8日) 立秋。阴。

十一(8月9日) 半晴阴,申刻雷雨一过,晚晴。奎儿晚车由邓沽回京。

十二(8月10日) 晴。

十三(8月11日) 半阴晴,申刻约孟玉之、潘振卿、润田荣兴楼便饭后丹桂听夜戏。

十四(8月12日) 晴。

十五(8月13日) 阴,微雨。

十六(8月14日) 夜雨辰阴,午又雨,连绵终日。

十七(8月15日)　夜雨辰阴,午半阴晴。奎儿早车赴津,午后雨不止,晚晴。

十八(8月16日)　阴。通州忠义节孝祠开庚子义烈纪念会。

十九(8月17日)　阴,晚晴。

廿(8月18日)　晴,清爽有风。带恩儿、枢孙都一斋便饭后玉泉饮茶。

廿一(8月19日)　晴爽。

廿二(8月20日)　晴。午后吉祥听戏。

廿三(8月21日)　晴。午后沐浴。

廿四(8月22日)　晴。

廿五(8月23日)　晴。带金儿、荫侄、枢孙市场白肉馆便饭,玉泉饮茶。

廿六(8月24日)　晴。

廿七(8月25日)　晴,天炎热。

廿八(8月26日)　夜雨,辰阴。

廿九(8月27日)　阴,小雨终日。

卅(8月28日)　晴。

八月初一(8月29日)　淡阴,申刻晴。丹桂听戏。

初二(8月30日)　晴.

初三(8月31日)　淡阴,晚晴。约吴大姑奶奶、冯外孙女丹桂听戏。

初四(9月1日)　晴。

初五(9月2日)　淡阴晴。

初六(9月3日)　阴雨,申刻晴。

初七(9月4日)　晴。带恩儿出城,同生照相,致美斋便饭后近城赴市场饮茶。

初八(9月5日)　晴。辰芷青来谈,约在市场便饭。午后延子澄约吉祥听戏。

初九(9月6日) 晴。复高羲亭信并赠诗,托芷青转寄。

初十(9月7日) 晴。芷青……

十一(9月8日) 晴午阴。饭后曾儿、荫侄赴广德楼听戏,鲜灵芝演青少年。

□孔派教育部长范源廉鞠躬不跪拜。航空学校演飞艇。

十二(9月9日) 阴午晴,灯候又阴,微雨一过,又晴。

十三(9月10日) 晴,有风。奎儿早车来京。

十四(9月11日) 晴。荫绶工业学会开学。

十五(9月12日) 晴。

十六(9月13日) 晴。午后带端保、长保吉祥听戏。

十七(9月14日) 早阴午晴。奎儿早车回津。

十八(9月15日) 晴。

十九(9月16日) 晴。

廿(9月17日) 早晴午阴,有风,申酉微雨。

廿一(9月18日) 晴。午后同延子澄赴市场丹桂听戏。

廿二(9月19日) 阴,凉。

廿三(9月20日) 淡阴晴,午后阴凉,灯候微雨。书寿联赠杜伯熊,书"心月孤圆"额。

廿四(9月21日) 晴有风。

廿五(9月22日) 晴。带金儿会英堂便饭后丹桂听戏。

廿六(9月23日) 晴。

廿七(9月24日) 晴。宁岱卿筱圃来京。

廿八(9月25日) 晴。海弟生日前期,至亲来祝,唱听戏。

廿九(9月26日) 晴。海弟六十正寿,在福寿堂作寿,晚吉祥听夜戏待客。

九月初一(9月27日) 晴。

初二(9月28日) 阴。

初三(9月29日) 淡阴,清寒,入夜雨有声。

初四(9月30日)　晴。

初五(10月1日)　晴。

初六(10月2日)　晴。午后丹桂听戏。云樵全眷来京,金儿迎车,赠四菜两点。

初七(10月3日)　晴。

初八(10月4日)　晴。

初九(10月5日)　晴。午后带恩儿游市场,茶楼茶点。

初十(10月6日)　早阴午晴。丹桂听戏。

十一(10月7日)　早阴,申刻忽震雷一声,急雨一过。

十二(10月8日)　阴雨,申刻放晴。荫侄、枢孙随学校全班游南海。

十三(10月9日)　晴。申刻出城,偕海弟赴悦宾楼延子澄之约,海弟赴亚孙约。

十四(10月10日)　晴。海弟晚车赴津。

国庆,总统南苑阅兵。

十五(10月11日)　晴。午后游市场,会英堂茶点。

十六(10月12日)　晴,晚雷雨一过,起风。

十七(10月13日)　晴。晚赴泰丰楼锡闰生之约。

十八(10月14日)　晴,大风,晚阴,微雨。

十九(10月15日)　晴。佛保随第四中学游南海。

廿(10月16日)　晴。海弟早车由津回京,义门送菊花十八棵。

廿一(10月17日)　晴。午后丹桂听戏。

廿二(10月18日)　晴。午后丹桂听戏。

廿三(10月19日)　晴。右学堂放假　日。金儿早车赴津。

总统寿,阳历十九。

廿四(10月20日)　晴。

廿五(10月21日)　晴。午后偕海弟中华听叫天《斩子》。云樵赠菊三十盆。

廿六(10月22日) 晴,晚阴。润田赠菊廿盆。

廿七(10月23日) 晴。

廿八(10月24日) 霜降。晴,大风。

廿九(10月25日) 晴,仍有风。

卅(10月26日) 晴,微有风。

十月初一(10月27日) 晴,晚微阴。

初二(10月28日) 晴。

初三(10月29日) 晴。午后偕海弟访徐养吾,观文苏墨竹,旋在茶楼茶点。

初四(10月30日) 晴。画松石一帧,题诗志感。

初五(10月31日) 晴。晚赴东兴楼杜伯熊之约。

初六(11月1日) 晴。

初七(11月2日) 阴。

初八(11月3日) 阴。

初九(11月4日) 阴。

初十(11月5日) 阴,微雨终日。枢孙晚车同学校教习赴济南。

十一(11月6日) 夜雨未止,午雨止,晚又雨。

十二(11月7日) 阴。辰刻荫绶媳举一子,取名耆保。午后出城,赴荣、绍之约,补海山六十寿,广和楼听戏,万福居晚饭。奎儿晚车回京。晚晴,北风寒甚。

十三(11月8日) 立冬。晴。奎儿四十岁生日。

十四(11月9日) 晴。云樵又送菊十棵。

十五(11月10日) 晴。

十六(11月11日) 晴。曾儿、奎儿下通省墓。晚车枢孙自津回京。

十七(11月12日) 晴有风。晚赴万福居李润田之约,饭后第一舞台听戏。

十八(11月13日) 晴。奎儿晚车赴津。

十九(11月14日) 晴。

二十(11月15日) 晴。

二十一(11月16日) 晴。巳刻往访云樵,同到勖初处一转。出城,明湖春便饭后游琉璃厂,直隶书局买《苏诗》,有正书局看《三希堂贴》,旋游茶楼茶点,晚广德听戏。

廿二(11月17日) 晴,晚阴。

廿三(11月18日) 晴。

廿四(11月19日) 晴。午后带枢孙赴浙慈馆听戏,晚约云樵、润田正阳楼。

廿五(11月20日) 晴。买《苏诗编注集成》,装成四函,价十元。

廿六(11月21日) 淡阴晴。买《苏长公小品》一本。

廿七(11月22日) 晴。

廿八(11月23日) 早雾,淡阴晴。

廿九(11月24日) 淡阴晴。

十一月初一(11月25日) 阴,晚起风。

初二(11月26日) 阴,大风终日。金儿晚车自津回。

初三(11月27日) 晴,仍有风。

初四(11月28日) 晴。前街祭祠堂,曾儿同十太太往祭。

初五(11月29日) 晴。连日读《苏诗考订》。余所藏歙砚系东坡螺纹砚。

初六(11月30日) 晴。《庚子畿疆教案赔款记》排印成。

王芝祥派四川检察使。

初七(12月1日) 晴。枢、龢两孙因公园追悼黄、蔡,放假一日。

初八(12月2日) 晴。

初九(12月3日) 晴。午后带恩儿出城修理眼镜,收什镶牙。

初十(12月4日) 晴,微有风。

十一(12月5日) 晴。郝子容来京。

赵椿年监督京师税务。

十二(12月6日) 晴。耆保满月,至亲来贺。

十三(12月7日) 阴,午晴,大风。金儿、恩儿出城,请郝子容便饭、听戏。

十四(12月8日) 晴,风止。海弟晚车赴津,王幼甫请。

十五(12月9日) 晴。午后出城,三山斋取眼镜。访徐养吾,送画横,未遇,遣人赠鸭酱、对联。到清秘阁订册页。赴斌升楼延子澄之约。

十六(12月10日) 晴。请孟迁知诊十六姑病。竹三来。到吉祥听戏,会英堂便饭。奎儿晚车回京。

十七(12月11日) 晴。

十八(12月12日) 晴。

十九(12月13日) 晴。午后出城,访袁祭云。往贺檀斗生娶儿媳。

廿(12月14日) 晴,微有风。奎儿早车赴塘沽。题瑞鹤庄山庄图。

廿一(12月15日) 晴。午后游市场,丹桂听戏。

廿二(12月16日) 晴。午后丹桂听戏,晚会英堂便饭。

廿三(12月17日) 晴。海弟晚车由津回京。

廿四(12月18日) 晴。

廿五(12月19日) 晴。

廿六(12月20日) 晴。午后游市场,饮茶。晚阴,清寒,欲雪。

廿七(12月21日) 夜雪终日不止。枢、龢两孙学堂考毕,放年假。

廿八(12月22日) 冬至。连夜大雪不止。晚请潘师在家便酌、定馆,并请荣月帆,预祝。

廿九(12月23日) 雪止，午晴。

卅(12月24日) 又雪，晚雪止，起风，严寒。

十二月初一(12月25日) 国庆。晴，风止。

初二(12月26日) 晴。

初三(12月27日) 晴。奎儿午车来京。

初四(12月28日) 淡阴晴。

初五(12月29日) 早淡阴晴，午大雪止，仍阴，晚又雪。

初六(12月30日) 晴有风。

初七(12月31日) 晴。

初八(1917年1月1日) 淡阴晴。腊八粥供佛祖。政界、军界放假三日。

初九(1月2日) 晴有风，连日严寒。

初十(1月3日) 晴有风。奎儿早车赴津。

十一(1月4日) 晴。

十二(1月5日) 晴。

十三(1月6日) 小寒，晴有风。

十四(1月7日) 晴，大风。荫侄、枢孙、穌孙年假满，开学。

十五(1月8日) 月蚀。淡阴晴，晚阴，入夜起风，晴。徐养吾赠画兰、白鱼。

十六(1月9日) 晴有风。

十七(1月10日) 晴，天气回暖。

十八(1月11日) 晴。

十九(1月12日) 晴有风。

廿(1月13日) 晴。

廿一(1月14日) 晴有风。巳刻往祝郝云樵寿，晚归。

廿二(1月15日) 晴。家塾结馆，潘师回通。午后云樵约吉祥听戏。奎儿回京。

廿三(1月16日) 晴。带奎儿会英堂早饭，丹桂听戏，晚祭灶。

廿四(1月17日)　晴有风。
廿五(1月18日)　晴。
廿六(1月19日)　晴,微有风。申刻祠堂祭祀。
廿七(1月20日)　晴。奎儿早车赴津。晚起风,甚寒。
廿八(1月21日)　晴。祠堂悬影。
廿九(1月22日)　晴。

民国六年

丁巳正月初一(1月23日) 晴。郝氏四弟兄、二刘外孙来拜年,并柏峻山留饭,弦歌畅叙。

初二(1月24日) 晴。辰祭神。朱芷青寄元旦诗属和。

初三(1月25日) 晴,微有风。

初四(1月26日) 晴。午后出城游厂甸,到前街拜祖。

初五(1月27日) 淡阴晴,和芷青元旦诗。

初六(1月28日) 晴。

初七(1月29日) 晴。

初八(1月30日) 早微雪旋晴。约郝云樵、孟迁知万福居便饭,游厂。晚赴万福芷青之约,饭后华楼饮茶,听票戏。

初九(1月31日) 微雪,午晴。

初十(2月1日) 晴有风。恩儿下通上坟拜祖。

十一(2月2日) 晴。午后带端长宝丹桂听戏。

十二(2月3日) 晴。午后游厂,买书,晚赴万福李润田之约,茶楼听票戏。

十三(2月4日) 立春。晴。午后往回拜云樵,同出城游厂,晚赴明湖春云樵之约,茶楼听戏。

十四(2月5日) 晴。

十五(2月6日) 晴有风。奎儿早车自津回京。晚祭祠堂,供元宵。

十六(2月7日) 晴有风。

十七(2月8日) 晴。午后祭祠堂,收影像。奎儿早车赴津。

十八(2月9日) 晴。潘振卿到馆。

十九(2月10日) 晴。家塾上学。申刻阴,晚微雪,起风,雪止。

廿(2月11日) 巳刻晴,大风。

廿一(2月12日) 晴。衙署学校放假一日。海弟午车赴津。王幼甫请诊。

南北统一纪念日。

廿二(2月13日) 晴。恩儿赴张家口充财政分厅科员。

廿三(2月14日) 晴。申刻孟迁知昆仲来拜,约市场茶楼茶话,会英堂晚饭。前街幼生二奶奶病故。晚接税务处来札,派金儿朝阳门察视员。

廿四(2月15日) 晴,和暖。接恩儿张口来信。

廿五(2月16日) 早晴,巳刻阴有风。

廿六(2月17日) 晴,一夜风,午后大风扬沙。晚车海弟由津回京。

廿七(2月18日) 晴有风。金儿税局到差。晚接恩儿张口第二号信。

廿八(2月19日) 雨水。晴,大风。申刻到直隶书局买书,作书套。旋赴悦宾楼延子澄之约。

廿九(2月20日) 晴。

卅(2月21日) 晴。午后丹桂听戏。曾儿病瘟,晚请孟迁知诊治。

二月初一(2月22日) 晴。

初二(2月23日) 晴。

初三(2月24日) 晴。晚接恩儿三号信,派征权科第一股科员。潘师下通。

初四(2月25日) 晴。午后延子澄约丹桂听戏。

初五(2月26日) 阴,申刻晴。曾儿病渐痊。

初六(2月27日) 晴有风。请孟迁知来诊治曾病,约在会英堂便饭。接恩儿四号信。

初七(2月28日) 晴,大风,严寒。

初八(3月1日) 晴冷,仍有风。

初九(3月2日) 晴。

初十(3月3日) 晴有风。

十一(3月4日) 晴有风。

十二(3月5日) 晴。

十三(3月6日) 晴。写公函交张福投通县知事,为枣林庄周兴交地事。

十四(3月7日) 阴,午晴,申刻又阴。奎儿晚车回京。晚晴见月。

十五(3月8日) 晴。送前街婶母菜点四色。

十六(3月9日) 晴有风。接恩儿五号来信。

十七(3月10日) 晴。奎儿早车赴津。宁岱卿来京,地租带来,晚约会元楼便饭。

十八(3月11日) 晴。通县来电已传到,周兴承认交地。晚赴润田会英堂之约。

十九(3月12日) 阴霾终日,晚微雨雪。

廿(3月13日) 晴,午刻起风,淡阴。

廿一(3月14日) 晴有风。晚在斌升楼同延、赵、檀三同年公请陆世兄。金昌堂镶牙。

命令与德国断绝国交。

廿二(3月15日) 晴。

廿三(3月16日) 晴,和暖。

廿四(3月17日) 晴。

廿五(3月18日) 晴。午后带枢孙赴天桥看女洋人在先农坛演飞艇。

廿六(3月19日) 晴。午后出城,到金昌堂。晚接恩儿六号信,奎儿来信。

廿七(3月20日) 晴。晚在家看飞艇放天灯放花。

近传俄国革命，俄皇退位。

廿八(3月21日)　淡阴晴。作《飞艇花灯歌十六韵》。

廿九(3月22日)　辰起密雪，旋起风，巳刻晴，晚又阴，清寒。

闰二月初一(3月23日)　晴。

初二(3月24日)　晴。午后赴金昌堂镶牙，访孟迁知畅谈。晚赴明湖春锡闰生之约，同海弟第一舞台听《木兰从军》。

初三(3月25日)　晴。因周兴已交地，特函通县长申谢。

初四(3月26日)　淡阴晴，午后阴，申刻风，一扫放晴。

初五(3月27日)　晴。

初六(3月28日)　晴。微有风。陆世兄请晚饭，辞谢。

初七(3月29日)　晴。

初八(3月30日)　晴。午后游市场，会英茶点。

初九(3月31日)　晴。午后访金筱珊、冯公度，看画。访郝云樵，畅谈。晚在中华舞台听女戏。学堂春假。

初十(4月1日)　晴。偕海弟带枢孙赴浙慈馆听阳春友会排戏。

十一(4月2日)　晴。

十二(4月3日)　晴。巳刻偕海弟带枢孙、龢孙宝华春便饭后带龢孙听戏。海弟赴津。

十三(4月4日)　淡阴晴。午后丹桂听戏。海弟晚车回京。

十四(4月5日)　阴，午晴。海弟带金儿及内眷下通祭先茔。

总统天坛种树。

十五(4月6日)　晴，大风扬沙。

十六(4月7日)　晴有风。申刻东兴楼请客，王、金、冯、徐、李、宁。

十七(4月8日)　晴，淡阴。午后偕海弟赴浙慈馆听戏。

十八(4月9日)　晴。

十九(4月10日)　晴。书挽联赠高曦亭。

廿(4月11日)　阴。

廿一(4月12日)　晴。

廿二(4月13日)　早晴,午后阴。

廿三(4月14日)　淡阴晴。

廿四(4月15日)　晴,大风。荫绥学堂赴西山董四墓种树。

廿五(4月16日)　晴。海弟晚车赴津。王幼甫请诊。郝厚畬由山东来京。

廿六(4月17日)　晴,风霾。

廿七(4月18日)　早晴午阴,风霾旋晴。

财政总次长因赃均免职,交法庭办理。

廿八(4月19日)　晴有风。

廿九(4月20日)　晴有风。

三月初一(4月21日)　谷雨。晴。十太太、曾儿赴前街祖堂致祭,忌辰。

初二(4月22日)　早晴午阴。曾儿赴先哲祠致祭,接恩儿来信。

初三(4月23日)　晴。午后丹桂听戏。

初四(4月24日)　晴。海珊早车回京。

初五(4月25日)　阴,午晴又阴,有雨意。

初六(4月26日)　晴。

初七(4月27日)　晴大风。

财政次长杨寿楠。

初八(4月28日)　晴大风。恩儿早车自张(家)口回京,奎儿晚车回京。

初九(4月29日)　晴,仍有风。十太太五十寿,亲戚来祝,唱影戏。

初十(4月30日)　淡阴晴,申刻阴,微雨一过,旋晴。

十一(5月1日)　晴。

十二(5月2日) 晴。午后游市场,卖蒸饭锅。申刻阴,灯候密雨。

财政总长李经羲。

十三(5月3日) 阴雨,未刻晴。

十四(5月4日) 阴。奎儿早车挈眷赴邓沽,午后丹桂听戏。晚约厚畬东来顺便饭。灯候微雨。

交通总长许世英辞职。许世英因赃款传入检察厅。

十五(5月5日) 早阴,巳刻晴,未刻阴,微雨数点,风一扫旋晴。

十六(5月6日) 立夏。晴,酉刻阴。四妞二十岁生日。

十七(5月7日) 晴大风。恩儿早车赴张家口。

十八(5月8日) 晴,巳刻阴,午刻晴,又大风。申刻祠堂致祭,前街小二姑侄出阁。

十九(5月9日) 晴。前街小二姑爷来拜,名鲍典莲。

廿(5月10日) 早晴,午后阴,微雨一过。海弟携眷游南海。

众议院外公民团暴动。

廿一(5月11日) 阴,微雨一过。六姑奶奶带四妞早车赴山东。刘九姑娘病故。

廿二(5月12日) 半阴晴。接恩儿张口来信。

廿三(5月13日) 晴。午后带枢、穌两孙浙慈馆听戏。

廿四(5月14日) 晴。画松菊博古图,祝张振老八十正寿,寄山东。

廿五(5月15日) 晴,午后阴,急风,微雨一过,旋晴。

廿六(5月16日) 晴。佛保病疽毒,请孟迂知诊治。

廿七(5月17日) 晴。

廿八(5月18日) 晴。孟迂知治佛保病见轻。

廿九(5月19日) 淡阴。申刻小雨。同芷青在万福居请客,补祝延子澄寿。

卅(5月20日) 晴。午后带子、弟、孙赴浙慈馆听票戏。

四月初一(5月21日) 晴。佛保病渐痊。

初二(5月22日) 晴。

初三(5月23日) 晴。午后吉祥听戏。

段总理免职,叶廷芳代理。

初四(5月24日) 晴。

王士珍京津一带总司令。

初五(5月25日) 晴。午后带曾儿赴清秘阁看裱画题签,送托孙筱舫寄东祝张振老八十寿。旋游望园,顺访高雁生,并约孟迂知恩成居便饭。晚在望园看电影。

初六(5月26日) 早晴午阴,旋晴。

初七(5月27日) 晴。午后偕海弟带子侄辈浙慈馆听票戏。

初八(5月28日) 晴。

总理李经羲。

初九(5月29日) 晴。

初十(5月30日) 半阴晴,午后风雷一过,无雨,申刻大风扬沙,晚晴。

报纸传各省独立。

十一(5月31日) 半阴晴,微雨零星数点。晚在吉祥园看说话电影。

十二(6月1日) 半阴晴。昨日接恩儿张(家)口来信。

十三(6月2日) 晴。独立各省派兵北上,连日报纸。

十四(6月3日) 晴,午后三钟风雷一过,小雨仍阴,五钟晴。

十五(6月4日) 晴。午后丹桂听戏。

十六(6月5日) 晴。

十七(6月6日) 芒种。晴。

十八(6月7日) 晴。

十九(6月8日) 晴。

廿(6月9日)　晴。数日痰嗽体倦,服海山、迂知拟方。

张勋已到津。卫队到京。

廿一(6月10日)　阴,午后雷雨一过,未刻晴。晚车奎儿媳带石头回京治咳嗽。

廿二(6月11日)　晴。海弟夫妇赴前街预祝婶母寿。

廿三(6月12日)　晴。命令解散国会。

江朝宗代总理。

廿四(6月13日)　晴。

廿五(6月14日)　晴。连日痰嗽,服迂知、海珊药,今又左足痛。

张勋到京,李经羲同来。

廿六(6月15日)　晴。

廿七(6月16日)　半阴晴。午刻曾儿媳带四妞回京。

廿八(6月17日)　阴,夜有雷雨一过。痰嗽,足痛愈。

廿九(6月18日)　半阴晴。

五月初一(6月19日)　辰巳刻大雨午止,见日光,旋晴。

初二(6月20日)　晴。

初三(6月21日)　晴。接恩儿张(家)口来信。

初四(6月22日)　夏至。晴。至亲来祝。奎儿早车回京。连日痰嗽,服海弟方药。

初五(6月23日)　阴,细雨终日。

初六(6月24日)　早微雨,午后晴。

△总理到任,△财政总长,王士珍陆军长,△参谋部总。

初七(6月25日)　晴,午后阴。

初八(6月26日)　晴。

初九(6月27日)　晴。痰嗽仍不愈,请韩达卿诊治。

初十(6月28日)　晴。宝枢大学毕业,领文凭。

广自立。

十一(6 月 29 日) 晴。服达卿药两剂,痰嗽轻减。接恩儿来信。

十二(6 月 30 日) 早阴午晴,热甚,至一百度。奎儿早车挈眷赴津。

大清帝国宣统九年五月十三日(7 月 1 日) 复辟。上谕颁布派内阁议政大臣授各省督抚提督十四,派大学士各部尚侍丞。冯大总统就职南京。闻京南已开战,飞艇放炸弹。张勋辞职,闻两方停战。雷震春、张震芳均辞职。

十四(7 月 2 日) 晴。

十五(7 月 3 日) 夜雨晨阴,午后晴。接恩儿来信。

十六(7 月 4 日) 晴,酉刻阴,旋晴。

十七(7 月 5 日) 晴。海弟挈眷赴沙岭。

十八(7 月 6 日) 晴,晚雷雨一过。

十九(7 月 7 日) 晴。午后租定船板洋楼两间,晚挈眷来避居。

廿(7 月 8 日) 晴。足痛一夜,敷紫金,锐痛止。

廿一(7 月 9 日) 淡阴,微雨,午晴。

廿二(7 月 10 日) 晴。

廿三(7 月 11 日) 晴。

△动张解岳,张不允,天坛开战。

廿四(7 月 12 日) 晴。自天明南方枪炮声不断,东北面亦枪炮声不绝。午后民军攻张勋宅,申刻火起,闻张勋逃东交民巷,遂停战。晚各军扎街,禁止行人。

廿五(7 月 13 日) 淡阴,巳刻晴。

街市安静。

廿六(7 月 14 日) 晴。遣周瑞赴沙岭送信。

段总理来京。

廿七(7 月 15 日) 阴,微雨。

廿八(7 月 16 日) 阴,午晴,申刻雨一过旋晴。

徐菊人来京。

廿九(7月17日) 初伏。一夜雨晨晴。恩儿媳赴密云。

卅(7月18日) 晴。恩儿、奎儿来京。

六月初一(7月19日) 夜雨晨晴又阴,午晴,申刻急雨一过。

初二(7月20日) 阴。由洋楼迁回家。申刻雨一过。

各部总次长均到任。

初三(7月21日) 一夜雨,密雨连绵终日。接密云十奶奶之回信。奎儿午后赴津。

初四(7月22日) 夜雨连阴午晴。

初五(7月23日) 阴午晴,申刻又雨,连绵至半夜潮湿大作。

初六(7月24日) 半阴晴,午后放晴,晚雷雨入夜。

初七(7月25日) 夜雨连绵终日。

初八(7月26日) 一夜雨连绵,午后晴,晚又雨。

初九(7月27日) 阴有风旋雨旋晴,酉刻又大雨,灯后止。

初十(7月28日) 夜雨晨见日光,旋又阴雨,午晴。

十一(7月29日) 淡阴晴,薄暮又阴,雨一过。

十二(7月30日) 淡阴,微雨,午晴。

十三(7月31日) 淡阴。恩儿早车赴张(家)口。自巳刻半阴晴,时见日光,午后晴。

十四(8月1日) 淡阴晴,巳刻阴,午晴,灯后雷电大雨,四刻始过。

冯大总统午刻到京。

十五(8月2日) 淡阴晴。

十六(8月3日) 天放晴,薄暮雷雨一过,仍阴。

十七(8月4日) 晴。接恩儿张(家)口来信。

十八(8月5日) 晴。午后带子侄孙辈中华舞台听戏。晚东北方雷雨,清凉。

十九(8月6日) 阴,密雨终日,阴晴不定。

廿(8月7日) 淡阴。接海弟沙岭来信。

廿一(8月8日) 立秋。淡阴晴。

廿二(8月9日) 晴。早往拜延子澄,补祝夫人七十寿,送礼四包。

税务监督赵椿年辞职,派张调辰。

廿三(8月10日) 阴午晴,连日天严热。

廿四(8月11日) 晴。午后子澄约吉祥园听《木兰从军》。

江朝宗迪威将军,李长泰步军统领,王汝贤第八师长。大总统布告,对德奥二国宣告立于战争地位。

廿五(8月12日) 阴,午后晴。因中暑,喉痛体倦。

廿六(8月13日) 晴有风。喉痛仍未痊。子澄约杏花春晚饭,辞。

廿七(8月14日) 淡阴晴。近日雨多,京西大水,京汉火车不通。

廿八(8月15日) 晴。

廿九(8月16日) 晴。

卅(8月17日) 晴。

平政院长夏寿康,财政次长李思浩,烟酒公卖胡汝麟。

七月初一(8月18日) 晴,午阴,晚微雨一过。接海弟沙岭信,老吕带来。

初二(8月19日) 淡阴晴,晚阴,东北风雷,未雨,入夜晴。

初三(8月20日) 阴,申刻微雨,夜雨有声。宝枢充中学教员。

黑龙江烟酒公卖邓邦造。

初四(8月21日) 淡阴。宝龢伏假满,开学上课。

初五(8月22日) 阴,微雨终日。

初六(8月23日) 阴,微雨,申刻急雨一阵。自五至七京兆因筹灾赈办,义务演戏三天。

初七(8月24日) 淡阴,午晴。

初八(8月25日)　晴。荫侄考法政学堂。

初九(8月26日)　阴雾,午晴,晚雷电雨一阵。

初十(8月27日)　半阴晴。

十一(8月28日)　半阴晴,午后急雨一过。

黎大总统出京赴天津。

十二(8月29日)　阴。

十三(8月30日)　晴。接恩儿张(家)口来信。

十四(8月31日)　晴。接海弟自沙岭来信。

十五(9月1日)　半阴晴,有风,巳刻急雨一过,雨止,旋见日光,午正晴,未刻又雷雨一阵旋晴。灯后奎儿自津回京。

十六(9月2日)　阴,微雨,午后密雨,雨止,赴吉祥听戏。

十七(9月3日)　阴,微雨。接海弟沙岭来信。

十八(9月4日)　淡阴,申刻放晴。

十九(9月5日)　阴,微雨。

廿(9月6日)　晴,西北风。奎儿早车赴津。

任命各省教育厅。

廿一(9月7日)　晴。枢孙三十岁,至亲来贺。

廿二(9月8日)　晴。午后带荫侄游公园。

任命各省实业厅。

廿三(9月9日)　阴。午后游市场,饮茶。

廿四(9月10日)　阴,午漏日光后仍阴。

廿五(9月11日)　晴有风。

廿六(9月12日)　晴。午后带荫侄丹桂听戏。

廿七(9月13日)　淡阴。午后丹桂听戏。

王式通全国水利局副局长,孟宪彝监督永定河工。

廿八(9月14日)　晴。午后约云樵吉祥听戏。晚江南春便饭。

廿九(9月15日)　晴。午后云樵约吉祥听戏,晚玉泉茶楼便饭。

八月初一(9月16日) 淡阴。恩儿媳带四孙由密云回京。

初二(9月17日) 阴,午后大雨,申刻止,晚又雨。

初三(9月18日) 阴,微雨,午晴。荫侄法政学堂开学。

初四(9月19日) 晴。

初五(9月20日) 晴。益和祥托画大横画成。奎儿媳晚车回京。

初六(9月21日) 阴午晴。

初七(9月22日) 晴。午后吉祥听戏。晚阴,夜雨。孔社知会丁祭,未能与祭。

总统亲行祭圣庙。

初八(9月23日) 夜雨止晨晴。同乡绅耆出捐册募赈顺直水灾已列名,现长班送来捐册系交王曾绶经募。

初九(9月24日) 晴,日暮阴,晚晴,见月。

初十(9月25日) 晴。命姜贵坐双套车赴沙岭接海弟回京。

挽汪墨卿:

盛名久著金台,老陨托莺萝,桂苑兰阶敷美荫;

薄宦曾游珂里,知义敦桑梓,莲峰云海播高风。

提倡二事撰联志之:

义济开堂,聚四五千众,半载救饥遐方遍拜仁人赐;

和约赔款,减二百万金,一邦受惠永世难忘圣主恩。

贺移居:

晴雪古松招舞鹤,

春风高柳听流莺。

洗耳且听鸟说甚,

平心试问花笑谁。

洗耳只宜听鸟语,

清心惟有盼花开。

运动上春转北斗，
欢欣中夏迎东君。
欢迎东君主中夏，
运动北斗交上春。
赠牙医生：
留我齿芬清漱玉，
拾君牙慧餐生花。

春联：
东皇太乙陈竽笙，
北斗旋寅挹酒浆。
祝李铭三七十晋一寿，四川人，湖南广西知县：
湘江雨润，桂岭云高，泽被万家传名在；
锦里风清，莲乡日永，筹添七纪颂台莱。
又：
湘江桂岭，煦育花封，仙凫远举望双舄；
锦里莲乡，悠游杖国，海鹤高翔添一寿。

挽高曦亭同年：
同科记五十余年，半生谈道读书，大著终藏山中；
遗老近八旬正寿，一代名儒师傅，全归空返天上。

式之贤弟足下：前接〇手毕并蒙〇雅贶影宋本词画两件，谢谢！佳儿吉礼，谊应申贺，乃犹齿及体弥愧戋戋。兄老态依然，无可告者。两字平安，致足慰耳！闻吾弟刻为省长藩府座上客，入参密切，当望大有造于畿疆，曷胜欣慰！兹恳者大小儿〇〇自大理解散后赋闲数载，拟使糊口四方，刻作津门之游，务望不惜〇齿牙余论，代觅枝棲，俾不致枯寂，是所企祷，余俟小儿拜访悟罄不赘叙。此复祇候近祉。

贺移居：
安宅常依仁是里，
卜居必与俭为邻。

八月十一(9月26日) 晴。市政工所送来委任状，派宝枢为第三科考工股科员。

十二(9月27日) 晴，午后阴，微雨。六钟海弟挈眷自沙岭回京。

十三(9月28日) 阴，微雨终日。

十四(9月29日) 阴午晴。申刻赴吉祥听戏。

十五(9月30日) 晴。

十六(10月1日) 晴。

十七(10月2日) 晴，连日天气回暖。午后沐浴。

十八(10月3日) 晴。午后丹桂听戏。

十九(10月4日) 晴。近日天津大水，京师筹振。

廿(10月5日) 晴。偕海弟吉祥听戏。

廿一(10月6日) 阴午晴。吉祥听戏。

廿二(10月7日) 晴。

廿三(10月8日) 晴。

廿四(10月9日) 阴，微雨。

廿五(10月10日) 放晴晚阴，微雨旋晴。

国庆，总统南苑阅兵。

廿六(10月11日) 晴。午后偕海弟、勖初丹桂听戏，晚东来顺便饭。

廿七(10月12日) 晴有风。接干少甫由马厂来电信，云十三号南下。

廿八(10月13日) 晴。午赴福寿堂锡闰生之约，饭后吉祥听戏。

廿九(10月14日) 晴。海弟生日,至亲来祝。接恩儿张(家)口来信并相片。

卅(10月15日) 晴,晚阴。

九月初一(10月16日) 夜雷雨,晨晴。

初二(10月17日) 晴。午后游市场,茶点。

初三(10月18日) 晴。撰联书贺徐花农移居。郝云樵赠菊二十盆。

初四(10月19日) 晴。申刻游市场,茶点。

初五(10月20日) 晴。

初六(10月21日) 早雾阴,午晴。宝龢定婚(河南固始吴宅)大媒毛艾孙、李润田今日过帖。入夜雷雨一过。

初七(10月22日) 晴,午阴,晚晴。

初八(10月23日) 晴。

初九(10月24日) 霜降。阴,微雨。接奎儿邓沽来信,海河潮大涨。

初十(10月25日) 阴,微雨。一夜未眠。

十一(10月26日) 阴雨连日,早晚有雾,气潮湿,阴凉。

十二(10月27日) 阴凉,晚雨一过旋晴。奎儿晚车回京。

十三(10月28日) 晴有风。

十四(10月29日) 晴。徐养吾赠菊廿棵。

十五(10月30日) 晴。午后访徐花农,贺迁乔。旋至土地庙买菊廿盆,顺到前街。

十六(10月31日) 晴。

十七(11月1日) 晴。门口买菊一挑五十余棵。接恩儿张(家)口来信。

十八(11月2日) 晴。巳刻跌伤左腿膝骨,敷七厘散。

十九(11月3日) 晴。

廿(11月4日) 晴,夜大风,天寒见冰。谦祥益保记天福堂酬雅，海山赴约。午刻宁岱青来京。

廿一(11月5日) 晴，申刻又起风。

廿二(11月6日) 晴。

廿三(11月7日) 早雾旋晴，午又阴，微雪一过。膝骨痛愈。

廿四(11月8日) 晴。曾儿晋四等嘉禾章。

廿五(11月9日) 晴有风。

廿六(11月10日) 晴。各署各学校放假。申刻约亲友赏菊，对酒弦歌畅叙。

参议院开会。

廿七(11月11日) 晴有风。晚赴宾宴楼李润田之约。

廿八(11月12日) 晴。

廿九(11月13日) 晴。接恩儿张(家)口来信。

卅(11月14日) 晴。

十月初一(11月15日) 晴。晚祭祠堂。

初二(11月16日) 晴。

王汝贤请双方停战。段总理辞职。

初三(11月17日) 晴。午后吉祥听戏，梅兰芳演《琴挑》。

初四(11月18日) 晴。晚赴杏花春朱芷青之约。

段仍留任，王汝贤兼湖南督军。

初五(11月19日) 晴。

长沙失守。王汝贤退守岳州。

初六(11月20日) 晴。

初七(11月21日) 晴。

初八(11月22日) 晴。

段总理辞职，汪大燮代理。

初九(11月23日) 晴，天气和暖。午后游市场，茶点。

初十(11月24日) 阴。幼生续娶。午后到吉祥听戏。

十一(11月25日) 晴。巳刻约延子澄、锡闰生市场便饭，丹桂听戏。

十二(11 月 26 日) 晴有风。奎儿晚车回京。

十三(11 月 27 日) 晴。

十四(11 月 28 日) 晴。奎儿早车赴邓沽。午后延子澄约在吉祥听戏。

十五(11 月 29 日) 晴。

十六(11 月 30 日) 晴。

王士珍署总理。

十七(12 月 1 日) 晴。午后偕海弟吉祥听戏《天女散花》。恩儿由张(家)口回京。

十八(12 月 2 日) 晴有风。

命令各部总长:财政王克敏,内务钱能训,农商田文烈,参谋荫昌,外交陆征祥,教育傅增湘。

十九(12 月 3 日) 晴。

廿(12 月 4 日) 晴有风。午后带恩儿吉祥听戏。

廿一(12 月 5 日) 晴有风。

廿二(12 月 6 日) 晴,大风。

廿三(12 月 7 日) 大雪。晴,午刻大风,忽阴,密雪一过,旋晴。

廿四(12 月 8 日) 晴有风,晚阴。

廿五(12 月 9 日) 晴,大风扬沙。

廿六(12 月 10 日) 晴。午后带恩儿出崇文门广兴园听戏。奎儿晚车回京。

廿七(12 月 11 日) 晴。午后带奎儿游市场,晚在江南春便饭。

廿八(12 月 12 日) 晴。恩儿早车赴张家口。午后带奎儿吉祥听戏。

廿九(12 月 13 日) 密雪。

十一月初一(12 月 14 日) 晴,大风。

初二(12 月 15 日) 晴。云樵自山东回京,赠茶干、茭白、柿饼。

初三(12月16日) 晴。午后带枢孙赴广兴园听高腔戏。

初四(12月17日) 晴有风。

初五(12月18日) 晴有风。

初六(12月19日) 晴。奎儿早车赴邓沽。

初七(12月20日) 晴。午后偕海弟赴广兴园听高腔戏。

初八(12月21日) 晴有风。

初九(12月22日) 冬至。晴。巳刻约潘师、金小山、毛琴孙江南春便饭,定馆。

初十(12月23日) 晴。午后带曾儿、佛保广兴园听高腔戏。

十一(12月24日) 晴有风。

十二(12月25日) 晴大风。各署学堂放假。

云南起义纪念日。

十三(12月26日) 晴有风。荫侄学堂放年假。

总统布告停战令。

十四(12月27日) 晴。

十五(12月28日) 晴大风。

十六(12月29日) 晴。晚赴福兴居袁宝三之约,晤金筱珊,谈通州提振款事。

十七(12月30日) 晴。午后带曾儿、荫侄、勖初广兴园听戏。

十八(12月31日) 阴。海弟早车赴津。午后带儿孙广兴园听戏。

十九(1918年1月1日) 晴有风。请潘师带学生并约云樵广兴园听戏,江南春晚饭。奎儿早车回京。

廿(1月2日) 晴。

廿一(1月3日) 晴。午后同勖初及子侄辈丹桂听戏。

廿二(1月4日) 晴。

廿三(1月5日) 晴。奎儿早车赴津。晚带子侄、孙女丹桂听戏。

廿四(1月6日) 晴有风。午后李润田约广和楼听戏。海弟、奎儿晚车回京。

廿五(1月7日) 晴有风。奎儿早车又赴津。

廿六(1月8日) 晴。午后游市场,茶点。

廿七(1月9日) 晴。午后吉祥听戏。

廿八(1月10日) 淡阴晴。

廿九(1月11日) 晴。遣姜贵赴津送信,为奎儿事。晚带金儿丹桂听戏。

卅(1月12日) 晴有风。

十二月初一(1月13日) 晴大风。济通赈局同人借商会议通州提款事,海山往议。午后吉祥听戏。

初二(1月14日) 晴。

初三(1月15日) 晴有风。晚带枢孙赴青年会听新戏。

初四(1月16日) 晴,微有风。

初五(1月17日) 晴。午后赴天乐园听高腔昆戏。

初六(1月18日) 晴有风。

初七(1月19日) 晴,微有风。

初八(1月20日) 晴。午后偕海弟赴商会,济通振局公议函复通郡填河提款事。旋往天乐园听昆戏。

初九(1月21日) 淡阴晴,午后大风。

初十(1月22日) 晴有风。

十一(1月23日) 阴,微雪旋晴。午后游市场,茶点。

十二(1月24日) 晴。郝竹三由济南来京。午后丹桂听戏。奎儿晚车回京。

十三(1月25日) 雪。宁筱圃由津来京。

岳州失守。

十四(1月26日) 晴。

总统赴津。济南、蚌埠。

十五(1月27日) 晴。早辰画莲梅二幅。午约孟迁知偕海弟、儿辈江南春便饭,散后独往丹桂听戏。

十六(1月28日) 晴。辰起画梅一纸。徐花农约午饭,辞谢。

十七(1月29日) 晴。

总统回京。

十八(1月30日) 晴。午后延子澄来约丹桂听戏。

命令宣战,讨伐两湖南军。

十九(1月31日) 晴。

廿(2月1日) 晴。午后吉祥听戏。

廿一(2月2日) 晴。巳刻往祝郝云樵寿,听票戏,半夜归。

廿二(2月3日) 淡阴。奎儿早车赴津。

廿三(2月4日) 夜雪,仍阴。接恩儿张口来信二封。

廿四(2月5日) 晴。

总统布告罪己。

廿五(2月6日) 晴。一奶奶病半产,请韩达卿诊治。

王汝贤、范国璋革职,留营效力赔罪。

廿六(2月7日) 阴。晚祭祠堂,忌辰。

廿七(2月8日) 阴。奎儿晚车回京。

廿八(2月9日) 晴,大风,午后风息。

廿九(2月10日) 晴。午后带儿孙辈游市场,茶点。除夕祭神,祭祠堂。龙蛇岁过,莺燕春来。

民国七年

戊午正月初一(2月11日) 晴。

初二(2月12日) 晴。请西医诊十七姑病。

初三(2月13日) 晴。

初四(2月14日) 晴。午后带佛保到前街拜祖,归路游海王村公园。

初五(2月15日) 晴。十七姑服西医药水见效。

初六(2月16日) 晴。偕海弟访云樵贺年,赴万福居便饭,游厂公园。晚云樵约明湖春便饭。

初七(2月17日) 晴有风。

初八(2月18日) 晴。

初九(2月19日) 晴有风。奎儿早车赴津。

初十(2月20日) 晴。

内阁总理王士珍辞职。

钱能训代总理。

十一(2月21日) 晴有风,晚阴,又夜晴。

十二(2月22日) 晴。作延子澄诗序一篇。

十三(2月23日) 晴。午后吉祥听小戏。

十四(2月24日) 晴。午刻偕海弟赴东方饭店云樵之约,饭后游厂看字画。奎儿晚车来京。

十五(2月25日) 晴,微有风。

十六(2月26日) 晴有风。

十七(2月27日) 晴。午后祠堂祭祀,收影。

十八(2月28日) 晴。

十九(3月1日) 晴。奎儿早车赴津。午后赴丹桂听戏。接恩儿张家口来信。

廿(3月2日) 晴。午后偕海弟赴天乐园听戏，晚赴天福堂杜伯熊之约。

廿一(3月3日) 淡阴晴。巳刻回拜荣月帆、延子澄。请西医武锡三治一奶奶病。

廿二(3月4日) 晴有风。

廿三(3月5日) 阴午晴。

廿四(3月6日) 晴。午后赴丹桂听戏。

廿五(3月7日) 晴。

廿六(3月8日) 阴。

廿七(3月9日) 晴，大风扬沙。

廿八(3月10日) 晴，仍有风。

廿九(3月11日) 晴。午后游市场，茶点。

卅(3月12日) 晴。午后出城，赴天乐听戏。

二月初一(3月13日) 晴。一奶奶连服西医药无效，现请萧龙友诊治。

初二(3月14日) 晴。午后赴天乐园听戏。

初三(3月15日) 晴。午后丹桂听戏。奎儿早车来京。

命令赦洪宪暨复辟各犯。

初四(3月16日) 晴。

初五(3月17日) 阴，午晴。带佛保天乐园听戏。

初六(3月18日) 淡阴晴，晚阴。

初七(3月19日) 晴。

初八(3月20日) 晴。午后吉祥听戏。

初九(3月21日) 晴。岳州府克复。

初十(3月22日) 晴。一奶奶服萧医药见效。奎儿午车赴津。

十一(3月23日) 阴，晚雨。段祺瑞重任总理。

十二(3月24日) 密雨一夜，连雨终日，晚起风，晴。申刻赴便宜坊延子澄之约。

十三(3月25日) 晴,大风终日,清冷,又升炉火。

十四(3月26日) 淡阴晴。

十五(3月27日) 淡阴。长沙克复。

十六(3月28日) 阴。致通县知事李梦九公函,整顿枣林庄祭田。

十七(3月29日) 晴,晚阴,微雨一过。

命令任各部总长。

十八(3月30日) 晴。午后润田约广和楼听戏,晚宴宾楼便饭。

十九(3月31日) 晴。买定班大胡同房,立字两清。

廿(4月1日) 晴。

廿一(4月2日) 晴。通县民立第一国民学校校长(校长朱江)捐洋五元。午后子澄约吉祥听戏。

廿二(4月3日) 晴。午后偕海弟、荫侄、龢孙游新世界小有天便饭。

廿三(4月4日) 阴。义门赴通丈量枣林庄祭田。

廿四(4月5日) 清明。早晴午阴。曾儿、枢孙偕同金媳、枢孙媳早车下通祭扫。

廿五(4月6日) 晴,午后阴,轻寒。

廿六(4月7日) 晴。午后往贺锡闰生娶儿妇,旋到中华听戏。

廿七(4月8日) 晴。午后往贺荣月帆喜事,旋在市场茶点。

国会纪念日。

廿八(4月9日) 淡阴晴。午后吉祥听戏。

廿九(4月10日) 晴,午阴,晚晴。吉祥听戏。

三月初一(4月11日) 晴。午后带义门侄天乐园听戏。恩儿媳四十生日。

初二(4月12日) 晴。

初三(4月13日) 晴,大风扬沙。

初四(4 月 14 日) 晴,仍有风。午后带枢孙天乐听戏。致通知事李公函,祭田事。

初五(4 月 15 日) 晴有风,晚阴。

初六(4 月 16 日) 晴。申刻赴延子澄约,市场茶话。

初七(4 月 17 日) 晴。奎儿早车回京。午后丹桂听戏。

初八(4 月 18 日) 晴。

初九(4 月 19 日) 晴。

初十(4 月 20 日) 晴。

十一(4 月 21 日) 谷雨。阴,微雨。先哲祠春祭,金儿执事与祭。

段总理赴汉口。

十二(4 月 22 日) 晴。午后带奎儿天乐听戏。

十三(4 月 23 日) 阴。奎儿早车赴津。

十四(4 月 24 日) 晴,申刻起风,又阴,微雨一过。

十五(4 月 25 日) 晴。午后丹桂听戏。

十六(4 月 26 日) 晴。奎儿早车来京。

十七(4 月 27 日) 晴。午后带奎儿、龢孙吉祥听戏。

十八(4 月 28 日) 晴。申刻祠堂致祭。

总理回京。

十九(4 月 29 日) 晴,晚阴,夜雨。奎儿早车赴津。

廿(4 月 30 日) 阴雨,申刻晴。

廿一(5 月 1 日) 晴。派姜贵赴通,候祭田讼事过堂。

廿二(5 月 2 日) 晴。巳刻偕海弟游公园,看牡丹。出城约孟迂之斌升楼便饭。午后中和听戏。

廿三(5 月 3 日) 淡阴,午后晴,晚阴,有雷声,旋晴。龢孙学堂游西山旅行。

廿四(5 月 4 日) 晴。

廿五(5 月 5 日) 晴,午阴。

廿六(5月6日) 立夏。晴。午后带龢孙吉祥听戏。

廿七(5月7日) 晴。午后丹桂听戏。

廿八(5月8日) 晴。一奶奶于亥刻病故。奎儿晚车回京。

廿九(5月9日) 晴。

四月初一(5月10日) 阴。白事接三。申刻细雨至晚。姜贵赴通,祭田讼事过堂。

初二(5月11日) 密雨一夜不止,终日。

初三(5月12日) 晴,申刻阴,有雷声,晚晴。赴万福居芷青之约。

初四(5月13日) 晴。白事首七,设经。

初五(5月14日) 晴。辰刻白事发引,送茔地阳宅。

初六(5月15日) 晴。奎儿带长保由通早车回京。

初七(5月16日) 晴。

初八(5月17日) 阴,微雨,午晴。

初九(5月18日) 淡阴晴,午起风。奎儿早车赴塘沽。午后丹桂听戏。

初十(5月19日) 淡阴晴,西北风。

十一(5月20日) 晴。午后约延子澄丹桂听戏。

十二(5月21日) 晴。海弟约徐立堂下通看茔地。午后游公园,看芍药,访云樵。晚饭后江西馆听戏。

十三(5月22日) 晴。

十四(5月23日) 淡阴晴。午后沐浴。

十五(5月24日) 夜雷雨。近日时疫流行甚重。

十六(5月25日) 夜雨,辰阴,午密雨一过,淡阴晴,申酉又雷雨。

十七(5月26日) 晴,午阴,密雨一过旋晴。晚赴中华舞台听戏。

十八(5月27日) 晴。

十九(5月28日) 晴,夜月红而无光。

廿(5月29日) 晴。午后吉祥听戏。晚阴。

廿一(5月30日) 夜雨,晨阴,巳刻晴,晚六钟雷雨雹一过,旋晴。

廿二(5月31日) 晴,北风。儿媳辈到前街拜婶母寿。

廿三(6月1日) 晴,西北风。

廿四(6月2日) 晴。晚日光殷红。

廿五(6月3日) 晴,西北风。因祭田讼事又致通县长公函,元绶下通呈递。

廿六(6月4日) 淡阴晴,午后放晴。晚阴,微雨,风起,旋晴。

廿七(6月5日) 晴。

廿八(6月6日) 晴。

廿九(6月7日) 淡阴。

卅(6月8日) 晴。

五月初一(6月9日) 淡阴,午后晴。恩儿由张(家)口回京。奎儿由津回京。

初二(6月10日) 晴。

初三(6月11日) 晴,入夜雷雨一过。

初四(6月12日) 晴。至亲友来祝寿,影戏。入夜雷雨一阵。

初五(6月13日) 淡阴晴。

北海开放三日售票游览筹赈。

初六(6月14日) 晴。

初七(6月15日) 淡阴晴。奎儿早车赴津。

初八(6月16日) 晴。

初九(6月17日) 晴。

徐树铮枪决陆建章,命令褫职,夺勋位。

初十(6月18日) 晴。

十一(6月19日) 淡阴,入夜雷雨。

十二(6月20日) 夜雷雨,辰晴。申刻赴西城云樵之约,晚饭,听票戏。

十三(6月21日) 夜大雷雨,晨阴,午密雨终日。

命令曹锟川粤湘赣四省经略使。

十四(6月22日) 夜雨,辰放晴。恩儿赴张(家)口。申刻雷雨。带曾儿约云樵六味斋便饭,江西馆听昆戏。

十五(6月23日) 晴。午后偕海弟带侄女、孙女吉祥听戏。

十六(6月24日) 淡阴晴。

十七(6月25日) 早晴午阴,雷雨一过。

十八(6月26日) 阴,微雨,申刻晴。

十九(6月27日) 淡阴午晴。回拜延子澄、荣月帆。

廿(6月28日) 淡阴晴。辰起同拜绍越千。申刻沐浴。酉刻急风雨一阵。

廿一(6月29日) 晴。

廿二(6月30日) 晴,淡阴,有风。午后带枢孙吉祥听《麻姑献寿》。

廿三(7月1日) 晴。

廿四(7月2日) 晴。

廿五(7月3日) 晴。

廿六(7月4日) 淡阴晴,晚六钟大雷雨,有雹一过,旋晴。

廿七(7月5日) 晴。

廿八(7月6日) 晴,申刻阴。在东兴楼请客,荣、延、绍、朱、杜、李。饭后微雨。

廿九(7月7日) 阴午晴。申刻带曾儿、龢孙游公园。

六月初一(7月8日) 阴,巳刻晴,申刻阴,有雷声,微雨一过。

初二(7月9日) 晴。

初三(7月10日) 晴。午后沐浴。

初四(7月11日) 晴。左足作痛。

初五(7月12日) 晴。政学界放假。

天坛开战纪念日。

初六(7月13日) 晴,酷热。

初七(7月14日) 晴热。

初八(7月15日) 夜雷雨,辰阴,午晴。

初九(7月16日) 晴。申刻赴江西馆云樵之约,听票戏,夜子刻归。

初十(7月17日) 淡阴午晴,晚阴。

十一(7月18日) 夜雨辰晴。

十二(7月19日) 晴,灯后雷雨有雹。

十三(7月20日) 晴,申刻雷雨一过旋晴。冯心兰故。

十四(7月21日) 晴。

十五(7月22日) 早晨阴,密雨终日,晚晴。

十六(7月23日) 半阴晴。晚赴会贤堂绍越千[①]之约。

十七(7月24日) 晴,入夜大雨。

十八(7月25日) 晴。午后带荫侄天乐听戏。姜贵赴通过堂。

十九(7月26日) 晴。

廿(7月27日) 晴,晚阴,有雷,末雨一过。姜贵回京,订廿七再过堂。

廿一(7月28日) 晴。申刻带曾儿约云樵赴江西馆听戏,深夜归。

廿二(7月29日) 晴,连日炎热。

廿三(7月30日) 晴,巳刻阴雨,申刻晴。

廿四(7月31日) 晴。午后偕海弟赴公佑局孟讦知请谈。晚赴斌升楼延子澄之约。

---

① 《绍英日记》民国七年六月十六日:"晚会贤堂请客,共用票四十元。"(第三册,第588页)

廿五(8月1日) 阴,微雨。宝龢考大学预科,发榜,取法科第六十名。

廿六(8月2日) 夜雨晨阴,微雨零星,晚晴。姜贵赴通候过堂。

廿七(8月3日) 阴,细雨终日。

廿八(8月4日) 夜雨辰阴,午晴。带枢孙赴第一楼听票戏。

廿九(8月5日) 晴。

卅(8月6日) 半阴,午晴。带龢孙出城游水心亭,茶点。

七月初一(8月7日) 晴。

初二(8月8日) 早阴,微雨,旋晴。

初三(8月9日) 夜雨,辰晴。午后游市场茶点。

初四(8月10日) 晴。

初五(8月11日) 夜雨辰阴,午未晴,申又阴。

初六(8月12日) 晴。午后带曾儿中华听戏。

新国会开幕,放假一日。

初七(8月13日) 晴。午后偕海弟游公园,晚赴同和堂祝郝舅太太七十一寿。

初八(8月14日) 晴。

初九(8月15日) 阴,午晴。午后偕海弟,带奎儿第一楼听票戏,晚宝华楼便饭。

初十(8月16日) 晴。

十一(8月17日) 淡阴晴。

十二(8月18日) 晴。午后带龢孙出城,茶楼听票戏。晚赴天寿堂杜伯熊之约。大雨一阵。

十三(8月19日) 晴。午后带龢孙天乐听戏。

十四(8月20日) 晴。

十五(8月21日) 淡阴晴,热。

十六(8月22日) 半阴晴,热。

十七(8月23日)　晴。

十八(8月24日)　夜雨辰晴又阴,微雨。

北海因筹赈,开放三日。

十九(8月25日)　阴,时有微雨。

廿(8月26日)　密雨,申雨止,晚晴。

廿一(8月27日)　辰阴,微雨,申刻晴。

廿二(8月28日)　晴。午后丹桂听戏。

廿三(8月29日)　晴。

廿四(8月30日)　晴。

廿五(8月31日)　晴。

廿六(9月1日)　晴。约潘师带学生吉祥听戏《天河配》。

廿七(9月2日)　晴。午刻十七姑娘病故。

廿八(9月3日)　阴,巳刻晴,申刻云雷,细雨一过旋晴。白事接三。

廿九(9月4日)　晴。十七姑殡出,荫绶送下通,晚车回京。

大总统当选,徐世昌。

八月初一(9月5日)　晴有风。

初二(9月6日)　晴。

初三(9月7日)　晴。午后中华听戏。恩儿媳申刻举一男,取名强保。

初五(9月9日)　阴,午后晴。恩儿由张(家)口回京。

初六(9月10日)　晴。巳刻赴西城郝宅行吊。奎儿由津回京。

初七(9月11日)　晴。

初八(9月12日)　晴。

初九(9月13日)　晴。

初十(9月14日)　晴。午后游市场,茶点。

十一(9月15日)　晴。午后带恩儿请潘师丹桂听戏。

十二(9月16日)　晴,申酉阴,灯后雷电,微雨一过。

十三(9月17日)　晴,申刻阴。

十四(9月18日)　晴。前街本家六太太申刻病故。

十五(9月19日)　晴,申刻阴,大风一过,旋晴。午后带子孙游市场茶楼。

十六(9月20日)　晴。书挽联两付,吴仲怿,恽薇孙①。

十七(9月21日)　晴。奎儿早车赴津。申刻游市场茶点。

十八(9月22日)　晴。琴孙送子来附学,请潘师便饭,偕海弟、儿辈坐陪。

十九(9月23日)　晴。曾儿奉指令以简任官存记。

廿(9月24日)　晴。喉痛。海弟方药。

廿一(9月25日)　晴。喉痛减轻。仍服……申刻阴,微雨一过。

廿二(9月26日)　晴。恩儿早车赴张(家)口。接奎儿来信,奉文与新河对调。

廿三(9月27日)　晴,晚云雷,微雨一过。

廿四(9月28日)　晴有风。午后丹桂听戏。晚偕海弟带子侄孙三盛茶楼便饭。

命令孔圣诞。

廿五(9月29日)　晴有风。

廿六(9月30日)　晴。本家六太太发引,海弟率子侄往送。

廿七(10月1日)　晴。悬旗结影,学堂各署放假。

孔圣诞。

廿八(10月2日)　晴。奎儿晚车回京。

廿九(10月3日)　淡阴,微雨一过,忽晴忽雨。海弟寿日,至亲来祝。

卅(10月4日)　晴。奎儿早车赴津。

---

①　《恽毓鼎澄斋日记》截止一九一七年闰二月初六日,故不会记到王振声所云之事。

九月初一(10月5日) 晴有风。

初二(10月6日) 晴有风。曾儿媳五十生日,至亲来祝。

初三(10月7日) 晴。午后丹桂听戏。

初四(10月8日) 晴。

初五(10月9日) 阴,大风。王少甫开复官勋,特电达致贺。

初六(10月10日) 晴。午后带佛保丹桂听戏。晚带外孙女三盛茶楼便饭。

国庆。徐大总统任职。段总理辞,钱代。

初七(10月11日) 晴。午后赴市场茶楼听票戏,晚赴广陵春延子澄之约。

初八(10月12日) 晴有风。

初九(10月13日) 晴,午后微有风。市场茶楼登高。

初十(10月14日) 晴。午后市场茶楼听票戏。

十一(10月15日) 晴有风。画益和祥求画两中堂。

十二(10月16日) 晴。午后吉祥听戏。

十三(10月17日) 晴。申刻雷雨雹后大风至夜。

十四(10月18日) 晴。午后茶楼听票戏,遇刘外孙女,同承弟即在茶楼便饭。

十五(10月19日) 晴。校对诗钞。

十六(10月20日) 晴。午后带龢孙游市场,茶楼茶点。

十七(10月21日) 晴。午后三盛茶楼听票戏。奎儿晚车回京。

十八(10月22日) 晴。

十九(10月23日) 晴。

廿(10月24日) 晴。奎儿早车赴津。

总统寿,命令赦免张勋。

廿一(10月25日) 晴。午后市场茶楼听票戏。晚便饭,宝枢孙媳三十生日。

廿二(10月26日) 晴。

命令宣布和平。

廿三(10 月 27 日) 晴。

国务院迁南海。

廿四(10 月 28 日) 阴有风,申刻晴。

廿五(10 月 29 日) 晴。

廿六(10 月 30 日) 晴。

廿七(10 月 31 日) 晴。

廿八(11 月 1 日) 阴,午后晴。市场茶楼听票戏。

廿九(11 月 2 日) 晴有风。

卅(11 月 3 日) 晴。各学堂游三海。午后偕海弟带端保游隆福寺。

十月初一(11 月 4 日) 阴,微雨,灯候密雨。祭祠堂。

初二(11 月 5 日) 淡阴,见日光,晚晴。

初三(11 月 6 日) 晴,北风甚寒,见冰。

初四(11 月 7 日) 晴。

初五(11 月 8 日) 立冬。晴。午后三盛听票戏。晚约月帆、朴心甫、秀宜峰便饭。

初六(11 月 9 日) 晴,西北风甚寒。午后丹桂听戏。

初七(11 月 10 日) 晴。午后吉祥听戏。

初八(11 月 11 日) 晴。午后三盛茶楼听票戏。晚朴心甫约便饭。

初九(11 月 12 日) 晴。约震青、云樵三盛便饭。午后同云樵到公园访菊茶话。晚出城赴云樵宝华楼之约。

德皇退位,欧停战,中外同庆。

初十(11 月 13 日) 淡阴晴。京师街市悬旗庆贺。

十一(11 月 14 日) 晴。学堂放假三天。

十二(11 月 15 日) 晴。午后到大街看过会,协约战胜庆贺。赴三盛茶点听票戏。

克林德牌坊拆毁,命令停战。

十三(11月16日)　阴，西北风。金、曾下通，茔地破土。谱笙大爷、星浦二爷安葬，一奶奶浮葬。

十四(11月17日)　晴。灯候恩儿由张(家)口回京。

十五(11月18日)　晴。午后回拜秀一峰，祝绍老太太寿。到三盛茶楼荣月帆之约，晚饭。奎儿回京。

十六(11月19日)　晴。恩儿、奎儿赴通茔地办葬事。

十七(11月20日)　晴。

十八(11月21日)　晴，申刻阴，晚起风，晴。

十九(11月22日)　晴大风。

廿(11月23日)　晴。申刻赴同和馆公请曾薇亭。

廿一(11月24日)　晴。大家吃烤羊肉。

廿二(11月25日)　晴。午后三盛茶楼听票戏。晚赴秀一峰之约。

廿三(11月26日)　晴。巳刻往访延子澄，回拜吕镜宇。

廿四(11月27日)　晴。

廿五(11月28日)　晴。政界学界放假三日。申刻带诸孙游公园，看国民庆祝大会。

总统在太和殿阅兵，庆贺外国公使。

廿六(11月29日)　阴，申刻雨，晚雪。茶楼听票戏。晚赴江南春子澄之约。

廿七(11月30日)　晴，大风。各学校提灯会。

廿八(12月1日)　晴。午后带龢孙出城，第一楼听票戏。晚赴福兴居芷青之约。

廿九(12月2日)　晴。午后市场茶楼听票戏。

十一月初一(12月3日)　晴。

初二(12月4日)　晴。

初三(12月5日)　晴。

初四(12月6日)　晴。前街忌辰。海弟夫妇往祭。午后茶楼与延、秀茶话。

初五(12 月 7 日)　晴有风。

初六(12 月 8 日)　晴。午后天乐听戏。晚赴宝华楼子澄之约。奎儿晚车回京。

初七(12 月 9 日)　晴。午后三盛茶楼听票戏。

初八(12 月 10 日)　早阴午晴。

初九(12 月 11 日)　晴有风。

初十(12 月 12 日)　晴。奎儿晚车赴津。

十一(12 月 13 日)　晴有风,严寒。午后市场茶楼听票戏。宁小圃来京。

十二(12 月 14 日)　晴。审判厅开审枣林庄地案。

十三(12 月 15 日)　晴。午后偕海弟、勖初东安裕源堂茶点。

十四(12 月 16 日)　晴。午后赴三盛茶楼听票戏。

十五(12 月 17 日)　晴。

十六(12 月 18 日)　晴。

十七(12 月 19 日)　阴,密雪。

十八(12 月 20 日)　阴,大雪。

十九(12 月 21 日)　晴。申刻赴宝华楼约潘师、筱珊、琴孙便饭。

廿(12 月 22 日)　晴。

廿一(12 月 23 日)　晴。午后三盛茶楼听票戏。

廿二(12 月 24 日)　淡阴晴。奎儿早车回京。

廿三(12 月 25 日)　晴。

廿四(12 月 26 日)　晴有风。

廿五(12 月 27 日)　晴。午后三盛茶楼听票戏。

廿六(12 月 28 日)　晴有风。

廿七(12 月 29 日)　晴。午后吉祥听戏,梅伶演《红线盗金盒》。

廿八(12 月 30 日)　晴。午后三盛听票戏。

廿九(12 月 31 日)　早阴午后晴,晚起风。

卅(1919 年 1 月 1 日)　晴大风。奎儿晚车回京。咏盗金盒七古二十韵。

十二月初一(1月2日) 巳刻往燕寿堂祝荣月帆寿。

初二(1月3日) 晴有风。

初三(1月4日) 晴。

初四(1月5日) 晴。申刻赴广陵春朴心甫之约。

初五(1月6日) 晴。申刻赴庆元春何稚龄之约。奎儿早车赴津。

初六(1月7日) 晴。

初七(1月8日) 早晴午阴。曾儿晋给三等嘉禾章。

初八(1月9日) 淡阴晴。

初九(1月10日) 淡阴晴。先祖忌辰,海弟夫妇赴前街致祭。

枣林庄地案审判厅判结。

任命总理。

初十(1月11日) 夜雪早晴旋阴。

任命各部总长。

十一(1月12日) 晴,晚阴。

十二(1月13日) 大雪。本家六太太安葬,奎儿下通送葬。

十三(1月14日) 晴。

十四(1月15日) 大雪。晚赴同和馆延子澄之约。

十五(1月16日) 阴,晚又雪。

十六(1月17日) 阴,晚起风。午后茶楼听票戏。

十七(1月18日) 晴。申刻阴,又起风。

十八(1月19日) 晴。

十九(1月20日) 晴。一夜未眠,服海弟方药。

廿(1月21日) 晴。

廿一(1月22日) 晴。申刻阴。巳刻约云樵广陵春早饭后游琉璃厂。晚赴明湖春云樵之约。

廿二(1月23日) 晴。家塾结馆。

廿三(1月24日) 淡阴晴。午后三盛茶楼听票戏。祭灶。

廿四(1月25日) 晴。

廿五(1月26日) 晴。申刻赴广陵春润田之约。恩儿由张(家)口晚车回京。

廿六(1月27日) 晴。申刻祠堂祭祀。忌辰。

廿七(1月28日) 雪,晚晴。

廿八(1月29日) 晴。祠堂悬影。

廿九(1月30日) 晴。奎儿由津早车回京。恩儿奉印铸局知会办事员。

卅(1月31日) 晴。午刻祠堂供年菜,晚祠堂致祭,辞岁,祭神。

民国八年

己未正月初一(2月1日) 晴。恩儿派印铸局办事员。

初二(2月2日) 晴。辰起祭神。恩儿到差。

初三(2月3日) 晴。午后三盛茶楼听票戏。

初四(2月4日) 晴。

初五(2月5日) 立春。晴。午后偕海弟在三盛茶楼听票戏。

初六(2月6日) 晴。

初七(2月7日) 晴。午后赴前街拜影堂,拜婶母。晚赴广陵春延子澄之约。

初八(2月8日) 晴。晚赴北兵马司赵次珊之约。

初九(2月9日) 晴有风。午后偕海弟游厂庙。晚赴广陵春朴心甫之约。

初十(2月10日) 晴。晚赴广陵春韩麟游、韩剑芝之约。

十一(2月11日) 晴。晚在广陵春请客。重游泮水诗印成,分送戚友徵和。

十二(2月12日) 晴。午后访云樵贺年,同出城逛厂庙。晚赴瑞记金小山之约。

十三(2月13日) 晴。申刻请亲友春酒弦歌,畅聚甚欢。

十四(2月14日) 晴。

十五(2月15日) 晴。晚赴明湖春云樵之约。

十六(2月16日) 晴。晚赴广陵春荣月帆之约。

十七(2月17日) 晴。祠堂收影。晚勖初约福兴居,海弟赴约。

十八(2月18日) 晴大风。

十九(2月19日) 晴。金儿下通上坟拜祖。

廿(2月20日) 雨水。晴。约吴大、ديلي三姑奶奶裕源堂早饭,吉祥听戏。

廿一(2月21日) 晴。午后三盛茶楼听票戏。

廿二(2月22日) 晴。

廿三(2月23日) 阴,大风。晚赴福兴居杜伯熊之约。

廿四(2月24日) 晴。午后三盛茶楼听票戏。晚赴斌升楼秀一峰之约。

廿五(2月25日) 晴。

廿六(2月26日) 晴。午后三盛茶楼听票戏。

廿七(2月27日) 晴。

廿八(2月28日) 晴。午后三盛听票戏。晚在东兴楼甲戌四同年公请赵次山。

廿九(3月1日) 晴,申刻忽起风。奎儿晚车回京。

二月初一(3月2日) 晴。申刻访彭一山,旋赴惠丰堂佛荷汀之约。

初二(3月3日) 晴。带奎儿天乐园听戏。

初三(3月4日) 晴,申刻阴。

初四(3月5日) 阴。午后三盛听票戏。晚赴庆元春何稚龄之约。

初五(3月6日) 惊蛰。晴。陆续得和诗十八分。圣庙丁祭,钱代。

初六(3月7日) 阴。午后三盛听票戏。晚微雨。

初七(3月8日) 阴。晚赴广陵春孙和甫之约。王铸生来,令海弟、儿孙请至市场便饭。入夜雪。

初八(3月9日) 一夜雪,晨晴,微有风,骤寒。

初九(3月10日) 晴。午后三盛听票戏。奎儿早车赴津。

初十(3月11日) 晴。

十一(3月12日) 晴有风。午后三盛听票戏。

十二(3月13日) 晴。

十三(3月14日) 晴有风。裕源堂订菜,三盛茶楼听票戏。

十四(3月15日) 晴。

十五(3月16日) 晴。和张振老诗寄济南。

十六(3月17日) 晴。午后三盛听票戏。

十七(3月18日) 晴大风。

十八(3月19日) 晴。午后三盛听票戏。

十九(3月20日) 晴有风。

廿(3月21日) 晴。午后三盛茶楼听票戏。

廿一(3月22日) 春分。晴。

廿二(3月23日) 晴。午后带金儿天乐听戏。

廿三(3月24日) 晴。午后三盛听票戏。

廿四(3月25日) 晴有风。

廿五(3月26日) 淡阴,微有风。午后三盛听票戏。

廿六(3月27日) 阴,微雨,申刻大雪一过。梅兰芳祖母寿求诗画,因画小中堂一对联。

廿七(3月28日) 晴有风。

廿八(3月29日) 晴大风,寒甚。申刻在市场裕源请客。

廿九(3月30日) 晴,仍有风。修函并录诗寄张振老。

卅(3月31日) 晴。午后三盛听票。

三月初一(4月1日) 晴。学堂放春假。

初二(4月2日) 阴,申晴,晚又阴。三盛听票。

初三(4月3日) 晴。申刻赴斌升楼便饭,旋赴织云公所听戏,梅伶祖母寿。

初四(4月4日) 晴。午后三盛听戏。

初五(4月5日) 晴。

初六(4月6日) 清明。晴。恩儿、曾儿下通祭扫。

初七(4月7日) 晴大风。书挽联挽锡闰生。

初八(4月8日) 晴。午后大乐园听戏。晚赴广陵春子澄之约。

国会纪念日,放假。

初九(4月9日) 晴,大风扬沙。

初十(4月10日) 晴。仍有风。

十一(4月11日) 晴。午后茶楼听戏。书刘人熙挽联。

十二(4月12日) 晴。

十三(4月13日) 淡阴晴,晚仍有风。

十四(4月14日) 晴。午后茶楼听戏。

十五(4月15日) 晴。辰刻东城拜朴心甫、延子澄。

十六(4月16日) 晴,大风扬沙。

十七(4月17日) 晴,大风。晚赴绍越千之约[①]。

十八(4月18日) 晴大风。晚酉刻祠堂祭祀,家忌。

十九(4月19日) 晴。晚在悦宾楼同朱芷青公请子澄,预祝寿。

二十(4月20日) 淡阴。午刻微雨。金儿、曾儿、枢孙先哲祠与祭。

廿一(4月21日) 晴大风。

廿二(4月22日) 晴有风。

廿三(4月23日) 晴。午后起风。申刻赴安庆馆檀斗生之约。

廿四(4月24日) 晴有风。

廿五(4月25日) 晴。午后三盛听票。

廿六(4月26日) 晴。丹桂听戏。

廿七(4月27日) 晴,午后有风。

廿八(4月28日) 晴。午后三盛听票。晚阴,入夜细雨有声。

廿九(4月29日) 晴,午后又起风。

---

① 《绍英日记》民国八年三月十七日:"晚在余园请支客,饭后即散。"(第四册,第77页)

四月初一(4月30日) 晴有风。

初二(5月1日) 阴,午刻细雨,有风,天气急凉,申酉刻晴。

初三(5月2日) 晴有风。

初四(5月3日) 晴有风。

初五(5月4日) 午后带刘外孙承奎、龢孙游市场,裕源楼茶点。奎儿早车回京。

学生聚众毁曹汝霖家,拳殴章宗祥。

初六(5月5日) 晴。午后三盛听票。

初七(5月6日) 晴。

初八(5月7日) 晴。

初九(5月8日) 晴,晚阴。

初十(5月9日) 阴,微雨。

十一(5月10日) 早晴午阴,申酉晴。

十二(5月11日) 淡阴晴,晚阴。

十三(5月12日) 淡阴。

十四(5月13日) 晴。画刘菊明堂画一幅。奎儿晚车赴津。

十五(5月14日) 晴。午后三盛听票。

十六(5月15日) 晴有风。画小绢横幅,裴韵珊托画。

十七(5月16日) 晴有风。

十八(5月17日) 晴有风。

十九(5月18日) 晴,午后细雨。

廿(5月19日) 阴,密雨。晚赴广陵春月帆之约。

廿一(5月20日) 晴,申刻阴,微雨一过旋晴,夜起风。

廿二(5月21日) 晴有风。儿辈前街拜寿。

廿三(5月22日) 晴。

廿四(5月23日) 晴。午后三盛听票。

廿五(5月24日) 晴,淡阴晴。

廿六(5月25日) 晴。

廿七(5月26日) 晴。三盛听票。晚在裕源堂同海弟便饭。

廿八(5月27日) 早阴午晴。

廿九(5月28日) 晴。晚江南春赴延子澄之约。

五月初一(5月29日) 晴。

初二(5月30日) 晴。

初三(5月31日) 晴。足肿痛，敷紫金锭。奎儿晚车来京。

初四(6月1日) 淡阴。至亲友来祝寿，并送诗屏条并诗联贺重游泮水，影戏，畅聚一日，惟足痛未出房。

初五(6月2日) 晴。足仍肿，海山酌加减韩留方。

初六(6月3日) 淡阴。体倦腹痛，似时症，服海弟方药。

初七(6月4日) 晴，大风终日。

初八(6月5日) 淡阴。

初九(6月6日) 晴。足痛止，肿俱消，仍服海弟方调理时症。

初十(6月7日) 晴。

十一(6月8日) 晴。宝枢甄用，分内务部。

十二(6月9日) 早阴，微雨，午晴。奎儿早车赴津。时症愈尚未复元。

章宗祥、交通曹、币制张均免职。

十三(6月10日) 晴。宝龢学堂考毕业。

十四(6月11日) 阴。

十五(6月12日) 晴。宝枢内部报到。

十六(6月13日) 晴。

钱总理辞职，龚代。

十七(6月14日) 晴。松筠庵杨忠愍诞辰，金儿往与祭。

十八(6月15日) 淡阴晴。曾儿给四等、宝儿嘉禾章，枢孙内部分土木司。

十九(6月16日) 晴。

廿(6月17日) 晴。

廿一(6月18日) 晴。

廿二(6月19日) 晴,晚阴。奎儿晚车回京。

币制李思浩。

廿三(6月20日) 阴,午后急雨一阵。

廿四(6月21日) 晴。

廿五(6月22日) 夏至。晴。

廿六(6月23日) 晴。直隶同乡在先哲祠公请迎徐总统重游泮水横匾,力疾赴约。横匾赠予与芷青各一。

廿七(6月24日) 晴,晚阴。

廿八(6月25日) 晴有风,晚阴,又晴。

廿九(6月26日) 晴。

卅(6月27日) 晴。祠堂西间改楼梯。

六月初 (6月28日) 晴。奎儿早车赴津。

初二(6月29日) 晴热,午后阴,申刻雷雨一过,旋晴,夜亥刻又雷雨。

初三(6月30日) 淡阴晴。宝龢中学毕业,领来九号证书。入夜雷雨。

初四(7月1日) 阴,午见日。申酉刻两阵雷雨。

初五(7月2日) 夜雨不止,午刻雨止,申刻放晴。

初六(7月3日) 晴。

初七(7月4日) 晴,午后淡阴,日暮微雨一过。

初八(7月5日) 淡阴晴。祠堂西间修齐。

初九(7月6日) 晴。海弟早车赴津。

初十(7月7日) 淡阴晴。

十一(7月8日) 小暑。晴,午阴,酉刻微雨。海弟回京。王少甫寄来委任状。

十二(7月9日) 淡阴,午后晴。

十三(7月10日) 阴,午晴。

十四(7月11日)　晴。

十五(7月12日)　晴,午阴。

恢复共和纪念日。

十六(7月13日)　阴。

十七(7月14日)　夜雨晨晴,灯候雷雨一过。

十八(7月15日)　晴。奎儿早车回京。

十九(7月16日)　晴热。移画室澄静草庐。午后雷雨一过,晴,薄暮又雷雨一过。

廿(7月17日)　阴雨旋住旋下终日。

廿一(7月18日)　阴,午渐见日光,旋即大雷雨,自一钟至四钟乃止,六钟又雨。

廿二(7月19日)　连阴,午后晴。

廿三(7月20日)　晴。

廿四(7月21日)　晴。"儒林宏硕"匾悬客厅。

廿五(7月22日)　晴。

廿六(7月23日)　晴。

廿七(7月24日)　大暑。晴。

廿八(7月25日)　晴。

廿九(7月26日)　晴。广陵春孙和甫约晚饭,海弟赴约。

七月初一(7月27日)　半阴晴。奎儿早车赴津。午大雨一过,仍阴。

初二(7月28日)　辰晴旋阴,午后半阴,灯后小雨一过旋晴。

初三(7月29日)　早雾旋晴。西城拜冯、史、蒋、刘道谢,顺访云樵一谈。

初四(7月30日)　晴,日暮阴,小雨一过。

初五(7月31日)　阴,午晴,未刻小雨一过。

初六(8月1日)　阴。

初七(8月2日)　半阴晴。

初八(8月3日) 晴。

初九(8月4日) 晴。

初十(8月5日) 晴。

十一(8月6日) 晴。连日酷热。

十二(8月7日) 晴。

十三(8月8日) 立秋。晴。

十四(8月9日) 晴。午后阴,密雨一过。

十五(8月10日) 淡阴晴。晚约潘师带两孙游公园,听昆曲。

十六(8月11日) 淡阴晴,午后密雨,申刻晴。

十七(8月12日) 晴。油房开工。

十八(8月13日) 晴,酷热。换床面。

十九(8月14日) 晴。

廿(8月15日) 阴,密雨,未刻晴,夜起风。

廿一(8月16日) 晴,天渐爽。

廿二(8月17日) 晴。晚带曾儿公园听昆曲。

廿三(8月18日) 晴。

廿四(8月19日) 晴。油房完工。

廿五(8月20日) 晴。

廿六(8月21日) 阴。

廿七(8月22日) 晴。

廿八(8月23日) 晴。

廿九(8月24日) 夜有雷雨,早阴午晴。申刻带枢孙游城南游艺茶点,晚听戏。

又七月初一(8月25日) 晴。申刻回拜金甸丞,晚工部同人在同和馆公请。

初二(8月26日) 处暑。晴。

初三(8月27日) 晴。

初四(8月28日) 阴,午后密雨,晚晴。

初五(8月29日) 晴。

初六(8月30日) 晴。

初七(9月1日) 晴。

初八(9月2日) 晴。糊上房。

初九(9月3日) 晴。

初十(9月4日) 晴。姜贵赴通,枣林庄地案办结。佃户交地另租,张移交地款,完案。

十一(9月5日) 晴。酉刻本家三婶母无疾而终。

十二(9月6日) 阴。偕海弟赴前街哭婶母。午后晴。

十三(9月7日) 晴。同朱芷青在杏花春公请客,求芷青偏劳。晚赴前街迎三,送挽联大箔两块。

为公举重游泮水托公。

十四(9月8日) 阴,微雨终日。

十五(9月9日) 晴。

十六(9月10日) 白露。晴。本家首七禅经。送松匾对一堂。

十七(9月11日) 晴。

十八(9月12日) 晴。

十九(9月13日) 晴。前街禅经,送平果供。

廿(9月14日) 阴,微雨有风,晚晴。

廿一(9月15日) 晴。午刻到前街照料成主,供果一桌。

廿二(9月16日) 晴。前街番经。送圣祭席一桌。

廿三(9月17日) 晴。前街白事发引,海弟率儿辈往送。

廿四(9月18日) 晴。

廿五(9月19日) 晴。

廿六(9月20日) 淡阴。

廿七(9月21日) 淡阴。

廿八(9月22日) 晴。

廿九(9月23日) 晴。孙玉亭墓碑文作成。

八月初一(9月24日) 秋分。晴。

初二(9月25日) 晴。荫绶媳举一男,命名经保。金儿赴津访吕镜宇。

龚辞职,靳代总理。王汝贤辞职,王汝勤八师长,李思浩代财长。

初三(9月26日) 晴。金儿晚车回京。

初四(9月27日) 淡阴晴。

初五(9月28日) 阴,微雨。

初六(9月29日) 阴,午后晴。

初七(9月30日) 晴。

初八(10月1日) 早晴午阴。修理祠堂。

初九(10月2日) 晴。祠堂糊饰。

总统祀孔。

初十(10月3日) 一夜雷雨,辰刻大雨,申刻晴.

十一(10月4日) 晴。明奎儿赴前街本家迎请先世神主影像。

十二(10月5日) 晴,申刻阴,晚晴。

十三(10月6日) 半阴晴。

十四(10月7日) 晴。奎儿早车回京。

十五(10月8日) 晴。巳刻请祖先神主入祠,致祭。

十六(10月9日) 寒露。晴。

十七(10月10日) 晴,午后淡阴。约琴孙父子、勖初裕源堂便饭。

十八(10月11日) 阴,微雨终日,入夜密雨。

十九(10月12日) 晴有风。晚赴万福居杜伯熊之约。奎儿早车赴津.

廿(10月13日) 晴有风。

廿一(10月14日) 晴有风。晚请王铸生、潘震青在家便饭。

廿二(10月15日) 晴有风。

廿三(10月16日) 晴。

廿四(10月17日) 晴。

廿五(10月18日) 早晴午阴,申刻微雨有风,晚晴。

廿六(10月19日) 晴有风。

廿七(10月20日) 晴有风。各学堂放假。孔圣诞。

廿八(10月21日) 晴。

廿九(10月22日) 晴。海弟生日,至亲来祝。

卅(10月23日) 晴。

九月初一(10月24日) 晴。经保弥月。

初二(10月25日) 晴。

初三(10月26日) 晴。晚约张仲彝、云樵、伯玗到东兴楼便饭。

初四(10月27日) 晴。晚赴斌升楼张仲彝之约。

初五(10月28日) 晴。晚有风。

初六(10月29日) 晴。晚起风。

初七(10月30日) 晴。

初八(10月31日) 晴。

初九(11月1日) 晴。午后偕海弟隆福寺买菊,市场茶点。

初十(11月2日) 晴。前街本家白事,六十日海弟往祭。

十一(11月3日) 晴。

十二(11月4日) 晴。宝龢喜事。通书过礼。

十三(11月5日) 晴。申刻偕海弟公园看菊,旋赴明湖春郝云樵之约。

十四(11月6日) 晴。

十五(11月7日) 早阴,起风,午晴。刘承第文官考试,取优等。

十六(11月8日) 立冬。晴。奎儿晚车回京。

十七(11月9日) 晴。喜事。午刻迎妆。宝龢授室。

十八(11月10日) 晴。迎娶,申刻拜堂。晚微雨一过。

十九(11月11日) 晴。

廿(11月12日) 晴。

廿一(11月13日) 晴。

廿二(11月14日) 晴。

廿三(11月15日) 晴。奎儿早车赴津。

廿四(11月16日) 晴。容光照相馆来照相。午后阴。游市场。

廿五(11月17日) 晴有风。

廿六(11月18日) 晴有风,天骤寒。

廿七(11月19日) 晴,午后阴。

廿八(11月20日) 晴大风。

廿九(11月21日) 晴。龢孙廿岁生日,至亲来贺。本约一日生,提前一日。

十月初一(11月22日) 晴。申刻祠堂祭祀。

初二(11月23日) 小雪。晴,大风。画松竹长春香祝马佳母九十寿。

初三(11月24日) 晴。午后到市场茶点。晚赴福全馆月帆之约。

初四(11月25日) 晴。

初五(11月26日) 早阴午晴,天气清寒。

初六(11月27日) 晴。

初七(11月28日) 晴。晚偕海弟赴福全绍越千[①]之约。

初八(11月29日) 晴。

阁员通过。

初九(11月30日) 晴有风。晚偕海弟赴斌升楼延子澄之约,

---

① 《绍英日记》民国八年十月初七日:"晚请荣七爷诸位便饭。"(第四册,第157页)

展重阳,为朱芷青补祝寿。

初十(12月1日)　晴。晚约孟迂知市场沁芳楼便饭。

十一(12月2日)　晴。

十二(12月3日)　晴大风。奎儿晚车来京。

任命各部总长。

十三(12月4日)　晴。海弟感冒受风,请孟迂知诊治。

十四(12月5日)　晴。晚带刘外孙女同儿辈在市场沁芳楼便饭。

十五(12月6日)　晴。午后赴会贤堂祝绍老太太寿。

十六(12月7日)　晴。

十七(12月8日)　大雪。晴。恩儿下通省墓。大风。

十八(12月9日)　晴。

十九(12月10日)　晴。奎儿早车赴津。

二十(12月11日)　晴。前街本家为老太太百日在龙泉寺禅经。

二十一(12月12日)　阴,晚微有雪意。

廿二(12月13日)　晴。

廿三(12月14日)　晴。午后带恩儿市场茶点。晚赴朴心甫之约,本宅。

廿四(12月15日)　晴。画堂画三张。

廿五(12月16日)　晴。午后带龢孙出城,金昌堂镶牙。

廿六(12月17日)　晴。午后市场三盛茶楼听票。曾儿下通送老太太葬。

廿七(12月18日)　晴。午后回拜奎少甫,出城访孟迂知,旋赴西栈之约。

廿八(12月19日)　晴。

廿九(12月20日)　晴。午后带龢孙到金昌堂镶牙。

卅(12月21日)　晴。

十一月初一(12月22日) 晴。致函次山，托金儿谋差事。

初二(12月23日) 冬至。晴。晚赴明湖春云樵之约。

初三(12月24日) 晴。晚在市场沁芳楼请潘师便酌，定馆。晚大雾。

初四(12月25日) 雾阴，满树雾凇。

初五(12月26日) 阴，微雪。甲戌科殿试原卷，为刘叔华所得，金儿是日取回。

初六(12月27日) 夜雪晨晴，大风。

初七(12月28日) 晴，大风。金儿早车来京。

初八(12月29日) 晴大风。冯总统故。

初九(12月30日) 晴。奎儿续弦，定通州白宅女，纳采，换庚帖。

初十(12月31日) 晴。

十一(1920年1月1日) 晴。阳历元旦，各署放假三日。

十二(1月2日) 晴。午后三盛茶楼听票戏。

十三(1月3日) 晴有风。

十四(1月4日) 晴。

十五(1月5日) 晴。是日金儿带求入同善社。房中安洋炉。

十六(1月6日) 淡阴。奎儿早车赴津。

十七(1月7日) 晴。午后市场三盛听票。

十八(1月8日) 晴。晚偕海弟带内外孙沁芳楼便饭。

十九(1月9日) 晴。午后三盛听票。

廿(1月10日) 晴。

廿一(1月11日) 阴。巳刻率金儿赴同善社听讲。后到敬美斋赴文佩卿、勖初之约。海弟晚车赴津。

廿二(1月12日) 晴，起风。

廿三(1月13日) 晴。

廿四(1月14日) 晴。

廿五(1月15日)　晴。

廿六(1月16日)　晴。午后约孟迁知带金儿三盛听票，晚在江南春便饭。

廿七(1月17日)　晴。

廿八(1月18日)　晴。

廿九(1月19日)　晴。午后三盛听票。瑞裕如送梅花、水仙。上房换白炉。

卅(1月20日)　晴，大风。

十二月初一(1月21日)　大寒。晴。午后祝月帆寿，晚饭。海弟晚车回京。

初二(1月22日)　晴。午后画岁寒三友画，画赠云樵六十寿。

初三(1月23日)　早阴午晴。

初四(1月24日)　晴。是日腹微泻，韩继湘约福兴居，辞。

初五(1月25日)　晴。腹仍未愈，延子澄约广陵春，辞。

初六(1月26日)　晴。服孟迁知方，腹泻止。

初七(1月27日)　晴。

初八(1月28日)　阴午晴。

初九(1月29日)　晴。

初十(1月30日)　夜雪辰阴。

十一(1月31日)　夜微雪，仍阴，夜起风。

十二(2月1日)　淡阴晴，大风。

十三(2月2日)　晴有风。

冯总统出殡。

十四(2月3日)　晴。

十五(2月4日)　晴。午后三盛听票戏。

十六(2月5日)　晴。海弟晚车赴津，王少甫请诊。

十七(2月6日)　晴。午后带穌孙吉祥听戏。

十八(2月7日)　阴午晴。

十九(2月8日) 晴。申刻出城,三庆听戏。晚杏花春公祝云樵六十寿。

廿(2月9日) 晴。奎儿晚车来京。

廿一(2月10日) 晴。午后赴西城祝云樵寿。

廿二(2月11日) 晴。

廿三(2月12日) 晴。

廿四(2月13日) 阴。

廿五(2月14日) 夜微雪辰晴,午又微雪旋晴。

廿六(2月15日) 晴。

廿七(2月16日) 阴午晴。

廿八(2月17日) 大雪。

廿九(2月18日) 阴,微雪终日。悬影,香。

卅(2月19日) 瑞雪,申刻晴。各署放春假三日。

民国九年

九年庚申正月初一(2月20日) 雨水。晴明,申刻阴。

初二日(2月21日) 淡阴。

初三日(2月22日) 大雪,晚灯后晴。

初四日(2月23日) 晴有风。会客十一位。

初五日(2月24日) 晴。

初六日(2月25日) 晴。午后三盛茶点。家中祭忌辰。

初七日(2月26日) 大雪终日。

初八日(2月27日) 雪止,仍阴。午后赴西城拜云樵,出城拜孟迁知,晚赴云樵之约。

初九日(2月28日) 阴,入夜微雪。

初十日(2月29日) 阴。晚赴天福堂朱芷青之约。

十一日(3月1日) 晴。

十二日(3月2日) 晴。午后游厂庙。晚赴瑞记云樵之约。

十三日(3月3日) 晴。海弟晚车赴津。

十四日(3月4日) 晴。午后带端、长二孙市场看电影。奎儿晚车回京。

十五日(3月5日) 晴。午后三盛听票。晚江南春赴文瑞图之约。

十六日(3月6日) 惊蛰。晴。晚赴万福居月帆之约。

十七日(3月7日) 晴。祭祠堂,收影。晚大戏院赴云樵之约。

十八日(3月8日) 晴。午后市场茶楼听票。

十九日(3月9日) 晴,午阴,申刻微雨。

二十日(3月10日) 晴有风。晚赴庆元春杜伯熊之约。

念一日(3月11日) 晴。

念二日(3月12日) 晴。午后延子澄约吉祥听戏。奎儿早车赴津,十奶奶赴密云。

念三日(3月13日) 晴。晚赴同兴堂孙和甫之约。

念四日(3月14日) 阴。晚赴福全绍越千之约。

念五日(3月15日) 晴。午后三盛茶点,听票。

念六日(3月16日) 晴。午后裕源茶点。

念七日(3月17日) 晴。午后三盛茶点,听票。

念八日(3月18日) 晴。

念九日(3月19日) 晴。午后三盛茶点。

二月初一日(3月20日) 晴。祠堂并东间修改完工。

初二日(3月21日) 春分。阴,晚微雨。巳刻带金儿赴同善社。

初三日(3月22日) 晴。午后三盛茶点,听票。

初四日(3月23日) 晴。数日清寒,闻西山有雪。

初五日(3月24日) 晴。致鹿遂侪信,托刘海鹏事。奎儿晚车来京。

初六日(3月25日) 晴。

初七日(3月26日) 晴。

初八日(3月27日) 辰晴午阴。

初九日(3月28日) 早阴午晴。

初十日(3月29日) 阴,微雨。奎儿早车赴津。

十一日(3月30日) 晴。晚赴福全奎少甫之约。

十二日(3月31日) 晴。午后请潘师带学生吉祥听戏,江南春便饭。

十三日(4月1日) 淡阴晴,晚阴,微雨。学堂春假。

十四日(4月2日) 辰阴午晴。三盛茶点,听票。

十五日(4月3日) 晴有风。

十六日(4月4日) 晴有风。儿辈下通上坟。晚杏花春请客春酒。奎儿来京。

十七日(4月5日) 清明。晴。午后带宝龢赴大学堂看字画。晚祭祀。

十八日(4月6日) 晴。巳刻拜延子澄、孟迁知。午赴明湖春徐养吾之约。

十九日(4月7日) 晴。喜棚打齐。

二十日(4月8日) 晴。奎儿续娶。午通知过礼。申刻迎妆。海弟晚车回京。

念一日(4月9日) 晴。未刻迎娶。

念二日(4月10日) 晴。

念三日(4月11日) 阴有风,午微雨,晚晴。

念四日(4月12日) 早晴午阴,大风,晚晴。

念五日(4月13日) 晴,微有风。

念六日(4月14日) 晴。巳刻拜朴心甫道谢。午后延子澄约吉祥听戏。

念七日(4月15日) 晴,申刻阴,起风。

念八日(4月16日) 晴。午后三盛听票。

念九日(4月17日) 晴。儿辈在广陵春谢大媒。

三十日(4月18日) 晴。带子孙赴先哲祠与祭。晚偕海弟赴李润田之约。

三月初一日(4月19日) 晴。晚祠堂李润田、刘承奎、刘承第来,留饭。

初二日(4月20日) 谷雨。晴有风。海弟早车赴津。

初三日(4月21日) 晴。午后三盛茶点,听票。

初四日(4月22日) 晴。奎儿早车赴津。

初五日(4月23日) 晴。保久山约福全馆,辞。晚阴有风。

初六日(4月24日) 晴。贝子爷三副。

初七日(4月25日) 晴。午后带曾儿、勖初三庆园听戏。

初八日(4月26日) 晴。午后三盛听票。晚同月帆约文瑞图江南春便饭。

初九日(4月27日) 晴。

初十日(4月28日) 晴,晚阴有风。

十一日(4月29日) 阴,午后晴。

十二日(4月30日) 晴。早带龢孙公园看牡丹,午后三盛听票。奎儿晚车回京。

十三日(5月1日) 晴。申刻阴,起风。

十四日(5月2日) 晴。巳刻约震青、云樵公府游园。午后广和居便饭,崇效寺看戏。

十五日(5月3日) 晴。晚赴福全馆月帆之约。

十六日(5月4日) 立夏。晴。申刻阴。海弟午刻回京。

十七日(5月5日) 阴。奎儿早车赴津。

十八日(5月6日) 晴。六钟祠堂祭祀。

十九日(5月7日) 晴。午后三盛茶点。

二十日(5月8日) 晴。

念一日(5月9日) 晴。

念二日(5月10日) 晴,淡阴。

念三日(5月11日) 晴,西北风。

念四日(5月12日) 晴。偕海弟释服。

念五日(5月13日) 阴,微雨。晚在福全请奎、绍、荣、朴、保、瑞、端、郝聚饮。

念六日(5月14日) 早阴午晴。三盛茶点。

靳总理辞,萨代理。

念七日(5月15日) 淡阴晴,午后阴,微雨。晚赴天和玉朴心甫之约。

念八日(5月16日) 阴,微雨。

义国飞艇到京。

四月初一日(5月18日) 晴,申刻阴,晚晴。

初二日(5月19日) 晴。午后同云樵、朴心甫拜邹君,看字画,旋在三盛茶点。

初三日(5月20日) 晴。

初四日(5月21日) 晴有风,晚阴。

初五日(5月22日) 小满。阴,微雨。带金儿游劝业场第一楼听票。赴庆元春张华棠之约。奎儿回京。

初六日(5月23日) 晴,旱风扬沙。

初七日(5月24日) 晴。

初八日(5月25日) 阴,微雨。收什棚架。午后晴。子澄约庆元春,海弟赴约。

初九日(5月26日) 晴,申刻阴,片云风急雨一过,旋晴。

初十日(5月27日) 晴。周敬安约庆元春晚饭,辞。

十一日(5月28日) 晴,晚阴。申刻三盛听票。奎儿夫妇下通拜祖茔。

十二日(5月29日) 晴,申刻阴。足痛。灯候雷雨。

十三日(5月30日) 阴,密雨一过,午晴。服韩达卿留方,足痛愈。佛荷汀约晚饭,辞。

十四日(5月31日) 晴。足大指又肿病。奎儿赴津。申刻雷雨一过。

十五日(6月1日) 晴,足痛轻减。何秩荃约庆元春,辞。

十六日(6月2日) 晴。足肿尚未消。晚入夜雷雨。

十七日(6月3日) 晴,晚阴,雷雨。

十八日(6月4日) 晴。

十九日(6月5日) 晴。申刻阴,有风。

二十日(6月6日) 芒种。晴,申刻阴,有风,日暮西北有雷声。

念一日(6月7日) 晴。

念二日(6月8日) 晴。

念三日(6月9日) 淡阴。东安市场灾。

念四日(6月10日) 夜雨,晨淡阴,午晴。

念五日(6月11日) 阴,午晴。

念六日(6月12日) 阴。奎儿午车来京。午后郝宅贺送妆。

念七日(6月13日) 阴,细雨,午后雨止见日,申刻晴。

念八日(6月14日) 阴,晚晴。

念九日(6月15日) 晴,申刻风雷一过,入夜微雨。

五月初一日(6月16日) 晴有风。

初二日(6月17日) 晴。前院棚戏台打齐。

初三日(6月18日) 晴,大风终日。

初四日(6月19日) 晴有风。亲友来祝寿。晚串票戏待客。

初五日(6月20日) 晴。

初六日(6月21日) 晴。

初七日(6月22日) 夏至。晴。

初八日(6月23日) 晴。

初九日(6月24日) 晴。曾儿五十生日,至亲来祝,影戏待客。

初十日(6月25日) 阴,晚晴。

十一日(6月26日) 晴。奎儿早车赴津。

十二日(6月27日) 晴,晚雷雨一过。

十三日(6月28日) 晴热。

十四日(6月29日) 晴热。

十五日(6月30日) 晴热。郝三姑奶奶双九接来便饭。
靳总理准其辞职。

十六日(7月1日) 晴热。

十七日(7月2日) 淡阴晴,热。

十八日(7月3日) 晴。午后织云公所赴瑞蚨祥之约,戏局。

十九日(7月4日) 晴。申刻雷雨一过,灯后又雷雨不止。

二十日(7月5日) 晴。午后五钟大雨一阵,旋晴。
徐树铮远威将军,开筹边使。

念一日(7月6日) 淡阴晴。

念二日(7月7日) 小暑。淡阴晴。

念三日(7月8日) 晴。

念四日(7月9日) 晴。午前东城拜绍、延、荣,均未遇。

吴佩孚免职夺官勋,交部惩办。曹免职留任。段与曹、吴斗。

念五日(7月10日) 晴热。奎儿早车来京。

念六日(7月11日) 晴热。

念七日(7月12日) 晴热,申刻阴,微雨旋晴。

西南开仗,闻段军败。

念八日(7月13日) 晴热,灯后阴,雷电一过,未雨。

念九日(7月14日) 晴。

命令双方停战。

三十日(7月15日) 阴,微雨。偕王少甫房女眷避乱。午晴,晚又微雨。

六月初一日(7月16日) 淡阴晴,深夜雷雨。

连日津保两路均有战事,火车电报多不通。

初二日(7月17日) 淡阴晴。

初三日(7月18日) 晴。全眷都赴王宅。

闻段军败溃。京城无扰。段辞职,未准。

初四日(7月19日) 晴。避王宅女眷回家一半。

初五日(7月20日) 晴热。

初六日(7月21日) 伏。晴。

初七日(7月22日) 淡阴晴,午晴,热。

初八日(7月23日) 大暑。淡阴晴。

初九日(7月24日) 淡阴晴。巳刻带枢孙游公园。

初十日(7月25日) 晴热。

奉军来京,通告绝不进城。

十一日(7月26日) 晴热,晚阴。

十二日(7月27日) 阴,微雨,巳刻大雨一阵,午后急雨一过,晚见月。

吴总监奉派殷,前曹革留吴革惩命令取消。准段辞职。

十三日(7月28日) 淡阴晴,晚放晴。

十四日(7月29日) 晴。奎儿早车赴津。

十五日(7月30日) 晴热。

边防军西北军凡有边防机关全撤销,命令严缉祸首十人。

十六日(7月31日) 晴热,晚东北有雷电,未雨。

十七日(8月1日) 晴热,申刻阴雷一过,未雨,晚有风。

十八日(8月2日) 晴。

十九日(8月3日) 晴有风,凉爽,夜有声震地如炮,闻系存火药失慎。

命令解散安福部,曹、张到京,命令责己。

二十日(8月4日) 晴,午后阴,微雨,天气凉爽。

念一日(8月5日) 淡阴晴,有风,颇凉爽。

念二日(8月6日) 晴。吴佩孚来京。

念三日(8月7日) 晴,淡阴。

二批祸首六人惩办。王揖唐革夺一体拿办。

念四日(8月8日) 立秋。晴。六钟祠堂祭祀。

念五日(8月9日) 淡阴晴。

靳署总理。

念六日(8月10日) 淡阴晴,午后阴有风。

总理到任。

念七日(8月11日) 晴。带金儿约迁之、雁生致美斋早饭,云华楼茶话。

阁员发表。

念八日(8月12日) 晴。写挽联挽延子澄。

日本保护祸首九人。

念九日(8 月 13 日)　晴有风。

七月初一日(8 月 14 日)　晴。曾儿国务院住班。

初二日(8 月 15 日)　晴。带金儿、曾儿约云樵、迂之悦宾楼便饭,第一楼听票。

初三日(8 月 16 日)　晴。王幼甫派委荫绶为第八师副官。申刻游市场。

初四日(8 月 17 日)　晴。足又微肿,服迂知方药。奎儿早车来京。

初五日(8 月 18 日)　晴热,申刻阴有风。

初六日(8 月 19 日)　阴,微雨。

初七日(8 月 20 日)　晴,午后急雨一过。约潘师带学生听戏。

四省经略裁撤。曹锟直鲁豫巡阅使。

初八日(8 月 21 日)　晴,午阴,晚晴。

初九日(8 月 22 日)　阴,微雨,午见日光,晚晴。

初十日(8 月 23 日)　处暑。晴,晚阴,雷电,灯后急雨一过。

十一日(8 月 24 日)　晴。奎儿早车赴津。

通州县兵变,被抢被焚。

十二日(8 月 25 日)　晴,晚阴,雷电,未雨。

十三日(8 月 26 日)　晴,申酉刻雷雨一过。

十四日(8 月 27 日)　晴。午后带金儿赴鲍家街看云樵新房,晚饭归。

十五日(8 月 28 日)　夜雨晨阴,未刻晴。申刻祠堂祭祀。

十六日(8 月 29 日)　晴,有凉风。约震青致美斋早饭,天桥游水心亭,茶话。

十七日(8 月 30 日)　晴有风。

十八日(8 月 31 日)　晴。

十九日(9 月 1 日)　晴,申刻阴。

二十日(9 月 2 日)　晴有风。

念一日(9月3日) 晴。

念二日(9月4日) 晴。

念三日(9月5日) 晴,午后阴。早带儿孙致美斋请王铸生。旋赴西城,访云樵。

念四日(9月6日) 晴。午后游市场,茶点。

念五日(9月7日) 晴。

念六日(9月8日) 白露。晴,午后淡阴。海弟、金儿赴商会,公议通县救济。

念七日(9月9日) 晴,午后阴。

念八日(9月10日) 阴。曾儿媳带龢孙早车往山东青州府。午晴。

念九日(9月11日) 阴。

八月初一日(9月12日) 阴,微雨终日。

初二日(9月13日) 阴。

初三日(9月14日) 晴,申刻阴。

初四日(9月15日) 晴。

初五日(9月16日) 阴,申刻阴。午后见日,晚仍阴。

初六日(9月17日) 晴,下午四点阴,晚晴。金儿同月帆看五条房。

初七日(9月18日) 晴。

初八日(9月19日) 晴。约震青悦宾楼便饭,第一楼听票,赴商会议通县救灾。

初九日(9月20日) 淡阴晴,午阴。申刻赴鲍家街云樵之约。

初十日(9月21日) 晴。申刻约朴、荣在东兴楼便饭。

十一日(9月22日) 阴,午晴。午后游市场,茶点。奎儿晚车来京。

十二日(9月23日) 秋分。晴,午后起风。

十三日(9月24日) 阴,申刻晴,有风。

十四日(9月25日) 晴。午后吉祥听戏。晚六儿妇带龢孙回京。

十五日(9月26日) 晴,暮阴,晚微雨。

十六日(9月27日) 阴,晚细雨。

十七日(9月28日) 早阴午晴,申又阴。东耳房墁地。

十八日(9月29日) 晴,灯候阴,微雨。通州方广寿来谈通县米粜事。

十九日(9月30日) 晴。云樵约游汤山温泉,沐浴。奎儿早车赴津。

二十日(10月1日) 早晴午阴,薄暮微雨。

念一日(10月2日) 早阴旋晴,申又阴,晚细雨。

念二日(10月3日) 晴。约潘师、琴孙悦宾楼早饭,游游艺园。晚赴万福居杜伯熊之约。

念三日(10月4日) 晴。写对联四付。

念四日(10月5日) 晴。晚赴万福居张华棠之约。

念五日(10月6日) 晴。

念六日(10月7日) 晴。

念七日(10月8日) 寒露。晴。上房糊窗。

孔圣诞辰,学堂放假。

念八日(10月9日) 晴。画绢横二张。奎儿晚车回京。

念九日(10月10日) 晴。海弟生日,影戏待客。

国庆日。

三十日(10月11日) 淡阴晴,申刻阴,晚雷电,细雨一过,旋晴。

九月初一日(10月12日) 放晴。午后访云樵,看田黄石佛。晚赴勖初之约,便饭。

江苏督军兼三省巡阅李纯自杀。齐燮元督署。

初二日(10月13日) 晴。

初三日(10 月 14 日) 晴。

初四日(10 月 15 日) 晴。

初五日(10 月 16 日) 晴,午后阴,晚晴。

初六日(10 月 17 日) 晴。约震青游公园,有美轩便饭,春明茶话。奎儿早车赴津。

初七日(10 月 18 日) 晴。午后游市场,中兴茶点。

初八日(10 月 19 日) 晴。画松菊堂画赠金小山,祝七十寿,本月十五。

初九日(10 月 20 日) 夜阴,微雨,辰晴。劝业场登高,同乐听戏,东兴云樵约。晚微雨一过。

初十日(10 月 21 日) 晴,晚东北雷电,未雨。

十一日(10 月 22 日) 晴。午游市场,中兴茶点。

十二日(10 月 23 日) 晴。

十三日(10 月 24 日) 霜降。晴。约震青在吉祥听戏《麻姑献寿》。

十四日(10 月 25 日) 晴。

十五日(10 月 26 日) 晴。

十六日(10 月 27 日) 晴。月蚀甚,晚九点起至十二点复圆。

十七日(10 月 28 日) 涨阴晴。刘外孙女于归,送妆承日吉期。

十八日(10 月 29 日) 晴。午后访云樵,赏菊,旋赴益和祥贺喜。

十九日(10 月 30 日) 晴。

二十日(10 月 31 日) 晴。约筱珊、震青中兴便饭,午后带曾儿新乐园听戏。

念一日(11 月 1 日) 晴。赴第一楼听曲,赴斌升楼杨勖初之约,旋三庆园听戏。

念二日(11 月 2 日) 晴。申刻游市场,茶点,看菊花。

念三日(11 月 3 日) 晴。市场买菊。午起大风,撼树扬沙,申刻阴。

念四日(11月4日)　晴，骤寒，见冰。晚点煤油炉。

念五日(11月5日)　晴。

念六日(11月6日)　晴。奎儿晚车回京。

念七日(11月7日)　晴，申刻阴。奎儿晚车赴津。夜微雨。

念八日(11月8日)　立冬。阴。奎儿快信，运司派委代理芦台场知事。申晴。奎儿回京。

念九日(11月9日)　晴有风。

十月初一日(11月11日)　晴。奎儿早车赴津。

初二日(11月12日)　晴。

初三日(11月13日)　晴。

初四日(11月14日)　晴。接刘外孙女双九便饭。

初五日(11月15日)　夜雨辰晴。请客烤羊肉。

初六日(11月16日)　晴。

初七日(11月17日)　晴。带长保吉祥听戏。

初八日(11月18日)　晴。

初九日(11月19日)　晴，午后阴。

初十日(11月20日)　淡阴晴，午起风。

十一日(11月21日)　晴有风。

十二日(11月22日)　晴。午赴同兴堂金小山之约。饭后江西馆看字画。

十三日(11月23日)　小雪。淡阴晴。奎儿昨晚回京。晚约震青、筱圃、刘外孙、儿辈中兴便饭。

十四日(11月24日)　晴。

十五日(11月25日)　晴。

十六日(11月26日)　晴。奎儿早车赴津。

十七日(11月27日)　晴。

十八日(11月28日)　晴。午后吉祥听戏。

十九日(11月29日) 阴,申刻晴。

二十日(11月30日) 阴,午后晴。

念一日(12月1日) 晴。巳刻赴云樵之约,在家便饭,晚赴勖初晚饭。

念二日(12月2日) 晴,午后阴。

念三日(12月3日) 晴。题跋郝宅田黄观音相。

念四日(12月4日) 晴有风,申刻阴。

念五日(12月5日) 阴。

念六日(12月6日) 雪。奎儿早车回京。午后带奎儿、枢孙吉祥听戏。

念七日(12月7日) 晴,晚阴。

念八日(12月8日) 大雪。阴,午微雪。何稚龄约广陵春,辞。

念九日(12月9日) 晴。

三十日(12月10日) 阴。奎儿早车赴津。同云樵访勖初,晚饭。

十一月初一日(12月11日) 晴。

初二日(12月12日) 晴。午后市场茶点。晚吉祥听夜戏。

初三日(12月13日) 晴。带曾儿吉祥听戏。

初四日(12月14日) 晴。

初五日(12月15日) 晴。

初六日(12月16日) 晴。午后带金儿赴云樵之约晚饭,与周芝林畅谈。

初七日(12月17日) 晴。

初八日(12月18日) 晴。

初九日(12月19日) 阴,午起大风扬沙。奎儿早车来京。

初十日(12月20日) 晴。午访云樵,与黄桐笙晤谈,望气。

十一日(12月21日) 晴。

十二日(12月22日) 晴。

十三日(12月23日)　冬至。晴。奎儿早车赴津。学堂放假。晚约潘师中兴便饭。

十四日(12月24日)　晴。

十五日(12月25日)　晴。

十六日(12月26日)　晴。巳刻带金儿出城,福兴便饭,天乐听戏。

云南起义纪念日,放假。

十七日(12月27日)　晴。午后吉祥听戏。

十八日(12月28日)　晴。

十九日(12月29日)　晴。

二十日(12月30日)　淡阴晴。湖南独立。

陆荣廷督粤边防务,谭浩明广西督军,李静诚省长。

念一日(12月31日)　雪,申刻雪止。

念二日(1921年1月1日)　淡阴晴,午后阴,雪入夜。

念三日(1月2日)　淡阴晴,大风,严寒。奎儿晚车回京。

念四日(1月3日)　晴。

念五日(1月4日)　晴。公署学堂放假三日。

念六日(1月5日)　晴。午后带金儿赴第一楼云樵之约,晚在惠丰堂便饭。奎儿晚车赴津。

念七日(1月6日)　晴。奎儿早车回京。

念八日(1月7日)　小寒。晴。

念九日(1月8日)　晴有风。

三十日(1月9日)　晴。

十二月初一日(1月10日)　晴。合家吃烤肉。晚祝荣月帆寿,终席归。

初二日(1月11日)　晴。午后沐浴。奎儿早车赴津。

初三日(1月12日)　晴。晚赴勖初家吃漏条面。

初四日(1月13日)　晴,晚阴。

初五日(1月14日) 晴。

初六日(1月15日) 晴。

初七日(1月16日) 晴。奎儿晚车回京。

初八日(1月17日) 晴。午后带奎儿、龢孙第一楼听票。

初九日(1月18日) 晴。酉刻祠堂祭祀。

初十日(1月19日) 淡阴晴,午后阴。

十一日(1月20日) 晴。奎儿早车赴津,午后游市场,茶点。

十二日(1月21日) 大寒。晴。

十三日(1月22日) 晴。

十四日(1月23日) 晴,数日天气和暖。

十五日(1月24日) 晴。午后市场茶点。

十六日(1月25日) 晴。

十七日(1月26日) 晴。

十八日(1月27日) 晴。潘师结馆,请在中兴便饭。晚阴。

十九日(1月28日) 雪。

二十日(1月29日) 晴,微有风。

念一日(1月30日) 晴。午后往祝郝云樵寿,听戏,夜归。奎儿早车回京。

念二日(1月31日) 晴。

念三日(2月1日) 晴。晚祭灶王。

念四日(2月2日) 晴。同乡官合词奏请重宴鹿鸣,奉旨。赏给御书匾额一方。奎儿赴津。

念五日(2月3日) 晴,微有风。

念六日(2月4日) 晴。酉刻祠堂上祭,忌辰。

念七日(2月5日) 立春。晴。巳刻回拜冯公度,顺拜耆寿民、世中堂。往吊绍越千[1]。

念八日(2月6日) 晴。

念九日(2月7日) 晴。前后堂悬影。

三十日(2月8日) 晴。祠堂影堂午刻祭祀。除夕,佛堂祠堂祭,辞岁。奎儿晚车回京。

---

① 《绍英日记》民国九年十二月廿七日只记多人送筵席之事,未及王振声所云各节。(第四册,第358页)

民国十年

辛酉十年正月初一(2月9日) 晴明和暖。

初二(2月10日) 阴,午刻晴。辰刻祭神。

初三(2月11日) 淡阴晴。申刻祠堂祭祀。

初四(2月12日) 晴。

初五(2月13日) 阴。午后往拜郝云樵、荣月帆。申刻祠堂祭祀,忌辰。

初六(2月14日) 晴有风。申刻儿辈祭,忌辰。晚赴天福堂芷青之约。

初七(2月15日) 阴,午晴。午后带龢孙游厂庙。奎儿午车随同曾儿下通茔地拜祖。

命令王奎绶试署芦台知事,照准。

初八(2月16日) 晴。

初九(2月17日) 晴,大风扬沙。

初十(2月18日) 晴。午后游厂庙。晚赴颐乡斋云樵之约。

十一(2月19日) 晴有风。奎儿早车赴津。

十二(2月20日) 晴有风。申刻游厂庙,赴广陵春月帆之约,晚赴云樵家听票。

十三(2月21日) 晴。午后祭忌辰。晚云樵之约,因小不爽,辞,海弟赴约。

江西省长赵从藩。

十四(2月22日) 晴。国务院秘书厅送总统赠匾。总统赠匾“望重耆英”。

十五(2月23日) 晴。

十六(2月24日) 晴。午后带侄女孙女孙媳龢孙吉祥听戏。

十七(2月25日) 晴。午后祠堂影堂祭祀,收影。

十八(2月26日) 晴,午阴。申刻赴西栈孟觐侯之约。

十九(2月27日) 晴,大风扬沙。

廿(2月28日) 晴。午入内登午门城楼瞻仰。晚赴福全杜伯熊之约。

全国急募振灾大会。

廿一(3月1日) 淡阴晴。午后带穌孙吉祥听戏。

廿二(3月2日) 淡阴晴,大风。

廿三(3月3日) 晴。

廿四(3月4日) 晴有风。

廿五(3月5日) 晴有风。晚赴瑞记朱哲臣兄弟之约。

廿六(3月6日) 晴。

廿七(3月7日) 晴。

廿八(3月8日) 晴。

廿九(3月9日) 阴。午后微雨一过,申刻晴。晚赴鲍家街云樵之约。

卅(3月10日) 晴。

二月初一(3月11日) 晴。午后吉祥听戏。晚阴。

初二(3月12日) 晴,有风沙。

初三(3月13日) 晴,仍有风。

长芦运王鸿陆,福达运赵毓煊。

初四(3月14日) 晴有风。晚在广陵春请客。数日风寒,又冻冰。

初五(3月15日) 晴,仍有风。奎儿早车来京。

初六(3月16日) 阴。

孔庙丁祭。

初七(3月17日) 晴。

初八(3月18日) 晴。奎儿午车赴津。

初九(3月19日) 晴。

初十(3月20日) 阴。

十一(3月21日) 晴有风。

十二(3月22日) 春分。晴。晚约票友在家便饭,畅叙,清歌。修五条房报区。

十三(3月23日) 晴。

十四(3月24日) 早晴午阴,晚微雪。

十五(3月25日) 一夜雪晨不止,随化,午后雪止,仍阴。五条房区验契。

十六(3月26日) 淡阴晴。

十七(3月27日) 大雪终日。

十八(3月28日) 晴。

十九(3月29日) 晴。

廿(3月30日) 晴。

廿一(3月31日) 晴。御赐匾颁下,交冯公度,定于三月三日恭迎。连日腹泻。

廿二(4月1日) 阴。

廿三(4月2日) 晴,午后起风。腹疾渐愈。张华棠约庆元春,辞谢。

廿四(4月3日) 淡阴晴。午后吉祥听戏。

廿五(4月4日) 晴。

廿六(4月5日) 晴大风。儿孙辈偕内眷下通祭扫。

命令禁复辟谣言。

廿七(4月6日) 清明。晴。申刻祠堂祭祀。

廿八(4月7日) 晴大风扬沙,申刻阴。

廿九(4月8日) 晴。

三月初一(4月9日) 晴。

初二(4月10日) 晴。

初三(4月11日) 阴,微雨旋晴。奎儿早车来京。赴先哲祠迎匾，请客，家中悬匾，亲友来贺，晚票戏。

御书匾文曰："仙桂重芳"。

初四(4月12日)　淡阴。

初五(4月13日)　晴。晚市场中兴茶点，吉祥看电影，演梅兰芳《春香闹学》。

初六(4月14日)　淡阴。奎儿挈眷赴津。午后风霾蔽天。

初七(4月15日)　仍风霾，晚风止，晴见月。

初八(4月16日)　淡阴，午后微雨一过。

初九(4月17日)　晴，午后起风扬沙。往西北城谢客，晚在广陵春请客。

初十(4月18日)　晴。曾儿带韫琦早车赴津。晚赴北柳巷李润田之约。

十一(4月19日)　晴。申刻往果子巷访芷青，不遇，旋赴广陵春何稚苓之约。

十二(4月20日)　晴有风。曾儿晚车回京。

十三(4月21日)　谷雨。晴。午后偕海弟游雍和宫瞻览。晚赴广陵春朴心甫之约。

十四(4月22日)　晴，晚有风。

十五(4月23日)　淡阴晴。

十六(4月24日)　晴，未刻又风霾。

十七(4月25日)　晴。儿辈赴先哲祠致祭。海弟下通与孙士蔼治病。

十八(4月26日)　阴，微雨，申刻晴。祠堂祭祀。海弟晚车回京。

十九(4月27日)　淡阴晴。海弟午车下通。申刻阴。

廿(4月28日)　晴有风。

廿一(4月29日)　晴。约云樵鸿兴楼便饭，同乐听昆戏。晚赴济南春冯伯玗之约。海弟晚车回京。

廿二(4 月 30 日) 晴,申刻阴,西北有雷声,密雨一过。

廿三(5 月 1 日) 阴,微雨旋晴,申刻又阴,有雨意。海弟午车下通。

廿四(5 月 2 日) 晴。海弟午车回京,晚同赴云樵之约。

廿五(5 月 3 日) 晴。

廿六(5 月 4 日) 微雨,申刻密雨终日。

廿七(5 月 5 日) 早淡阴,午晴。带穌孙吉祥听戏。

廿八(5 月 6 日) 晴。小石头早车回京。晚赴广陵春秀一峰之约。

廿九(5 月 7 日) 立夏。晴。

卅(5 月 8 日) 阴,申刻细雨一过旋晴。晚赴同兴堂周静庵之约。儿辈福寿堂请知客。

四月初一(5 月 8 日) 晴。约潘、吴、李、冯、郝公府看牡丹,西餐便饭。奎儿夫妇回京。

初二(5 月 10 日) 晴。

初三(5 月 11 日) 淡阴晴,晚阴,微雨。

初四(5 月 12 日) 晴。

初五(5 月 13 日) 晴。儿辈在福寿堂预祝开贺演戏,并请票燕乐。

初六(5 月 14 日) 晴。

初七(5 月 15 日) 淡阴晴。合家拍照一相。

初八(5 月 16 日) 晴。足肿痛。午后风霾蔽天。

初九(5 月 17 日) 阴有风。

初十(5 月 18 日) 阴,细雨。奎儿夫妇赴津。

十一(5 月 19 日) 晴。足痛止,肿尚未消,仍敷紫金锭。

十二(5 月 20 日) 晴。

十三(5 月 21 日) 早晴午阴,微雨,晚晴。足肿消。

十四(5 月 22 日) 小满。晴有风。

十五(5月23日) 晴。金儿下通省墓并谢客。

十六(5月24日) 晴。

十七(5月25日) 晴。

十八(5月26日) 阴有风,微雨,未刻晴。

十九(5月27日) 晴。

廿(5月28日) 晴。

廿一(5月29日) 淡阴晴。客厅糊房。御书匾照相。

廿二(5月30日) 淡阴晴,薄暮雷雨。赴清秘阁买对纸折扇。晚赴广陵春月帆之约。

廿三(5月31日) 晴。

廿四(6月1日) 晴。

廿五(6月2日) 晴。

廿六(6月3日) 晴。

廿七(6月4日) 阴,微雨终日。

廿八(6月5日) 细雨一夜,至午后密雨终日,酉刻雨止。

廿九(6月6日) 淡阴晴。孙和甫约广陵春晚局,辞谢,海弟赴约。

五月初一(6月7日) 芒种。晴。

初二(6月8日) 阴,午后晴。奎儿早车携眷回京。申刻阴,入夜细雨。

初三(6月9日) 晴,午后阴,申刻细雨一过,旋晴。客厅上房悬扁。

初四(6月10日) 晴。至亲友来祝寿,影戏待客。

初五(6月11日) 阴晴无定。

初六(6月12日) 晴。

初七(6月13日) 晴热。

初八(6月14日) 阴。奎儿挈眷早车赴津。未刻大雷雨一过旋晴。写对五副。

初九(6月15日)　晴。

初十(6月16日)　晴。

十一(6月17日)　晴。

十二(6月18日)　淡阴晴。

十三(6月19日)　晴。

十四(6月20日)　晴。

十五(6月21日)　晴。画荷花中堂题诗,祝吕镜老八十寿。

十六(6月22日)　晴。

十七(6月23日)　夏至。淡阴晴。巳刻带金儿到金昌看镶牙,未遇。旋到致美斋早饭,游劝业场,同游东安市场。

十八(6月24日)　阴,申刻微雨。

十九(6月25日)　晴。

廿(6月26日)　早阴午晴。荫绶媳生一女。

廿一(6月27日)　晴。赴金昌收什镶牙,旋到公园游览茶点。晚赴会贤堂朴心甫之约。

廿二(6月28日)　晴有风。

廿三(6月29日)　晴。

廿四(6月30日)　早晴午阴。晋三姑奶奶接三,送满筵一桌、挽联。晚晴。

廿六(7月1日)　晴。

廿七(7月2日)　晴。巳刻偕海弟带金儿赴云樵之约。申刻赴周静安之约,归路看五条房。

廿八(7月3日)　晴。约云樵带浴沧、幼云、勖初,偕海弟、曾儿撷英番菜馆一聚,为浴沧祝四十寿。

廿九(7月4日)　晴。

六月初一(7月5日)　晴。

初二(7月6日)　淡阴晴。郝浴沧四十岁,午后往贺喜,听戏,夜两钟归。

初三(7月7日) 晴。

初四(7月8日) 小暑。晴,未刻阴雨一过,旋晴。

初五(7月9日) 晴。画松菊屏条,题诗祝陈玉仓七十寿。

初六(7月10日) 晴。

初七(7月11日) 晴。申刻出城,三山换眼镜。偕海弟赴万福徐养吾之约。

初八(7月12日) 晴。

初九(7月13日) 晴。

初十(7月14日) 晴。

十一(7月15日) 晴。

十二(7月16日) 初伏。淡阴晴。

十三(7月17日) 淡阴晴,薄暮风雨一过。致黄石荪、陈子久谢信,和寿诗。

十四(7月18日) 阴雨,午后雨止,薄暮晴。

十五(7月19日) 晴,淡阴,有风。申刻带佛保、龙保游市场。

十六(7月20日) 晴。

十七(7月21日) 晴。奎儿晚车回京。

十八(7月22日) 淡阴晴。金儿生日,至亲来祝。

十九(7月23日) 大暑。夜雨,阴午晴,申刻又阴,急雨一阵。

廿(7月24日) 淡阴晴。早赴云樵之约,在家便饭。晚出城,海王村茶话。赴颐乡斋信义木厂之约。

廿一(7月25日) 阴,午后急雨一过。

廿二(7月26日) 中伏。阴午晴。写对联五付。

廿三(7月27日) 阴。

廿四(7月28日) 晴。申刻祠堂祭祀。晚阴。

廿五(7月29日) 阴,午刻急雨一阵,晚仍阴。足指肿痛,敷锭药。

廿六(7月30日) 阴,午后细雨,申急雨一阵。服海弟拟方。

廿七(7 月 31 日)　阴,过午晴。

廿八(8 月 1 日)　淡阴晴。

廿九(8 月 2 日)　半阴晴。足仍未愈,又服海弟方。陆、吴大姑来,待晚饭。

卅(8 月 3 日)　阴雨,午后雨止。

七月初一(8 月 4 日)　阴,微雨,午晴。

初二(8 月 5 日)　阴午晴。足痛全愈。

初三(8 月 6 日)　晴。

初四(8 月 7 日)　淡阴晴。

初五(8 月 8 日)　立秋。阴雨。

初六(8 月 9 日)　晴。奎儿早车回京。

初七(8 月 10 日)　晴。申刻赴同和堂祝舅太太寿。

王占元辞职,萧耀南督军,吴佩孚巡阅。

初八(8 月 11 日)　晴,雾气,日色红紫。

初九(8 月 12 日)　晴。奎儿早车赴津。

初十(8 月 13 日)　阴,细雨终日。

十一(8 月 14 日)　淡阴晴。

十二(8 月 15 日)　末伏。晴,午阴,晚晴。

十三(8 月 16 日)　淡阴晴。

十四(8 月 17 日)　阴,微雨。午后晴。

十五(8 月 18 日)　晴。

十六(8 月 19 日)　晴。腹泻,微痛。

十七(8 月 20 日)　晴,连日渐热。

十八(8 月 21 日)　晴热。

十九(8 月 22 日)　晴热,晚阴,西北风,忽凉。

廿(8 月 23 日)　阴,微雨甚凉,午后雨止,仍阴。

廿一(8 月 24 日)　处暑。阴,午后晴,晚阴。

廿二(8 月 25 日)　阴。腹疾痊。

廿三(8月26日) 晴。

廿四(8月27日) 晴。

廿五(8月28日) 晴。

吴佩孚克复岳州。

廿六(8月29日) 晴。

廿七(8月30日) 晴。

吴佩孚勋一位,杜锡珪勋四位。

廿八(8月31日) 晴。

廿九(9月1日) 晴,晚偕海弟赴东兴楼云樵之约。

八月初一(9月2日) 晴。足又痛,敷紫金锭。

初二(9月3日) 晴热。

初三(9月4日) 晴。

初四(9月5日) 阴。足肿消。

初五(9月6日) 晴。

初六(9月7日) 晴。

初七(9月8日) 晴。恩媳赴密云。

初八(9月9日) 白露。晴。

初九(9月10日) 晴。

初十(9月11日) 阴午晴。

十一(9月12日) 晴。

十二(9月13日) 晴。

十三(9月14日) 晴。

十四(9月15日) 晴。奎儿早车挈眷回京。

十五(9月16日) 晴,晚阴,不见月。合家聚饮,甚乐。

十六(9月17日) 阴,微雨,午雨止,仍阴,天凉,晚晴。吉祥听戏。

十七(9月18日) 晴。巳刻请潘师射阳春便酌,金、毛、荣、李同聚。

十八(9月19日) 夜雨晨晴,天骤凉。

十九(9月20日) 晴有风。

二十(9月21日) 晴。午后在院跌倒伤跨。

二十一(9月22日) 晴。因跌伤,不能行步。

廿二(9月23日) 秋分。晴,午后雨一过,旋晴。请桶刘来揉腿敷药。

廿三(9月24日) 晴,午后忽阴,雷雨一过,旋晴。

廿四(9月25日) 晴。

廿五(9月26日) 晴有风。

廿六(9月27日) 晴,淡阴,日光色赤。

廿七(9月28日) 孔圣诞。晴。官署学校放假。腿渐愈,能缓步,换贴膏药。

廿八(9月29日) 晴。雾气,日赤色。

廿九(9月30日) 淡阴。海弟生日,至亲来祝,影戏待客。

九月初一(10月1日) 淡阴晴,日赤色。

初二(10月2日) 淡阴,午晴。

初三(10月3日) 晴。

初四(10月4日) 晴。

初五(10月5日) 晴。

初六(10月6日) 晴。

初七(10月7日) 晴。

初八(10月8日) 早晴。巳刻阴。约云樵、岱卿在家吃锅贴角子。晚微雨一过。

初九(10月9日) 寒露。阴。画桂香周甲图,祝朱芷青七十七寿[1]。

---

① 朱寯瀛有《王劭农亲家振声避居敝斋值重九贱辰为诗称祝依韵赋谢》,见《金粟山房诗钞》,《清代诗文集汇编》759册,第397页。

初十(10月10日)　早阴,微雨一过,午晴,有风,骤凉。本家龙保完婚。午后又阴。

十一(10月11日)　晴。金儿晚车赴津。

十二(10月12日)　晴。

十三(10月13日)　晴。

十四(10月14日)　晴。

十五(10月15日)　早晴,巳刻阴,午后晴。

十六(10月16日)　半阴晴。午后带曾儿吉祥听戏。

十七(10月17日)　阴。

十八(10月18日)　阴。金儿晚车回京。

十九(10月19日)　阴。

廿(10月20日)　晴。

廿一(10月21日)　晴。

廿二(10月22日)　晴。

廿三(10月23日)　晴。巳刻请潘师并毛、郝、刘食锅贴。

廿四(10月24日)　霜降。淡阴晴。午后游市场。

廿五(10月25日)　晴。

廿六(10月26日)　晴。

廿七(10月27日)　晴。晚到勖初家便饭,听歌。东安大街老虎洞小火。

廿八(10月28日)　晴。

廿九(10月29日)　晴。奎儿晚车回京。

卅(10月30日)　晴。

十月初一(10月31日)　晴。

初二(11月1日)　早晴午阴,骤寒,微雪终日。奎儿带四妞晚车赴津。

初三(11月2日)　晴有风。午后访徐养吾,看画。晚赴斌升楼云樵之约。

初四(11月3日) 晴。送画帖砚交养吾,备公园赈灾会陈列。

初五(11月4日) 晴。

初六(11月5日) 晴。

初七(11月6日) 晴有风。午赴东兴楼金筱山之约,饭后赴公园看字画。湖南赈灾展览会。

初八(11月7日) 晴,大风。瑞裕如赠菊四十盆。

初九(11月8日) 立冬。晴。种菊换瓷盆。徐养吾将陈列画件送回。

初十(11月9日) 晴。义门释承重服。

十一(11月10日) 晴。画墨梅题诗裱成,赠祝定镇平七十寿(十四日)。

十二(11月11日) 晴。各学堂放假。午后带龢、成两孙游公园。

太平洋开会议。

十三(11月12日) 晴。金儿赴密云县。

十四(11月13日) 晴。午后访云樵看画,旋赴聚贤堂祝定镇平寿,听戏。

十五(11月14日) 晴。

十六(11月15日) 晴。

十七(11月16日) 晴。曾儿下通省墓。晚阴有风。

十八(11月17日) 晴。

中交挤兑。

十九(11月18日) 晴。

廿(11月19日) 晴。

廿一(11月20日) 阴。各屋始升火。

廿二(11月21日) 晴。

廿三(11月22日) 晴。

廿四(11月23日) 小雪。阴,晚晴,大风,寒甚。

廿五(11月24日)　晴有风。金儿由密云回京。

廿六(11月25日)　晴。

廿七(11月26日)　晴。申刻偕云樵访勖初晚饭,听歌。

廿八(11月27日)　晴,巳刻阴。午后约潘师赴石达子庙看画。

廿九(11月28日)　晴有风。

十一月初一(11月29日)　晴。

初二(11月30日)　晴有风。晚偕海弟赴福全绍越千之约。

初三(12月1日)　晴。

初四(12月2日)　晴。酉刻祠堂祭祀。

初五(12月3日)　晴。申刻游市场。

初六(12月4日)　晴。申刻赴广陵春荣月帆之约。

初七(12月5日)　晴。午后游市场,登茶楼远望,更上一层。

初八(12月6日)　晴。午后吉祥听戏。

初九(12月7日)　大雪。晴。午后朴心甫约吉祥听戏,晚会元馆便饭。

初十(12月8日)　阴。

十一(12月9日)　阴,晚晴。偕海弟赴福全奎少甫、保久山、荣月帆之约。

十二(12月10日)　晴。

十三(12月11日)　晴。午后写对二付,画墨四小条。

十四(12月12日)　晴。一夜未眠,腹痛呕泄,清晨睡一时即愈。

十五(12月13日)　晴。午后带金儿真光电影院听戏,晚偕海弟看电影。

十六(12月14日)　晴。

十七(12月15日)　晴。

十八(12月16日)　晴。午后赴市场茶楼听票戏。晚枢孙因其母寿,在沁芳楼便饭。旋起大风。

十九(12月17日) 晴,仍有风。

靳总理辞职,外长颜代理。

廿(12月18日) 晴。晚偕海弟同瑞鹤庄在东兴楼公请客,赵、奎、荣、保、绍、郝。

廿一(12月19日) 晴。

廿二(12月20日) 晴。

廿三(12月21日) 晴。

廿四(12月22日) 冬至。晴。晚在沁芳楼请潘师,约筱珊、琴孙同聚。

廿五(12月23日) 晴。

廿六(12月24日) 晴。

内阁总理梁士诒。

廿七(12月25日) 晴。各署学堂放假。

廿八(12月26日) 晴。

廿九(12月27日) 晴。申刻同云樵访勖初,晚饭,听歌。

卅(12月28日) 晴,有风。晚赴同兴堂荣月帆之约,请知。

十二月初一(12月29日) 晴。申刻赴同兴堂祝荣月帆八十寿。

初二(12月30日) 晴。院裁员。

初三(12月31日) 晴。

初四(1922年1月1日) 阴,微雪,午密雪。晚雪止,仍阴。

初五(1月2日) 晴,淡阴。午后带瑞保吉祥听戏。

初六(1月3日) 晴。

初七(1月4日) 大雪。

初八(1月5日) 晴。一夜未眠,腹不爽,服海弟方药。

初九(1月6日) 小寒。晴。申刻祠堂祭忌辰。

初十(1月7日) 辰阴午晴。

十一(1月8日) 阴。晚赴明湖春云樵之约。

十二(1月9日) 晴有风。奎儿调省另有差委,芦场出署。

十三(1月10日) 晴。午后到真光听戏。

十四(1月11日) 晴。

十五(1月12日) 晴。午后赴东园茶点。

十六(1月13日) 晴。奎儿晚车回京。

十七(1月14日) 阴。奎儿早车赴津。

十八(1月15日) 晴。

十九(1月16日) 晴。

廿(1月17日) 晴。午后真光听戏。

廿一(1月18日) 晴。午后赴鲍家街云樵寿听票戏。晚大风,极寒。

廿二(1月19日) 晴。

廿三(1月20日) 晴。上屋扫房,晚祭灶。

廿四(1月21日) 大寒。晴。奎儿午车挈眷回京。

廿五(1月22日) 奎儿晚车赴津。

廿六(1月23日) 晴。酉刻祠堂祭忌辰。

廿七(1月24日) 晴,晚阴。

廿八(1月25日) 晴。

梁请假,颜外长代理。

廿九(1月26日) 晴有风。前后堂悬影。

卅(1月27日) 辰雪午晴。祠堂供年菜。奎儿早车回京。夜十点又雪。

十度青阳仍古腊,两游赤壁又今年。在苒共和经十稔,溯洄同治纪元科。

民国十一年

十一年壬戌正月初一(1月28日) 天气晴和。

初二(1月29日) 晴有风。辰起祭神。

初三(1月30日) 晴。酉刻祠堂祭祀。

初四(1月31日) 晴。

初五(2月1日) 晴。

初六(2月2日) 晴。

初七(2月3日) 晴。午后带长保真光听戏。

初八(2月4日) 立春。晴。午后带奎儿真光听戏,晚祭星拜祖。

初九(2月5日) 午后回拜荣、绍、云樵,偕海弟游厂庙,赴天福芷青之约。

初十(2月6日) 晴。午后带长保东园茶点,游市场。

十一(2月7日) 晴。

十二(2月8日) 晴。

十三(2月9日) 晴。午后请潘师真光听戏,东华饭店便饭。

十四(2月10日) 阴,申刻起大风。晚赴熙寿堂秀峰之约。

十五(2月11日) 晴。

十六(2月12日) 晴。

十七(2月13日) 晴。午后祠堂祭祀,收影。六钟赴东华饭店佛荷汀之约。

十八(2月14日) 晴。

十九(2月15日) 晴。

廿(2月16日) 晴。

廿一(2月17日) 阴,午晴。饭后带奎儿、小石头游市场,茶点。

廿二(2月18日) 阴,入夜米雪。

廿三(2月19日) 雨水。晴。午后带曾、奎儿、榅琦并约勖初华乐听戏。晚勖初约斌升楼便饭。

廿四(2月20日) 晴,申刻阴。

廿五(2月21日) 阴雪,午后微雨终日,入夜。

廿六(2月22日) 阴雾,入夜晴。

廿七(2月23日) 阴。

廿八(2月24日) 夜雪晨晴,午又阴,旋晴。约宁小圃真光听戏,东华晚饭。

廿九(2月25日) 淡阴晴,有风。午后真光听戏。晚曾儿约郑稼生、尚小云东兴楼。

卅(2月26日) 晴有风。

二月初一(2月27日) 晴。

初二(2月28日) 晴。

初三(3月1日) 晴。

初四(3月2日) 晴。午后真光听戏。

初五(3月3日) 阴,微雨,晚雪。

初六(3月4日) 晴。午后真光听戏。

初七(3月5日) 阴。午后带奎儿吉祥听戏。韫琦祝韫珩三十生日,东华饭店晚饭。

初八(3月6日) 惊蛰。阴。午后吉祥听戏。

初九(3月7日) 淡阴晴。

初十(3月8日) 晴。午后吉祥听戏。

十一(3月9日) 晴。午后吉祥听戏。

十二(3月10日) 晴。午后吉祥听戏,连三日听林颦卿。

十三(3月11日) 晴。午后吉祥听戏。奎儿赴津。

十四(3月12日) 淡阴晴。午后带枢孙游城南游艺周味根园晚饭。

十五(3月13日) 晴。

十六(3月14日) 淡阴晴,午后起风。

十七(3月15日) 淡阴晴。吉祥听戏。杜伯熊之约,晚东兴楼便饭,海弟同往。

十八(3月16日) 晴。大风沙。午后市场茶点。

十九(3月17日) 晴。午后真光听戏。

廿(3月18日) 晴。

廿一(3月19日) 辰阴,微雪,午淡阴晴,午后起大风沙。晚赴东兴楼孟觐侯之约。赴福寿堂祝孟秉初寿,听戏。

廿二(3月20日) 晴,连日极寒。

廿三(3月21日) 春分。晴。奎儿早车回京。

廿四(3月22日) 阴,密雪终日,极寒,入夜晴,起大风。

廿五(3月23日) 晴有风。

廿六(3月24日) 晴。

长芦运司王故,继任张调辰。

廿七(3月25日) 晴。午后吉祥听戏。

廿八(3月26日) 晴。晚赴广陵春周静安之约。

廿九(3月27日) 晴。

三月初一(3月28日) 晴。奎儿晚车赴津。

初二(3月29日) 早阴午晴。

初三(3月30日) 晴。午后赴织云公所瑞蚨祥孟觐侯之约,听戏,夜归。

初四(3月31日) 晴。祀关岳庙。

初五(4月1日) 晴。晚偕海弟赴同兴堂朴心甫之约。

初六(4月2日) 阴,微雨,午赴斌升楼张仲彝之约。未刻吉祥听戏《霸王别姬》。奎儿晚车回京。

初七(4月3日) 晴有风。夜呕吐腹痛,通宵未眠,服海弟方药。

初八(4月4日) 晴。海弟率儿辈下通祭扫。奎儿早车赴津。

初九(4月5日) 清明。晴,晚阴,微雨。贡王辞职。

熙彦为蒙藏总裁。田中玉辞山东省，特任韩国钧为东省长。

初十(4月6日) 晴大风。

十一(4月7日) 晴。晚赴东兴楼绍越千之约。

十二(4月8日) 晴。午后带曾儿容光照相，旋游公园。晚访勖初晚饭，听票。

十三(4月9日) 晴。

十四(4月10日) 晴。

十五(4月11日) 早晴，申刻阴。

十六(4月12日) 晴。晚在东华饭店带儿孙及侄女、孙女儿、孙媳便饭。

十七(4月13日) 晴。奎儿晚车回京。

十八(4月14日) 晴。酉刻风霾蔽天。祠堂致祭。

十九(4月15日) 晴。

廿(4月16日) 晴，申刻风霾。

廿一(4月17日) 晴。

廿二(4月18日) 晴。午后偕海弟、奎儿赴市场，裕源堂茶点。

廿三(4月19日) 晴。奎儿晚车赴津。

廿四(4月20日) 晴。

廿五(4月21日) 谷雨。晴。

廿六(4月22日) 夜雨辰阴。奎儿早车回京。申刻微雨。

蒙藏院熙彦辞职，特任塔旺布里甲拉为总裁。

廿七(4月23日) 晴。儿辈赴先哲祠与祭。

廿八(4月24日) 晴。

廿九(4月25日) 晴。

卅(4月26日) 晴。

三月以来奉军陆续进关，督军、省长皆遁赴保定。吴佩孚北来。

四月初一(4月27日) 晴。收皮衣。

初二(4月28日) 晴有风。

初三(4月29日) 辰阴,微雨,巳刻晴。

初四(4月30日) 淡阴。晚同曾儿带刘外孙女游市场,在东华便饭。

初五(5月1日) 阴。通夜闻炮声不绝。

两军夜战甚烈,在长辛店。

初六(5月2日) 晴。仍夜战。

初七(5月3日) 淡阴晴。昼战。

初八(5月4日) 晴。

夜闻炮声,直军占长辛店,奉军东退,驻京奉军司令张景惠挈眷遁去。

初九(5月5日) 阴,微雨。

初十(5月6日) 立夏。晴,大风。闻奉军三路全败退。

十一(5月7日) 晴有风。晚曾、奎同赴真光看电影并洋女跳舞、洋人技术。

命令奉退出关,直退原防。梁士诒、叶公绰、张弧逮问。

十二(5月8日) 阴,申酉时微雨一过,有雷声,旋起风。

十三(5月9日) 晴有风。河南赵杰攻袭郑州直军。

十四(5月10日) 晴有风。

夺奉张巡阅使督军省长职,候查办,一省巡阅一缺裁撤。赵倜免职查办。冯玉祥豫督军,吴俊升奉督军。

十五(5月11日) 晴有风。

十六(5月12日) 淡阴,仍有风。

十七(5月13日) 淡阴,忽晴忽阴。

十八(5月14日) 淡阴。午后带奎儿吉祥听戏《散花》。晚偕海弟、儿辈裕源楼便饭,看电影,俄国戏。

十九(5月15日) 淡阴晴。

奉张退滦县。

廿(5月16日) 阴,微雨,申刻晴。

廿一(5月17日) 晴,晚阴,风沙。

廿二(5月18日) 晴有风。

京兆孙辞职,任令刘梦庚。

廿三(5月19日) 晴。

廿四(5月20日) 阴,细雨。

奉张退出关。

廿五(5月21日) 晴。带奎儿吉祥听戏。

廿六(5月22日) 小满。晴。

廿七(5月23日) 晴。

财政董康,交通高恩洪。

廿八(5月24日) 晴。

廿九(5月25日) 晴。午后游市场,茶点。

卅(5月26日) 晴,风沙。上房糊凉窗。

五月初一(5月27日) 晴。

初二(5月28日) 晴有风。奎儿下通,白宅行吊。足肿痛,敷药。

初三(5月29日) 阴,微雨。足仍肿,服海弟药。

初四(5月30日) 晴大风。至亲友来祝寿。足仍肿。

初五(5月31日) 晴,仍有风。足肿未消。

初六(6月1日) 晴。足肿痛大减轻。

徐总统辞职。徐退位即赴津。

初七(6月2日) 晴,午阴雷,微雨一过。

初八(6月3日) 晴。奎儿晚车赴津。足肿全消,犹不能行步。

国务院暂为政治委员会,周自齐会长,行总统职权。

初九(6月4日) 晴。曾儿生日,至亲来祝。

初十(6月5日) 晴。

十一(6月6日) 芒种。晴。

十二(6月7日) 晴。

十三(6月8日) 淡阴。

十四(6月9日) 晴有风。数日足肿早消,晚复步履不良。

十五(6月10日) 晴。

十六(6月11日) 晴午阴,申有雷声,急雨一过,旋晴。黎总统午时到京就职。

十七(6月12日) 晴。杨忠愍公诞辰,金儿赴松筠庵与祭。国总理颜命令各部总长。

十八(6月13日) 晴。

十九(6月14日) 淡阴。

廿(6月15日) 淡阴,有风。

廿一(6月16日) 晴。

廿二(6月17日) 晴。

廿三(6月18日) 晴。

廿四(6月19日) 晴。晚请院友黄公来诊脉立方。

廿五(6月20日) 晴。

廿六(6月21日) 晴。足疾服黄公药见效。

廿七(6月22日) 夏至。晴。

廿八(6月23日) 阴晴,申刻大雷雨一阵,雨止,仍雷声不绝。月帆来畅谈。

廿九(6月24日) 晴。足肿消。又请黄梦九改方。晚大雷雨。

闰五初一(6月25日) 忽晴忽阴,午雷雨一过。

初二(6月26日) 早晴午阴,大雷雨一阵,仍阴,晚晴。

初三(6月27日) 晴。

初四(6月28日) 晴。

初五(6月29日) 晴。

初六(6月30日) 阴。

初七(7月1日) 一夜雨,辰晴。申刻大雷雨一过,旋晴。

初八(7月2日) 晴,晚五六钟又雷雨一过,旋晴。

初九(7 月 3 日) 晴。

初十(7 月 4 日) 晴。

十一(7 月 5 日) 晴。

十二(7 月 6 日) 晴。

十三(7 月 7 日) 晴。

十四(7 月 8 日) 小暑。晴。

十五(7 月 9 日) 晴。

十六(7 月 10 日) 晴。

十七(7 月 11 日) 晴,连日酷热。

十八(7 月 12 日) 阴,巳刻细雨一过,旋又密雨至深夜。

十九(7 月 13 日) 晴。日暮急雨一阵。

廿(7 月 14 日) 晴。

廿一(7 月 15 日) 淡阴晴。

廿二(7 月 16 日) 淡阴晴。奎儿晚车赴津。

廿三(7 月 17 日) 阴,细雨半日,晚晴。

廿四(7 月 18 日) 晴,晚阴,微雨一过。

廿五(7 月 19 日) 晴。

廿六(7 月 20 日) 淡阴。奎儿早车回京。

廿七(7 月 21 日) 初伏。夜雨辰晴,淡阴,巳刻雷,大雨一阵,午仍雨不止。

廿八(7 月 22 日) 夜大雷雨,辰阴,午后晴。

廿九(7 月 23 日) 细雨一夜,辰仍雨不止,午晴,申又阴,微雨至夜。

六月初一(7 月 24 日) 大暑。夜雨辰阴,仍雨终日。

初二(7 月 25 日) 阴,微雨,午晴,晚又阴,雷电一过,未雨。

初三(7 月 26 日) 晴。

初四(7 月 27 日) 淡阴晴。晚祠堂祭祀。大雷电,微雨一过。

初五(7 月 28 日) 晴。

初六(7月29日) 淡阴晴。

初七(7月30日) 晴热。

初八(7月31日) 中伏。晴。晚入夜大雷电,急雨一阵。

总理王宠惠。

初九(8月1日) 晴。

初十(8月2日) 半阴晴。

十一(8月3日) 半阴晴。

十二(8月4日) 晴。

总统辞职。

十三(8月5日) 晴热。

命令总理唐,命令各部长。

十四(8月6日) 晴,午阴,未刻雨一过。

十五(8月7口) 阴,密雨。

十六(8月8日) 立秋。密雨。

十七(8月9日) 淡阴晴。

十八(8月10日) 淡阴。

十九(8月11日) 晨雾阴,巳刻晴。奎儿早车赴津。

廿(8月12日) 淡阴晴。

廿一(8月13日) 晴,午后偕海弟吉祥听戏。

廿二(8月14日) 晴。奎儿早车回京。内左二区自治开会。

廿三(8月15日) 阴,微雨,午后密雨终日。

廿四(8月16日) 密雨一夜,辰仍不止,薄暮有雷声,大雨至夜。

廿五(8月17日) 晴。和阔安市七丨寿诗。

廿七(8月18日) 阴午晴。

廿八(8月19日) 晴,午后阴,细雨一过,旋晴。

廿九(8月20日) 淡阴晴。

卅(8月21日) 晴。午后真光听女戏。

七月初一(8月22日) 淡阴晴。午后真光听戏。

初二(8月23日) 处暑。晴。

初三(8月24日) 早阴午晴。

初四(8月25日) 晴,午后半阴晴。

初五(8月26日) 半阴晴。

初六(8月27日) 半阴晴。

初七(8月28日) 晴。午后真光听戏。晚往祝舅太太寿。

初八(8月29日) 淡阴晴。

初九(8月30日) 阴,微雨终日。

初十(9月1日) 晴。夜腹泻两次。

十一(9月2日) 淡阴晴。

十二(9月3日) 晴。午后带奎儿、长宝吉祥听戏。

十三(9月4日) 晴。灯后雷雨一阵,旋晴。

十四(9月5日) 晴。午后吉祥听戏。入夜雷雨一过。

十五(9月6日) 早阴午晴。酉刻祭祠堂。晚孙辈点蒿子灯。

十七(9月8日) 白露。晴。

十八(9月9日) 阴。

十九(9月10日) 淡阴晴。

廿(9月11日) 晴。午后吉祥听戏。

廿一(9月12日) 晴。

廿二(9月13日) 晴。

廿三(9月14日) 早晴午阴。吉祥听戏。

廿四(9月15日) 阴。午后吉祥听戏。

廿五(9月16日) 阴,细雨断续至夜。十奶奶赴密云。

廿六(9月17日) 阴有风,极凉。吉祥听戏。

廿七(9月18日) 晴。潘震卿娶儿媳,儿孙辈往贺。

廿八(9月19日) 晴。

命令王宠惠总理,改换各阁员。

廿九(9月20日) 晴。

八月初一(9月21日) 晴,申刻阴。

初二(9月22日) 阴,申刻晴。

初三(9月23日) 晴。偕海弟、金儿、长保东来顺早饭,吉祥听戏。

初四(9月24日) 秋分。晴,申刻阴,雷,微雨一过,旋晴。

初五(9月25日) 晴。

初六(9月26日) 晴。恩儿赴密云,祝岳母寿(七十)。午后吉祥听戏,东华晚饭。

初七(9月27日) 夜雷雨辰阴,天气骤凉。午后真光听戏。

初八(9月28日) 晴,天气极凉。

初九(9月29日) 晴。

初十(9月30日) 淡阴晴,极凉,午晴。

十一(10月1日) 晴,午后有风沙。

十二(10月2日) 晴。

十三(10月3日) 晴。恩儿夫妇回京。晚带侄女、孙女在东华饭店便饭,外孙女邓四括饯行。

十四(10月4日) 晴。

十五(10月5日) 晴。

十六(10月6日) 晴。午后吉祥听戏。

十七(10月7日) 淡阴晴。

十八(10月8日) 淡阴晴,有风。

十九(10月9日) 寒露。晴,大风,极凉。

廿(10月10日) 双十节。晴。偕海弟、曾儿老半斋早饭。午后大观楼听刘宝全。

廿一(10月11日) 晴。晚在外屋跌倒闪腰腿,头破血出。

廿二(10月12日) 晴。请桶刘来治腰腿伤。

廿三(10月13日) 晴。

廿四(10月14日)　晴。

廿五(10月15日)　晴。

廿六(10月16日)　淡阴晴。

廿七(10月17日)　淡阴,午后微雨。

孔圣诞辰。

廿八(10月18日)　晴。胸际气喘,促请黄梦九诊治。

廿九(10月19日)　晴。海弟生日,亲友来祝。

九月初一(10月20日)　晴。气仍喘促,又请黄梦九。

初二(10月21日)　晴。请徐愈斋来诊。

初三(10月22日)　晴。又约桶刘来按摩,贴膏药一帖。

初四(10月23日)　晴。高雁生约冯敏卿来诊。

初五(10月24日)　霜降。晴,夜间微雨。又请冯医来诊。云乔、鞠农、润田、伯玗、琴孙、勖初、承奎、承第来看视。十二姑奶奶来。

初六(10月25日)　晴。气促渐平,惫甚,又请冯医来诊。勖初、李四爷、雁生、承奎、立爱、吴实斋、辅民山来看视。十二姑奶奶来。

初七(10月26日)　晴。前半日神志不清,冯敏卿、周立桐、徐愈斋来诊,议定服徐方。傍晚神志略清,琴孙、伯玗、勖初、经畬、竹三、稚云、陈纬如、润田、陈群、李慈、承奎、承第、义门、幼生、郝三奶奶、郝大奶奶、吴大姑奶奶、十二姑奶奶、十三姑奶奶、五太太来看视。

初八(10月27日)　晴。神志已清,痛苦俱无,惟困惫思睡,请徐愈斋来诊。傅峻山、润田、郭琴石、勖初、濮四、雁生、承奎、幼生、十二姑奶奶、刘二少奶奶、刘三少奶奶来看视。

初九(10月28日)　晴。倦怠未减,又请徐愈来诊。伯玗、勖初、承第、经畬、卢刚甫、吴大姑奶奶来看视。

初十(10月29日)　晴。倦怠尚未大减,仍请徐愈斋换方。孝慈、勖初、竹三、实斋、承奎、辅民、郝八姑奶奶来看视。

十一(10月30日)　淡阴,晚大风。倦怠渐减,仍服徐方。琴孙、润田、承第来看视。

十二(10月31日) 淡阴,有风。困睡已减,仍少言。勖初、伯玗、金赞虞、晋五姑娘、十二姑奶奶、十四姑奶奶来看视。又请徐愈斋换方。

十三(11月1日) 晴。倦怠少减,仍服徐原方。承奎来看视。

十四(11月2日) 晴。精神渐复,又请徐愈斋换方。王石荪、润田、莲士、云乔、勖初来看。

十五日(11月3日) 晴。咳嗽稍减,仍服徐方。吴鞠农、荣月帆、高雁生来看视。

十六日(11月4日) 阴。微觉头目不清,又请徐愈斋换方。吴大姑奶奶、郝肇钧来看。

十七日(11月5日) 晴。夜不得寐,午后见大便,仍服徐方。勖初、承奎、承节来看。

十八日(11月6日) 阴。腹坠,右手暨面部浮肿,又请徐愈斋换方,用补气和血清热之品。勖初、傅峻山、十二姑奶奶来看视。

十九日(11月7日) 夜微雨,大风,寒甚。腹坠已减,仍服徐方。

二十日(11月8日) 立冬。晴大风寒甚。小便赤色渐减,又请徐愈斋换方。勖初来看。

廿一日(11月9日) 阴,大风,寒甚。尿赤减,腹微痛,又服徐方。润田、勖初、浴沧、十二姑奶奶来看。曾绶晋给二等嘉禾。

廿二(11月10日) 晴。痰嗽,睡不安,腹微痛,又请徐愈斋换方。前街十二奶奶来看。

廿三(11月11日) 晴。精神渐大复,思食,小便已清,右手肿消,仍咳嗽,睡不宁,服徐愈斋十八日方。勖初、经畬来看。

欧战纪念,放假。

廿四(11月12日) 晴。痰嗽如昨,又请徐愈斋换方。吴实斋、白陈群夫人来看。杜伯熊来问候。

廿五(11月13日) 晴。痰嗽如昨,仍服徐昨方,去黄芪,加枣仁。朴星甫、勖初、幼生来看视。

廿六(11月14日) 晴。痰嗽稍好,大便干恭。又请徐愈斋换方,去参芪,改用滋阴之品,养肝肾清肺胃。郝大姑奶奶来看。

廿七日(11月15日) 阴,早微雨。嗽稍好,痰尚多,夜不得眠,服前方,加炒枣仁二钱。伯玗、勖初、郝六姑奶奶、十二姑奶奶来看视。

廿八日(11月16日) 阴。夜嗽不得眠,痰多,不易吐,作恐惧梦,欲哭欲叫,方觉畅快,请徐愈斋换方,主补气豁痰宁嗽。灯后神识不甚清楚,痰多,电商徐愈斋,嘱用附片人参陈皮煎汤服之。通夜因痰嗽未得安眠。

廿九日(11月17日) 夜微雪,早淡阴,午后晴。痰嗽见轻,请徐愈斋换方,立二方,一补气,一治嗽。治嗽方改服海山方。王四爷、高雁生来看视。

三十日(11月18日) 早阴午晴。夜眠较安(前半夜嗽多不寐),嗽亦减,仍请徐愈斋换方,仍主固肾兼清痰。勖初来看视。

十月初一日(11月19日) 晴。痰嗽一夜未眠,电商徐愈斋,伊意或服麦冬汤,或服海山小方,嗣议定海山、愈斋二方分服,海山方又加入半夏曲米枣。今日嗽觉清减。勖初来看视。祠堂上供,焚寒衣。

初二日(11月20日) 早阴晚晴。夜痰嗽较轻,亦可安眠。仍请徐愈斋换方,仍立二方,一治痰,一补阴。承第、吴大姑奶奶来看视。八十寿言印成三百部已送来。价二百四十余元。

初三日(11月21日) 晴。痰嗽益减,大便干,眠食均较佳,仍服徐昨日两方。《画学心法》装订好,取来。

初四(11月22日) 晴。夜间痰嗽,早起即觉轻减,思食,午后安眠,仍请徐愈斋换方,仍立二方。奎儿早车赴津。勖初来看视。

初五日(11月23日) 小雪。大雪竟日,申刻止。诸渐痊愈,仍服徐昨两方。张仲宜来看。

初六日(11月24日)　晴。诸觉轻减,仍服徐前方。毛琴孙来看视。

初七日(11月25日)　晴。病情日减,精神日增。大便调△,请徐愈斋换方,仍二方,美日正方服二煎,副方服一煎。

初八日(11月26日)　阴。精神如昨,仍服徐两方。勖初、经畬、张伯来看。奎绥晚车由津回京。宁小圃送合物。

初九日(11月27日)　晴。精神如昨,晚间不寐,微觉寒燥,小便似清长,仍服徐前两方。雁生来看。

初十(11月28日)　晴。精神如昨,口干,进食仍不多,又服徐前方,副方未服。

十一日(11月29日)　晴。精神如昨,惟夜不得寐,又请徐愈斋换方。仍立二方,一补正,一安眠。勖初、润田、承奎来看视。

十二日(11月30日)　晴。精神如咋,夜寐犹不多,仍服徐两方。勖初来。

署总理汪大燮,外交王正廷,内务高凌宁,财政汪大燮,陆军张绍曾,海军李鼎新,司法许世英,教育彭允彝,商业李根源,交通高恩洪。

十三日(12月1日)　晴。精神如昨,夜眠少安,仍服徐两方。勖初来。

宣统帝大婚。

十四日(12月2日)　晴。精神如昨,夜眠亦安,仍服徐两方。

十五日(12月3日)　晴有风。精神如昨,进食较多,吃荤汤,仍服徐方。琴石来看。

十六日(12月4日)　晴。精神眠食均如昨,仍服徐前方。芷青来看。

十七日(12月5日)　晴。精神眠食如昨,仍服徐前方。金绥赴通省墓。奎绥赴津。

十八日(12月6日)　晴。精神如昨,夜眠不沉,大便干恭,仍服徐方。勖初来。奎绥晚车回京。

十九日(12月7日) 晴。精神如昨,海山诊脉平和,思饮茶,服徐副方。李四爷来看。许亲家太太来看,送食物。

二十日(12月8日) 大雪。晴。精神如昨。服海山酌方。鞠农送食物。

二十一日(12月9日) 晴。夜眠甚安,食干饭蒸饼,服昨方二煎。雁生、勖初、十二姑奶奶来看,送食物。

二十二日(12月10日) 晴。食益加多,眠亦不少,服昨方头煎。勖初、承第来,辅民来送洋果。

二十三日(12月11日) 晴。眠食如昨,服昨方二煎。梳头、换被、扫炕,微觉不适。海山加减前方,今日灯后服头煎。

二十四日(12月12日) 晴。眠食如常,仍服前方二煎。徐养吾来信问候。勖初来。

王正廷代理总理。

二十五日(12月13日) 淡阴。眠食如常,大便干恭,仍服前方头煎。润田来看。

二十六日(12月14日) 早微雪,午后晴。眠食均好,大便干恭,晚间脱衣睡。服前方二煎。高老五来看。奎绶启程赴大通,汪农叔约往办理盐务。

二十七日(12月15日) 晴。夜小便烦数,大便调恭,一日共三次。请徐愈斋来诊。开方服一煎。

二十八日(12月16日) 晴。大便日五次,系虚坠。海山拟党参、黄芪小方,又服徐愈斋前开党参附片方加黄芪寸冬。今日不思食。

二十九日(12月17日) 晴。腹泻已愈,食物仍不甚香,又服昨方。云乔、铸生、养吾来看。郝、徐送云苓不……

十一月初一日(12月18日) 晴。食物仍不甚香,三服昨方。接奎绶自南京一号来信。

初二日(12月19日) 晴。食物少觉有味,仍服昨方。四服。

郝伯申来看。子高灵柩到京，儿辈往吊。

初三日(12月20日) 晴。眠食两便均无恙。请徐愈斋来换方，一益气健脾之方，日服一煎，一桂附八味丸，日服二五。

初四日(12月21日) 晴。一切如昨。早服丸药三五，晚服徐昨方头煎。奎绥自大通来信。

初五日(12月22日) 冬至。晴有风。一切如昨。早服丸药，晚服昨药二煎。金小山、毛琴孙、勖初、来看，约陪潘师市场吃饭。王少甫故去。

初六日(12月23日) 晴。一切如昨，早服丸药，晚服昨方头煎。肾囊浮肿生泡。白陈群、李亲家太太来看，送食物。

初七日(12月24日) 晴。肾肿如昨，小便清长，大便较勤。电商徐愈斋仍服前芪附之方。琴孙、雁生、郝二奶奶来看，送食物。

初八日(12月25日) 晴。午后微阴。肾肿稍消，仍服昨方。云乔来看。

云南起义纪念日，放假。

初九日(12月26日) 淡阴。肾肿犹未大消，眠食均好，又服昨方。鞠农来看。奎绥来信。

初十日(12月27日) 晴。因近日两便烦多，肾腿两足虚肿，又请徐愈斋换方。润田来看。

十一日(12月28日) 晴。情形如昨，午间炕上高坐藤椅活动腿脚。再服前方。△△△△△。

十二日(12月29日) 晴。情形如昨，今早大便一次，电商徐愈斋原方加牡蛎破故纸。云乔来。午后坐藤椅，腿脚尚不能运动。

十三日(12月30日) 晴有风。情形如昨。又服昨方。鞠农送菜二包。

十四日(12月31日) 晴有风。情形如昨。肾肿稍消。仍服前方。昨附桂膏三帖。勖初来送一菜一点。

十五日(1923年1月1日) 晴有风，寒甚。一切如昨，又服前方，去附片。

十六日(1月2日)　晴。一切如昨，又服前方。奎绶来信。

十七日(1月3日)　晴。一切如昨。请徐愈斋换方，仍大补气血，去附片，改桂枝。

十八日(1月4日)　晴。一切如昨。仍服徐前方二剂。郝琴侣送食物。

十九日(1月5日)　晴。一切如昨。眠食均无恙，每早大便一次，小便夜间清长，脚足均肿，仍服昨方三剂。

除陆军、海军、内务、农商、教育仍旧外，外交施肇基，财政刘思源，司法王正廷，交通吴毓麟。总理张绍曾。

二十日(1月6日)　小寒。晴。一切如昨，仍服徐方四剂。云乔来看。

二十一日(1月7日)　阴。一切如昨，大恭未出。再服徐前方五剂。

二十二日(1月8日)　晴，暖甚。一切如昨，两便均调，六服前方。月帆来看。

二十三日(1月9日)　晴。夜间咳嗽，稀痰甚多，海山酌一清热小方。

二十四日(1月10日)　晴。痰嗽如昨，请徐愈斋拟方，未服，仍服海山昨方，略加减。

二十五日(1月11日)　晴。痰嗽坐时稍愈，卧则加剧。胸间不畅，似欲作呕，食物亦少。仍服海山酌方。

二十六日(1月12日)　晴有风。情形如昨，未见轻减。海山改方，午后服一煎，晚又服徐方(廿四拟)。

二十七日(1月13日)　晴。痰嗽微减，气仍上逆，欲作呕喘，请徐愈斋换方，滋肾化痰，降纳冲气。

二十八日(1月14日)　夜微雪，昼阴。大致如昨，似略轻减。请王锡九来诊脉。拟方未服，四磨汤加减，仍服徐昨方，第二剂。

二十九日(1月15日) 晴,气高不下。情形与昨略同,请徐愈斋换方,养肝降胃,兼以固肾。

三十日(1月16日) 晴。痰嗽,气犹未下,有时胸闷烦躁异常,电询愈斋昨方,去贝母,加二陈。

十二月初一日(1月17日) 晴。气逆较减,未甚烦躁,仍有时痰嗽,因昨方稍效,再服一剂。

初二(1月18日) 晴。气逆痰嗽均较减,请徐愈斋换方。晡时烦躁一阵颇剧。

初三(1月19日) 淡阴。早起即不适,午后又觉气逆,三四时觉气更逆,坐卧不安,饮洋参。旋徐愈斋来诊脉,左弱,拟大补气。六时气逆稍愈,终夜未断,睡时作痰嗽。天明见大便。安睡一时有余。

初四(1月20日) 淡阴。气逆仍不见愈,又请周立桐方,亦主补气。

初五日(1月21日) 大寒。阴。气逆痰嗽犹未减,请徐愈斋拟两方,一甘草泻心汤,一阴汤并补方。

初六日(1月22日) 晴。嗽逆仍前,早半日觉心中发乱,徐愈斋来换方,仍依昨方加厚朴等敛肺降胃。

初七日(1月23日) 晴。一夜少眠,午后见大便,逆促顿减,安睡半日。服阴汤并补方一煎。

初八日(1月24日) 淡阴。气逆已平,安睡一日,请徐愈斋换方,健脾和胃。

初九(1月25日) 晴。昨夜又觉气逆,天明服补方,加厚朴一分,午后气渐平,见大恭,晚仍补方。二△△△。

初十日(1月26日) 晴。嗽逆已愈,精神亦复,仍服徐补剂。

十一(1月27日) 晴。困倦睡多,仍不思食,晚间觉口干咽紧,饮麦冬天冬水,仍服徐补剂。

十二(1月28日) 晴。情形较昨稍好,请徐愈斋拟一养阴清热之方,嘱服两剂。

十三(1 月 29 日) 晴。口干咽紧、困睡均轻减，食仍不多，时仍痰嗽，又服昨方一剂。

十四(1 月 30 日) 晴。神气与昨均同，大便干恭，又服昨方一剂。

十五(1 月 31 日) 晴。干燥犹未大减，大便不畅，徐愈斋拟降润之剂。

十六日(2 月 1 日) 晴暖。服润降之药已见大便，海山酌方，润降方去麻仁、厚朴，加焦曲△皮，未服。

十七日(2 月 2 日) 晴。仍多睡，饮食少进，服昨海山酌方。

十八日(2 月 3 日) 晴。情形与昨略同，请徐愈斋拟养胃补肺滋肾之剂。

十九日(2 月 4 日) 晴。情形微见精神，喉微肿，服昨方三剂，加干地黄。

二十日(2 月 5 日) 立春。晴。夜眠甚安，精神渐多，仍不思食，又服徐方三剂。

二十一日(2 月 6 日) 晴。情形与昨略同，略思饮食，仍服徐方药四剂，喉肿已渐消。

二十二日(2 月 7 日) 晴。食物仍未多，午后多睡，海山诊脉，照徐方加柏子仁、陈皮。章式之来看。

二十三日(2 月 8 日) 精神较佳，左手浮肿，请徐愈斋换方，养胃纳肾。浴沧来看。

二十四日(2 月 9 日) 倦怠，睡多，不言，扬头上视，请徐愈斋拟方，六君子加熟地附片。